U0575767

帝鉴图说

委任贤相

委任贤相①

【历史背景】

唐玄宗开元时期，励精图治，能"任人唯贤"。任用姚崇为相就是一例。开元元年，玄宗不听谗言，召当时任同州刺史的姚元之为相，拜为兵部尚书、同中书门下三品。此后，姚元之总结了太宗以来几朝的经验教训，向玄宗献上十事：一、治天下要先仁义，后刑法；二、不求边功；三、宦官不干预政事；四、皇亲国戚不任台省官职；五、远佞幸之徒；六、杜塞献贡求媚之举；七、停止建造寺观；八、以礼对待大臣；九、善于纳谏；十、以前代宫廷争斗之事为鉴。这十件事都被玄宗应允。

今天看来，玄宗在开元时期的确能抓大事，任贤相。这期间，他先后选姚崇、宋璟、张嘉贞、张九龄等几位贤人为相，他们各有所长，能直言急谏，从而使这一时期吏治比较清明，对发展社会生产力，起了很大的作用。可以说，这是能够出现开元之治的主要因素之一。

姚崇，是陕州硖石(大概在现在的今河南省三门峡市东南)人，永徽元年出生。可以说是唐朝的老臣。他侍奉了武则天、唐中宗、睿宗、玄宗几朝皇帝，多次出任地方长官，为唐朝前期著名的大臣。姚崇办事十分果断，为人实在，不虚夸，而且秉公执法，丝毫不顾忌那些所谓的皇亲国戚的面子，只要他们触犯法律，就要依照当时的法规进行惩罚，绝不姑息纵容。

开元初年，在黄河的南北地区都曾经发生严重的蝗灾，灾情异常严重，据说当蝗虫飞起来的时候，即使在白天也难以看见太阳，这些地区的庄稼被破坏得很严重。皇帝就派遣姚崇前去治理。姚崇深深知道如果不能及时消灭这场蝗虫灾害，不仅会导致经济上的重大损失，而且百姓的生活也会因此受到严重影响，那么国家的稳定也会受到威胁，于是，他亲自指挥，下令各郡县尽最大的力量来消灭这场灾害，在行动中，对于治理成绩好的就给予奖励。在他的努力之下，蝗灾没有再继续蔓延，很快就被制止住了。

【原文】

唐史纪：玄宗初[2]即位，励精为治[3]。以姚元之[4]为相，每事访[5]之。元之应答如响，同僚皆唯诺而已[6]，故上专委任之。元之尝奏请序进[7]郎吏，上仰视殿屋，再三言之，终不应。元之惧，趋出[8]。罢朝，高力士[9]谏曰："陛下新总万机[10]，宰臣奏事，当面加[11]可否，奈何一不省察？"上曰："朕任元之以庶政[12]，大事当奏闻共议，郎吏卑秩[13]，乃以烦朕耶？"会力士宣事至省中，为元之道上语，元之乃喜。闻者皆服上识人君之体。

【张居正解】

唐史上记：玄宗即位之初，励精图治。知道姚元之是个贤臣，以他为宰相，每事必访问他。元之素有才能，练达政事，随问随答，如响之应声，同僚官皆不能及，但从后唯诺而已，于是玄宗专意委任之。一日，元之面奏，请以次序升转郎官。玄宗不答应他，只仰面看着殿屋。元之又再三奏请，玄宗终不答应。元之只说玄宗怪他，恐有得罪，不敢再奏，趋走而出。及朝罢，内侍高力士谏说："陛下新总万几，宰相奏事宜面定可否，何故只仰看殿屋，通不礼他？"玄宗说："我将国家的事都托付与元之，委任至重。惟大事当奏闻，我与他商议。今郎吏小官，也来一一奏请，岂不烦黩耶？"这是玄宗专任宰相的意思，元之却不知，心怀疑瞑。适遇高力士以传奉旨意事到中书省中，将玄宗的言语备悉说与元之，元之心上才喜。群臣闻之，都说玄宗不亲细事，而委任贤相，得为君之体也。然人主须是真知宰相之贤。乃可以委任责成，不劳而治。若不择其人，而轻授以用舍之柄，将至于威权下移，奸邪得志，其为害又岂浅浅哉？故帝王之德，莫大于知人。而治乱之机惟视其所任，人主不可不慎也。

【注释】

①本则出自《资治通鉴》。主要讲述的是在唐玄宗的时候，玄宗任用姚元之为宰相，对其坚信不疑的故事。

②初：用于追溯一件事情的开始。

③励精为治：下定决心要将国家治理好。

④姚元之：也就是姚崇，陕州硖石人，因为避讳开元年间的年号而改名为崇，武则天的时候出任凤阁侍郎的官职。

⑤访：询问的意思。

⑥同僚皆唯诺而已：同在朝中的其他官员只是顺从地点头表示赞同。

⑦序进：按程序晋升。

⑧趋出：小步地退出。

⑨高力士：（公元684年~公元762年），唐潘州人（今广东省高州市城区），是冯盎的曾孙、冯智玳的孙子、冯君衡的儿子，先天元年（公元712年），力士协助玄宗又发动了一次宫廷政变平乱，迁银青光禄大夫，行内侍正员。开元初（公元714年）加封右监门卫将军，知内侍省事。玄宗宠信宦官，特别是以力士为心腹。从此以后，高力士在朝廷中掌握了大权，各地奏文一定要先呈给高力士看过之后才让皇帝审看，小事一般都自行决断。

⑩万机：各种繁杂事务。机，同"几"，微小。

⑪加：表示。

⑫朕任元之以庶政：我委派他来管理政务。

⑬郎吏卑秩：这里指的就是无关紧要的琐屑的事情。

【译文】

玄宗即位的时候就下定决心要全力以赴振兴国家，将国家治理好。他任用姚元之作为宰相，每次遇到事情的时候都要向姚元之请教询问，姚元之都能够当时就做出圆满的回答，其他官员只是顺从地点头表示赞同。于是玄宗专心地任用他，极其相信他。有一次，姚元之曾向玄宗奏请按次序升转郎官的事情，当时，玄宗只是仰面看着殿堂，姚元之连续奏请了好几次，玄宗还是不动，没有任何的表示，始终没有做出回答。姚元之心中十分害怕，以为是自己说得不对，引起了皇帝的不高兴，于是就不敢再奏，小步快走了出去。散朝后，内侍高力士向玄宗进谏说："陛下最近日理万机，宰相奏请事情，应该当面表示是否可行，为什么一点不审辨考察呢？"玄宗说："朕对他万分的信任，连国家大事都交给了他，并且让他处在重要的官职，只有大事再奏与朕，朕与他商量。刚才他向朕汇报的郎官升迁这样的琐细小事，他自己就可以做主了，为什么还要再向朕奏请求来烦劳朕呢！"正好高力士有事到中书省宣旨，就把玄宗的话顺便告诉了姚元之。姚元之这才不再担心忧虑而是高兴起来。听说这件事的人都佩服玄宗通晓君主的身份。

【评议】

官员的任用关系到天下百姓的安危祸福，而任用一个好的宰相恐怕无论是对百姓还是对国家都有着重大的意义。所以历朝历代的皇帝都会在任用宰相的时候，十分小心谨慎，当然要排除那些昏庸的君主。宰相在文武百官中的作用是最突出的，因为宰相就相当于朝中大臣的首领，任用一个合格的宰相才能带领好朝廷上下的官员，为他们起到一个好的榜样作用。所以任用宰相，并且对其充满信任，才能发挥好宰相的才干，治理好国家。在这个故事里，唐玄宗对姚崇的信任，是唐代政治繁荣的一大因素，在姚崇之后任职的宰相也都是贤能的人，并且深受信任，所以在君臣的共同努力之下才开创了“开元盛世”的大好景象。而玄宗后期任用奸臣李林甫等人，最后却导致了国家的衰败。所以历史以最真实的证据告诉我们任用人才要十分的谨慎，千万不要以个人的好恶来作为标准。

【镜鉴】

远离招致失败的人事陷阱

聪明人往往分为两种，即大智与小智。大智者不计小的得失，不计较太多，所以，他不会机关算尽，乃朋友遍天下，事业辉煌；他们能屈能伸，故能成其大业。他认清了社会人生的种种复杂规律，掌握了事物发展变化的必然法则，所以才能不断地取得成功而远离失败。

(一)失败的领导败在哪里

一位出色的领导，可以凭借他的常识，不依赖上帝的恩赐，便能成功地处理各类事务。

作为一个不寻常的人,主要由以下因素驾驭其才能。

(1)坚定的意志:没有一个追随者希望被一个缺乏自信和勇气的领导者所指挥,也没有一个明智的追随者,会被这种领导者指挥很长的时间。

(2)自我控制:一个不能控制自己的人决不能控制别人。自我控制,是追随者的行为目标,使更加明智的人可以效仿。

(3)正确的敏锐感:缺少公正和正确的感觉,没有一个领导者能够博得并维持他的追随者对他的尊敬。

(4)坚定的决心:一个决心动摇的人,显示出他对自己没有信心,也不能成功地领导别人。

(5)固定的计划:成功的领导者必须善于计划他的工作,并推行他的计划。一个只靠推测来行动,而没有固定计划的领导者,就好比一艘没有舵的船一样,它迟早会搁浅的。

(6)要有比得到付出更多的习惯:领导才能不高时,必须实心实意去做他要求追随者做的事情,这也是领导者的职责。

(7)愉快的人格:没有一个懒散、不谨慎的人能够成为成功的领导者。领导才能需要尊敬,追随者不会尊敬一个不把愉快人格的因素放在最高等级的领导者。

(8)同情心和了解:成功的领导者必须对他的追随者富有同情心,而且他必须了解他们每个人以及他们共同的难题。

(9)熟悉生活细节:成功的领导才能,需要熟悉领导者必需的各种生活细节。

(10)自愿承担全部的责任:成功的领导者必须心甘情愿地分担他下属的过失责任。如果他想推卸责任,他将不会稳坐领导者的宝座;如果他的下属有一个犯了过错,而他自己显示出无能为力,那么这位领导者必须承认是他的失败。

(11)合作:成功的领导者必须了解并遵循合作才能出成果的原则,而且还要能够引导他的下属做同样的事情。领导才能需要力量,力量来源于分工合作。

领导才能有两种:第一种,也是最有效的领导才能,是对下属要宽容和富有同情心;第二种是强迫的领导才能,对下属不能宽容和没有同情心。

历史充满着暴力不能久存的例证,独裁必败、暴政必亡的道理是明显的,民众将会无限期地反对暴力的领导。

人可以暂时地跟随暴力领导,但是绝非心甘情愿。

当然,领导也不是完人,他们常常会犯这样或那样的过错。我们现在应该来谈谈失败领导者的主要过错,因为知道什么是不应当做的,和知道什么是应该做的同样重要。

(1)没有组织细节的能力:出色的领导需要组织的才能和熟悉掌握各种细节。没有一个天才的领导者,因为太忙碌而无法做那些必须做的事情。一个人,不论他是领导者或追随者,如果他承认他太忙而无法改变他的计划,或者是没有时间顾及任何紧急事件,那么他得承认他是不能胜任的;成功的领导者必须是与他职位有关的一切细节问题的专家,那也就是说他必须养成把琐碎的事情交由能干的部属去办理的习惯。

(2)不愿意贡献诚恳的服务:负责任的领导者每当在情况需要时,都会去做他们要求别人做的任何事情。"你们之中最伟大的,将成为世人的公仆"——这应是全部能干的领导者所了解和尊崇的真理。

(3)知而不行:这世界决不付酬给只"知道"的人,而付给实际去做或者引导别人去做的人。

(4)害怕和下属竞争:一个害怕下属取代自己的领导者,他所害怕的事情迟早会变成事实;能干的领导者随时随地都在训练可能获选的接替者,去熟悉他职务工作的细节问题。只有以这种方法,一个领导者才可能使他自己发挥双倍的潜力,且替自己准备更多晋升的机会,同时还能顾及许多事情。凡是有能力使别人表演的人,比那些单靠自己的努力尽力赚钱的人,会获得更多的报酬,这是一项永恒不变的真理。一个出色的领导者,会用自身工作的知识以及人格的吸引力,大大地增加别人的效力,并诱导他们在没有他的协助时,也能贡献出更多更好的服务。

(5)缺乏想象力:没有想象力,领导者就没有面对紧急事情的能力,不能产生有效地指导部属的计划。

(6)自私自利:一个独占部属全部工作荣誉的领导者,一定会激起公愤,真正伟大的领导者完全不要求荣誉。他看到他的部属获得任何荣誉都会满足,因为他知道赞美与赏识会激起沉迷者的耐性和活力。

(7)不忠:或许这项应该列在最前面。领导者不忠于他的职守、他的伙伴、上司以及下属时,就无法长久维持他的领导权。不忠使一个人的存在比地球上的尘埃还要渺小,使他的企图遭受失败,不忠在生活的每一阶层都是失败的主要原因。

(8)强调领导权的权威性:胜任的领导者用鼓励和引导,而不凭借恐惧和权威来压制

他的下属,否则就会被列在暴力领导者的名单上。一个真正的领导者不需要吹嘘自己的所作所为以外的事实——他的同情、了解、公正等等。

(9)重视头衔:有能力的领导者不需要他的下属赠送给他尊敬的头衔。一个人要是被“赠送”太多的头衔,通常他就很少再去重视它。真正领导者办公室的大门,是随时替那些想进去的人开着的,他工作的地方朴实而不拘形式。

这些是领导者失败的最普遍的因素,这些错误的任何一项都足够导致失败。如果你渴望成为领导,而且你自信能免除这些错误的话,请你小心谨慎地研究这些项目。

(二)最清醒之道:“满招损,谦受益”

生活中常有两类人:骄人和谦人。骄人总觉得自己是世界上最高明的、头脑最发达的人,看不起眼前的任何人,大有一种“一览众山小”的架势,这种人常自以为是,有一点本领就觉得自己有七十二般武艺,殊不知,这种人是世上最脆弱的人,常在关键时刻不堪一击;谦人则始终以虚心的态度向能人学习,即使有七十二般武艺,也总是争取最大限度地发挥自己的潜能。这种人眼界开阔,目标高远,是成大器者。因此,一个人是否清醒明白,完全在于他自己,这就是“满招损,谦受益”的做人之道。

庄子说:“故目之于明也殆,耳之于聪也殆,心之于殉也殆。凡能其于府也殆,殆之成也不给改,祸之长也兹萃。”

意思是说,人的视力对于“明”来说,听觉对于“聪”来说都是差得甚远的;人能够知道、想到的比起他不能知道、想到的,是很少的。人类对于全明、全聪、全知的追求、企望,是不可能实现的。如果不明白这些道理,那么祸患凶灾就会产生并增多。庄子告诉我们一条做人的哲理:满招损,谦受益。

在现实生活中存在着这样一种自视颇高的人,他们锐气旺盛,锋芒毕露,处事不留余地,待人咄咄逼人,有十分的才能与聪慧,就十二分地表露出来,他们往往有着充沛的精力,很高的热情,也有一定的才能,但这种人却往往在人生旅途中屡遭波折,甚至酿成悲剧。什么原因呢?重要的原因是看不到或不明白人的“知”与“不知”的相对性。有一点聪明,有一点成就就趾高气扬,觉得老子天下第一,无所不知,无所不能。世界之大,天外有天,你又怎能穷尽呢?过于卖弄聪明,锋芒毕露,觉得自己全知全能,肯定要碰钉子。

应该怎样对待呢?借鉴庄子的思想,既然世界万事万物的存在不仅是纷繁复杂,而且连绵不断，人们对其认识只是相对的，则不必执着于一端，即成功了不必骄傲，失败了不必气馁，而且特别要注意始终保持一种谦虚、进取的心境以待万物。而那种一遇到挫折就气馁，一有点成就就沾沾自喜的人，则不可能成就大事。“满招损，谦受益”的道理，在历史中被人们反复地证明着。

在三国时代，有个绝顶聪明的人，他叫杨修，字德祖，在曹操手下为官。他曾和曹操一同骑马路过曹娥碑前，见碑上刻有八个字：“黄娟、幼妇、外孙、齑臼”。杨修一看就明白了，而曹操却不解其意。因此，他让杨修不要说出答案来要自己想一想。又走了三十里，曹操才想通，和杨修一对答案，乃“绝妙好辞”四字。操叹道：“我的智慧比杨修差了三十里啊。”嘴里虽是这样说，心里毕竟不太舒服。

有一次，曹操建造了一座花园，造成后，他去观看，未置可否，只是在门上写了一个“活”字而去。众人都不解其意，杨修说：“‘门’内添‘活’字，乃‘阔’字也。丞相是嫌门太宽了”。监工立即命令工匠们重建，曹操再去看时，大喜，问：“谁知吾意？”左右告之：“杨修也。”曹操虽喜，心甚忌之。

一天，曹操在酥盒上写了“一合酥”三字，放在案头。曹操一走，杨修便取出盒中之酥分给大家吃。曹操问其故，杨修曰：“盒上明写‘一人一口酥’，岂敢违丞相之命乎？”曹操脸上虽喜笑，心里嫉恨之。

还有一件事，平时曹操担心被人暗害，便对左右的人说：“吾梦中好杀人，凡吾睡着汝等切勿靠近。”一日，他午睡时被子落在地下，一近侍给他拾起覆盖在身。曹操拔剑杀之，然后又倒头入睡。起床后，假意问道：“是谁杀了我的近侍？”众人以实相告，曹操痛哭，命人厚葬。众人都以为曹操是梦中误杀，今见曹操又是痛哭，又是厚葬，不但不怪曹操，还多有称赞之辞。临葬时，杨修指着死者说：“丞相非在梦中，君乃在梦中耳。”曹操听后，愈加嫉恨，便想找机会惩治这位“能人”。

后来曹操的军队与刘备在汉水作战，二军对峙，久战不胜，曹操是进是退心中犹豫，适逢庖厨送进鸡汤，见碗中有鸡肋，因而有感于怀。正沉吟间，夏侯惇入账问夜间口令。曹操随口说道：“鸡肋！”行军主簿杨修一听夜间口令为“鸡肋”，便立即让士兵收拾行装，准备归程。夏侯惇忙问其故。杨修曰：“鸡肋者，食之无肉，弃之可惜。丞相的意思是。今进不能胜，退恐人笑，在此无益，不如早归；来日魏王必班师矣。”本来曹操在进退两难之际，真有班师北归之意，但见杨修又说破他的心思，非常气恼，便大声呵斥道：“汝怎敢造言,乱我军心。"喝令刀斧手推出斩之。

以上几件事,处处透出杨修与众不同的聪明才智,相比之下,曹操自认为与杨修相差三十里。对杨修,他是既心服口誉,又妒恶交加,这就决定了杨修绝不会有善果。最后,曹操终于以"乱我军心"为借口,很轻易地就将杨修杀害了。他的死应了中国的一句老话:"聪明反被聪明误"。后人曾写诗叹曰:"聪明杨德祖,世代继簪缨……身死因才误,非关欲退兵。"

在中国传统的观念上,有一分才华做一级官。下级的才华超过了上级,尽管还没有威震其主,也足以让上司心惊胆战带有危机感了。这种震主现象为官场一大忌。虽说有些当权者也很喜爱有才之士,可是一发现其才惊人远远超过了自己,就宁可用奴才,而不用人才了。杨修正是犯了这一大忌,死在了曹操手里。可是,杨修的死,与他本人就没有责任了吗?有!那就是太喜欢显露自己了。猜碑辞,猜阔字,猜一盒酥,这些都是小游戏,曹操未必就能将他置于死地;曹操梦杀侍卫,杨修一针见血指出:"丞相非在梦中",戳穿了曹操玩的把戏,让曹操难以容他;至于他在前线说破"鸡肋"的含义,让士兵整装待归,这是违反军规之举,难道他不知道?只图一时逞智,不顾违法乱纪,无怪乎曹操要借机向他下毒手。曹操的毒手可以说是杨修的骄傲自满"招"来的。

我们再看看正确的事例。孔子被世人举为圣人,这位"圣人"之所以能博学多识,被人尊之为圣,正是与他深知"满招损,谦受益"的道理分不开的。尽管孔子当时已名闻天下,但他仍然说:"君子道者三,我无能焉:仁者不忧,知者不惑,勇者不惧。"孔子说君子所要求做到的三件事,他一件也没有做到:仁德的人不忧虑,智慧的人不迷惑,勇敢的人不惧怕。正因为孔子如此谦虚才使他才学长进成为人师。

似乎这成了一个规律,大凡才识高超的人,越感自己学而不足,越加谦而律己。

民间常言:"强中自有强中手。"说的是,在自己觉得能力和才智很强的时候,要知道世界上还有更强的人,不可恃才傲人。有一首诗这样写道:

"山外青山楼外楼,英雄好汉争上游。争得上游莫骄傲,还有英雄在前头。"

陈毅是一位文武全才的元帅,他曾请人在自己心爱的墨盒上镌刻这样17个字,以警勉自己:

"满招损,谦受益,莫伸手;终日乾乾,自强不息。"

做谦虚之人,不要小聪明可避免盲目自大,让自己始终处于冷静的状态,在"不满足"

的心态支配下,兢兢业业,做大人生局面;相反,一个对自己深浅不知的人,过于自满于自己的一点小技巧,必不能与"人外之人"较量高低。所以,我们希望有志于人生大局者谨记这样的做人之道:知己之不足,才可完人生之不足!

(三)相信员工的能力

凡事都有个度,超过了这个度,好事也会变成相反。大家都知道三国演义里有一位奇人,那就是蜀国丞相诸葛亮。我们无不赞叹于他治国的天才,可是却容易忽略另一点,那就是他事必躬亲,大事小事管得太多,结果导致身体过于劳累,50 多岁便病故于五丈原,英年早逝,非常可惜。

有一个案例发人深思。

三十六岁的山姆被人从一家大电子公司中挖走,转而担任一家新成立的公司的总经理。这家新公司是由两位私人投资家和一家创业投资公司所组成和出资的。公司的经营顺利,山姆一年后升任总裁。在那一年中,山姆每一天都工作十四小时;他聘雇和解雇员工、推销、开账、设计、计算,并且有时亲自在装配线上干活儿。山姆是个轮轴,而当公司得到增长时,他也为自己曾在每一位员工和每一件问题上投下了心血,而感到骄傲。

公司兴旺了,可是到了第三年,山姆已病得不成样子。董事会逼迫他增加三位副总裁,他照办了,但是这三位副总裁都不是"强人",可能是潜意识地,山姆倾向于雇用有依赖性的人,以便他的轮轴位置不致受到威胁。

这家大发利市的公司公开发行股票,并且在第四年迁入自购的厂房中。同一年,山姆和他太太迁入在工厂附近山上新建的华厦。新屋与工厂同一方向,可以直接从客厅的窗外看到工厂。山姆常常邀请部属来家中吃晚饭(他偶尔也邀请顶头上司),这种聚餐是他探问厂内情报的手段之一。山姆每天还是工作十二到十四小时,人人都认为他立下了典范。

可是,公司的增长速度在第五年开始减缓。山姆相当担心;但是他责骂副总裁,要他们加倍努力。该公司面临的问题是,缺乏新产品,会计和控制制度相当原始,制造老化、行销能力薄弱。山姆亲自向所有的问题发动攻击,然而经济的衰退使公司的情况更加恶化。到了这时候,山姆着急了,在一星期之内,山姆革除了两位副总裁,跟管理顾问签订一份二十万美元的合约,请他们诊断公司的情况,并且为了检讨公司每况愈下的原因,跟两位创立人发生激烈的争辩。

在四个月之内，创立人把手中握有的大量股票售给一家对收购其他公司有兴趣的企业集团。六个月之后，该集团又以议价方式购进了握在散户手中的股票。也就是说公司被接管了。

山姆是一位英雄说得通，是一个恶棍也可说得通。他把这个企业早期所需的给了这个企业。这个过程中，他这个人逐渐变成该企业不可分割的部分，“客观”这一重大要素也就丧失了。员工不是在替公司工作，而是在替山姆工作。山姆不是一个增长性企业的总裁，不是公司管理团队的队长，而是一位自封的国王。山姆不能退后几步，使自己与企业之间保持某些距离。

作为一个管理人员，其任务是做出总体规划、总体协调工作，对具体事务不是说不能接触，而是应保证主要精力放在大局上。

一个保姆式的管理者具有如下缺陷：

第一：管得太多，必然使自己身心过于劳累，虽然看起来很认真负责，但是却会使身体健康受到损害，不仅个人损失，而且企业也会因此受到影响。

第二：大事小事都亲自过问，必然会使部下丧失或减弱独立解决问题的能力，使他们缺乏自主性、创造性和积极性，而这对于一个实体来说是可怕的。因为一个企业之所以不是自然人而是法人便是因为它前提是一个固定的机构、拥有一定的实力。这个机构是由许多不同专业的人员组成，互相合作从而使企业进入良性运作。一个人能力再大也无法负担整个企业的运作。只有努力培养部下的工作积极性、独立解决问题的能力，这个企业才会有生命，就像一栋房子，单靠一根大梁是支不住的。

现代社会是高度分工的社会。老板的特长职责便是统筹规划，整体协调和监督控制，而部下的特长和专职就是解决具体问题。互相合作，才能充分发挥效力。

所以，我们不要为“勤奋工作”这个美好的神话而迷惑，超出职责和精力范围的勤奋工作只能是对企业和部下的不负责任。

那种保姆式的经理，总是觉得时间不够用。是啊，时间怎么够用呢，一天只有二十四小时，而企业的问题却多如牛毛，况且，还得吃饭、休息、睡觉吧？

我们必须更好地管理好自己的时间和精力，把它们用在最值得用的地方。

务必少去插手一些本不应该你来插手的事情。

也务必让你的部下把问题带走,如果他没有把问题带走,那就不是你在管理部下,而是部下在管理你。

务必保证足够的休息,以便有充沛的精力去保证工作的效率。

山姆的失败告诉我们:事必躬亲者,戒。

(四)要做仁慈的雇主

我们经常听到一些老板抱怨说很难找到一个称心如意的得力助手。他们各处去搜寻、探问,报纸杂志上都登满了他们的招聘广告,但他们仍旧找不到一个称心如意的"好助手""好打字员""好秘书",以及其他各种"好雇员"。这些雇主大都是很骄傲的,他们往往自视甚高,脾气又不大好,有时一天要发作好几次。所以,任何雇员到了他们的手下做事,都不会有一刻快乐的时间,整天都要听老板的粗声恶语,老板的指责和辱骂。同时,这些老板还往往不许雇员辩护和申述,如果雇员敢说半个不字,就将受到严厉的报复与惩罚,甚至将雇员辞退。

在这种老板眼里,一个雇员简直就像一个奴隶一般。他每月只给雇员很低的工资以维持生活,但却要控制雇员从早到晚的全部自由与时间,甚至要那可怜的雇员怎样,雇员就得怎样,好像使唤牛马一样。这种老板也决不会允许雇员有主意、有意见,也不让雇员有进修和发展的机会。在他眼里,雇员为了他的利益似乎非把自己的精力、欲望、功名、幸福、家庭等等全部牺牲不可。

一个老板就是因为出了一点微薄的工资,再也没有其他物质上或精神上的奖励安慰,就想把一个雇员所有的体力、智慧、技能、忠诚一股脑儿全部买下来,竟然还希望雇员能够愉快地胜任目前的工作,能够做事迅速,反应敏捷,工作十全十美,竟然希望要把雇员生来所有的才能本事一点不留地全部榨干,竟然希望收买雇员那光辉灿烂的全部前途——这是多么荒唐无理的念头啊!

明智的老板和不明智的老板实在是相差太远了。一个明智的老板对自己所雇男女员工的天赋才能无不熟知,他还有巧妙的方法,能使这些员工们的才能尽量发挥出来,为他所用。这种方法就是以自己为榜样,因为人们大概都有一种共同的特点,那就是任何人都容易对外来的刺激做出相应的反应。比如,别人对我们笑容可掬时,我们也一定报之以笑容可掬的态度;同样,当我们对别人表示愤怒、批评、指责、轻视时,我们从别人那里所获得的反应当然也是一样的。因此,你的雇员对你的反应怎样,要看你对他的态度如何。

的确,有许多在职的雇员不愿意在职务上负责任,但实际上他们也许是很愿意好好干、想尽职的人,我们常常看到这样的例子,在甲商行被视为毫无才能、一无是处的职员,到了乙商行却完全不同了,竟然任何事情都完成得出色。我见过很多这样的情况,有许多被原来企业辞退的雇员,他们的确在各方面都有种种的缺点,比如常常发脾气,比如与上司吵嘴,比如不肯服从命令等等。但是,当这些雇员到了另一家企业却往往会担任很高的职位,负起很大的责任,能做得很合格、很胜任。这里的原因倒不是因为他们被辞退后受了良心苛责、精神痛苦的压迫而幡然悔悟,而是因为新的企业、新的老板对待他的方式完全不同的缘故。以前的老板从来不信任他们,不尊重他们,又只肯给他们很低的待遇,还常常要恶声恶气地训斥他们。但现在的新老板却恰恰相反,处处信任他们,很重视他们,待遇也不薄,老板还时时对他们表示关心,表现出色时还喜欢夸他们两句。

世界上有许多雇主之所以无法充分地利用雇员们的才能,就是因为这些人对雇员的待遇、条件过于苛刻了,对雇员大冷酷了。而苛刻的条件、冷酷的态度必然会消灭雇员的忠诚之心。

同样一件工作,如果机械地、勉强地做,和开动脑筋、拿出创造力、倾注全部精力来做,其业绩的差距真有十万八千里。其实,一切事业优劣成败的症结都在这个问题上。

如果一个雇主对下属要求过于严厉苛刻、无情无义,那么他的雇员一定是以机械的态度工作;而只有一个对下属和蔼亲切、宽宏大度的雇主才会用到肯动脑筋的员工。

一个思想开明的老板时时都让雇员们知道,他对他们手头的工作很感兴趣;他要使雇员们知道,他对他们寄予了很大的希望。他还要使雇员们知道:老板只是雇员们的一个伙伴、一个同事,一个与他们精诚团结、真诚合作的人,而不是随便把他们当机器使唤的人。

在一个明智的雇主手下工作的雇员,也一定会好好使出他们所有的能力和潜力来帮助雇主,与雇主一起同舟共济地向着目标挺进。这种劳资关系,不仅有利于劳资双方,而且还对社会大大地有利。

与之相反,那些要求苛刻、态度顽固的雇主恐怕只能雇到几个做事马虎、敷衍了事的员工。他绝不可能从雇员那里得到一个对他有益的建议,也绝没有雇员会对如何改进他的营业提一点意见，更没有人来关心他事业的成败。甚至相反，当雇员们看见他失败或破产时，还要满心欢喜，手舞足蹈一番。因为对雇员来说此处倒闭自可到他处工作，但雇主必定会从此一蹶不振。

在那种工作环境中，一个雇员究竟会堕落到怎样的程度，将使你大为吃惊。他简直会成为一个毫无思想、没有脑子的机器人，除了会动动手、迈迈腿外，他几乎什么都不会。

世界上无数的雇主都从未注意到，他们事业的成败盛衰竟然完全系于雇员之手。这些雇主只知道自己已经付出了一笔可观的薪水了，只认为雇员的忠诚与效力可以像普通的交易那样花钱去买，至于雇员本身有什么要求、欲望和福利，一概都不必考虑，他们竟荒唐地认为，只要一张毫无感情的用人合同就可以解决一切问题了。

有一个还不到二十岁的年轻人在一家磨坊里做监工，每年只拿一万美元的薪水。但他常常对人夸耀说，他有本事能使工人拿一份工资却做两份工作，这也就是他年纪轻轻就做监工的原因。他为了要工人们夜以继日地劳动，就使出了所有的卑劣手法去对待那批感到苦恼的工人。如果工人们稍事休息，他就要严词斥责，辱骂他们是专门偷懒的饭桶。在美国东部的一个城市里，也有一位大老板为自己善于用最少的工钱去最大限度地榨干工人们的血汗而感到骄傲。

这种做法无论从人道的角度，还是从雇主自身利益的角度来说都是不恰当的。事实上，苛责虐待管理方法的结果必定使得雇员闷闷不乐，心情沮丧，这样，他们做起事来态度必然都很勉强，工作业绩就一定不会理想。采用这种方法的雇主一定是自作自受、得不偿失。

无论雇员是男女老少，他们都可以从你对待他们的态度中，看出你是否真的关心他们、体谅他们；是不是把他们当作一部机器——有用的时候放着，不需要的时候就一脚踢开。

雇主要想实现自己的最大利益，还要以雇员的利益为基础；同样，雇员的利益也要建立在雇主利益的基础上，两者结合得很紧密，绝对不可分离，一个雇主如果能有一个得力的雇员，相当于平添了一笔巨大的资本。一个雇员如果能帮助雇主动脑筋、发展生意，那么无疑也会使自己赚得更多的薪水。

当雇主给雇员以优厚的待遇时，雇员必然觉得应该尽到自己的应尽职责，他做起事也必定会处处考虑到雇主的利益，他会处处想办法节省原料，抓紧时间，在工作上竭尽精

力，努力使雇主的业务大大地发展起来。

很多雇主们没有注意到：有时几句诚恳的赞美之辞，竟然对于增进雇员的兴趣与忠诚有意想不到的作用；反过来也一样，埋怨与不满，看不起员工，会使任何雇员感到心灰意冷，从此再也没有力量来工作了。不良的态度，给雇主造成的损失之大真是难以想象。

有不少雇主非常吝惜他们的赞美和奖励，他们的理由竟然是：一个工作充满干劲的人一旦被人夸奖了，往往就会骄傲起来，甚至开始怠惰。这种人大错特错，他们真是对人的心理太不了解了。实际上，夸奖赞美是每个人都需要的。我们只要看一下那些得到雇主的优遇、赞美的雇员纷纷努力工作的情形，就可以证明那种见解是多么的错误。

要使雇员们竭尽全力，你一定要懂得如何去激励员工。一个雇主如果对雇员流露出一点怀疑的情绪和不信任的态度，那么这种情绪和态度传播出去，往往容易使那些对你极有帮助的人也开始变得心灰意冷，再也无心为你效力、表示忠诚了。

在一个企业里，最能打消雇员的热忱和志气的莫过于雇主的不信任。如果你作为雇主不信任员工，那么他们将开始与你产生隔阂，也不会再关心你的经营、你的盈亏了。他们对工作的兴趣也可能完全丧失，只要下班的时间一到，他们就赶紧收工，欢喜异常地如出笼的小鸟一样，迅速离开公司。

而那些能够处处体贴雇员、给雇员以亲切的期望和诚恳的赞美鼓励、每日都注意增进与雇员间感情的雇主，雇员们当然会深受感动，会把他们全部的智慧、精力都集中在工作上。

不少雇主不太注意工作环境的优劣对于雇员的工作所可能产生的巨大影响。对于青年雇员来说，影响尤为明显。年轻人最易受工作环境的影响，也最容易为老板的言行举止、思想行动、态度价值所同化。所以，如果你自己是一个做事有条理、肯守纪律、反应敏捷、做事迅速的人，那么他们一定会逐渐模仿你的样子，把工作做得更好；如果你自己是一个忠于职守、关心业务、品格优秀、学识渊博的人，那么他们也一定会追随着你，一步步地前进。

反之，如果你遇到事情总是迟疑不决，常常坐失良机，做起事既无条理又无耐心，那么你的雇员也一定会受到很大影响，会把你当作他们的榜样，结果，他们也会变得完全和你一样。如果你经营企业的办法都不大正当，你采用的手段都不大光明，你显露出的品格也不是光明磊落，加上你的脾气很暴躁，你说的话多半又是靠不住的，你的行为也常常荒唐透顶，总而言之，你在道德上有种种的缺陷，那么年轻人的父母把他们送到你的企业来工作、来学习，可算是糟糕透顶。由于你的缺陷，那些年轻人的一生都可能被你玷污，前程都可能因你而断送了，从此再也找不回希望。

在我们的社会中，有无数年轻人的人格德行都因受了他们道德卑劣的雇主的影响而丧失殆尽。从这样的雇主身上，年轻人绝对得不到一点点宝贵的希望。

另外，社会上还有许多劳资纠纷的起因，或是因为劳资双方缺乏亲密的关系，缺乏深刻的了解和坚定的信任，或是因为双方在权利和义务上没有达到恰当的平衡。如果劳资双方能够及早纠正这些错误，所有这些问题都不难得以解决。

(五)老板要具有强大的责任心

责任心是一个人对自己认真做事的表现。当你走进一家医院去看病，一个你从来都不认识的陌生人——医生给你开一个药方，你就会按医生的吩咐去买药，按时服药，而不必担心会不会吃错了药。因为你相信医院，你相信他们的医生会对你负责。

你走进一家你从来都没走进的银行，然后把5000元钱交给一个你从来都不认识的营业员，然后你就松一口气，再也不用担心钱被偷走了。你为什么敢走进一个陌生的房间把一笔钱交给一个陌生人？因为你相信银行会对你负责。

你坐进一辆出租汽车，告诉司机去火车站，然后你就可以悠闲地欣赏窗外的风景，在一般情况下，你很放心地知道车一停，你就会到你该到的地方，这种信心来自何处？来自你对司机的信任，因为你相信司机会对你负责。

责任能够产生信任，责任能够产生信誉。一个有责任感的人，一个为自己的承诺、为自己的行为负责的人，才有可能是一个有信誉的人。

社会是由各种各样大大小小的责任支撑起来的，每一个责任点都是一个位置，这个位置就是老板、经理、部门主管……它需要一个人来占据，这个人就是能够负起这个位置责任的人。

有的人对生活的解释就是混，这样的人，是不能做老板的。他没有责任感，他不懂得“负责”。

一个幼儿园招聘幼儿教师，一下子来了一百多人，走廊里挤满了等待面试的人，可是一个小男孩在楼道里大哭不止，竟然没有一个人上前抚慰。因此，这个幼儿园这次没招

到一个人。事后,这个幼儿园的负责人说,我们希望招到一个热爱幼儿事业,对幼儿工作认真负责的人。

是啊!每个人都希望把每一份责任都交给那些真正能够负起责任的人来承担。

而具备领导素质的人,他们总是愿意承担更多的责任,工作积极主动,愿意为公司或单位的整体利益操心。一名清洁工如果有崇高的责任,他就具备了做老板的基本条件,而一位高级主管如果没有责任感,总有一天会被"炒鱿鱼"的,当他被"炒鱿鱼"时,可能连一名清洁工都做不好。

做老板首先要培养自己的责任心。松下幸之助在谈经营管理时说:"作为一个经营者,一定要有负起绝对责任的心理准备。不管员工有100还是200,甚至是1000、2000,责任还是由他一个人负。自己既然站在最高的立场,一切就都是自己的责任了,这个道理是古今不变的。"

青年人要想成大事、做老板,就要学会负责任。首先要对自己负责,只有对自己负责,才能对国家、对社会负责。

有人可能不同意我的观点。他们认为自己不能对社会、对他人负责,只能对自己负责。其实你对自己也不一定是负责的,你可能从不严格要求自己,放任自流,这就是对自己不负责任的表现。

青年人应该认识到这一点,并且做好准备,成为一个能够承担责任,敢于面对责任的人。健康的身体、高尚的情操、努力地学习,这些都是必不可少的。只有健康的身体,才会担得起责任的重担。保持一个健康的体魄,这是承担责任的基础条件。

高尚的情操可以培养我们锁定人生的坐标,确立人生的价值体系。青年人要在生活中注意到这一点,不断陶冶自己的情操,使之不断升华。

对自己负责,应该不断提高自己,适应这个社会,唯有对自己负责的人才有可能对家人、对社会负责,才会成为有责任心、有进取心、有成功心的人。青年人要成大事,首先要养成对自己负责的习惯。

立志做老板的人,不仅要对自己负责,还要对社会、对他人负责。

我们生活在一个相互依存的社会里,我们在这个高度发达的社会里享受物质文明的丰硕成果。同样,社会也要求我们每个人尽自己的努力奉献自己的聪明才智。一个有责任心的青年人,他能够全身心投入事业,能够为社会做出自己的贡献。

经验证明,只有那些勇于为社会、为他人负责的人才有可能做成一番大事业。

(六)处理好与女秘书的关系

作为领导者,不可能事无巨细什么都管,因为该做的事情实在太多,选一个秘书做助手再合情合理不过。

秘书是助手,正如你的左膀右臂。一些琐碎小事,尽可能由她或他去代办。有些不必要的出面或不愿意露面的场合也可以让秘书代言。所以,不论男女,一个优秀的秘书会给你的工作带来不可估量的益处。

秘书如此重要,因此选择秘书更为重要。切记莫让公司或单位机关的人事部门替你选择,一定要亲自过问,自己面试选择,确定聘用何人。

一提到秘书,现在人多联想到"小蜜"。这也不奇怪,确实有某些男领导把选秘书当成选美,故意挑选那些容貌迷人,身材窈窕,温柔娇媚的靓女,不说倾国倾城,倒也算花容月貌。这是曲解了秘书的意义和作用。要记住,领导者选择秘书不是选模特,更不是选美。

一则,靓女在侧,难免有人议论,是是非非,清白也不清白,定会影响你的声誉。古来男女是非多。多少男子汉一怒为红颜,多少风流帝王,魂丧罗裙下,多少风流官司,死在鸳鸯床侧,为什么受伤的总是男人?

凡此种种,男人与女人的故事说不完,这给办公室里的男男女女出了一个大大的难题。别人怎么想你挡也挡不住,有恶意的人造谣中伤,无恶意之人茶余饭后谈谈这些事,全因为大家都感兴趣。

因此,领导者须十分注意,万分小心,调整好与女下属的关系。

男人三十一朵花。尤其是年轻有为,做了领导的男士,更是招人艳羡,备受青睐。说不定什么时候,漂亮的女孩向你看过来,看得你莫名其妙,看得你心里奇奇怪怪,你可悠着点儿,别忘了自己是领导。

男领导和女下属相处不能不掌握分寸。

古人说:"贫贱不能移,威武不能屈,富贵不能淫",这话须得牢记。领导者忘却此训,怕是离倒霉就不远了。

你或许会觉得心惊胆战,似乎有了女下属,就好比面对着吃人的老虎一样,随时都有被吞吃掉的危险,仿佛到处都布满了玫瑰色的陷阱,令人不寒而栗。

非也。不是有意危言耸听,而是如果领导与女下属关系调整不好,极容易使自己陷入尴尬的被动境地,到那时恐怕跳进黄河也洗不清了。

可是,话说回来,也并非女下属都不能接近。若是落花有情,流水有意,产生了爱情,也是人之常情。

但是,在和下属谈情说爱之前,先想清楚自己的身份,想一想自己要得到什么,值不值得。领导就是领导,不同于一般的职员。假若你是领导,拥有一间办公室,同时有一位小姐做你的秘书,则你须谨言慎行,说不定稍有不慎便成了故事里的主要人物,成了街头巷尾谈论、小报杂志用以赚钱的热门话题。

这办公室里的故事又实在不好说,越说越像真的,越涂抹越擦不干净,弄不好身败名裂,多年心血毁于一旦。

二则,爱美之心人皆有之。孟子尚言:"食色,性也。"日久生情,说不定什么时候你头脑一热,做出不该做的事,遗恨终生。

在现实生活中大家也经常听说一些领导和几个秘书一段段怎么说也说不清的故事,大家听多了,听腻了,见怪不怪了,你或许这样认为,谁管这个呀!

这种心存侥幸的想法,实在是大错特错。自古以来,多少英雄好汉拜倒在石榴裙下,过得了关就扬名天下,过不了关,只好偃旗息鼓,打道回府。所谓"人怕出名猪怕壮""树大了招风",你可曾想过,你不是平民老百姓,有多少双眼睛在注视着你,希望你能早日"下岗"、被"炒鱿鱼",又有多少人对你早有歹意,想暗放冷箭,毁了你。

这些人尤其是想整你的人,都正盼着你弄出点乱子,落下些把柄,给他们一些造谣中伤的"酵母",一旦你有越轨行为,则会使他们抓住有力的工具对你进行肆意的攻击,小事变大,大事更大,直到不可收拾,无法挽回时,你纵是再努力也于事无补。更有可能,你稀里糊涂就被人暗箭所伤,不辨东西就被踹下了台。如此,岂不冤哉!

所以,领导者可别"暖风熏得游人醉,直把杭州作汴州",你必须时时提醒自己是领导,要保持与女下属的适当距离。

三则,靓女引人注目,总会有人不断借故与她接近,必然会分散她的精力,无法专心工作,难免出现疏漏差错。

因此,选择秘书要慎重。本来,男领导女秘书是敏感的组合,没事也让人怀疑,若再选择靓女当秘书,恐怕事就接连不断了。其实,选择秘书只要是五官端正,面貌清秀,端庄娴淑也就够了,不必要过于靓丽。

至于其他方面,则可参考以下原则:

(1)举止文明,谈吐斯文,不宜选择脾气较差的女人。

(2)善于着装、巧手打扮,不要求赶时髦,而是要恰如其分,合适得体,大大方方就可以了。

(3)随机应变。直来直去不拐弯的女人做秘书,不但容易得罪人,而且很容易让明眼人一眼便看穿,令你得罪了别人却茫然不知。

(4)记忆力要好。做秘书工作必须能够记得大批人名和大量信息,记忆力当然是关键。

(5)居所离工作地点要较近一点。这样可以在需要之时随叫随到,甚至可以加班。

好秘书能帮你把事情处理得有条不紊,靓女却有可能搞得你心神不宁。和女下属谈情说爱是一种职业性自杀,这种行为会损害领导和下属对你的尊重,最终会影响到你得到各种提升和进步的机会。你会因此给人留下这种印象:对自己很放纵,缺乏忠诚感,不负责任,有失体面。假如人们都认为你在事业的某个方面取得某些成功的话,则对你形象的损害更大。一项重要的职业有可能因不谨慎的所谓生活作风问题而受到严重损害。

所以说,不管是从政还是经商,志在四方的好男儿实在应该小心处理男女关系,别以为纯金钱交易就不会有后遗症,别以为偶一为之不会拖泥带水。

现代社会人心不纯,不论是为官抑或为商,多少人等在那里,等着你的晦气,等着拉你下马,你还去温柔乡里作春秋大梦,岂不是授人以柄?

(七)领导必须克服的二十二个误区

1.忽视对新知识的追求

工作繁忙不能成为放弃学习和充实自己的理由,一个人任何时候都应不断地学习。作为高效领导尤其要注意学习新知识,使自己时刻处于自己所在行业的排头兵位置,高瞻远瞩,放眼未来,不辜负下属对自己的殷切期望。

2.把自己局限在专业中

在某一专业你可能是行家里手,但时代的发展,社会的进步越来越需要一个人具有

广博的知识，而非"专才"。尤其是新兴行业的不断涌现，边缘科学的不断开发，使专业的界限越来越模糊，把自己局限于专业中无疑是作茧自缚。

3.缺乏负责的勇气

任何工作都要求权利与义务相平衡，逃避责任的人，终将丧失手中的权力。既然想拥有权力，就必须承担责任。一个人做任何事情都应具有责任感，没有责任心，缺乏负责的勇气而想成就一番事业是不可想象的。

4.不能适时地制定圆满的决策

适时地制定圆满的决策是对一个管理者的重大考验，决策成功，则事业成功了一半。俗话说："良好的开端，是成功的一半"。

5.疏忽了追踪视察工作

交代工作任务之后并不意味着管理者完事大吉，而恰恰是工作任务完成的开始。世界上只有20%的人会自我管理，而80%的人是需要别人管理的。如果没有追踪视察的配合，很难充分发挥员工的潜力，从而影响工作任务的进度及质量保证。

6.工作指示不能让下属了解

只有下属详细地了解工作的任务、目标及评估标准，才能充分调动下属的聪明才智，做到人尽其才，物尽其力，不折不扣地完成任务。

7.插手小事，越俎代庖

领导既然授权给下属就应充分信任下属，授权后又插手还不如不授权。这样做只会伤害下属的自尊心，打击下属的积极性，影响上下级之间的关系，为以后工作的开展带来负面影响。

8.不能切实地评定自己的绩效

现实生活中往往存在着管理者过度评定自己的工作绩效的情况，把所有与自己沾边的功劳都揽在自己身上，邀功请赏，而不顾及其他有功人员与参与人员的感觉。有的管理者则走向另一个极端，在挫折面前看不到已取得的成绩，一叶障目，不见泰山，这两种都是不可取的。正确的态度应是在充分肯定成绩的同时，不忘记在工作中存在的不足；在检讨错误时，不要忘记已经取得的成绩，对成绩和错误有一个清晰的认识。

9.无法让下属发挥潜力

领导的能力不能以其个人的工作量或工作业绩来衡量，而应以其所带的团队或组织的业绩来衡量，因此，让下属充分发挥自身的潜力对领导来说至关重要。领导个人的力量毕竟有限，而团队的力量是无穷的。如果一头雄狮带了一群绵羊，这头雄狮并不可怕；如果一头绵羊带了一群雄狮，这头绵羊则可使其对手闻风丧胆，唯恐避之而不及。

10.假公济私

一位领导沾上假公济私的恶习，最终会落得个身败名裂的可悲下场。爱占小便宜的人绝对成不了大气候，胸怀大志、胸襟宽广的人才能不为蝇头微利所诱惑。

11.不能诚实守信

诚信是为人之本，最大诚信原则是保险的根本原则。诚信不仅是领导者必须具备的素质，任何一名寿险行销人员甚至一般的普通工作人员，都应把诚信原则作为终身创业的基本原则。

作为一位领导，如果不能诚实守信，也许会暂时赢得眼前的即时效益，但他终究会失去长期的根本利益，使其所在组织遭受重大损失，甚至灭顶之灾。

12.不能以身作则

毛主席说过："榜样的力量是无穷的"，尤其是身为领导者的榜样作用更是一股巨大的推动力量。作为领导，对有些事情尤其是在为人的品德方面，说一千道一万，不如以身作则做一遍。你的观念、信仰、爱好、人生哲学可以使你所在的组织形成一种独特的企业文化。可见作为领导，以身作则是多么的有影响力。

13.借私下交情要求工作成绩

工作成绩是脚踏实地地干出来的，而不是通过其他途径，投机取巧换来的。借私人交情要求工作成绩，也许会得逞于一时，但终究会为人所不齿。不是有许多管理者靠浮夸以达到邀功请赏的目的吗？可最终结果如何呢？

群众的眼睛是雪亮的，你的工作成绩如何，每个知情人心中都有一本账。辛勤耕耘的人，必欢喜收割，一分耕耘，一分收获。私下交情要珍视，如果被沾上腥味，那就太可惜了。

14.不能与部下合作

上下级之间必须是双向的。如果领导不能与下属合作，便成了"光杆司令"，你的计划制订得再好，没有整个组织齐心协力地去实施，也是"水中月，镜中花"，成了"空中楼阁"。

俗话说：人心齐，泰山移。上下齐心是组织绩效得以保证的关键所在，领导与下属同甘共苦、充分合作，任何事情均可迎刃而解。

15.不能让员工有参与感

现代管理由以事为本转为以人为本，员工不仅是计划的具体实施者，还应成为计划的制订者，甚至参与计划的决策。这样能使员工得知计划的目的与目标，有被尊重的荣誉感，从而激发个人潜力的发挥，为组织做出更大贡献。

如果不让员工有参与感，员工以为事不关己，高高挂起，工作缺乏主人翁精神，效率之差是可想而知的。领导在执行计划时应使员工充分参与其中，明确计划的目标，共同奋斗，以圆满地达成目标。

16.事必躬亲，大权独揽

领导者也是人，一个人的精力毕竟有限，事必躬亲，效仿诸葛亮“鞠躬尽瘁，死而后已”，最终只能落得个“出师未捷身先死”，壮伐中原终成画饼。

作为领导，必须具备“抓大放小”的鉴别力。“大”是事物的主要矛盾，事关所在组织的发展方针的大计、决策、前途、命运等方面的事情；“小”是指那些无碍大局的鸡毛蒜皮的事情。领导必须学会授权，大权独揽最终会造成事事想做好，事事不如意的结局。

17.墨守成规，缺乏弹性

事物总是发展变化着的，世界上没有一成不变的事情。正因如此，在实际工作中要针对不断变化的事实，采取弹性的应对策略。墨守成规，“刻舟求剑”终将为时代所淘汰。

18.做破坏性的批评

对下属所犯错误，领导应一针见血地指出来，给予恰当的批评，但批评要讲究方式方法，要视当时所处的具体场合。过度的不顾情面的破坏性批评会伤下属的自尊心，从而失去批评的意义，与批评的目的背道而驰，南辕北辙，得不偿失。

19.忽略下属的牢骚和抱怨

下属的情绪是其工作积极性的反应。如果下属的牢骚和抱怨得不到领导的重视，不能得到有效化解，扩而散之，消极的情绪扩散开来，便会像瘟疫一样腐蚀所在组织的肌体，使组织丧失战斗力。

作为领导应敏锐地洞悉下属的情绪变化，将下属的牢骚和抱怨消灭在萌芽状态。

20.上下缺乏沟通

一个好的领导，一定是一个沟通的高手。只有上下级之间保持经常的沟通，才能使领导和下属心心相印，心往一处想，力往一处使，共同达成期望的目标。如果缺乏沟通，“各吹各的号，各弹各的调”，一盘散沙，战斗力被内耗所毁，目标的达成只能是一句空话。

21.缺乏人性的管理

缺乏人性的、以事为中心的管理已成为过去，现代管理的核心便是以人为本。怎样充分发挥人的最大潜力是现代管理所研究的最大课题。人的潜力是巨大的，就看领导如何去发掘。

缺乏人性的管理，使人的积极性得不到充分发挥，甚至被压抑，人的聪明才智被埋没，创造精神被消磨，这样的企业只有死路一条。

22.没有培养接班人

培养接班人是领导考虑的又一重大问题，一个好的接班人能继续你未竟的事业，将你的遗憾变为现实，带领组织从胜利走向胜利。一个不称职的接班人可以使你及组织的员工共同努力的结晶化为泡影，这样的“蛀虫”“硕鼠”使身为领导不得不慎而又慎地选择接班人。

领导只要留心，就会发现在你身边不乏才俊之士，倘若委以重托，使其得到必要的锻炼，将其培养成为一个合格的接班人，这不只是领导者个人之福，更是整个组织之福。反之，把企业交给一个不负责任的人，不仅自己的心血将付之东流，整个企业的员工也会成为牺牲品，甚至生活都难以保障。

兄弟友愛

薛王

唐玄宗

兄弟友爱①

【历史背景】

每天早朝,几位兄弟在侧门朝见。待退朝后,几位王公在一起宴饮、斗鸡、击球,或同去近郊打猎,或到别墅游玩,玄宗不断派宦官去问候。很多时候,玄宗罢朝后,也和几位兄弟一同去游玩。在宫中,玄宗与几位兄弟见面行家人礼,饮食起居,也和几位兄弟相同。玄宗还在宫殿中设置了五个帷幕搭成的宫室,称为"五王帐"。他和几位兄弟坐在里面,或讲论诗赋,不时还穿插饮酒、游戏、下围棋;或者各自拿一件乐器演奏一番;宋王成器善于吹笛,岐王范善于弹琵琶,往往与玄宗交替演奏。如果遇上几位兄弟中哪一位害了病,玄宗就会整天吃不下饭,整夜睡不着觉,可见其友爱之深切。

史书上记载,薛王李业病情加重期间,玄宗为此忧愁得"容发为变",等到薛王李业死后,玄宗恸哭了三天,赠谥号为惠宣太子,此外,还有已经去世的二兄申王李成义、四弟岐王李范都被分别追赠惠庄太子和惠文太子的谥号。李隆基对自己的兄弟不仅生前照顾友爱,就连他们死后也要给以荣耀。玄宗不仅对待自己的同父兄弟如此关爱,对待堂兄弟也一贯如此。李守礼是章怀太子李贤的次子。这个豳王李守礼,在自己的职位上没有做出什么功绩,他对天气的反应很敏感,玄宗还以为自己的这个兄弟有什么特异功能呢,于是就问他,李守礼说自己哪里有什么独特的功能啊,只不过是当年因为父亲的原因被武则天关在幽闭宫十多年的时间里,每年都要遭受武则天的杖刑,每每天气变化身上的伤疤就会有特殊的反映,所以才会对天气敏感的。于是,这兄弟两人便沉浸在对以往的追忆中而泣不成声。对于让位给自己的哥哥李成器(后更名李宪)玄宗一直不忘,等到这个哥哥去世之后,玄宗恸哭,连身边的人都无不被他感动,结果因为悲痛太过于强烈而三天没能够上朝,他还说:"天下,兄之天下也;兄固让于我,为唐太伯,常名不足以处之。"为了表示对这个哥哥的思念与表彰他的行为,还特意给他追送了一顶皇冠,谥"让皇帝"称号,葬礼也以皇帝规格来安排。

今天看来，帝王与其兄弟之间的确不易相互诚信友爱，关键是一个“权”字，即继承皇权和保住皇权问题。远的不说，就拿离玄宗最近的一代明君唐太宗而言，为了继承皇位，兄弟之间相互残杀。玄宗为防患于未然，“禁约王公，不令与外人交结”，意思是说，禁止王公与外人交往。其目的不是也显而易见吗？因此可知，玄宗对兄弟友爱，根本原因在于，那五位兄弟没有对他的皇权构成威胁。例如，宋王成器，史籍记载他为人行事特别恭慎，根本不议论时政，也不与外人交结，不任实职，不做事，专爱声色娱乐，所以玄宗更加信重他，谗言也不能挑拨离间。但尽管如此，玄宗登基后不久，群臣建议：因宋王成器等诸位王公在京师不便，请按惯例出为外州刺史。玄宗还是同意让他们到外地当挂名刺史去了。虽然后来又都召回，但都挂名虚职，不掌实权。这就是唐玄宗对兄弟友爱的真相！

【原文】

唐史纪：玄宗素友爱，初即位，为长枕大被，与兄弟共寝，饮食起居，相与同之。薛王业[②]有疾，上亲为煮药，火燃上须，左右惊救之，上曰：“但使王饮此药愈，须何足惜。”

【张居正解】

唐史上记：玄宗与他兄弟诸王，极相友爱，到做了天子，也不改变，初登宝位，即制为长枕大被，与诸兄弟们一处宿歇，饮食行坐，都不相离。少弟薛王名业，曾染疾病，玄宗自己替他煎药，垆内火被风吹起来，烧着玄宗的须，左右惊慌上前救之，玄宗说：“但愿薛王服药，病得痊可，我之须何足惜。”其友爱之切如此。夫兄弟本是同胞所生，故大舜待弟[③]，亲之欲其贵，爱之欲其富，至于一忧一喜，莫不与共。玄宗身为天子，能这等笃于友爱，亦可谓贤君矣。

【注释】

①此篇出自《资治通鉴》卷111唐纪二十七，玄宗开元二年。记述唐玄宗即帝位后，仍与诸兄弟共寝、互相友爱的故事。

②薛王业：睿宗李旦第五子，本名隆业，因避玄宗讳，改单名业。为人好学，初授秘书

监,后至太子太保。

③舜与其弟象的故事,见前《孝德升闻》篇。

【译文】

唐史载:唐玄宗一向待人友爱,初登大位,即制作一个长的枕头和大的被子,和兄弟们共同睡眠,吃喝行动,都在一起。薛王李业有病,玄宗亲自煎药,煮药时火把胡须烧了,左右侍奉他的人连忙去救,玄宗却说:"只要薛王病好了,我的胡须有什么可惜呢。"

【评议】

自古皇族为了争夺皇位的继承权,通常都骨肉相残,手段极其残忍,兄弟之间友好和美的几乎很少。唐玄宗可以说在这方面是处理得最好的。之所以能够这样就是因为唐玄宗不以自己的皇帝身份和兄弟们相处,而是以真正的兄弟的情意来和他们交流。平等友爱的相处使得唐玄宗在位的时候并没有出现兄弟相残的惨痛场面,这样也在一定的程度上促进了唐王朝的兴盛,促进了国家的安定。唐玄宗的友爱兄弟也以皇帝的身份为天下百姓做了榜样,对社会道德的提高起到了相当好的作用。

【镜鉴】

一、手足情深要珍惜

四川雅安芦山县于2013年4月20日发生7.0级强烈地震。地震中,发生了两起感人的事例。

他们是一对姐弟,也是留守儿童,跟着爷爷生活。清晨,姐弟起来倒垃圾,被倒下的房子砸中。关键时刻,12岁的姐姐扑向两岁弟弟,保护了他……姐姐砸成重伤,弟弟得救了!

8岁的周子耘在楼房废墟中用双手挖出被瓦砾碎石掩埋的两岁妹妹周小然。手边找不到可用的工具,这个8岁的男孩便赤手刨开压在妹妹身上的瓦砾和碎石,尖利的碎石

将他稚嫩的小手划得血肉模糊。

这两则真实的小故事,说的都是孩子在生命危难之际援救自己的兄弟姐妹,这种骨肉之爱、手足之情相信会让众多领导干部们感慨、感动。

中国人讲究亲情,兄弟姐妹往往是亲密无间的。"打虎亲兄弟"所表现出来的兄弟关系可见一斑。在传统的中国家庭里,长兄如父,家中的长子、老大,应协助父母照顾弟妹,主持家务。家中父母不在(外出、世故)时,家中的老大要担当起父母的责任,照顾好弟妹,尽扶养、教育之责。兄长爱护弟妹,弟妹敬爱兄长,这个家庭就会和谐、幸福。

成语"煮粥焚须"的意思是:为给姐姐煮粥致使自己的胡须也被火烧了,比喻手足情深。出自《新唐书·李勣传》:"性友爱,其姊病,尝自为粥而燎其须。"就是讲述唐朝官员李勣的兄弟姐妹之间友爱的故事。

宋代文豪苏轼与苏辙这样性格差别很大的两兄弟,也成为中国人手足之情的典范。

人世上兄弟之间关系特别好的不是很多,尤其是两兄弟都各自安家后,不少都因女人之间的矛盾而使两兄弟疏远或不和。而苏轼和苏辙两兄弟无论是少年、成家至老年,一直都是相互理解、关爱与牵挂着,不受任何干扰亲热如初,其深厚的手足情的确令人感叹!青少年时兄弟俩一起玩耍、学习和进京求取功名,成家和入仕途后更是相互关心不分彼此。苏轼第一次去凤翔任职时,苏辙一直送哥哥一家人到郑州,这是两兄弟第一次离别。在郑州西门分手时,苏轼再三叮嘱弟弟一人回京路上要小心,并一直望着骑马的弟弟的身影在雪地上消失,他才含着泪水进城。到了凤翔的当晚,苏轼便给弟弟写了一封诗函。

公元1097年下半年,苏轼贬居儋州,苏辙贬居雷州。两位大诗人心灵相通,在兄弟二人两地以诗代书、唱和成趣的过程中,他们的精神得到最大的安慰,成为在最为艰困环境下的诗意栖居。

"两兄弟政治观点始终相同,立场也一致,但是性格却完全不一样。子由性安稳,实事求是,保守,不爱多说话;东坡性豪放,开朗,多嘴多舌,天真而不计一切后果。"现代文学大师林语堂这么比较二苏。青少年时代在家乡,他们一直同出处。做官之后聚少离多,都是彼此牵挂。"但愿人长久,千里共婵娟"可以适用于所有分离的亲友情人,而此词产生之初,苏轼心目中最鲜明的形象则是苏辙。苏轼千古奇才,苏辙始终以师视之。苏轼去世之时,遗嘱要苏辙作墓志铭,苏辙铭文深情地说苏轼"抚我则兄,诲我则师"。苏轼口无遮拦，天真放纵，在处事方面，苏辙则时时提醒他，反而如师如兄。

中国民间有句老话："好男不吃分家饭，好女不争嫁妆衣。"说的就是兄弟姐妹之间要相互谦让，不要为了利益而破坏了手足之间的情谊。可是在现如今的社会，不少领导干部，在与兄弟姐妹之间为了争夺一些利益以致反目成仇、势不两立的大有人在。面对物质的诱惑，手足之情往往成为不了他们手中的盾牌，用来抵挡诱惑的冲击，他们似乎忘记了这份情谊，忘记了自己的兄与妹、姐与弟，忘记了他们从小到大所留存的这份感情。

"同气连枝各自荣，些些言语莫伤情。一回相见一回老，能得几时为弟兄。弟兄同居忍便安，莫因毫末起争端。眼前生子又兄弟，留于子孙做样看。"

兄弟姐妹之间不应有芥蒂，理应和睦的关系却因世俗利益而出现裂痕直至破碎，这是不应该的。血浓于水，是理应同甘苦，共患难的。《诗经》中有诗曰："兄弟阋于墙，外御其侮。"是说兄弟在墙内争吵，但总会共同面对墙外的欺侮。"兄弟齐心，其利断金"说的就是兄弟间只要同心同德，同心同行，就会无往而不胜。同心同行，相互扶持与帮助，那么结果定然是"同气连枝各自荣"。

当然，这种"同气连枝各自荣"并非是那种丧失原则的"同甘苦，其患难".不是爱，而是害。

《新文化报》2009 年 3 月 31 日报道，长春市绿园区公安分局原局长付德武在职时疯狂敛财，在办公室居然藏款 1300 多万，案发后，发短信让弟弟付德春帮他全部承担下来，而付德春也就慨然向办案机关做了虚假证明。后付德春在悔过书中承认："为了亲情和手足之情，我几次对检察机关说了假话，作了伪证，主要目的是替二哥（付德武）减轻点罪过。"

亲情和手足之情果然有如此之大的力量，值得付德春慨然应承那一份随时都可能落下来的罪与罚吗？或许手足之情大概是有的，但弟弟心甘情愿顶罪，根本上还在于哥哥权势地位不一般。说到底，就是一种计算了得失之后的利益驱动。这样的"手足之情"，不要更好。

人生数十年的寒暑交替中，同体连枝的兄弟姐妹，真的是"一回相见一回老"。想想还有多少时日，能够珍惜同聚同处的时光？千万不要等到追悔莫及之时，才徒自伤悲，那不是为时已晚了吗？骨肉之爱、手足之情，当要切切珍惜，当要正确珍惜。

二、上下级之间要互相尊重

《新京报》2011年9月21日报道了一则新闻:“国土部原处长受贿检举上司,上下级争利双双获刑”。一场全国性的土地调查项目,牵扯大批测量项目。为安插自己的关联公司来抢食分利,国土部地籍管理司的一位副司长和一位处长发生争执,最终两人双双获刑。国土部地籍管理司监测与统计处原处长沙志刚到案后,主动检举揭发自己的上司国土部地籍管理司原副司长温明炬外,还检举国土资源部机关服务局接待处原副处长明红伟,使得这一窝案浮出水面。

这里不说他们贪污腐败的事情,让我们关注的是上下级“抢食分利”闹矛盾的问题。

“投桃报李”“士为知己者死”……这些警言良训无疑不是建立在人们相互尊重的基础上。在古代,贤明的君主总是懂得这个道理,所以待臣下如手足,臣下必以死相报。刘备就深知这个道理,他与关羽、张飞桃园结义,流传千古,而就因被吕布袭破徐州后,张飞因为丢了城池羞愤欲死,刘备说出了一句:“兄弟如手足,妻子如衣服,衣服破尚可补,手足断,安可续?”以致张飞对刘备感激涕零,致死相随。刘备对诸葛亮敬重有加,诸葛亮对刘备亦愿肝脑涂地。当年刘备为请诸葛亮出山辅佐,三顾茅庐,显尽诚意;诸葛亮因刘备托孤时所说:“若能辅则辅之,不然,君可自取”一席话让诸葛亮赔上一生还心甘情缘无怨无悔。

更早之前的孟子也曾有过相同的表述。孟子告齐宣王曰:“君之视臣如手足,则臣视君如腹心;君之视臣如犬马,则臣视君如国人;君之视臣如土芥,则臣视君如寇仇。”大意就是说“君主把臣下当手足,臣下就会把君主当腹心;君主把臣下当狗马,臣下就会把君主当一般不相干的人;君主把臣下当泥土草芥,臣下就会把君主当仇敌。”

其实,伺止古代的君臣如此,现代的领导干部用人时也要本着信任为先,相互尊重的原则。交代任务,就要做到“疑人不用,用人不疑”,切不可对人半信半疑,用人时畏首畏尾。在工作中与下属或工作人员相处交流时,也不应该因位居高位而自傲,要本着相互尊重的原则进行沟通与交流。懂得对他人的尊重是做人的基本道理。

身在高位,更应该的是保持一颗平常心,不要被高峰上的风景迷乱了眼睛、诱惑了自己。脚踏实地与人交往,心平气和与人交流。居高位而不易其本,记住自己的职责,学会尊重他人,这样才会受到别人的尊重,得到大家的认可,这也是为官者难能可贵的品质之一。

世界上最美的语言是赞美,世界上最好的美德是宽容。赞美与宽容本是人人都该具备的素质与品德,可这些素质在当今某些领导干部的身上却是寻不见一丝踪影。

在一家大型钢铁集团,有个领导整天板着脸,看谁都不顺眼,见谁训谁。有一次,他安排下去的工作,期限到了,却仍未见下属来汇报。这个领导便怒气冲冲地召集中层干部开会,在会上,他劈头盖脸地训斥道:“你们是怎么工作的,难道拿我说的话当放屁?我警告你们,要是哪个敢不听我的话,我就先摔破他的饭碗,再断了他的财路,看谁还敢不服。”十几个下属大眼瞪小眼,其中有几个下属已经做好了工作,正准备向这位领导汇报,但没想到他说出这一番绝情的话,便一个个敢怒不敢言了。

在提倡人文关怀、科学管理的今天,如果领导者经常以“霸王式”的口气与下属谈话,势必会招致下属离心离德。作为领导干部,在遇到问题时,可以正话反说、严肃的话幽默着说、批评的话对事不对人换个角度说等,要体现出对下属的尊重与理解,尽量让自己的谈话走进下属的心里,以取得“人心换人心、四两换半斤”的效果。

德国的著名诗人席勒曾说过:“不尊重别人的人,别人也不会尊重他。”是啊,你若不尊重他人,处处傲睨自若、目中无人,别人又怎会尊重你、敬爱你、服从你?请学会尊重他人吧,人与人之间应该多一些互相尊重,这不仅会使你在工作中感到极具效率、充满能量,更重要的是,你将会拥有内心中的那份安然。

三、同事要搞好团结

“假如销售讲‘善良’,各支持部门,包括 HR(人力资源),指望什么发年终奖?”这是几年前非常畅销的《杜拉拉升职记》一书开篇的一句反问。

前两年,更有一部非常火的宫廷斗争电视连续剧《甄嬛传》被人称为宫廷版的《杜拉拉升职记》。

“职场有政治,你执黑,我奉陪”,“格子间的无烟大战,美丽背后的权谋”等宣传文字,更让一些人感到不安,因为这些书和电视剧传递了一个信息:职场很黑暗,职场是一个江湖,水很深很浑浊。可怕的是,社会上还有不少它们的拥趸。

“宫斗戏”的火爆,其实是折射了当代社会中的职场争斗,折射出当下的办公室生态。

现代人除了在家以外,停留最多的地方应该就是办公室了。我们与周围同事基本上天天都要见面,坐在一起办公,真可谓是“最亲近的人”。可虽身在一起,心却未必在一处。表面上和和气气,私底下可能就会是另一番情境。

在工作中,人际竞争是必要的、必然的和不可避免的,甚至是令人期待的。但是在这种竞争机制下也要坚守底线,即竞争的手段要以人性的善良为基础、保持合作关系,依然能共事。这样的竞争是被提倡的,这样的“政治”也是健康的,因为这样有利于自身的发展以及工作的提高。同事间不会因为竞争关系而撕破脸皮,依然会相敬相爱,扶持共进。少一些私底下的勾心斗角,多一些阳光下的合理竞争。

可是,一些领导干部受这种“办公室斗争”思维的影响,将他们勾心斗角隐藏于不见光的地下。

网络上沸沸扬扬的“李琢 19961003”微博事件,就是一个很好的例子。孟某在西南某市计生系统内,被公认颇有才气,但在仕途上却不甚顺利。最近三年,他两度因群众测评不过关而未能升迁。从 2011 年 11 月 11 日起,他利用办公室相邻市计生委办公室主任李琢的条件,开通了一个以李琢为名的微博,编写和讲述着李琢的工作和生活。微博中的“李琢”无遮拦的吐槽“官场生活”,“李琢”不仅对市领导多番“吐槽”,更自曝曾给副市长代笔,还提到系统内的公款吃喝甚至官员间人际关系的秘闻。在微博中被提到的官员有 20 人,真正的李琢称自己和家人受到极大伤害……

亚里士多德说过,人生来就是政治动物。毛泽东也说过,有人的地方就有政治斗争。但在“办公室政治”中,需要有一个道德底线。特别是对于政府官员来说,这“办公室政治”是万万不可有的。作为政府职能部门的决策人员与执行人员,领导干部的一言与一行,不仅代表着其自己的意愿,同时也在无形中影响着社会民众的生活。作为人民的公仆,领导干部应当一心一意的想好要怎样工作才能让人民群众更满意、满足人民群众的需求,而不是在心里盘算着勾心斗角、尔虞我诈,去谋求官场上的仕途、谋求一己私欲。

中国人讲求以和为贵,但是在现在的政府机关中,官员间的勾心斗角却是常事,部门与部门间的矛盾,上下级的矛盾,平级间的矛盾处处显露。造成这一切的因素很多,其中主要的就是利益和权力的冲突。

还记得前些年热播的电影《窃听风云》,那种无处不在的监视与窃听,令人感到毛骨悚然。一直以为,那种像透明人一样没有任何隐私可言的生活,似乎离我们这些现代人很遥远,通过窃听、偷拍等下三烂的手段掌握个人行踪,只是影视剧里常见的桥段,在现实中即便有,也大多存在于恶性商业竞争中。

然而,在官场中,这样一股窃听"风暴"也已悄然刮起。

2009年3月,江西省国土资源厅3名副厅长同时被去职接受调查,随后江西省国土系统15名处级以上干部纷纷落马。而这一场反腐风暴的导火索正是"窃听门":据江西省纪委知情人士透露,副厅长许建斌手头有一个项目涉嫌违规,国土厅里的一名处长坚持不签字。在多次沟通无效后,许建斌动用私人侦探跟踪这名处长上下班,希望能拿到把柄让其就范。跟踪无果后,许建斌在这名处长的办公室里安装了摄像头,随后安排一名商人行贿该处长,在取得收钱画面后,私人侦探立即向纪委举报。

在这种变异的官场生态中,办公室"政治"的阴暗面被一览无遗。窃听偷拍无关于反腐,而更多的是设计好的阴谋陷阱,目的就是除掉异己分子,踢走自己在获取利益路上的绊脚石。这样扫除异己并得逞的案例多了,还能有几个官员不战战兢兢,进而同流合污、结成联盟以寻求庇护?倘若官场果真窃听成风,官员们彼此刺探,相互收集黑材料,抓对手把柄,以便在官场"政治"中谋取上位。那么,在这样的环境下工作,整天勾心斗角、耽于算计,官员哪还有精力全心全意为人民服务?

由于竞争的加剧,人和人之间的关系越来越变得微妙和复杂,过去那种单纯的同志之间、同事之间、战友之间、上下级之间的关系不见了,取而代之的是合作关系、角色关系或纯粹的利益关系,人际关系变了,环境自然也跟着变了,大家在一起工作或学习,相互提防着,不能坦诚相见,要维持一种较为有利的人际关系,自然会很累,这是一种非正常之累。

不同于普通职场上的同事,政府部门的工作人员任务更加繁重,这就要求同事之间更要精诚合作,齐心协力地进行工作,切不可勾心斗角,使得彼此之间有了隔阂以至于最后弄得鱼死网破、两败俱伤。要知道,"不一于汝,而二于物",只有一心一意的态度,才能把事情做好。如果在工作中只想着自己的利好而不专心于眼前的工作,那样是不会做好工作的,更有可能给你自己的生活带来许多困扰,使你处在风口浪尖之上。

专心于自己的本职工作,把自己分内的事情做好,那么应该属于你的一切早晚都会来到你身边;如果心里装的只有那些龌龊的算计、整天忙于

"政治"斗争,这不仅会导致你的工作无法做好、同事之间相处也不会融洽,更会让你的心变得烦躁与焦虑,影响你生活的质量。

与他人好共事，能够搞好团结，这是对领导干部的基本要求。领导班子成员之间，同事与同事之间要多沟通，多交流，相互关心，相互帮助。要为别人的成功与进步感到高兴，要提倡有话当面说。与人共事要真诚，不能太"精明"，也不能太算计，心胸要宽广一点。与人为善，与人为伴，与人为友，才能形成"好共事"的环境。

不管是《杜拉拉升职记》还是《甄嬛传》，描述的还是有点夸张，其实，办公室政治再惨烈也没有如此深的怨怼和血光。这样的阴谋和心计也只有小说和电视里有，要相信这个社会，正能量还是占据主流的，否则我们的价值观就没了指导的方向了。

因此，最好的成功不是打通人际关系，更不是靠阴谋上位。无论社会怎么变化，正直、善良、感恩、率真、坦诚等这些"阳光心态"永远是人们需要的；不管社会多么复杂，勤奋、勇敢、坚持、坚毅、坚守等这些"朴素思想"总是实现成功的最有效途径。带着这些上路，相信大部分人都会成功。

四、交友结朋要慎重

《检察日报》2011 年 2 月 9 日报道，自 2007 年以来，四川省检察机关共查办工程建设领域行贿犯罪案件 306 件 326 人，位列所有行业首位，涉案金额上亿元。

报道称，承建方普遍视商业贿赂为工程经营活动中的"敲门砖"和"润滑剂"，往往打着"兄弟、朋友"的旗号对重点对象频繁施以"小恩小惠"的感情投资，借以保持长期固定的联系。如四川某实业有限公司法定代表人、执行董事周某在房地产开发和建筑工程承包过程中，先后 12 次向四川省一县委书记行贿 168 万元。达州某实业有限公司董事长肖某为得到达县原县委书记陈光礼的关照，于 2006 年至 2008 年期间，以拜年拜节、感谢费的名义，先后 8 次向陈光礼行贿现金 230 万元。

正因如此，办案检察官点评说，承建方打着兄弟、朋友的旗号，小恩小惠的感情投资常常令人麻痹大意，疏于防范。殊不知，猛然觉醒时，已深陷泥潭，无法自拔。因此，各级领导干部和国家工作人员必须时刻警醒自己，从小事，从细微处严格要求自己，守住"慎微""慎初"的关键环节，不让别有用心的人有可乘之机。

记得宋人许辈说过，"与邪佞人交，如雪人墨池，虽融为水，其色愈污；与端方人处，如碳人薰炉，虽化为灰，其香不灭。"可见，朋友的影响是潜移默化的。从某种意义上讲，选择兄弟、朋友就是选择命运。如果领导干部和国家工作人员在这个问题上不能保持清醒头脑，整天沉溺于朋友们的阿谀奉承之中，满足于朋友间的迎来送往，长此以往，必然放松思想警惕，对是非变得麻木不仁，最终对兄弟、朋友的要求和自己的行为麻痹大意，逐渐被引上邪路。

2009年11月19日《人民日报》称：少数领导干部热衷于交"小兄弟"。他们在厂矿企业、街道社区、田间地头鲜见身影，却与一帮"小兄弟"打得火热。

何谓"小兄弟"？"既不是真朋友，更不是亲兄弟，而多是一些心术不正、趋炎附势的小人。他们千方百计接近领导干部，挖空心思讨好，处心积虑拉拢，目的只有一个，就是利用领导干部手中的权力为自己谋好处。"既然"小兄弟"不是"真朋友"，他们看中的是领导手中的权力，以势之交，以利之交，那么少数官员为什么还热衷于交"小兄弟"？

一、眼馋的是人家的"钱袋子"。随着市场经济的深入发展，一些地方往往将GDP作为衡量领导政绩的关键指标。发展需要投资，在当地财政吃紧的情况下，招商引资成为政府发展经济的重中之重。与"大款"为友，便能很快完成招商引资任务。加之少数官员自感与"大款"相比有种"吃亏"心理，看到人家"暴富"就眼馋。

二、琢磨的是给自己"找后路"。官员作为自然人，也有着物质生活、精神生活等方面的需要。但是，如果不加以节制，满足这些方面需要的条件往往捉襟见肘。为了给自己的子女和个人"后路"着想，他们往往认"老板"做自己的"小兄弟"，或与之共同做生意、搞营销，以"弥补"自己的财力上的不足，为自己的"后路"奠基。

三、沉醉的是权力的"指挥棒"。"有权不用，过期作废"，这种思想往往支配着少数官员的交友原则。于是，他们喜好听别人为自己抬轿子，喜好听一些奉承甜蜜的话，喜好身边有一帮围着自己转、听任使唤的"小兄弟"，更有的以"黑白两道"都通为荣，甚至有的自己当起了黑恶势力的"老大"，将手中之权发挥到了极致。

领导干部的社会交往绝对不同于普通人，因为它与权力的行使相联系。普通人交友不慎，不过造成一些感情伤害，最多是个人财产上的一些损失。而官员交友不慎，那受损失的就不仅仅是官员个人，往往伴随权力的被利用和社会利益的损失。近年来查处的领导干部违纪违法案件表明，一些人蜕化变质，往往就是从交友不慎开始的。特别是官做得越大，朋友越多，一些素不相识的人从四面八方找上门来，拉关系，献殷勤，简直是门庭若市、踏破门槛了。究其原因，是因为别人崇拜你的才能，羡慕你的人格，而与你交友吗？显然不全是。俗话说："穷居闹市无人问，富居深山有远亲。"这个道理很简单，在世俗社会中,多数人都愿意做锦上添花的事情,而不愿意去雪中送炭。因此,当你身居高位、权倾一方的时候,自然会有许多人主动找上门来和你交朋友,套近乎。他们主要看中的是你手中的权力,目的是想通过你手中的权力获得一些不正当的利益。

交往动机有问题,动机不纯,情感就不可能真挚,甚至根本不存在付出真情,因此朋友就不可能长久。特别是那些一心想着利用别人、谋取好处的人,其交往行为必然出现偏差。领导干部应该做到心中有数,在众多的"朋友"中辨别忠奸良莠,在交往行为中保持一份清醒。

身居高位的领导干部,更要珍惜那些在你意气风发时还能够对你提出劝谏的朋友,他们冒着"未信则以为谤己也"的风险来劝谏你,就是本着朋友之间的那种信义,靠的是你们之前交往中建立的信任的基础。"良药苦口利于病,忠言逆耳利于行。"朋友们的建议可能没有那些阿谀奉承能让你感觉舒服,可谁是真正的朋友,谁是貌合神离,谁是包藏祸心,心里应该要有杆秤。

领导干部和国家工作人员要从小事,从细微处严格要求自己,从善交友,选良交友,择廉交友,面对某些"兄弟、朋友"送上门的种种诱惑,要做到心不贪、嘴不馋、眼不斜、手不长、耳不偏。只有这样,才不会被那些不三不四的"朋友"拖入泥潭而不能自拔。

擦亮眼睛,去分清身边哪些人是真心诚意、哪些人是虚情假意。信任不是一朝一夕的事情,它需要长时间的感情积累。所谓"路遥知马力,日久见人心",真心的朋友是经得起时间的考验的,而那些无信无义的"朋友"们,则终究会离你远去。

召试县令

召试县令①

【历史背景】

唐开元四年二月，有人向玄宗密奏说："今年吏部主持的科考失实，新授县令太滥，很多人都不称其才。"玄宗吃惊不小。他很重视县令这个官职，认为这是亲民之官，如县令不好，那百姓就要深受其害。听说此事后，他虽然表面不动声色，但心中已有了主张。之后他召来所有人重新考察安排，由此可见玄宗对县令这一官职的重视程度。

明代张居正评论说：正因为玄宗十分注意县令这一层亲民之官的选择，所以开元时期的县令大多数是称职的，而百姓也身受其惠。这也是形成开元之治的重要因素。今天，大明的知县一级，就是唐玄宗时的县令那一级。想要把天下治理得好，不可不慎重地选择出任这一级官职的人啊！

唐玄宗具有任用主要官员的能力，而且还对吏治进行了调整。为了提高官僚机构的办事效率，他想了很多的办法。首先，对许多没有实际作用的官员进行裁减，大改武则天时期的官吏体制，不但提高了官员和部门的办事效率，对国家的财政也起到了良好的作用。其次，确立严格的官吏考核制度，唐玄宗特别注意地方官员的任用，加强对地方官吏的管理，有利于百姓的安抚与管理。在每年的十月，玄宗都要派按察使到各地巡查民，情，如果检查到不符合要求或者是违法犯罪的，则严惩不贷。第三。恢复了唐太宗时期谏官和史官参加宰相会议的制度。让谏官和史官共同参与讨论国家大事，监督朝政。第四，重视县令的任免。唐玄宗认为郡县这些人是和百姓直接接触的，和百姓直接打交道。所以，玄宗经常亲自出题考核县官的能力，了解这些县官的真实情况，看看他们是不是真的符合标准。这样的考试通常都是很严格的。

正因为唐玄宗十分重视对官吏能力和德行的考核，所以在唐玄宗的开元天宝年间才出现了一大批历史上有名的贤臣，其中姚崇、宋璟、张九龄都是德才兼备的贤相。姚崇为人刚直果决，曾向唐玄宗提出了十条建议，包括勿贪边功、广开言路、奖励正直大臣、勿使皇族专权、勿使宦官专权等对治理国家非常有效的策略。宋璟十分重视对人才的选拔任用，为人正直不徇私。张九龄更是任人唯贤，帮助唐玄宗选拔了一批有用之才，他还常常直谏唐玄宗，对他的过错从不隐瞒。

【原文】

唐史纪：玄宗悉召新除县令至殿庭，试理人策[②]，惟韦济[③]词理第一，擢为醴泉[④]令，余二百人不第，且令之官，四十五人放归学问。又敕京官五品以上外官刺史[⑤]，各举县令一人，视其政善恶，为举者赏罚。

【张居正解】

唐史上记：玄宗以县令系亲民之官，县令不好，则一方之人皆受其害，故常加意此官。是时有吏部新选的县令二百余人，玄宗都召至殿前，亲自出题考试，问他以治民之策，那县令所对的策唯有韦济词理都好，取居第一，拔为京畿醴泉县令，其余二百人，文不中第，考居中等，姑令赴任，以观其政绩何如。又四十五人，考居下等，放回原籍学问，以其不堪作令，恐为民害也。又敕令在京五品以上官，及外面的刺史，各举他所知的好县令一人，奏闻于上，既用之后，遂考察那县令的贤否，以为举主的赏罚，所举的贤，与之同赏，所举的不肖，与之同罚，所以那时县令多是称职，而百姓皆受其惠，以成开元之治[⑥]。今之知县，即是古之县令，欲天下治安，不可不慎重此官也。

【注释】

①此篇出自《旧唐书·韦思谦传》，并见《资治通鉴》卷111唐纪二十七，玄宗开元四年。记述唐玄宗重视地方官的任命，亲自考试县令的故事。

②理人策：即理民策，治理民众之策。唐避李世民讳，将民称作人。

③韦济：郑州阳武（今河南省原阳县）人，以辞翰闻名。开元初调鄄城令，擢醴泉令，四迁至户部侍郎，太原尹。天宝时授尚书左丞。祖韦思谦、父韦嗣立，均在武则天、中宗朝以韦后族人，官居要职。

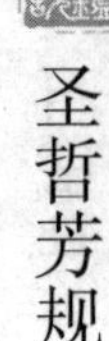

④醴泉：今陕西礼泉县。

⑤刺史：唐代郡的长官。从三品或正四品。

⑥开元之治：指唐玄宗开元年间(713~741)，生产发展，经济繁荣，户口比唐初增长四倍。使唐朝成为亚洲经济文化交流的中心，史家誉为“开元之治”。

【译文】

唐代史书上记载：唐玄宗召来新授职的全部县令到殿廷，亲自考试治民之策。只有韦济文辞义理第一，升为醴泉县令。其余二百人没有入等，但还让他们去赴任，四十五人放回原籍再学习。又命令京官五品以上和外官刺史，各推举县令一人，观察他们的政绩好坏，对举荐人进行赏罚。

【评议】

历史上评价唐玄宗知人善任，赏罚分明，办事干练果断，同时这也是他能开创“开元盛世”的主要原因。唐玄宗在治理国家的时候，能够注意到很细微的地方，所以在他统治的时期才能够达到空前的繁荣。县令是唐代的地方官员，但是玄宗却在这样的官员任免上颇费了一番苦心。因为他认为这样的官员是与百姓接触最密切的，是将朝廷的政策措施传达到地方百姓当中的重要环节，所以，任用合格的官员就会对政治的最终情况起到至关重要的作用。国家要想获得长治久安，仅仅有中央的官员的努力是不够的，只有全国上下的官员真正地齐心协力，才能达到好的效果。

【镜鉴】

一、切实提高选人用人的公信度

国以才立，政以才治，业以才兴。落实科学发展观，构建社会主义和谐社会，必须培养造就一大批德才兼备、具备改革创新能力的领导干部，必须开创人尽其才、才尽其用、用其当时、人才辈出的局面。

党的十七大报告首次提出："坚持正确用人导向，按照德才兼备、注重实绩、群众公认原则提拔干部，提高选人用人公信度。"这是对新时期干部选拔任用工作提出的新要求，对造就高素质干部队伍和人才队伍意义重大。

选人用人的公信度，是指广大党员群众对干部选拔任用工作的认可程度，它既体现被选拔任用干部在广大党员群众中的认可程度，也标志着广大党员群众对党组织选人用人的信任程度。提高选人用人公信度，必须坚持正确的选人用人原则，必须坚持用好的制度选人用人，必须坚持用好的作风选人用人。

（一）坚持正确的选人用人导向

实践证明，用什么样的人、不用什么样的人，这是公开树立起一面用人的旗帜，对广大干部、对干部队伍建设具有重要的导向作用。因此，在干部选拔工作中，一定要以高度的政治责任感，坚持正确的选人用人方向。坚持正确的选人用人导向，首先要坚持正确的选人用人原则。

1.德才兼备原则

以德才兼备的标准选人用人，是坚持正确用人导向的首要原则。在新形势下，什么是干部德才兼备的标准呢？胡锦涛明确指出："我们所说的德，既包括在政治方向、政治立场上的表现，也包括思想道德品质上的状况；我们所说的才，既是指理论素养、科学文化素养和专业知识，也是指胜任岗位职责的领导才能"。德才兼备，首要的是德。古人说："才者，德之资也；德者，才之帅也。""是故君子先慎乎德。"当然，在讲德时也决不能否定才。德是基础，才是条件，德与才应该是统一的。

作为一名领导干部，不仅要有为党和人民事业无私奉献的优秀品德，还要有为人民服务的本领和能力。因此，必须选拔那些德才兼备的干部，也就是政治上靠得住、工作上有本事、作风上过得硬、人民群众信得过的高素质的干部。

2.注重实绩的原则

干部的基本职责是干事，是为人民谋利益。因此，选人用人必须注重实绩。客观公正地评价一个干部的政绩，要坚持在同等条件下、同级干部中来比较，用体现科学发展观和正确政绩观要求的干部考核评价体系来考量，这样才能做到客观公正。考察干部政绩，要分清显性和隐性政绩，要分清基础条件，不能单纯看表面现象。既纵向比，也要横

向比,同时还要看个人的努力程度。

对那些长期在条件艰苦、工作困难的地方工作的干部应当格外关注,对那些不图虚名、踏实干事的干部应当多加留意,对那些埋头苦干、注重为长远发展打基础的干部不能亏待。落实注重实绩原则,必须强化不拘一格选拔人才的意识,冲破论资排辈陈腐观念的束缚,把那些政治素质过硬、政绩突出、群众公认、有发展潜力的优秀年轻干部,适时地选拔到重要领导岗位上来。

3.群众公认原则

坚持群众公认的原则,就是要把群众拥护不拥护、满意不满意、赞成不赞成作为重要标准,在选人用人的各个环节坚持走好群众路线,充分征求各个层面群众的意见,落实群众的知情权、参与权、选择权和监督权。群众的眼睛是雪亮的,干部的能力素质强不强、作风好不好、实绩突出不突出,群众最清楚,也最有发言权。孟子说过,"左右皆曰贤,未可也;诸大夫皆曰贤,未可也;国人皆曰贤,然后察之;见贤焉,然后用之"。

古今历史条件不同,但在用人要注重公论这一点上是相通的。公论决定公信。群众公论得到充分尊重,干部工作才会有公信力、说服力。我们当然要坚持党管干部的原则,对群众意见也要具体分析,但一般来说,群众"皆曰贤"者其公信度无疑更高一些。因此,要想选准人、用好人,就必须注意群众公论,善于借助群众的慧眼来选人用人,才能让那些德才兼备、政绩突出的干部胜出,走上为民服务的"前台"。

(二)坚持用好的制度选人用人

制度更带有根本性、长期性、稳定性和全局性。提高选人用人的公信度,还要有好的制度和机制来保证。需要进一步健全和完善干部选拔、任用、管理、考核、监督等方面的制度,从根本上实现选人用人公信度的提高。

1.进一步完善干部选拔任用制度

针对现在干部选拔任用工作中存在的问题,进一步建立健全相关制度与机制,使干部选拔任用的各个环节都有切实管用的制度作保障。

(1)坚持群众路线,增强干部工作的透明度

在实际工作中要切实落实群众对干部选拔任用的知情权、参与权、选择权和监督权,增强干部工作的透明度和公开性,逐步做到公布干部选任的原则、条件、方法和程序,公

布班子职数、职位要求、领导职位空缺情况，公布拟任人选的基本情况，等等，让选人用人权在阳光下运行，防止民意失真和监督盲区，防止选人用人权被滥用、错用。

(2)进一步完善民主推荐、民主测评制度

拓宽扩大民主的渠道，规范扩大民主的形式，有计划有步骤地扩大民主推荐、民主测评参与人员的范围，更广泛地了解民意，在把群众有序参与贯穿干部选拔任用工作全过程的同时，不断拓宽干部合理表达意愿和展示才华的渠道，严肃查处拉票贿选等行为。要合理界定民主推荐票在干部选拔任用工作中的权重，把尊重民意和不简单以票取人辩证地统一起来，切实增强民主推荐、民主测评的科学性和真实性。

(3)进一步规范干部任用提名制度，拓宽选人用人视野

提名环节是干部选任的首要环节。规范干部任用提名制度，核心是要扩大提名环节的民主，确保提名人选得到群众公认。考察对象的提名应当经过民主推荐，并为多数人推荐；组织和个人推荐应当进入民主程序，不是多数群众赞成的，不得列为考察对象；重要职位的人选推荐应当扩大推荐范围，注重征求服务对象等相关人员的意见。还应完善提名方式，真正做到"谁推荐，谁负责"。

(4)实行干部任用投票表决制度，防止少数人说了算

长期以来，在任免干部中常常采取议决的方式。这种表决方式受主观因素影响较大，在实际运作中，参加表决的成员往往担心表决意见跑风漏风、怕得罪人，思想顾虑较多，不敢或不愿公开表达自己的真实意愿，因而容易出现"一言堂"、个人或少数人说了算的现象。实行无记名票决制，可有效地体现集体决策意志，抵制不正之风。因此，必须完善常委会讨论决定干部方式，推行常委会讨论任用干部票决制。

(5)推进公开选拔竞争上岗制度。实现公开、平等和竞争择优

公开选拔、竞争上岗不仅拓宽了干部选拔任用视野，推进干部工作的科学化、民主化和制度化，而且可以有效地落实人民群众对干部选拔任用工作的知情权、参与权、选择权和监督权，进一步完善选贤任能的科学机制。因此，要积极探索差额推荐、差额考察、差额酝酿、差额表决为主要内容的差额选任办法，强化考任制，推行竞争上岗制，试行竞选制，逐步扩大这些方式选拔干部的比例，提高选拔质量。

2.进一步完善干部考核评价制度

干部考核评价，重在完善考核标准，改进考评办法。

(1)科学制定干部考核评价体系

继续推行并不断完善体现科学发展观要求的地方党政领导班子和领导干部综合考核评价试行办法,建立健全门类齐全、各具特色、简便实用的干部考核评价指标体系,使组织考察有充分依据、干部努力有正确方向、群众监督有明确标准。要着眼于增强考核评价体系的科学性、完整性和系统性,进一步规范考核内容,改进考核形式,完善考核工作机制。

(2)完善干部考核评价程序

注意扩大人民群众在干部考核评价过程中的参与度,完善群众监督和舆论监督机制,进一步建立起民主测评、调查走访、广泛参与、群众监督、注重实绩的干部考核评价程序。要坚持简便实用的原则,进一步完善民意调查、实绩分析等考核评价办法,畅通民意表达渠道,强化群众参与和监督,防止考察失真失实。

(3)严格落实干部考核评价结果

坚持把换届考核和届中考核、年度考核结合起来,强化经常性考核,完善定期考核,实行延伸考察,运用巡视、经济责任审计等工作成果,使定期考核、平时考核与任前考核相互补充、相互印证。要坚持把考核结果作为干部使用、培养和奖惩的重要依据,建立干部考核与干部培训、选拔、任用相对接的良性机制,真正做到对优秀者重用,对有潜力者培养,对落后者鞭策,真正体现考核评价机制的科学性和严肃性,充分调动广大干部的工作积极性。

3.进一步完善监督制度

当前,干部工作还存在着一些监督的“空白”和“盲区”,致使干部酝酿、任免决定等环节难以监督到位,影响了选用干部的公正性和准确度。要提高干部选任的公信度,必须完善监督制度,建立健全多层次、立体化的监督体系。

(1)加强对干部选拔任用工作全过程的监督

要坚持预防、监督、查处并举,认真开展过程监督、舆论监督、群众监督、责任追究等工作,切实把严格监督贯穿选人用人始终,把严肃纪律贯穿选人用人始终。要对干部的推荐提名、考察考核、讨论决定、任后管理以及离岗离任等各个环节严格把关,实行全程监督,使监督制度贯穿在干部选拔任用的各个环节之中。

(2)严格执行党政领导干部选拔任用工作有关事项报告制度,加强干部任前监督强化对干部选拔任用工作的经常性督促检查，对反映选人用人问题较多的地方和单位要及时进行重点检查。要科学规范和有效监督党委(党组)主要负责人的用人行为。

(3)建立健全干部选拔任用工作责任追究制度，严肃追究违规用人和用人失察失误责任人的责任

加大贯彻《干部任用条例》情况检查力度，不断提高干部任用监督工作质量。坚持严重违规用人问题立项督查制度，对推荐、考察和决定任用干部的各个环节发生失职和渎职行为要追究责任人的责任，严肃查处跑官要官、买官卖官、突击提拔干部等严重违规用人行为。

(三)坚持用好的作风选人用人

坚持用好的作风选人是各级党委及组织部门选贤任能必须严格遵循的干部工作原则。只有用好的作风选人，才能选出作风好的人，才能提高选人用人的公信度。坚持用好的作风选人，必须严格遵循党的十五届六中全会决定提出的“五坚持五不准”要求。

1.坚持任人唯贤，不准任人唯亲

坚持任人唯贤，是党的宗旨和立党为公的原则在干部人事工作中的体现，也是实现党的路线、纲领的组织保证。坚持任人唯贤，就必须反对任人唯亲，必须按照德才兼备的原则和干部队伍“四化”方针来选人，必须做到客观公正，不偏不倚，选群众公认、实绩突出的人，坚决反对在选人用人中搞亲亲疏疏、以人划线、凭个人好恶选人等恶劣作风，防止和纠正“因人设岗”“度身定做”的现象。

2.坚持五湖四海，不准搞团团伙伙

选人用人坚持五湖四海，是维护党的团结、坚持正确的干部路线的基本要求，要站在国家和集体利益的高度，拓宽用人视野，广开进贤之路，避免只在党政机关或周围熟悉的少数人中选干部，反对“以人划线”和“以地域划线”，反对以同学会、战友会、老乡会、校友会等为名，搞团团伙伙，搞小圈子。

3.坚持公道正派，不准拉关系、徇私情

公道正派是用人的基本准则，也是对领导干部和组织人事干部的基本要求。要坚持公道正派的用人作风，出以公心用干部，抵制跑官要官等不正之风。要以公心为本，公正为准，公开为上，公论为重，全面地、历史地、辩证地看待和评价干部；要秉公办事，不徇私

情，不掺杂个人好恶与恩怨，确实做到选人用人上的公道正派。

4.坚持集体讨论。不准个人或少数人说了算

要坚持“集体领导、民主集中、个别酝酿、会议决定”的原则，凡属重要的人事任免，都必须由党委（党组）集体讨论，不能以书记办公会、领导圈阅等形式代替集体讨论，把集体领导当陪衬，把集体讨论当形式。

5.坚持按程序办事，不准临时动议

严格按程序办事是保证选好人用好人的重要措施，临时动议是选人用人的随意性、个人说了算的典型表现。《干部任用条例》规定的各项程序，贯穿了选拔任用党政领导干部的原则，改进了选拔任用党政领导干部的方法，具有很强的现实针对性和严密的内在联系，环环相扣，缺一不可。我们必须牢固树立严格按程序办事的意识，切实做到坚持程序一步不缺，履行程序一步不错，确保选人用人的公信度。

二、明确职责是打造优秀团队的根本

人是因为社会性才与其他动物划分出明显的区别的；企业是因为大家团结一致，才能发挥出最强的效用，获取最有利的结果的。对于领导者来说，一定要有团队管理的意识。每个人都是团队不可或缺的部分，各自承担自身角色，展示自身性格，发挥各自的作用，注重团队气氛，打造团队文化，当以团队的理念进行管理时，团队也必然会发挥出最强的合作与创新作用。

（一）领导一定要有团队意识

“人类天生是社会性动物”，这是亚里士多德的一句名言。

人总是生活在社会之中，脱离社会就不可能生存，我们获取生命，继承先人的文化，学习语言，传授智慧，彼此互助，才能使我们的生命充实而精彩。

社会也同时需要我们每一个人，需要我们千千万万个如此普通的个体，去贡献我们的力量，为这一庞大的群体结构提供最为根本的动力，才能维持这一机构的有效运转，并因此呈现出属于一个时代的特征，每个个体在其中所扮演的角色与起到的作用都不可或缺。

团队正是一个小的社会，它有着自己的边界，内部则是紧密联系，彼此信任，各担角色，相互有效配合，从而在外部社会中展现自己卓越的能力，获取最为优秀的业绩。

每个成员对于团队来说，都是不可或缺的，在各自的岗位上，承担自己的职责，也发挥着自己的力量，最后所产生的结果，不是简单的个体的叠加，而是通过有效的相互配合，发挥出完全超越之前的群体力量。

作为管理者，要能认识团队的重要，自己领导的是一个团队，每个人在其中扮演不可或缺的角色，紧密合作，才能发挥出最大效用。同时，一个领导者也要具备掌控团队的能力，

了解团队的机制，明白团队的效率，并寻求最为有效的方法，这样才能完善地履行自己的职责。

凡是能成就大事的人，都会有一个团队在背后对他进行支持，大家在背后紧密合作，出谋划策，在市场上奋勇拼搏，才能获取属于一个团队的成绩，也以此证明一个管理者最优秀的管理水平。

在森林里的一条美丽小河旁，住着3只小狼。

一天，来了一只大象，它依靠自己高大魁梧的身材，侵占了小狼的家，把它们赶到了河流的下游。

有一次，这3只小狼又看到了大象。

一只小狼气呼呼地说："大象抢了我们的家，还如此骄傲，我想让它知道我们的厉害。"

"可我们怎是它的对手呢！"一只小狼说。

这时，一直沉默的小狼开口了："如果我们一起努力合作，它会没有办法招架的。"

3只瘦弱的小狼站在了大象面前，大象只是趾高气扬地看着它们。

一只小狼扑了上来，大象一脚把它踹开，另外两只小狼也扑了过来，和大象搏斗在一起。

一开始，小狼不是大象的对手，被大象扔了又扔。

没多久，一只小狼咬住大象的尾巴，任凭大象如何甩动，都咬住不放；一只小狼咬住大象的耳朵；一只稍显强壮的小狼咬住大象的一条腿，任凭大象如何踢弹，都不动弹。

在3只小狼的齐心攻击下，"庞然大物"累得气喘吁吁，渐渐体力不支地瘫倒在地，它

从没想到，自己会栽在小狼手里。大象最后又离开了河流的上游，而小狼们，也维护了自己的尊严。

俗话说："三个臭皮匠，顶个诸葛亮。"三个看似普通的个体，通过有效配合，也许可以战胜一个庞然大物。在团队内部，管理者的重要职能就是将所有员工的能力加以统一，构成一个共同目标，并根据实际情况对人员进行分配工作。只有每个员工都明确自己的岗位职责，各司其职，才会产生最为良好的效果。

富翁年事已高，有一个大厂需要继承，他有3个儿子。这3个儿子彼此都不信任，只是希望自己能成为唯一的继承者，因此富翁很担心工厂未来的发展。

为了改变这种情况，富翁常常试着用话语来排解他们的分歧，但效果并不明显，他总在尝试一些有效的方法。

一天，富翁把3个儿子叫了过来，吩咐道："在你们面前有一堆筷子，把筷子绑成一捆，然后折断它。"

3个儿子不知道父亲葫芦里卖的什么药，结果谁都无法折断。

这时，富翁把这堆筷子解开，说道："你们一次拿一根筷子去折，看能不能把这捆筷子掰开。"

3个儿子开始拿着一根筷子掰起来，没过一会儿，一捆筷子就轻而易举地被掰完了。

这时，富翁说道："儿子们，你们的争吵和分散，会使你们的力量瓦解，轻而易举地被你们的对手打败。但是，如果你们能保持团结，便有足够的力量去对付所有的敌人。"

3个儿子你看我，我看你，笑了起来，把手放在了父亲的手掌上，紧紧地握在了一起，他们终于明白了老父亲的意图，也知道了自己该怎么去做。

道理很简单，并且为我们所熟知，但是，就是如此简单的一个原理，却总是为我们所忽略。因为各种原因的考虑，人们总会被蒙蔽了双眼，只是在意自己一时的利益得失，关注他人的存在会给自己带来什么不利的结果，却忽略了他人对自己的重要，忽略了彼此之间存在着有效合作的机会，最终经过一番困苦之后，才明白双方对彼此都是不可或缺的，与征战和抢夺的方式相比，也许我们可以通过更多的协调与合作，使双方获得远比当初要多得多的收获，并且，彼此还能毅然保持信任和协作。

中国是强调集体精神的文化，但个体又具有很强的独立意识，彼此之间又有怀疑与不信任。作为一个管理者，应该对这种情况进行充分认识和把握，看到合作的需求，舍弃怀疑，寄托以信任。同时，也要避免管理的失控，必须进行有效的控制，才能取得最好的效果，体现出一个人的管理艺术。

（二）团队的本质在于相互配合

泰戈尔说过："一朵鲜花打扮不出春天的美丽，一个人的力量总是显得单薄，只有相互协作才能拥有移山填海的力量。"

不管是在生活中还是工作中，一个人的力量总是非常有限的，而通过有效合作则可以产生出无穷的力量。一个人离开了团队就很难独自在竞争中获胜，这就好比是鱼和水的关系，个体是鱼，团队是水。在工作中，个体需要通过与他人的协作才能完成自己的任务，体现出自己的价值，也获取到超过当初的收获。一个个体，离不开自己的团队，一个团队的成功也离不开所有成员的共同努力。

每个人又都是独立的，每个人都会有"个人英雄主义"情结，这往往会成为团队协作的最主要障碍。我们都渴望自己的能力得到别人的认可，自己受到他人的关注，张扬个性，以自我为中心，去进行我们的工作和生活设计。但在自己生活中，适当时候必须认识团队的重要，接纳团队的安排，这正如人的本性和人的社会化之间的矛盾，脱离社会，自己不可能完整存在，甚至不能生存，比如将自己融入团队之中。同时，团队也需要能释放出个体的个性，为他们施展才华提供充分的空间，在合作中寻找不同，以不同来驱动合作，个人能力的最大限度发挥，团队也获得最好发展，这是个人能力的最好体现，也是团队效用的最大限度发挥。

木匠有一把螺丝刀。螺丝刀头是用铁做的，而螺丝刀把是木头做的，非常漂亮，上面雕刻着两条龙。

木匠修理很多东西都会用上螺丝刀，他十分爱护这把螺丝刀，用完后都会放在一个精美的盒子里。

一天晚上，螺丝刀顺利地完成了一天工作后，准备躺在盒里休息一下。

这时，螺丝刀头对螺丝刀把说话了："我有一个问题，很早就想问你，一直没有机会。今天正好睡不着，能不能聊一聊？"

螺丝刀把有些不解，"咱哥俩儿客气什么？还有什么不能说？有什么话就直说吧。"

"那我现在就问你。"螺丝刀头说，"为什么工作时只有我满头大汗，而你却比较清闲?”

螺丝刀把愣了一下,但没有说话。

螺丝刀头清了清嗓子,继续说道:“你只凭着你漂亮的外表,便和我平分劳动成果。我认为不公平,难道你不感觉内疚?”

螺丝刀把看着螺丝刀头,一言不发,过了一会儿,就倒头睡去了。

螺丝刀头心里暗自高兴,“你不说话就承认你没有理了。”于是,它也歪着头睡着了。

第二天,又接到新任务,木匠不小心把螺丝刀重重地摔在地上,螺丝刀头和螺丝刀把这回彻底分了家。

虽然螺丝刀头被摔得很疼,但是它心里却乐了,甩掉了一个大累赘,这下可以给自己又换一个帮手了。

结果,出乎意料,螺丝刀头被木匠无情地扔到垃圾堆里,而螺丝刀把却被木匠仔细保存了起来。

螺丝刀头到最后还是不明白,工作表现最好的是自己,为什么狠心的主人却把刀把留下了而把自己扔掉。

一把螺丝刀,是因为螺丝刀头和螺丝刀把共同协作,才能发挥效用,刀头有着自己的坚韧,而刀柄则可以提供源源不断的力量,两者谁都不可或缺。如果有人不能认识到这种协作的必要,而是单独去强调个人的作用,最终他就可能脱离出这个群体,而这时,就会发现,原来失去团队的帮助,自己一无是处,并不会像自己当初想象得那样风光。

团队之中的角色,每个人都不可或缺,在自己的位置上发挥自己的效用,有效配合,才能使团队独特而不被取代。如果脱离了群体,个体也就失去了自己应有的身份,也就不再具有发挥作用的能力,最终不得不重新去找寻自己的位置。

领导者对于团队的协作与配合必须要有充分的认识,使自己的团队成员认识到合作的作用,舍弃掉个人英雄主义的倾向,有效配合,才能发挥出最大的作用。同时在自己安排工作的过程中,又要尊重每个队员的个性需求,看到每个人的特点,发挥出每个人的特长,这样就能在个体充分发挥自身能力的基础上,团队获取有利发展。

一天,李四因为一场车祸,见到了上帝。

上帝了解到李四是一个忠厚、善良的人,便说:“我想,应该带你去天堂。”

李四回答上帝说:“在我们的世界,有许多关于天堂和地狱的说法,能不能让我看一下天堂与地狱有什么区别?”

上帝答应了他的要求,带他先来到了天堂。这是一个鸟语花香,气候宜人的地方,所有灵魂们个个都是脸色红润,身体健康,生活如同仙人一般。

“他们生活得真舒适,他们平时都吃什么?”李四好奇地问。

上帝说:“食物没有什么特别,不同的是他们懂得合作,因此丰衣足食、皆大欢喜。”

李四看见一群灵魂正在一个大锅前吃饭,手上拿着一把三尺长的木勺,他们盛起食物,送到对方的口中。

上帝又带李四来到了地狱,李四就感觉到浑身冻得瑟瑟发抖,感觉寒气逼人,看见的都是骨瘦如柴、饱受饥饿的灵魂。

“为什么他们这么瘦,好像没吃饱的样子。”李四问上帝。

“你看那边!”

顺着上帝手指方向看去,那些灵魂围在一个大锅旁,手上同样拿着一把三尺长的木勺,他们争先恐后地吃,但被长勺所约束,很难将食物送进自己口中。有时不小心把食物撒在别的灵魂身上,就开始争吵,甚至大打出手。

看到这个情景,李四明白了天堂和地狱的区别,他笑了笑和上帝又一同回到了天堂,过上了丰衣足食的生活。

在一个企业中,员工都应该互相帮助,真诚地去合作,为公司的发展共同努力。如果自私、贪婪地相互争取自己的利益,不仅容易使自己受损失,而且也会给公司的发展带来很大的隐患。

团队需要的是彼此的合作,如果只是考虑自己,就失去了团队所应有的作用,就会对整个团队的建设产生巨大的障碍,最终也不能发挥出团队所应有的效率。

一个好的管理团队,领导者要与下属沟通,帮助他们做好自我定位,让员工从心理感受团队气氛,感知团队所带来的巨大成就,只有这样,才能有效地把他们融入自己的团队之中。

(三)要树立领导者在团队中的威信

《辞海》中对威信这样解释:“有威则可畏,有信则乐从,凡欲服人者,必兼具威信。”

威信是一个人在群体中所获取的声望,更多的是他个人能力、知识、品性的一种展示。对于你那些有卓越声望的人，必然会获取群体内的威信，人们也会对他有更多的敬仰与依赖。

而如果一个人没有威信，即使他在群体之中，获得一份名誉与地位，人们也不会发自内心地尊重他，最终，当某一天一个时代改变了，就会将他淘汰出历史的潮流。

团队之中的领导者，必须清楚地认识到自己在团队中所承担的职责和所扮演的角色。他是团队的领导者，因此他是最能为这个团队负责的人，无论成功或是失败，没有任何人会替代他，去承担这份结果。因为这份职责，他也有着无上的权力，他要进行组织与安排，挑选合适的人选，制订计划，明确团队的目标，并在关键时刻做出最有效的决策。

匹配这份权力，更多需要领导个体的品性与能力。他要保持自己管理的公正，保证自己能力的卓越，拥有超人的智慧与远见卓识，自然还有专业知识的丰富累积与经历的丰富。只有这些因素全部具备，才能算是一个合格的领导者。

一个优秀的领导者，必须不断去锻炼自己在这些方面的能力。磨炼自己的品性，使他更加包容而沉稳，锻炼自己的能力，使他不断增强，只有具备这些，才能获得在团队之中的威望，在自己的管理之下，团队也才能产生出最高的效率。

李健熙到美国考察，看到三星产品在美国的遭遇，十分愤慨，决定马上召开一个讨论会。会议主题是“电子部门出口商品现场比较与评价会议”。

一向沉默的李健熙，这一天滔滔不绝，“诸位，你们知道我们商品在美国是一种什么处境吗？去到商场看看吧，摆在角落，不细心的顾客都难以发现！”

李健熙不禁有些动情，深吸一口气，接着说道：“在美国，一根好的高尔夫球杆能卖500美元，而我们27英寸的彩电才卖400美元。要知道，一台彩电是由一千多个零部件制成。”

一起开会的人，没有一个发言，只是默默看着李健熙，听他说话。

李健熙有些愤怒了：“如此的生产，如此的经营……我们意识到问题的严重性了吗？这是对股东，对18万三星人的欺骗！是对韩国国民和祖国的亵渎！如果人人都怀着这样的心理，难倒我们就这样自暴自弃吗？”

这次会议整整开了8个小时25分。

会后，李健熙用3天的时间在现场就世界上78种电子产品与三星同类产品进行比较分析和评价，最终明确三星电子产品在世界市场上所处的位置。

几天后，李健熙在日本东京举行了以提高国际竞争力为主题的总经理会议。

于6月6日至24日在德国法兰克福、6月27日至29日在英国伦敦、7月4日至14日在日本东京和大阪举行干部会议。

由于法兰克福会议历时最长，震动最大，因此将上述一系列会议上所形成的新经营战略称为三星集团的“法兰克福宣言”。

李健熙的“法兰克福宣言”，震撼了整个韩国财界也惊醒了三星公司所有的员工，为三星公司发展注入无限活力，公司因此团结一致，抢占先机，奋勇发展，最终使三星成为世界著名品牌。

一个卓越的领导能够带领一个团队跨越上全新的发展平台，他的气魄与见识会为他在群体中建立起崇高的威望，而这又会激励下属努力，并朝着一个方向努力，而这也是他个人管理能力的最好展示。

欧洲某些国家公共交通系统售票是自助的，也就是说你想到哪个地方，根据目的地自行买票，没有检票员，甚至连随机性的抽查都非常少。

一位外国留学生发现了这个管理上的漏洞，他非常高兴不用买票就可以坐车到处溜达，在留学期间，他最终因逃票一共被抓了三次。

毕业后，试图在当地找工作，向许多跨国公司投了自己的资料，可都被拒绝了，一次次的失败，使他感到愤怒。

最后一次，他冲进了一个人力资源部经理的办公室，要求经理给出一个理由。

“先生，我们并不是歧视你，相反，我们很重视你。不过我们查了你的信用记录，你有三次公车逃票记录。”

“我不否认这个。但这是一点小事。”

“小事？我们并不认为这是小事。第一次逃票是你刚来后的第一个星期，相信了你的解释，只是给你补了票。但在这之后，你又逃票两次。”

“那时我口袋中没有零钱。”

“不、不，先生。我不同意你的解释，你在怀疑我的智商。我相信你可能有数百次逃票经历。”

“那也罪不至死吧？以后改还不行？”

“不，先生。这能证明两点：一、你不尊重规则，你善于发现规则漏洞并恶意使用；二、你不值得信任，而我们公司许多工作是必须依靠信任进行的。如果你负责某个地区市场开发，会被赋予许多职权。我们没办法设置复杂的监督机构，所以我们没办法雇佣你。在这个国家甚至整个欧盟，都没人会冒这个险的。”

我们应该维护自己的威望，如果道德缺失，总有一天会让自己发现处身于困境之中。管理者的威望就显得更为重要，因为所有团队成员的目光都会集中到你的身上，你的一言一行，都会在团队中产生扩大的效果，一份好的威望会促进工作的开展，而一份糟糕的威望则会阻碍工作的进行，最终甚至会终结自己的职业生涯。

公者无私之谓也，平者无偏之谓也，一个团队要有公平机制，团队领导要有公平的素质，才能获得群体成员的信赖。公平不仅指公平机制和领导个人赏罚公正，还指团队各成员互相之间的道德诚信品格。领导以诚实无欺的态度和赏罚公平的态度来对待团队成员，而团队成员又能以忠诚的态度给予回应。这样，才能使团队有一个良好的环境，避免形成欺上瞒下甚至互相猜疑的风气。

（四）分清团队成员中每个人的角色

生活中，每个人都在扮演自己的角色。角色是一个人语言与行为所应遵循的依据。

一个人所说的话语应该适合自己在群体中的身份，别人才会觉得恰当，也会接受；一个人的行为，也应该符合群体之中的规则，这样别人才不会觉得他是一个唐突之人，而能对他寄托以更多信任。

要寻找到一个人的角色，并不是件容易的事情。要经过不断的摸索与反思，不断的尝试与磨合，才能使自己渐渐适应这个社会的秩序，寻找到自己的定位，承担起个人的职责，也发挥出个人的效用。

对于团队管理而言，角色就显得更为重要，团队成员都是不可或缺的，但是每个人分工又是不同的，必须对其所承担的职责进行明确划分，才能使团队有效运转，个人也能发挥出最大效用。

在对团队成员的角色划分中，一定要能有效结合每个员工的自身特点，寻找到最为适合的位置，而不能太过强调统一，而忽略了对方的差异，因此挫伤了对方的积极性。找到最为适合的位置，最大程度地发挥其潜能，展示个体优势，为团队工作提供最多支持。

合格的领导者，能够管理一个团队，优秀的领导者，则能最大程度地发挥出一个团队

的效用，在每个人充分发挥出自己特点的基础上，团队也获得最为有利的发展，这需要一个管理者卓越的智慧与把控能力。而最终团队所获取的效率，无疑是对一个管理者的最好回报。

一只蚊子趁人不备，飞到了他的左手上，咬了一口。

左手感觉到疼痛和奇痒，难以忍受，便对右手说："兄弟，帮我一下，把叮在我身上的这只蚊子打死。这东西咬得我太难受了。"

右手漫不经心地看了一眼，说："那不行，你知道打死一只蚊子要花费我多大的力气吗？叮的不是我，我才不管。"

这番对话被蚊子听到了，蚊子喜出望外，它肆无忌惮地吮吸左手鲜血，直到小肚子被撑得鼓鼓的。

过了不久，小蚊子又饿了，飞了回来，它决定尝一尝右手的味道。

右手一看，"那只蚊子居然跑来咬自己了！"还没有来得及说什么，便感到一阵疼痛，接着奇痒难忍。

右手想请左手帮忙，可是，一想到自己上次的态度，就又把话给咽了回去。

蚊子高兴得手舞足蹈，吃得津津有味，"嗡嗡嗡"唱起歌来。

等蚊子飞走后，右手实在无法忍受，便鼓起勇气对左手说："老兄，求你帮我挠一次吧，上次是我对不起你。"

左手轻蔑一笑，"那不行，你知道帮你挠一次要花费我多大力气吗？你忍一会就好了，上次我也是这样过来的。"

右手只好尴尬地笑笑，它后悔当初的自私了。

又一天，这只蚊子又跑来吸血，它停在左手上，还没张口，突然一个巴掌拍过来，蚊子就变得四分五裂。

从此，左手和右手成了一对要好的兄弟，它们各自分工，相互合作，完成了许多杰出的任务。

现实之中，我们可能会经常认识不到他人的重要，因此可能更多地陷入自我的考虑，而不愿意耗费精力去对他人有所承担，最终经过波折之后，才会意识到他人对自己也同样重要，从而建立起彼此的信任与分担。社会结构只有紧密联系，才能产生出最为有效的结果。

工作之中的角色分工，就显得更为重要，每一个成员都必须清楚自己的角色，同时意识到他人的重要，如同人的左手和右手一样，愿意有效合作，才能促使效率的提高，也发挥出一个团队的作用。

优秀的领导一定不能为狭隘的意识所限制，舍弃掉个人利益的狭隘考虑，舍弃掉历史的局限，立足高远，来看待自己团队的管理工作，才能有效掌控运营自己的管理团队。

在一条清澈的河里，住着一群乌龟，它们每天无拘无束，快乐地嬉戏。

突然有一天，灾难降临，一个巨大的渔网将这群乌龟装了进去。

过了一会儿，一只年长的乌龟开始小心翼翼地探出自己的脑袋，它发现大家都被关到一个瓦罐当中。老乌龟用手推了推其他的小乌龟。

小龟们陆续地伸出头来，发现情况之后，全都不顾一切竖起身体，手脚并用，试图爬上去。

可是，瓦罐又光又滑，所有的努力都无济于事。

只有那只老乌龟没有动，它心里清楚，这样做都是徒劳。

经过苦思冥想，老乌龟终于想出了一个好主意。

只听老乌龟一声大喊："如果想从这个鬼地方出去，就不要蛮干，全听我指挥。"

这句话还真管用，大伙都一动不动。

老乌龟清了清嗓子，继续说道："你们看过人类盖房子吗？不妨我们也学一学，一个爬到另一背上，这样我们就会有爬出去的希望。"

乌龟一听，觉得有道理，可是，都不愿趴在最底下。

老乌龟身体向下一蹲，说："来吧，踩着我上去！"

于是，乌龟们按照刚才的计划，有条不紊地进行着，陆续爬了出去。

最后，只剩下了老乌龟和另外一只小乌龟。

大家都很焦急，不知道该怎么办。

老乌龟对外面的乌龟喊道："一起用力，把这个鬼东西推倒！我们就出去了。"

小乌龟们联合行动，一起用力把罐推倒，老乌龟和小乌龟都爬了出来。

趁着黑夜，这群乌龟悄悄跑回了家。

老乌龟以它的经验与气魄赢得了团队中管理者的角色。在慌乱之中，它挺身而出，为大家脱离困境制定决策，当所有乌龟为考虑自己利益而不愿做垫脚石的时候，它又牺牲自我，为大家建立起上升的扶梯，最为关键的内容是，它能够有效运用团队的作用，利用智慧，给大家寻找到出路，合理分配工作角色，协作并用，最终使得大家都能够脱离出困境。

要想建立一个团结协作的好团队，每个人的作用都不可或缺，领导者一定要做好带头作用，并给每个人分配好适当的工作，甚至在必要的时候，能够牺牲自己的利益，才能最终保全团队全体的利益。不过更多时候，当领导者顾全大局时，往往会激发出无穷的团队智慧与力量，创造出无法想象的奇迹。

（五）不要忽视团队中的小人物，他们也不可或缺

人有敏钝之别，才有优劣之分，因为资质不同，可能会发挥出不同效用，我们也会用不同的态度进行对待。但我们也不能过分注重这种区别，太过强调彼此差异，这样对另一方就会形成自信心的挫伤，而他们在群体中的作用也同样是不可或缺的。

不要忽视团队中那些默默无闻的人，他们所发挥的作用对于团队来说，也同样是不可或缺的。虽然卓越的人才，能在最关键的时刻，产生最有效的决策，虽然他们对团队的优秀业绩能产生出最强大的影响，但团队是因为每个人的存在才得以完整，接纳每个人的贡献才得以有效运转。如果缺少那些默默无闻的人，可能团队也就不再能成为团队，或者说正是他们的平凡，才衬托出那些优秀人才的卓越，正是他们的贡献，才能将明星员工们推到前台来。

我们的城市，正是因为成千上万清洁工人的辛苦努力，才能保证最为整洁的面貌，他们如此平凡，但他们不可或缺，或者说正是千千万万这样的人的普通工作，才能保障城市的有效运转，而我们所有人都是其中普通的一员。在我们的企业中，后勤工作是非常辛苦和平凡的，他们工作的意义就在于提供我们衣食的保障，但正是在他们所提供给我们的稳定环境之下，我们才能有充足的精力去搞科研，去开拓市场，去取得我们的丰功伟绩。

优秀的领导者，必然有卓尔不群的见识，对于团队的管理，他能以一个整体来看待，他注重那些优秀的人才，但是他也会尊重每一个工作的员工，只有团队有效合作，才能取得优异的成绩，我们应该舍弃掉自己的偏见，舍弃局部的考虑，从更为全面的角度看待事情，也许才能更加靠近我们的成功。

一次，森林无缘无故燃起大火，烧到狼的住处，狼群飞快地沿着山路奔跑。

但，一道悬崖切断了它们的逃命之路。

悬崖说宽不算宽、说窄不算窄，越过这道天堑，需要两次腾跃，要命的是，悬崖中间没蹬足点。

大火在身后肆意蔓延，情况万分紧急！

这时，几只老狼聚集在一起，交头接耳进行商量，然后回到狼群中，说："现在分成两队，一队全是年老体弱者，一队全是身强力壮的。"

等队伍排好后，老狼命令队伍向后撤退一段距离。

接着，站在队伍最前面的一只老狼和一只年轻的狼结成对子，飞快地向悬崖跑去，两只狼在空中划出两道完美的弧线。

在它们下降的瞬间，年轻的狼踩在老狼背上，用力一蹬，又再次跃起，并到达了对岸，而那头老狼，却坠下山崖。

紧接着，后面的狼都像它们一样，一对接一对地向对岸跃去。

最终所有年轻的狼，都蹬着老狼的脊梁，到达了悬崖对岸；所有年老体弱的狼都完成了自己的使命，葬身于悬崖之下。

大火气势汹汹地扑到悬崖边，却无可奈何地刹住脚步。

面对悬崖，幸存下来的年轻的狼们齐刷刷站立悬崖边，齐声哀吼。

团队之中，总会有那些资质能力平凡的人，我们一般都会把他们看作是团队的累赘，我们常常会想，如果他们表现更为出众一些，也许我们可以获得更为有利的结果，但谁也不能保证，说不定哪一天他们会发出让人感叹让人惊奇的力量。对于团队来说，每个人都不可或缺，正是大家齐心协力，才会发挥出最为强大的作用。

第二次世界大战期间，1941 年 11 月 5 日，德军一辆由柏林前往苏联的列车出发了。列车由 89 节车厢组成，前 6 节是解冻液，后面 83 节车厢是前线急需的御寒大衣和军靴，因为这时莫斯科郊外气温已到了零下十几度。

11 月 12 日途经明斯克东郊小站，军列突然冲出轨道，列车断裂变形，棉大衣、军靴散落得到处都是，又加上当时雨雪交加的天气，现场一片狼藉。

事故的原因很快就找到了，是处于二根铁轨接头处的一颗螺丝钉断裂造成的，铁轨翘起，导致惨祸发生。

但这起惨祸原本可以避免，苏联铁道部安检员在两年前就发现这个生锈的螺丝钉，并要求铁道维护员托马斯文将其换掉，以避免隐患，但托马斯文两次试过后，由于生锈时间太长，没有换成。

德军侵占明斯克后，德国铁道部门也检查出这颗生锈的螺丝钉，同样要求换掉，同样原因，没有换成。

到了12月4日，莫斯科气温降至零下52摄氏度。大部分德军都没有得到御寒衣服，数以万计的人被冻伤，数以千计的人被冻死。可怕的严寒摧残士兵的身体，还使坦克停转、武器失灵，德军的失败近在眼前。

一起事故的原因却是由一颗不起眼的螺丝钉引起，而人们在之前也发现到这个螺丝钉的生锈情况，不过显然没有引起足够的重视，所以没有做出彻底的处理。而这起事故所产生的最终影响，却是前线战斗力的彻底降低，导致最终的失败。一颗螺丝钉却和一场战争的胜利产生如此紧密的联系。

管理者都有良好的宏观把控能力，在别人所看到的成绩之外，他会看清楚其中的关键环节，在别人赞赏那些卓越人才的同时，他又不会忘记去关怀那些普通的员工，他总能通过自己的管理，在团队的得失之间保持最美妙的平衡，也体现出自己卓越的智慧。

雷锋同志，曾经在自己的日记当中提出过螺丝钉的精神，当时在社会上引起了很大反响，这样的内容在我们今天的管理学中，也依然应当引起重视和反思。

（六）寻找制造快乐的人，让团队充满活力

明代诗人唐寅《感怀》诗中对快乐这样描述："万场快乐千场醉，世上闲人地上仙。"

快乐是我们每个人都会追逐的内容，它是一种情绪，它是一种状态，反映出我们对待工作和生活的态度，而这种认可又会影响我们的行为，快乐的情绪之下，是积极的态度与行为，我们希望我们的生活之中充满快乐，而不是悲伤。

快乐是会传染的，如果一个人能带给自己快乐，自己也会为他所感染而变得快乐，那么我们也会对这个人有更多的亲近，如果一个环境中有温馨的感觉，那我们必然会对这个环境有更多的认可和留恋。

今天的管理越来越注重人性化，"快乐"则成为提高工作效率的引擎。如果能让员工感受到工作的乐趣，并能心情愉悦地投入其中，他们的工作效率就会大大提高，从而带动

整个团队高效率运转。谁会不渴望快乐呢？因此，如何使团队快乐起来，就成为管理者们高度关注的话题。

优秀的管理者，他们认识到快乐情绪的重要，并愿意花费更多的精力去寻找团队中这种快乐的内容，认可员工的创造性、生产力、士气、满意度，并想方设法使他们维持在积极的状态，尽可能避免让自己团队陷入暮气沉沉的氛围之中，而最终优秀的管理业绩，必然会以效率的方式来回报这份管理的智慧。

挪威人喜欢吃沙丁鱼，尤其是活鱼。市场上活沙丁鱼的价格要比死鱼高许多。所以渔民总是千方百计的想法让沙丁鱼活着回到渔港。

可是虽然经过种种努力，但绝大部分沙丁鱼还是会在中途因窒息而死亡。但却有一条渔船总能让大部分沙丁鱼都活着回到渔港，船长对此严格保守秘密。直到船长去世，谜底才得以揭开。原来是船长在装满沙丁鱼的鱼槽里放进了一条鲶鱼。鲶鱼进入鱼槽后，由于环境陌生，便会四处游动。沙丁鱼见到鲶鱼后就十分紧张，左冲右突，四处躲避，加速游动。这样一来，一条条沙丁鱼就活蹦乱跳地回到了渔港。

原来鲶鱼进入鱼槽，使沙丁鱼感到威胁而紧张起来，加速游动，于是沙丁鱼便活着到了港口。这就是著名的"鲶鱼效应"。

一群沙丁鱼，就如同一个团队中的所有成员，如果缺少活跃的气氛，大家情绪低迷，也就不会产生高效的工作效率，加入一条鲶鱼，就会因为它的不同，而给整个团队带来活跃的气氛，也给大家带来快乐，并且这种活力和快乐感染团队中的每个人，最终团队也因此产生卓越的效率。

受此启发，日本的一些企业专门从社会上招聘几位"鲶鱼式"的人物，希望通过他们的加入能够改变团队内惯有的惰性，为团队发展增添动力。结果不出所料，这些新人物的加盟，真的使组织内部形成了竞争向上的气氛，原来相当平静、沉闷的团队，因此充满了生机和活力。后来管理上把这种做法，称为"鲶鱼式"的管理理念。

一个商人到海边的一座小渔村度假，看到一个渔夫乘着小船归来，小船上放着一些新鲜的大鱼。

商人不禁夸赞渔夫："你捕的鱼很大很新鲜，这需要花多长时间？"

渔夫笑着回答说："先生，用不了多长时间，我出海才几小时而已。"

"既然你捕鱼功夫这么好，为什么不多捕一点呢？"商人有些不解。

渔夫笑了起来："干吗要那样做？我需要时间做点别的事。比如，跟孩子玩耍，陪老婆睡午觉，和朋友喝小酒，唱唱歌什么的。"

商人抛出名片："依我看，你应该多花一点时间打鱼，用赚的钱换一条大一点的船。不用多久，就可以再买几艘船，雇更多的员工，然后自己做生意。"

商人一边说，一边拿出笔纸开始计算，"与其把鱼卖给中间人，不如直接卖给加工厂，最后你可以自己开罐头厂"。

"先生，那么再然后呢？"渔夫思考了一下说。

商人笑着说："问得好，我会很高兴给你建议，把公司上市，然后出清手上股票，你就会变得很有钱。你可以拥有上百万，甚至上千万。"

"几百万几千万吗？"渔夫揉着脸颊问道，"那么，接下来呢？"

商人说："等你有钱了就可以退休，选择一个想要的生活环境，你爱做什么事就做什么事情，你就可以有个美满而又充实的生活。"

渔夫有些不解："先生，谢谢你给我的建议，不过现在我就过着这样的生活。"

商人与渔夫的出发点是大相径庭的，商人追逐利益的获取，一切都是以这一目的为基本前提的，渔夫追逐的是生活的快乐，就是他从事工作的基本态度，不过他们却意外地发现他们最终的目标竟然一致，而这就对商人对利益的不断追逐形成反思。

其实快乐的获取也不艰难，有时候就仅仅需要我们转换一下看问题的态度，对待自己的工作就可能更加从容，而这也可以带给我们最大的满足。商人急功近利的行为，不见得能获取到最为有利的结果，而渔夫的坦然态度却能让他捕捉到大鱼，这样的快乐又可以影响到我们最终的效率。有时快乐的获取就是如此简单，只是需要我们转换一下态度，快乐就会伴随在自己身边。

（七）释放团队成员的个性

人世间没有两片相同的树叶，每个人的个性都会因此不同。我们追逐卓越的能力与优秀的成绩，但是我们又不能因为这份目标，而忽略掉自身的现实情况，只有那些将两者进行有效结合的人，才能发挥出自身的实力，获取到最有利的结果。

我们每个人都会追逐个性的释放，我们希望我们能活出自己的精彩，我们希望别人能发现我们的存在，认可我们的作用。当所有内容得到认可并寻找到适当的发挥空间，

就会展现出无穷的力量，在激情的推动之下，发挥出常人所不能及的作用。

管理工作本身就是以秩序和统一为根本内容，但也不能太过追逐，而忽略掉对员工个性的尊重。不能把员工的不同看作是对工作原则的一种违背，加以否定和排斥，反之还要在工作中为其个性发挥提供一定空间，为其个性发挥提供可能。

优秀的管理者，不仅仅是一个秩序的维持者，他会从最终效率的角度，对自己整个管理活动进行全面看待，在独立性与秩序之间，保持美妙的平衡，在得失之间，选择最佳的途径，团队维持秩序，但不失活力，成员又可发挥出自身潜力，最终，不得不说这个管理者拥有高超的艺术水准。

很久以前，有一位心地善良的富翁，他常用力所能及的力量，去帮助身边的穷人。

一次，富翁想盖一座大房子，他想到有很多穷人无家可归，他要求营建师傅把四周屋檐加长一倍，好让这些人在屋檐下能暂时栖身。

房子建成后，果然有许多穷人聚集在屋檐下晒太阳、聊天，甚至还摆起地摊做起了买卖。

嘈杂的人声与油烟，使富翁家人不堪忍受，经常发生争吵。

渐渐人少了许多，富翁家人的生活也渐渐恢复了平静。

可是，一件令人心酸的事情发生了。

在一个冬雪漫天的夜里，一位老者在屋檐下冻死了。

人们开始议论纷纷，一致认为，富翁为富不仁。

后来，富翁决定重修房屋，这次他只要求小小的屋檐，将省下的钱盖了一个四面有墙、正式的小房子。

许多无家可归的人，在这间小房子里获得了庇护，并在临走前询问是谁捐建的。

不出几年，富翁成了远近闻名的人。

街上的人评价说："富翁是这个世界上最好的人，我们都非常感激他。"

屋檐伸得太长，一片好心变成为富不仁；房子虽小，却是空间独立，因此受人欢迎，这中间的差别值得领导者深思。要想团结一个队伍，也许并不需要自己施展力量为下属创造多么好的条件，也许只让他们拥有独立的空间，发展自己的能力，就能取得双方都有利的效果。

管理当中，我们追求效率的提高，我们的秩序维护和角色分工也都是为这一目的而服务的,但是面对员工的个性,我们却需要从长看待。作为优秀的管理者,既不能太过否定,保持了秩序而丧失了活力,又不能太过张扬,最后就可能失去基本的秩序,要在两者之间保持一道平衡,这才是一个管理者艺术水平的体现。

有一位战绩显赫的团长,他手下有三位连级军官,此三人的性格各不相同,但团长在下命令时有自己的一套手段和方法。

一连连长性格忠诚,视"服从命令为军人的第一天职"。

二连连长是典型的实干派,习惯事必躬亲。

三连连长则有极强的个性,喜欢唱对台戏,背道而驰,喜欢标新立异,凸显自己。

一次,接到上级攻击敌人炮兵阵地的命令,团长开始布置自己的工作。

叫来一连长,斩钉截铁地下达命令:"今晚 11 点,你从左翼配合,猛烈进攻敌军炮兵阵地。"

接着,团长又叫来了二连长,说道:"上级已经下达进攻敌军炮兵阵地的命令,我要求你的部队做好准备,于今天深夜 11 点整准备发动总攻。"

后来,又叫来了三连长,对他说:"关于进攻敌军炮兵阵地的计划,我私下认为我们兵力还未完全恢复,时机还未成熟,采取行动恐怕会失利。"

"不,团长,我们应该马上出击!"三连长迫不及待地回答道,"我们不可坐失良机,等到敌军势力越来越大,恐怕就要失去进攻的机会。"

一切正如团长所料,随后用肯定的口吻说:"说得对,看来应该立即主动出击。"

"太好了!"三连长兴奋地说道,"我们会让您在子夜看到敌军阵地插上我军的旗帜。"

最后,三个连队协调作战,一举攻克敌军炮兵阵地,取得胜利。

我们常说:"十个手指不一样齐。"团队中的员工也是一样的,每一个人都有自己的独特性格特点。因此,无论是指挥战争,还是进行管理工作,领导者都不能一概而论,而要根据员工特点,选择有分别地对待,谨慎从事,这对增强团队战斗力是非常有利的。

这位团长有着卓越的领导能力,他的方式正在于对下属性格的不同把握,他尊重下属,以不同的方式去发布相同的命令,认可下属的个性,又充分发挥他们的长处,维护了群体的统一,最终起到最为有利的激励效果。

（八）打造包容和谐的团队文化

“上不宽大包容臣下，则不能居圣位。”

包容是一门学问，学会包容的人，就学会了生活；懂得包容的人，就懂得快乐！

包容是一门艺术，不是随随便便就可以得到，它要我们经历很多内容，舍弃许多牵绊，才得以获得这份智慧的结晶，它是人性至善至美的沉淀！

包容是一种境界，拥有博爱的心、宽大的胸襟，还要有一份性格的坦荡与气魄，才能使这个人的性格中散发出珍贵如檀香一般的气息。

在管理当中，包容显得格外重要，只有能更多包容，才能使彼此关系变得相互信任，有此信任为根基就能呈现出团队的和谐，团队也呈现出更强的凝聚力。

一个团队必须有自己的精神，所谓团队精神就是团队的文化，如果没有管理文化，如果没有良好的从业心态和奉献精神，那一个团队就不能有效联系在一起。

团队文化可以影响全体成员团结一心，为统一的目标而努力奋斗的态度，它可以成为组织高效运转的保证，团队文化也可以帮助员工挥洒出自己的独特个性、表现出超人的特长，它将所有资源有效融合，是团队产生效率的润滑剂。

领队不仅是工作的领军者，更是团队的精神支柱。一个优秀的领导一定要善于打造属于自己的团队文化。要去明确自己的目标，要去组建自己的队伍，要让所有的成员在包容和谐的氛围下发挥出自己最强大的作用，使大家心往一处想，力往一处使，使团队工作高效、气氛活跃，充满勃勃生机。

初一五班是希望中学最乱的班，已经更换了几个班主任。

新学期开始，校长只好请教学多年、有着丰富经验的李老师来接手这个班的管理。

经过几天观察，李老师发现捣乱的就是那么几个，整天混在一起，不好好听讲，还集体起哄。

李老师学过管理学，知道训斥不是最有效的方法，这项工作一定要从长计议。

老师发现这几个学生都喜欢游泳，这也是自己的爱好，于是就找机会加入了他们的行列，先在心理上产生亲近。

后来，李老师发现刘军是这个群体的“头”，刘军因为父母离异，自暴自弃；但因为他讲义气，所以大家都听他的。

一天，刘军没来上课，李老师从同学那儿知道刘军病了，下了课李老师就提着水果去做家访。

刘军和奶奶住在一起，条件艰苦，家里很乱。

李老师进门后，便开始收拾房子，还洗了一大堆的衣服，刘军和奶奶都很感动。

然后，李老师又分别找到刘军的父母亲做工作，让他们经常回来看望儿子和母亲。在李老师的劝导下，刘军的父母最终又担负起对刘军的抚养。

在李老师的引导下，刘军的态度发生了转变，其他同学见“头”不闹了也就都变安静了，班上又恢复了正常的教学秩序。

后来，这几个孩子在学习上都取得了突破。李老师再一次被评为“优秀教师代表”。

在团队里创造一种和谐、融洽的人际关系，能提高他们的合作精神，激发员工的积极性，要尽量避免产生束缚成员个人发展的障碍和分裂组织的不安定因素的发生，只有这些问题都得到及时解决，自己的管理工作才得以顺利开展。

西汉末年，王莽篡权，天下大乱，刘氏子孙刘秀想重新夺回汉朝的疆域。

但当时他只拥有一座小小池城，不知自己该如何施展。

幕僚邓禹说：“只要你拥有大志，不放弃，最终天下一定会归于统一。”

刘秀一脸愁容地说：“我有志统一，但是这毕竟是一件大事，我真不知道该怎么做才好。”

“现如今天下群雄兴起，万众都盼望明君出现，如果您能坚持仁政的话，就好办了。自古以来，兴亡不在于土地多少，而在于仁德厚薄。”邓禹想了想这样回答。

刘秀采纳了邓禹的建议，半月后，他率军击败了称作“铜马”的农民军。

对那些归降的将士，刘秀非但不治罪，反而下令：“不予整编，维持原编，将领仍复原位，带领部下参战，本部不做干涉。”

刘秀这样宽宏，致使降军都不敢相信，心中不免充满疑惑。

为取得信任，刘秀一个人单骑巡视，若有人想行刺，那便唾手可得。

将士见刘秀如此诚恳，异口同声地说：“愿以死回报君主的知遇之恩，上刀山、下火海也在所不辞。”

渐渐地，这些将士跟随刘秀南征北战，为最终平定天下，建立东汉王朝，立下汗马功劳。

一个高效的团队不但要靠严厉、严密的管理制度来约束每一个成员的行为,更要靠友情化管理、温情化管理来激发每一个成员的主动性和创造性。所以,管理者在进行“法治”的同时,更要重视发挥“情治”的作用。

在现代管理之中,团队的意识显得越来越重要了,因为它能呈现出强大的凝聚力,同时灵活多变,能很好地应对各种市场情况。对于团队,要认识到它的结构,认识到每个人在其中所发挥的作用角色,维护好管理者的威信,也尊重团队中每一个员工的个性,建立团队的快乐,打造团队的文化,只有这样,才能使团队内部团结而工作富有效率,在激烈的市场竞争中,发挥出强大的能量。

禅理之中的思考,更多是人生舍与得的反思,有所认识,有所透彻之后,才能以超脱的态度看待所有的问题,人生融入了这些智慧,可以变得超然而有效率。管理之中,有效对这些内容进行借鉴,融合到管理工作的各个环节之中,以超然的态度进行分析与看待,以包容与长远的角度对工作进行把握,最终在轻松自如中,对各项工作进行良好的把握,管理得以顺利而富有效率的进行,也展现出个人深邃的智慧,远见的卓识,极强的工作把握能力。

以圆通的理念去处理我们的人际关系,以低调的方式去树立群体中的威信,以思谋的方式去支持我们的决策,对人才能以真诚与客观的态度对待,充分授权,巧妙沟通,依赖我们对人性的认识进行充分激励,巧妙沟通,打造团队,相信这些融合了禅理意味的管理理念一定会对我们现实的工作有所提醒和帮助。同时,我们还要不断去思考更多管理方式与有效方法的可能,不断总结,不断尝试,这样才能呈现出一个社会属于这一时代的文化特征。

聽諫散鳥
唐玄宗
倪若水

听谏散鸟①

【历史背景】

唐玄宗对于鸟类多有偏爱，政事之暇，喜欢纵禽自娱。鸡鶄、鸂鶒便是唐玄宗喜欢的鸟类。为了得到上等鸡鶄、鸂鶒，唐玄宗派遣使臣到江南等地寻找，使臣所到之地老百姓不胜扰害。作为一国之君主，个人的喜好不能过于放纵。有一些官吏为了讨好和奉承君主，干一些贪赃枉法、公饱私囊的事情，甚至为了达到取悦君主的目的，不惜滥施刑罚，催督苛扰，逼迫百姓到了食子卖女、倾家荡产的地步，其危害不是用语言能形容的了。为人君主只有清心寡欲，禁戒不良嗜好，让百姓缴纳正常的赋税，不增加百姓的负担，则天下苍生自然得到了静养，社会也就太平了。

【原文】

唐史纪：玄宗尝遣人诣江南，取鸡鶄[2]、鸂鶒[3]等，欲置苑中，所至烦扰。汴州刺史倪若水[4]上言："今农桑方急，而罗捕禽鸟，陆水转送，道路观者，岂不以陛下为贱人而贵鸟乎。"玄宗手敕谢之，纵散其鸟。

【张居正解】

唐史上记：玄宗尝遣使臣往江南地方，采取鸡鶄、鸂鶒等水鸟，畜养于苑中，以恣观玩。时使臣所到的去处，百姓每不胜扰害，有汴州刺史倪若水上书谏说：如今江南百姓衣食不足，饥寒过半，方务农采桑，以耕织为急，而朝廷之上，乃使之罗捕禽鸟，水陆转运，远至京师，负累小民，骚扰地方，那路上人看见的，岂不说陛下轻视民命，重视禽鸟，为贱人而贵鸟乎。何故为此不急之务，好此无益之物，以亏损圣德也。玄宗一闻若水之言，深合于心，即发手敕一道谢之。因纵散其鸟，不复采捕。尝闻召公之训武王曰："不贵异物贱用物，民乃足。"又曰："珍禽奇兽，不育于国。"人主之好尚，不可不审也。玄宗爱鸟，近于禽荒，一闻若水之言，即命散之，可谓从谏如流矣。然不但禽鸟一事，但凡人主喜好那一件物，即为地方之害。盖官吏奉承，指一科十[5]半入公家，半充私橐，甚至严刑峻法，催督苛扰，百姓每至于鬻儿卖女，倾家荡产，其害可胜言哉。惟人主清心寡欲，一无所好，只着百姓每纳他本等的赋税[6]，则黎元皆得休息，天下自然太平矣。

【注释】

①此篇出自《旧唐书·倪若水传》，并见《资治通鉴》卷 11 唐纪二十七，玄宗开元四年。记述唐玄宗听从汴州刺史倪若水的劝谏，停止派使臣到江南搜罗禽鸟的故事。

②鵁鶄：水鸟名，亦即"池鹭"。

③鸂鶒：一种像鸳鸯的水鸟。

④倪若水：恒州藁城（今河北藁城）人，开元初任中书舍人，尚书右丞，出为汴州刺史，开元四年，唐玄宗令宦官至东南采禽，路经汴州，倪若水上谏止之。后官拜户部侍郎，尚书右丞。

⑤指一科十：明说要一个，实际则征收十个。科，派收捐税。

⑥本等的赋税：指国家法定的常额赋税。

【译文】

唐代史书上记载：玄宗曾派人到江南搜罗鵁鶄、鸂鶒等水鸟，打算放在园林中，所到之处扰害地方。汴州刺史倪若水上书说："现在农耕蚕桑事业正忙，而网罗捕捉野鸟，陆路水路传递运送，沿途观看的人，岂不认为陛下轻贱人民而贵重野鸟吗？"玄宗亲书手谕表示感谢，把鸟都放了。

【评议】

史载，玄宗曾遣使到江南地区搜求鵁鶄、鸂鶒等珍贵的水鸟，准备放在宫苑中随时观赏。但是，这些派去求鸟的使臣所到之处却侵害四方，对百姓多有滋扰。汴周刺史倪若

水便上书说:“现在正值农耕繁忙之季,使臣们却在忙着网罗水鸟,陆路水路接连传递运送,在沿路上观看的百姓们,岂不认为陛下轻贱子民而珍视水鸟吗?”玄宗听罢恍然大悟,即刻出手谕表示对倪若水的感谢,然后把水鸟都放归了。

作为帝王,富有四海,全天下的货财都可以网入他的囊下。在绝对权力的支持下,皇帝可以有各种各样常人无法实现的愿望与奢好,如果这种愿望与奢好是不切实际的,那么就会为国家、为百姓带来巨大的负担与伤害。唐玄宗虽然身体力行了“听谏散鸟”的美谈,但不久之后却为杨贵妃而“红尘飞骑”,纵横千里去飞递荔枝,只为博得玉环一笑。他抛弃了先前所抱持的厉行节俭的美德,日益消沉,最终将国家拖入衰败的泥潭。因此,作为领导者要时刻保持清醒的头脑和坚强的意志,兢兢业业,至终如一。反之,就会意志松懈,放纵沉沦。前车之鉴,当为后世炯戒。

【镜鉴】

拥有发现和规避错误的鉴戒智慧

(一)领导干部应当拥有发现和规避错误的鉴戒智慧

世界上许多事情,有对的就有错的,有可以做的也有不能做的。领导者在领导实践中,同样有能够做的、应该做的,也有不能做的、不应该做的。分得清哪些是正确的哪些是错误的,哪些是能做的哪些不能做,这是一种政治智慧。同时,领导者肩负着与常人不一样的责任,必须有很强的洞察力和借鉴能力,“前事不忘,后事之师”,领导者能够见贤思齐、见不贤而内自省,这更是一种智慧、一种品质。

正确的领导和领导的正确,其实都离不开领导者具有善于发现和规避错误的鉴戒智慧。作为领导者,在自己的领导工作中难免会存在着出现各种错误的可能性,只有不犯或少犯错误才能把组织和团队引向正确的道路上来,才能真正使团队和自己获得长足健康的发展。

然而,在具体的领导实践过程中,并非每一个领导者都拥有发现和规避错误的鉴戒智慧。有些领导者由于素质上的缺陷、自身学习和修养的欠缺，导致容易触犯戒忌、陷入误区，于是往往出现这样或那样的一些问题，比如在修身与养性方面，有的领导者要么缺乏自知之明，总以为自己天下第一；要么自暴自弃、破罐子破摔；要么工作不努力，成绩上不去就为自己找借口；要么对于自己的得失斤斤计较，对于下属的缺点和过失耿耿于怀；要么缺乏良好的工作和生活习惯。在为人处世方面，有的领导者要么阳奉阴违，当面一套背后一套；要么热衷于潜规则，习惯暗箱操作；要么工作起来习惯于穷对付，做起事情来敷衍塞责；要么处理问题时不知道方圆结合，遇事慌里慌张；要么得势便猖狂，工作中取得一点成绩就四处张扬；要么对于组织、社会和家庭给予的关爱不懂得感恩。在说话与交际方面，有的领导者要么把话说尽说满，要么把场面话当真，要么说话不看对象；工作中即使出了差错也不愿意对下属和群众说声“对不起”，更加缺少倾听下属和群众意见的耐心；要么遇到困难和不顺就怨天尤人；要么待人厚此薄彼，拉帮结派，爱搞小圈子。在识人与用人方面，有的领导者要么以貌取人，要么重才轻德，要么偏听偏信，要么嫉贤妒能，要么用人不公道，要么忽视老实人，要么不会用人所长，要么不注重培养人，要么用人而不留人，要么怀疑猜忌下属，要么不重视激励下属。在决策与管理方面，有的领导者要么优柔寡断，要么急于求成，要么仅凭直觉决策，要么迷信经验，要么不按程序办事，要么缺乏计划，要么忽视细节，要么职责不清，过度管理，要么爱搞大手笔，等等。诸如此类现象不一而足。可以想象，这样的领导者又怎么能够使下属和群众信服呢，怎么能凝聚大家的智慧和力量，取得满意的成绩呢？不要说追求什么卓越了，就是正常的工作有时都难以开展。所以，领导者必须拥有发现和规避错误的借鉴智慧，戒除在领导过程中的一切不良习惯和领导作风，才能真正地得到下属的拥护和爱戴，从而达到有效领导和管理的目的。

（二）领导干部要增长发现和规避错误的鉴戒智慧

要增长自己的从政智慧，尤其是要注重增长发现和规避错误的鉴戒智慧。

1.必须认识到位，加强自律

素质深处是自律。要知道在这个世界上，不是什么事情都可以任由自己为所欲为。尤其是领导者，如果不能有效地规避错误，一旦做了不该做的事情，终有一天要为此付出代价，甚至是沉重的代价。只有明白了这一点，并加强自律，才能有效地规避错误。领导

者手中都掌握一定的权力和资源，难免面临各种诱惑的考验。这个时候，如果没有一种强烈的自律意识和自律能力，就容易被各种诱惑所俘虏，就很难发现和规避生活和工作中的错误，哪怕那些错误是明摆着的。所以，领导者一定要增强自律意识，努力节制自己的私欲，耐得住清贫和寂寞。俗话说得好"哪个人没有个七情六欲？"人有欲望是无可厚非的，关键是这个欲望是不是合理的，是不是超越了道德范畴。"心想事成"是人人都希望达到的理想状态。但是非分之想也就不一定能成，即使一时得逞也必定会后患无穷。领导者一定要增强自律意识克服攀比之心。不正确的攀比往往导致心态失衡，而心态失衡又往往是走向犯罪道路的起点。

改革开放条件下，面对市场经济的大潮，有的领导者不是与同事比工作、比贡献、比作为，而是与他人比资历、比职位，甚至错误地与一些老板、大款比收入、比享受。"人比人，气死人"。越比越没有干劲，越比越难以自持，越比越是放纵自己，最终只得把自己逼上人生的歧途。领导者一定要增强自律意识，消除安逸享乐的思想。有人提出"安逸也是一种考验"，此话不无道理。

现在工作生活条件都比原来好得多，有的领导者就把"忧劳可以兴国，逸豫可以亡身"的古训忘得一干二净。在工作中稍微取得了一点成绩，就心浮气躁，放松了对自我的要求，忙于吃喝应酬，不该交的朋友也敢交，不该去的场所也敢去，在吃喝玩乐中，进取意识退化，自律意识松懈。现实中一些领导者之所以犯错误甚至走向犯罪道路，很多都是从贪图安逸享乐、不愿做艰苦细致的工作、不愿过清淡平凡的生活开始的。

2.必须抓住根本，加强修养

良好修养，是安身立命的根本，是为官从政的基础。只有不断加强自身修养，才能明辨真善美、假恶丑，才能分清对与错，才能养成良好的生活和工作习惯，从而避开工作中的雷区和禁忌，避免为此付出代价。历史上凡是做大事，成大器者，无不具备良好的修养。因此说，良好的修养是决定人生成败的重要因素，确保领导者获得发现和规避错误智慧的动力。具体来说，修养就是要修正、调整自己不好的行为，塑造培育良好的品行，使自己有"心底无私天地宽"的胸怀，有"会当水击三千里"的胆略，有"衣带渐宽终不悔"的执着，有"吾将上下而求索"的坚忍，有"腹有诗书气自华"的自信，有"淡泊明志、宁静致远"的心态。不过，生活中有的人总认为修养这个词太空太大，不知道到底从哪里开始来加强自己的修养。

实际上,一个人的修养就体现在自己的一言一行当中,体现在自己的一举手一投足之间。所以,加强修养,首先要从珍惜自我做起。如果一个人自暴自弃,还能说是有修养吗?自我珍惜,就是要珍惜自己现在拥有的一切,包括自己目前拥有的工作,现在拥有的职务,现在拥有的工作环境和条件。许多东西,失去了才知道珍贵。当然,作为一个领导者,最重要的是要珍重自己的人格、声誉、形象。一个不注重自己的人格、不重视自己的声誉、不注意自己的形象的领导者,肯定谈不上好修养,工作中就难免不触犯一些禁忌,难免出现一些不该出现的问题,也就不可能成为一个优秀的领导者。当然,加强修养,也要注意勤于学习。古人说:"非学无以广才,非学无以明识,非学无以立德。"对于领导者来说,学习不是万能的,但是不学习是万万不能的。只有加强学习,才能不断提升思想境界;关键时刻不为名利所惑,才能经常保持清醒头脑;关键时刻不被金钱所诱,才能真正做到与时俱进;关键时刻不被教条所锢,才能不断提高自身素质;关键时刻不被困难所阻。"学而不思则罔,思而不学则殆。"有的领导者习惯于空想和妄想,既不深入基层向群众学习,也不认真读书向前人学习,这样的结果不是盲目蛮干就是拚命乱干,最终害人害己。当然,对于领导者来说,加强修养最主要的还是要秉公用权、廉洁从政。有的领导者之所以容易陷入误区,与对权力的态度和掌控直接关联。

人们常说,权力是一把"双刃剑",意思是权力既可以造福人民,也会祸害人民。作为领导者都有或大或小的权力,决不能把手中的权力看成是一柄可以任意役使群众的"权杖",看成是一柄用来满足自己私欲的工具,而是要敬畏手中的权力,要慎重使用手中的权力。既不能放任权力不管,也不能越权,更不能滥用权力。要自觉遵守党的纪律和国家的法律法规,严格执行领导干部廉洁从政的各项规定,为人民掌好权、用好权。只有这样,领导者才能及时地发现和规避领导工作中的错误,不断增强吸引力、凝聚力和感召力。

3.必须有他律意识

能够坚持自我约束,主动地规避错误当然是再好不过的事情。但是人往往有弱点,光靠自律是不够的,还需要他律。领导者应该清醒地认识到,他人的监督实际上是对自己的另一种关爱。有了他人的监督,原本错误的想法可能就会被及时制止,原本错误的做法可能会被及时纠正,对于领导者来说,这无论如何都应该是一件幸事。

缺乏监督,无人批评,容易坏事。乐于接受监督,自觉争取监督,真诚欢迎监督,其实

也是一种修养,是一种素质,是一种胸怀。每个领导者都要增强这方面的修养,锻炼这方面的气质,拓宽这方面的胸怀。但有一些领导者不愿接受监督,甚至设法逃避监督。主要原因是这些领导者"官"念未变,"官"气十足,认为自己只能指挥别人,监督别人,没有主动接受监督制约的意识;认为自己就是真理的化身,用不着他人监督;认为上级监督是对自己的不信任,同级监督是跟自己过不去,下级监督是在揭自己的短,群众监督是在给自己找茬,最终让工作中的监督措施形同虚设。所以,领导者既要有乐于接受监督的良好心态,又要有敢于接受监督的勇气,还要有善于接受监督并不断改进自身不足的智慧,真正做到在思想上正确认识他律,在感情上真诚欢迎监督,在行动上自觉接受监督。虚心听取群众意见,认真接受组织监督,自觉接受他人批评,积极主动地改进工作方法,努力形成主动接受监督的良好作风,减少工作中的失误,做到"常在河边走,就是不湿鞋"。

啗餅惜福
太子
唐玄宗

啖饼惜福[1]

【历史背景】

唐肃宗李亨做太子的时候，曾经在宫中亲自侍候父皇玄宗进膳(向父皇问安侍膳是太子应尽的礼仪)。席间，一块羊臂骨上有一块肉，玄宗想吃，他看着太子，让他来切割。太子就拿起刀来为玄宗切下了这块肉，刀刃上因为切肉沾上了一些羊脂油渍，太子顺手拿来一块饼将刀擦得干干净净。唐玄宗见太子拿饼来擦拭刀，感觉很可惜，于是他盯着太子没有说话，面带不悦之色。太子从容地举起那块擦拭刀具的饼放进嘴里吃了，没敢抛弃掉。玄宗见状大喜，对太子说："每个人的福禄都是有限的，理当如此爱惜。"虽然天子和平民百姓福分有大有小，却都因节俭、爱惜得以长久，暴殄靡费必致短促。如泉里的水，若慢慢地汲取则取之不尽，用之不竭，倘若过度提取则会在顷刻间枯竭。所以，自古圣贤之君，虽然尊居九重，富有四海，但仍然穿洗了很多次的衣服，不吃珍奇的美味，俭省开支，爱养民力，所以他们寿命延长，国运亨通。

【原文】

唐史纪：肃宗为太子，尝侍膳，有羊臂臑[2]，上顾太子使割，肃宗既割，余污漫刃，以饼洁之。上熟视不怿，肃宗徐举饼啖之，上大悦，谓太子曰："福当如是爱惜。"

【张居正解】

唐史上记：肃宗为太子时，曾在宫中亲侍他父皇玄宗进膳，盖问安侍膳，乃太子之礼也。那席间有一块羊臂臑(臂小节间肥肉也)，玄宗欲食之，顾视肃宗，着他亲自割切，肃宗承命，就用刀割切了。因刀刃上有些羊脂污漫，取一块饼，将刀揩得洁净。玄宗见饼乃食物，而以之拭刀为可惜，注目看着他，有不悦之色，肃宗从容举起那饼，放在口中吃了，不敢抛弃，玄宗方才大喜，遂对肃宗说道，凡人福禄有限，应当如此爱惜。大抵自天子以至庶人，福分虽有大小，然皆以撙节爱惜而得长久，暴殄靡费，必致短促。譬之井泉，徐徐吸取，则其来无穷，用之不尽，若顿行打汲，则顷刻之间，立见其干竭矣。所以自古圣贤之君，虽尊居九重，富有四海，而常服浣濯之衣，不食珍奇之味，减省服御，爱养民力，故得寿命延长，国祚绵远。彼齐后主[③]、隋炀帝[④]之流，竭万民之膏血，以供一人之欲，如恐不足，一旦福穷禄尽，身丧国亡，岂不可悲也哉。唐玄宗惜福二字，诚万世人主之龟鉴也。

【注释】

①此篇出自李德裕《次柳氏旧闻》，记述唐肃宗遵从玄宗教导吃饼惜福的故事。唐肃宗李亨(711~762)，唐玄宗第三子。公元756~761年在位。天宝十四年(755)安史之乱爆发后，玄宗逃往四川。李亨以太子位即位于灵武(今宁夏)，尊玄宗为上皇。

②臂臑：牲畜前体的中下部，肩下谓之臂，臂下谓之臑。

③齐后主：即南齐东昏侯萧宝卷(483~501)，南齐第四代君主，在位期间(499~501)凶暴嗜杀，科敛无度，最后为部将萧衍所废，死后，追废为东昏侯。

④隋炀帝(569~618)：即杨广。在位期间(604~618)大兴土木，穷奢极欲，大业七年(611)爆发了农民起义，大业十四年(618)在江都为部将宇文化及所杀。

【译文】

唐代史书上记载：唐肃宗做太子时，曾陪玄宗吃饭，有一块羊臂臑，玄宗看着太子让他切割，肃宗切割之后，油脂沾满刀刃，肃宗用饼擦净了。玄宗仔细看着很不高兴，肃宗便慢慢把饼拿起来吃了，玄宗大为高兴，对太子说："福分要这样爱惜。"

【评议】

史载，唐肃宗做太子时，有一天陪玄宗吃饭，盘中有一块羊臂肉，玄宗有意食之，遂转头向太子，命他亲自切割。太子切割之后，刀刃上满是油脂血污，便随手拿起一块面饼将切刀擦拭干净。玄宗注视着太子的举动，面带愠色，以为面饼是可食之物，不应该随意脏

污浪费。这时，肃宗出人意料地拿起面饼吃了起来。玄宗看到后非常高兴，对太子说道："懂得珍惜，才是福分啊。"

珍惜是福，放在任何时代都是最为人受用的道理。皇帝常思一粒米得来之不易，不仅仅是出于减省用度的考虑，更重要的意义在于，由一粒米思及苦耕者的艰辛，感同身受才懂得珍膳。这是一种尊重的态度，更是一种对肩负起使天下百姓得享温饱这样的神圣使命的一种敬畏的心境。如果天子能够长期抱持着这样一种尊重的态度与敬畏的心境去宽慰、怀柔百姓，那么他所治理的天下就能够得到繁荣稳定，他的帝位就能够祚享长久。

【镜鉴】

一、自负骄横最伤悲

——泰而不骄

回眸历史长河，面对多彩世界，仰望偌大宇宙，应当具备"大时空观"。应留心向别人学习，以人为镜，以人为师，以人为友，千万不可把自己看得太重要、头衔看得太重，把尾巴翘得老高……

气焰很盛，权威很大，前呼后拥，门庭若市，可称得上炙手可热。可是，不能忽略，"众望所归"与"众矢之的"只是一个铜板的两面，随时都有可能相互转化。炙手可热的权力，所衍生出的"轰动"效果，容易使人头脑发热，自我陶醉，忘乎所以，产生一种"天下之势，舍我其谁"的骄狂之气。有了骄狂之气，不及时克服，会屡屡碰壁。

有些人有一种自我崇拜心理，以为自己处处比别人高明，凌驾于他人之上，喜欢听恭维之辞，在应该同意的场合固执起来，听不进别人意见，拒绝别人忠告，不能客观公正地评价别人，经常与人发生争执，丧失客观方面的准绳。

骄傲大致有七种情况：以学识骄傲，以功劳骄傲，以门第骄傲，以美貌骄傲，以富有骄傲，以强壮骄傲，以跟随者、保护者、家人、亲朋、子嗣的众多而骄傲。这七种东西常被人们当作骄傲的"资本"，自认为比别人"优越"。骄傲的背后隐藏着什么呢？一言以蔽之曰:没看清楚自己是谁,与盲目有关,和偏颇有关,同虚张声势有关。

有些人能经受住艰苦环境的磨炼,能够在默默无闻中忘我工作,却在一片恭维声中吃了败仗。

吴王夫差为成就霸业屡战屡胜,因骄致横,听不进忠臣伍子胥的进谏,滥用兵力攻打强盛的齐国,终于亡于越王勾践之手。

君子泰而不骄,小人骄而不泰。孔子这句话是说,君子心情安定,宠辱不惊,处之泰然,不受外部环境的影响,而小人在事情顺畅时傲慢,不顺畅就懊丧。

骄横、傲慢、矜持、自夸,是失败的前奏曲,必将以坏结果而结束。《尚书·毕命》说:"如果自大自夸,即使有了美好的东西,也会丧失;炫耀自己的能力,就会失去自己的功劳。"这是贤相傅说告诫高宗的话。《说苑·业谈篇》说:"富贵不与骄傲相约,但骄傲自会随富贵来到;骄傲和死亡并没有联系,但死亡也自会随骄傲来到。"

《资治通鉴》提示了许多对为政者的看法,其中一条就是不可骄慢。骄慢则易失人。西汉末公孙述据蜀自大,其同乡马援曾专门到成都拜见。可是公孙述摆足了架子。马援回来对人评道:"天下雌雄未定,公孙不吐哺走迎国士,与图成败,反修饰边幅,如偶人行。"后来公孙述败于刘秀。

关羽神勇过人,才华超群,讲义气、重感情,但他有个明显弱点:刚愎自用,不识大体,恃勇傲物,勇多谋少,麻痹轻敌。他一开始就排斥诸葛亮,后来又排斥黄忠。对待孙权、鲁肃缺少修养,用的是愚妄手段,以至逼成死敌。

诸葛亮离开荆州之前,曾告诉关羽"北拒曹操,东和孙权"。但关羽一直没把"东和孙权"放在心上,根本不把盟友孙权放在眼里。他占据荆州,出师攻击曹操取得大胜,有功于蜀,这种骄气更加严重,滋长了松懈麻痹情绪。当孙权派出诸葛瑾前来联姻说媒,请求关羽把女儿嫁给他的儿子为妻,永结和好,但关羽以"虎女不嫁犬子"等恶语伤人,破坏邦交。

关羽没有认真的分析判断,轻信吕蒙生病。看到孙权的妹夫陆逊这个无名小辈代驻陆口,关羽大笑道:"孙权怎么不长眼睛,用了陆逊这个乳臭未干的孩子?"没有把陆逊当成一种威胁而不加戒备。忽又听得报告,陆将军派特使赴樊城拜见关羽,声称一为关羽祝贺,二求两家和好。信中称赞关羽威武,谦恭至极……陆逊这温柔一刀,使关羽觉得陆逊十分谦虚而又尊重自己,便喜出望外,无复有忧江东之意,即调出荆州精兵,帮助攻取

樊城。

吕蒙兵至寻阳，让兵士扮作商人，皆穿白衣，在船上摇橹，却将精兵埋伏于船中，以神速的行动径至荆州，对沿江墩台的护官写信倍加抚慰，个个重赏。关羽一向轻视麋芳和傅士仁。吕蒙通过写信和游说傅士仁、麋芳，向他俩分析利害得失，傅士仁、麋芳都投降了。关羽自知势单力薄，回天无力，全军溃败，大势已去，最后败走麦城。

由此观之，一个人做事的大小与他的骄傲程度成反比。所以一定要注意培养自己谦虚谨慎的品格、温和诚恳的性格，否则一旦与人意见不合，就容易起争端，而非心平气和地相互讨教，求同存异。

开国功臣尉迟敬德，鲁莽骄悍，依仗自己有功，盛气凌人。在出席宫廷宴会时，有的人座次在他之前，他就当众质问人家有什么功劳，"敢居我之上"？白城王李道宗劝他不要吵架，他勃然大怒，险些打瞎人家的眼睛。李世民十分不悦而罢宴。太宗对尉迟敬德说："我要和你们同享富贵，而你却居功自傲，多次犯法。你可知韩信、彭越是怎么死的，为什么会被汉高祖杀掉？"尉迟敬德这才有些惧怕，此后，再也不寻衅闹事了。有诗叹曰：居功悍将气凌人，明主恩盛驯莽臣。巧借韩彭喻今古，尉迟醒梦汗淋淋。

武则天有个情夫叫薛怀义，原名冯小宝，闯荡江湖（贩卖药材），练就了健壮的身体，粗犷中不失几分英俊，而且聪明过人，能说会道，被武则天视同宝贝，宠幸异常，让他扮作和尚，随便出入后宫。薛怀义凭借皇帝的宠爱，为所欲为，骄纵不法，不把朝廷官员放在眼里。有一次，他从朝堂经过，依然是大大咧咧，目空一切，对迎面相遇的左丞相苏良嗣视而不见，被苏良嗣连抽了数十个耳光。

薛怀义连忙哭哭啼啼去找武则天诉苦。武则天只是对薛怀义说："你以后从北门出入就是了，南门是宰相上朝所经之地，你就别冒犯他了！"

古代许多有识者都论述过谦虚和骄傲对事业成败的关系。诸葛亮说："将不可骄，骄则失礼，失礼则人离，人离则众叛。"

人的一生会经历许多"不对称"，可能遇到各种各样的险境，骄傲自满或许是最可怕的一种，轻则不能进步，让人厌烦，导致失败，重则自取其辱，带来灾难，危及生命。圣奥古斯丁说："骄傲使天使沦为魔鬼，谦虚使凡夫仿若天使。"

看重自己是一种自信，太看重自己则是一种自负，就会失重。把自己看得低一点，也许别人会把你看得高一些。

《易经》六十四卦中，其他各卦都有缺陷，只有“谦”卦的六爻全部都是吉祥的。

在不同的场合，不同的时间，不同的氛围，用不同方式表达谦虚，才能给人留下良好印象。

当你受到表扬或夸奖时，你不妨采取“嫁接法”，转移人们注意力。史载，魏文王问名医扁鹊，你们家兄弟三人，到底哪一位医术最好呢？扁鹊回答，大哥最好，二哥次之，我最差。文王再问，那为什么你最出名呢？扁鹊回答，我大哥治病，是治病于未发之前。一般人不知道他事先能铲除病因。我二哥治病，是治病于初起之时，他的名气只传于乡里。而我治病，是在病情严重之时，所以大家认为我的医术高明。这个故事启发我们理解“良医治未病”的道理，也说明扁鹊很谦虚。

有一年“八一节”，贺龙参加了兴县文艺晚会。一位少年朗诵一首诗：“我要讲一个英雄的故事，这个故事就是南昌起义，这个英雄就是贺老总！”贺老总对这位少年亲切地说：“南昌起义主要领导人是周恩来副主席，还有朱德、刘伯承、聂荣臻同志，那时我还不是共产党员呢，能算什么英雄？不过你的朗诵挺有感情，回去好好改改，再朗诵……”

展露才智显扬自己，乃是缺乏睿智和见识的表现。有学问、有才干的人，少露锋芒实乃明智之举。黄钟大吕是不敲击不响的。低劣的陶盆瓦釜发出的声音喧嚣刺耳。最擅长辩论的人看起来像不善言辞，最聪明的人看起来像个笨拙的人。

有智慧、有谋略之人往往貌似糊涂、形如木讷、表面看似错。他们有沉稳蕴慧的平和，对大喜大悲从容不惊；他们身上没有失败，只有忍耐，没有懈怠，只有沉默。

每个人的心理承受能力都是十分有限的，因此要学会示弱。善于示弱——如果你处于明显优势，下属表现出弱势，就应淡化你的光芒，留点余地给下属，充分地尊重下属的感受，激发对方的自信心，多肯定、少批评，多给下属展现自己、实现自我价值的机会。这样可以淡化对方的嫉妒心理，保持良好的人际关系，有利于自己的进步。如果下属是呈现强势，领导者就要因势利导，做出适度的让步，以充分发挥下属工作上强势的优点，同时要注意控制其不利的强势。

有一次，列宁应卡尔宾斯基的约请，给《贫农报》写了一篇文章，寄上时附了一张小纸片写着：“附上一篇，如合用，请刊登；如不合用，请扔进纸篓。这样会更好些。你的列宁。”编辑部所有人读这张纸条后，都感到惊异，认为列宁是他们编辑工作中所遇到的最谦逊的作者。（维·阿·卡尔宾斯：《列宁和编辑工作》）

印度诗人泰戈尔,是亚洲第一个获得诺贝尔文学奖奖金的作家,可谓誉满全球。他在荣誉面前总觉得惶恐和不安。他说过这样一段话:"果实的事业是尊贵的,花的事业是甜美的,但是让我做叶的事业罢,叶总是谦逊地专心地垂着绿荫的。"

面对某项工作、某件事情做得好而受人夸奖,你不妨轻描淡写地勾勒一笔。牛顿创建"牛顿力学",闻名世界。当朋友称他为伟人时,他说:"我自己只觉得好像一个孩子在海滨玩耍的时候,偶尔拾了几只光亮的贝壳。但是,对真正的知识大海,我还没有发现呢!"

人们对丹麦物理学家玻尔说:你创建了世界第一流的物理学派,有什么秘诀吗?玻尔幽默而含蓄地说:"也许因为我不怕在学生面前显露自己的愚蠢。"

每个人心中都有一种想被人重视、或想当重要人物的感觉。一旦别人帮助他实现了或让他体验到这种感觉,他当然会感激。当别人超过我们、优于我们时,可以给他一种超越感。

谦虚待人,就应放弃"我说这么做就这么做"的态度,放下清高的架子,同别人"合群"、融合到一起。当你觉得自己很重要,就需要别人特别尊重自己,别人不拿你当回事的时候就难受;当你觉得自己很高,需要别人"抬轿子",没有人抬你就不舒服。不把自己看得太重,保持一颗平常心,你就不会有失落感。

心理学家的研究表明,人与人之间的情感总在"主动"中才能深化,亦即主动接近别人,别人才会愿意接近你;你自负清高,孤芳自赏,别人就会对你有反感,说你"太傲"。

1950 年 2 月,陶峙岳在北京中南海受到毛泽东的接见。毛泽东与他亲切握手交谈,态度诚恳,举止可亲可敬,并共进晚餐,使陶峙岳感动不已。陶峙岳想起 1930 年蒋介石在蚌埠火车站接见他时,蒋只是略一点头,鼻子里哼哼几下,那不可一世的态度,那种傲慢、势利、粗俗的举止,与毛泽东形成鲜明的对照。

赫鲁晓夫在联合国大会上,用自己的皮鞋敲击会议桌,美国国务卿杜勒斯在外交场合拒绝与周恩来握手的粗鲁无礼,使自己失去了国家领导人应有的风度,成为世人的笑柄。

谦虚不仅仅是一种礼节,更应该是自我修养的一种外在表现。谦虚的人有自知之明,懂得"山外有山,人外有人"。表达谦虚时要实事求是,注意谦虚的分寸。

夜郎虽为一国,亦只是地处偏僻、崇山峻岭中一闭塞小国,因不知天外有天,自以为老子天下第一。凡成就大业、或志存高远者，当然不能坐井观天，自拘视野，也不能封闭自守，妄自尊大，俨然不可一世，让别人感到卑下和失落。即使自己完成了别人完成不了的工作，也不要自矜自夸，而要淡化自己的作用，免受别人的排挤。千万不要喜欢阿谀和媚态，厌烦刚直和违逆。

创建突出业绩便自矜其能、自表其功，容易招惹领导妒忌、同事嫉恨，你就会孤立无援，没有退路。因此，做人、处事，既要永葆“傲骨”，也要学会“低头”，这样才能让自己与现实环境和谐，把不利的环境转化为对自己有利的条件。

从事工作和人际交往，人们大多喜欢聪明、谦让而豁达的人，讨厌那些摆臭架子、妄自尊大、小看别人的人。因此，不要把自己太当回事，不要嚣张和张扬，没有人把你看成是卑微、怯懦和无能的。即使有的人忽视你的存在，那也是暂时的。

真正德才兼备之人，懂得如何做平常人，“不以物喜，不以己悲”，不在众人面前翘尾巴，不在下属面前耍威风，不在酒桌上吹嘘自己如何发迹、怎样“过五关斩六将”的。

回眸历史长河，面对多彩世界，仰望偌大宇宙，应当具备“大时空观”。应留心向别人学习，以人为镜，以人为师，以人为友，千万不可把自己看得太重要、头衔看得太重，把尾巴翘得老高，因胜而骄、妄发言论、任意否决、骄矜自许、轻薄俗气、自以为是、口出狂言，还是“夹着尾巴做人”好！

△人誉我谦，又增一美；自夸自败，又增一毁。

——《养心遗规》

△高傲是弱者自我安慰的良方。

——英国格言

△自我吹嘘的人像面鼓，声大腹空。

——印度谚语

△骄傲、嫉妒、贪婪是三个火星，它们使人心爆炸。

——［意大利］但丁

△傲慢是一种得不到支持的尊严。

——［法国］巴尔扎克

二、要在"慎"字上下功夫

(一)天下古今之才人,皆以一"傲"字致败

"慎"就是谨慎、小心、节制、谦卑、低调,就是自己控制自己的能力。曾国藩说:"古人曰'钦',曰'敬',曰'谦',曰'虔恭',曰'谨',曰'祗惧',皆'慎'字之义也。"

曾国藩是一个饱读史书的人,他对于历史上人生成败的规律可谓了然于胸。他曾经说过这样的话:

古来言凶德致败者约有二端:曰长傲,曰多言。……历观名公巨卿,多以此二端败家丧生。

自古以来不好的品质导致人失败的原因大约有两条:一是傲慢,一是多言。我看历代那些著名的大官,大多数是因为这两个原因而败家丧身的。

其实这两条就是一条。你为什么多言?一定是因为你傲慢。中学语文中有一篇课文,叫作《杨修之死》。曹操为什么一定要杀杨修?多言。杨修为什么多言?恃才傲物。

湘军中有一个著名的人物叫李鸿裔。李鸿裔是四川人,字眉生。这个人风流倜傥、博学多才,曾国藩非常喜欢他,把他当自己儿子一样看待。曾国藩有一个密室,就是机要办公室,一般人不能进去,李鸿裔可以随便出入。

有一次曾国藩和李鸿裔在密室里聊天。聊着聊着,外面有客人求见曾国藩,曾国藩需要出去见客人,留下李鸿裔一个人在密室里。李鸿裔没事儿干,就闲翻桌子上的一些文稿。

当时曾国藩的大营里除了用一些能打仗的、能筹饷的人才之外,还养了所谓的"三圣、七贤",三个圣人、七个贤人,就是一些讲理学的先生。曾国藩知道这些人其实没什么真本事,但是他也需要这些人做一些文字的事情,所以养其人,而不予以实职。结果"三圣"中的一位,便写了一篇文章,交给曾国藩请他指正,题目叫"不动心说",就是"论不动心"的意思。理学里一个很重要的命题是心不动,在利益的引诱面前、在巨大的压力的面前,意志力非常坚决,不为所动。这位"圣人"的文章,主要是要告诉曾国藩,他自己的修养工夫,已经达到了不动心的地步。文稿中说:"使置吾于妙曼娥眉之侧,问吾动好色之心否？曰，不动。又使置吾于红蓝大顶之旁，问吾动高爵厚禄之心否？曰，不动。”你把我放在美丽的姑娘旁边，我会动好色之心吗？不，我不会。你把我放在大红的顶戴面前，我会动高官厚禄之心吗？不，我不会。

李鸿裔看了以后觉得特别可笑：你这个也心不动，那个也心不动，干嘛要到曾国藩这儿来呢？不就是为了弄个一官半职吗？

曾国藩这样地位的人可以被称为中堂大人，于是李鸿裔拿起笔来，顺手就在上面题了一首打油诗：

妙曼娥眉侧，

红蓝大顶旁，

尔心都不动，

只想见中堂。

美丽姑娘前，大红顶戴旁，你心都不动，就想见中堂。这样就把这种人的虚伪给揭破了。李鸿裔写完以后，把笔一扔，扬长而去。曾国藩见完了客人，回来一看，墨迹未干，知道是李鸿裔写的，说了句“这小子”，马上叫人把李鸿裔给叫了回来，对他说：“这些人言行未必一致，这我很清楚。但是，他们在社会上之所以还有口饭吃，靠的就是这个虚名，你现在把这个虚名给他们戳破了，让他们失去了安身立命的根本，那么，他们对你的仇恨哪里是一般的仇恨所能比的？杀身灭族的大祸，可能就藏在这其中了。”李鸿裔一听，出了一身冷汗，从此以后大为收敛。

曾国藩说过这样一句话：

天下古今之庸人，皆以一“惰”字致败；天下古今之才人，皆以一“傲”字致败。

天下那些平庸之人，为什么成不了事儿呢？就是一个字：懒。那么为什么那些才华出众的才子也出了问题呢？就是一个字：傲。因为恃才傲物，而失去了控制自己心态的能力。曾国藩感慨地说：“古来多少英雄，功高名重，其后非败于骄，即败于贪。”自古以来那么多的英雄，功高名重，但下场不好，要么是败于骄，要么是败于贪，总之一条，就是失去了敬畏之心。他还说：“从古居大位、立大功之人，以谨慎败者少，以傲慢败者多。”自古以来居高位、立大功的人，很少有因为谨慎而失败的，大多是因为傲慢而败身的。过于谨慎和胆小当然会让一个人没有什么作为，但更多的是领导者自己沦为了自负与傲慢的牺牲品。在这个世界上，因为过于自负而倒霉的人，要远远多于因为谨慎而失败的人啊。

（二）常存敬畏之心，才是惜福之道

曾国藩一生做官，战战兢兢，小心谨慎，如临深渊，如履薄冰。他讲自己有“三畏”：“畏天命、畏人言、畏君父”。第一是畏天命，曾国藩这个人很有意思，他不相信医生（不信医药），不相信方术（不信僧巫），不相信风水（不信地仙），但是他相信天命。他认为老天爷给每个人都早已经有了安排，所以要敬畏天命。第二是畏人言，人言就是社会舆论，人言可畏，流言蜚语足以毁掉一个人的清誉、一个人的前程。第三是畏君父，君父就是皇帝，过去生杀大权都在皇帝手里，所谓“一喜天下春，一怒天下秋”，所以要敬畏君父。

这“三畏”是什么呢？就是一个人所无法控制的力量。成功者往往会有这样一种心态，因为持续或巨大的成功，便认为自己什么都可以摆平，一切都在掌控之中，于是就开始忘乎所以、得意忘形，开始自信到狂妄的地步。其实在这个世界上，许多东西是你根本无法控制的，这个世界一定有你无法摆平、无法控制的力量。最终毁掉你的，往往就是这些力量。曾国藩的“三畏”，就是提醒领导者要保持这样的敬畏之心。

当代很多官员和企业家的人生轨迹，往往是所谓的倒“U”字形。很多人出身往往非常普通，甚至可以说是卑微。走上社会之后，他们凭借自己的才能，加上努力和机遇，得以迅速成长起来，走向了成功的高峰，达到了辉煌的地步。但是一旦成功，这些人便开始有了凯歌行进、一切在握的感觉，认为自己什么都可以解决，认为自己无所不能，于是便开始失去自制的能力，开始放纵自己，最后的结果往往就是一落千丈，划出了前文所说的倒“U”字形的弧线。得意的高峰就是失意的开始，这几乎是难以摆脱的人生铁律。往往是在经历了这样一个过程以后，领导者才会知道去敬畏别人。

要想保持敬畏之心，曾国藩认为，一定要提醒自己“三不”：“不与、不终、不胜”。

所谓的“不与”，就是不参与、不介入的意思。领导者可以调动资源，做成大事，时间一长，领导者很容易就把这种成就看成是自己的能力，把自己与自己的角色混为一体。在曾国藩看来，其实你与你的角色并不是一回事儿。能够调动资源、做成事情的，并不一定是因为你的能力，而是因为你的角色和权力。一旦失去了你的角色、你的位置、你的权力，你可能什么事情都做不成。正如杰弗瑞·菲佛所说的那样：“权力很大程度上源自你所在的职位，以及那个职位带给你的对资源以及其他东西的控制力。人们很容易自我感觉良好，以为别人对自己的尊重和恭维是源于自己具有的内在智慧、经验和魅力。这也

许是事实，但并不常见。当你退休或离职之后，不再能控制大量的资源时，人们对你的关注和重视就会大大减少。”①

人们一生都在扮演某个角色，时间长了不免会入戏太深，就像日本著名导演黑泽明执导的电影《影武者》中描述的那样，分不清楚角色与自我的区别。但所有的大戏最终都是要散场的，最大的英雄也要谢幕。当曲终人散时，所有的浮华都会现出本来的面目。明智的领导者一定要有一种“不与”的心态，这样才不会因为地位和角色而自我膨胀，才会始终保持一种清醒的头脑，把握住自己的内心。

所谓的“不终”，就是不能善终的意思。曾国藩曾经说过这样一句话：“宦海是很险恶的，在官一日，即一日是在风波之中。能够平平安安地上岸的，实在不容易。”历代功臣，能得以善终的其实并不多见。

曾国藩曾说：“少年经不得顺境，中年经不得困境，老年经不得逆境。”为什么这样说呢？少年时不能太顺利，太顺则容易心高气盛，视事太易，养成浮躁的心态，经历一番逆境的洗礼反而更利于一个人的真正成熟。中年是做事的黄金时刻，如果中年太闲，一辈子一晃也就过去了，到老一事无成。老年则最怕逆境，老年一旦陷于逆境的打击，往往就再也难以有翻身的可能，而一生也只好以凄凉而终了。所以曾国藩的祖父曾玉屏曾告诉曾国藩，“临老临老，最怕打扫脚棍”。对于老人来说，就怕一棍子打下去，再也没有站起来的机会。曾玉屏还提醒他说：“晓得下塘，需要知道上岸。”晓得下塘，还要晓得最终要回到岸上。而人生真正的戏剧性在于，志得意满往往难以善终，而始终战战兢兢，以无法善终自惕，反而可以有好的结局。

所谓的“不胜”，就是不胜任的意思。被赋予职位和任务之后，要有一种战战兢兢的心态，用曾国藩的话说，就像驾着一辆六匹马拉的车，车疾速地奔驰，然而缰绳却像是朽烂了一样。认为一切都在自己能力控制之中的人，是最容易出事的；战兢恐惧，唯恐不胜，才会小心谨慎，反而不容易出现问题。所以他说：

常存敬畏之心，才是惜福之道。

要常常有一种敬畏的心态，人的福分才能长远。一旦没有了敬畏之心，放纵了自己，下一步往往就是失败。

(三)圣贤成大事者,皆从战战兢兢之心而来

杰弗瑞·菲佛和罗伯特·萨顿在《管理的真相》中提醒说:“明智的领导者应该从一开始就提醒自己,不管他们过去是多么灵活、聪明、直面事实,但只要步入权位,就能把人变成顽固、愚蠢、无视证据的混账。”

领导者的地位越高,越成功,就越会有人说你的意见正确无误,这会导致你缺乏批判性的思维,让你难以看清真相。位高权重的人往往自以为是,保持清醒的头脑非常困难。卑躬屈膝的人会讨好掌权者,掌权者的愿望和要求会被满足。领导者因此就会习惯于按照他们的想法行事,习惯于自己被视为非同寻常之人。所以菲佛警告说:“不管初衷和愿望是什么,到最后,权力会影响到每个人的头脑。”权力会带来过度自信、冒险精神、对他人不敏感、形成固定看法,并倾向于把他人看作满足掌权者的手段:“人们很容易进入‘权力’心态,这种心态让他们举止无礼和粗鲁。”

这并不令人奇怪,《财富》杂志列举失败企业 CEO 的十宗罪时,将狂妄列为首罪。其实,在领导者的身上,最稀缺的往往不再是自信。失败的领导者所真正稀缺的是什么?是清醒、节制、谦虚、不张扬,是敬畏之心,是清醒的危机意识。

吴起在谈到优秀将军的品质时曾经说:“虽克如始战。”胜利往往会导致自负,自负往往会导致大意,大意往往会导致失败。失败往往会在自我感觉最好的时候突然发生,因此吴起警告说:即使打了胜仗,也必须像刚开打第一仗一样,始终保持谨慎警惕的心态,这样才不会出现问题。管理也是如此。做任何事情,往往都会因为一个不经意的细节、一个看似偶然的因素而导致前功尽弃。所以,曾国藩曾说:“圣贤成大事者,皆从战战兢兢之心而来。”能够成就大事的圣贤,都是从战战兢兢的心态中一步步走过来的。成功的企业和企业家,也无一不是从战战兢兢中走来的。微软是世界上最伟大的企业之一,但比尔·盖茨的一句名言是“微软离破产永远只有十八个月”。海尔的张瑞敏讲他的基本心态是如临深渊,如履薄冰。马云说几年里他花最多时间考虑的就是什么会打垮他的公司,而不是什么会让他的公司成长,只要不被打倒就会有机会成长。华为的任正非也说:

十年来我天天思考的都是失败,对成功视而不见,也没有什么荣誉感、自豪感,而是危机感。也许是这样才存活了十年。我们大家要一起来想,怎样才能活下去,也许才能存活得久一些。失败这一天一定会到来,大家要准备迎接,这是我从不动摇的看法,这是

历史规律。……现在是春天吧，但冬天已经不远了，我们在春天与夏天要念着冬天的问题。我们可否抽一些时间，研讨一下如何迎接危机。

到过华为的人都有这样一种感觉，华为上下始终有一种强烈的危机意识。华为人上上下下思考的一个问题就是"华为的红旗到底能打多久"。任正非说："华为唯一幸运的是，遇上了改革开放的大潮，遇上了中华民族千载难逢的发展机遇。公司高层领导虽然都经历过最初的岁月，意志上受到一定的锻炼，但都没有领导和管理大企业的经历，直至今天仍然是战战兢兢、诚惶诚恐的，因为十余年来他们每时每刻都切身感悟到做这样的大企业有多么难。"

任正非曾经解释过什么才算成功："什么叫成功？是像日本企业那样，经九死一生还能好好地活着，这才是真正的成功。华为没有成功，只是在成长。"一个企业在全球的销售额已经做到数百亿美元，依然认为自己不成功，依然保持着强烈的危机感，从而保持着清醒的头脑，这恰恰就是华为能够继续成长的关键因素。

回过头来看那些失败的企业和企业家，如果他们在成功的同时能够收敛自己、能够有敬畏之心的话，也许就不会落到那样的结局。

史玉柱当年是一个意气风发的人，也是少有的几个跌倒之后可以再爬起来的人。这种特殊的经历使他的心态发生了根本的变化。史玉柱复出以后，给自己的企业定了三条铁律：第一，永远要保持一种强烈的危机感，要知道明天企业可能就会垮台；第二，绝对不能轻易地进行多元化，认为自己无所不能就是失控的开始；第三，永远要保持充足的现金流。这三条铁律，对于很多还处于志得意满阶段的企业家来说，无疑是非常好的清醒剂。但为什么那么多的官员和企业家，一定要吃过大亏以后才能明白这样的道理呢？

什么是真正优秀的企业家？优秀的企业家必须要学会敬畏，包括对市场的敬畏，对客户的敬畏，对资本的敬畏，对员工的敬畏，对同事的敬畏，对合作伙伴的敬畏，等等。优秀的企业家必须要学会谦卑，学会低调。"我已经成功"的心态恰恰会让人的进步由此止步，只有谦卑与低调的人才会有学习的动力，才能有继续进步的可能。优秀的企业家必须有危机意识和忧患意识。任何企业都没有绝对的安全状态，危机却是永恒的。有危机意识，才会始终保持谨慎和节制的心态，从而引导企业度过随时可能发生的危机。优秀的企业家还必须学会感恩。有了感恩之心才不会把成功的原因都归于一己，才不会过于自我膨胀。

(四)常怀愧对之意,便是载福之器

有成就的人很容易因此而眩晕。美国学者詹姆斯·库泽斯说:“成为领导者自然会有一种优越感,因能对别人施加影响而心满意足,因人们为你所讲的每一句话鼓掌喝彩而心旌荡漾。”

曾国藩曾经说:

大抵人常怀愧对之意,便是载福之器、入德之门。如觉天之待我过厚,我愧对天;君之待我过优,我愧对君;父母之待我过慈。我愧对父母;兄弟之待我过爱,我愧对兄弟;朋友之待我过重,我愧对朋友,便觉处处皆有善气相逢。

常有愧对之意、感恩之心,这是一个人的福分能够长久、一个人的境界能够提高的关键。像觉得老天爷对我过厚,我愧对天;父母对我过慈,我愧对父母;兄弟待我过爱,我愧对兄弟;朋友待我过重,我愧对朋友。这样便会处处都能获得正面的能量回报。

在中国文化中,一个人的成就往往被认为是祖先阴德的回报。这样一种观念,其实是很耐人寻味的。一个人如果把当下的成就都归于自己的能力,这样的人不自我膨胀都难。如果一个人认为自己的成功原因在于祖先的阴德,反而会有一种感恩和战栗之心,有一种强烈的使命感和责任心,所想的是如何将这份福报传续下去,才会对得起先人、对得起后辈。同样的道理,如果一个人把自己的成就归于上天的眷顾、父母的关爱、朋友的支持,就会有感恩之心、愧对之意。而有感恩之心、愧对之意的人,最易保持头脑的清醒和控制自己的能力。

稻盛和夫在谈到领导者的资质时说:“领导人必须‘谦虚’。特别是有能力、有业绩、优秀的领导人,我更希望他们将‘谦虚’这项资质学到手。人往往一旦获得成功,就会过分相信自己,认为成功是由于自己能力强,因而傲慢起来,以致忘记了应该感谢周围的人,放松了努力。傲慢的领导人可能取得一时的成功,但他的成功绝不可能长期持续。这一点从中国五千年的历史中可以看得一清二楚。曾有多少英雄豪杰争相崛起,而一旦成功,他们就忘乎所以,忘却谦虚,傲慢不逊,因而从顶峰坠落。……我期望,各位企业家即使获得成功,也决不能忘却‘谦虚’,要抱着对周围人们的关爱和感谢之心,加倍努力。只有这样的领导人才能打造永续成长的团队。”

对于优秀的领导者来说,谦虚是最可贵的品质之一。越是能成就大事的人,往往越

是不张扬的人。伟大的企业一定是谦卑的企业，伟大的企业家一定是谦卑的企业家。柳传志的为人谦虚就是出了名的。2000 年 5 月，在联想为分拆举办的誓师大会上，也是联想两代人交接班的历史时刻，柳传志专门给自己心爱的战将们讲了一句语重心长的话："尽管你们已经是身经百战的战士，但是我们在交出大旗的时候，还是想千叮咛万嘱咐。所有的叮嘱最后凝聚成三个字：要谦虚。"

在英文中，"谦卑"的词源是泥土。谦卑就是脚踏实地。领导者往往是高高在上的，然而谦卑的领导虽然身处高位，也永远不忘记自己来自何方，始于何处，他们永远不和一线员工失去联系，知道如果没有这些人，自己不会到达现在的位置，因此他们不会炫耀自己的财富，不会滥用自己的地位，他们几乎从不谈论这些。

李嘉诚是华人企业家中少有的几位"没有天花板"的人，已经是 80 多岁的人了，他的成功似乎依然没有限制。2006 年 4 月，内地中国企业家俱乐部的 30 多位成员，包括傅成玉、郭广昌、马云、朱新礼、牛根生、江南春等，曾去李嘉诚的总部拜访过李嘉诚。李嘉诚与这些内地的客人见面时，从口袋里掏出名片，一边握手，一边介绍自己："李嘉诚，李嘉诚。"谁不知道他是李嘉诚？但他一定要以普通人的角色来与人打交道。

在座谈期间，30 多位企业家一共坐了四桌，李嘉诚保证自己每一桌一定要坐够 15 分钟，以便与每一位企业家都有交流。内地这些企业家听不懂粤语，李嘉诚自始至终说的都是普通话。他的小儿子李泽楷因为年轻，不小心三次用粤语说话。李嘉诚每次都是立即打断李泽楷，要求他"用普通话，用普通话"。座谈结束的时候，李嘉诚亲自把 30 多位企业家送到了电梯门口。当电梯合上的那一瞬间，这些企业家看到的最后一个镜头，是李嘉诚给大家鞠躬告别。这一幕给很多人留下了非常深刻的印象。江南春后来在博客中专门谈了自己的感想。他说，我们这些人都是晚辈，李嘉诚能够接见我们，就已经很给面子了。李嘉诚那么忙，他让李泽楷送我们走，也绝对不失礼，但是他一定要亲自送到电梯门口，给我们鞠躬告别。像李嘉诚这样成功的人，对晚辈却这样的尊重。这样的人，你不让他继续成功都难。

李嘉诚在跟这些企业家座谈时，曾在开场白中说："当我们梦想更大成功的时候，我们有没有更刻苦地准备？当我们梦想成为领袖的时候，我们有没有服务于人的谦恭？我们常常只希望改变别人，我们知道什么时候改变自己吗？当我们每天都在批评别人的时候，我们知道该怎样自我反省吗？"李嘉诚在汕头大学演讲时，也曾经专门讨论过"反思"

的价值。他把成功者的傲慢比喻成"能力的溃疡",他把时常自问是否过分自大等问题比喻为自己成功的秘诀。他说,领导者一定要自信,但自信和自负就是一字之差,"在卓越和自负之间取得最佳平衡并不容易,因为信心、勇敢无畏也是品德,但沉醉于过往和眼前成就、与生俱来的地位或财富的傲慢自信,其实是一种能力的溃疡"。李嘉诚说他每天都要问自己这样问题:蒙上天的眷顾,我取得今天的成功,我如何做才能做得更好?用曾国藩的话说,就是老天待我过厚,我愧对天。到了晚上,他又会问自己这样的问题:"我有否过分骄傲和自大?我有否拒绝接纳逆耳的忠言?我有否不愿意承担自己言行所带来的后果?我有否缺乏预见问题、结果和解决办法的周详计划?"这种每天早晚的自问几乎没有停止过。曾子说:"吾日三省吾身。"李嘉诚本人并没有很高的文凭,但这种反省的传统,在他这样的老一辈企业家身上保留了下来。正是这种反省所形成的克己能力,使李嘉诚没有像大多数成功人士一样被接连不断的成功冲昏头脑。

曾国藩是一个抱有澄清天下之志的人,同时又是一个以谦退为怀的人。他曾经说:"谦而又谦,方是载福之道。"谦虚、谦虚又谦虚,一个人的福分才会长远。曾国藩还说:"君子之道,莫善于能下人,莫不善于矜。"对于领导者来说,最好的品质就是低调,最糟糕的表现就是张扬。"以贤临人,未有得人者也;以贤下人,未有不得人者也。"依靠自己的才能去盛气凌人,是不可能得到人心的;有才能却非常低调,没有不得到人心的。"君子大过人处,只在虚心而已。"领导者真正超过常人的,其实就是"虚心"二字而已。

这些话,说得非常的精彩。李嘉诚的情商比一般人高出多少?智商又比一般人高出多少?李嘉诚真正的过人之处,就在于虚心而已。虚心使得李嘉诚有一种空杯的心态,有一种归零的意识,这也就使他能够成就远远超出常人的事业。

(五)有福不可享尽,有势不可使尽

人性其实是有弱点的。叔本华曾经说过一句话:"财富就像海水,我们喝得越多,就越渴。"名声也是如此,权力也是如此,所有的欲望都是如此。人的狂妄、人的贪婪,无一不源于此。人在巨大的成就和欲望面前往往很难控制住自己。

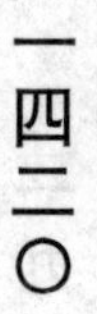

俾斯麦曾经说过:"真正伟大的领袖有三个重要的标志,谋略上的大度、行动中的仁爱和胜利后的节制。"曾国藩最大的智慧,恰恰就是这种自我节制的能力。他有这样一句话:"有福不可享尽,有势不可使尽。"有福不要一下子享用殆尽,有势不要肆无忌惮,一定

要保持一种节制的意识。曾国藩曾说,他最喜欢的一句诗,是“花未全开月未圆”:

古诗有“花未全开月未圆”之句,君子以为知道。

古诗之中有“花未全开月未圆”的句子,君子认为这是理解了大道。

这句诗确实反映了曾国藩基本的心态。什么叫“花未全开月未圆”?花一旦全开了的话,就要开始谢了;月一旦全圆了的话,就要开始缺了。物极必反。人生最大的智慧就是控制住自己的能力。

野史盛传当年打下南京后,很多部下都拥戴曾国藩借机北上,推翻满清,自己来做皇帝。其实从“花未全开月未圆”这句诗中就会知道,曾国藩绝对不会有这个想法。镇压了太平天国,封侯拜相,在他看来已经是人生最好的境界。非要追求“百尺竿头,更上一步”,反而会导致身败名裂。事实上,历史学家大都承认,从当时的湘军内部现状、湘军与朝廷的实力对比、整个社会的人心向背等因素分析,曾国藩即使选择了起兵,也不可能成功。曾国藩的过人之处在于,他没有被巨大的诱惑冲昏头脑,而是做出了事后证明对他来说最正确的选择。

这个人是真正有大智慧的一个人。在巨大的权力面前,在巨大的诱惑面前,在巨大的机会面前,他的清醒,他的节制,他的低调,他的眼光,他的心态,全都远远超出了一般人。历代功臣很少有好下场的,曾国藩却能够全身而退,这不是侥幸得来的。人生如戏,在台上戏唱得再漂亮,也并不令人意外;谢幕的时候背影漂亮,才是真正的完美。曾国藩的“晚场善收”,本身就是一种大智慧。从这个意义上说,在中国的文化环境下,对于成功者来说,保持谦卑、谨慎、节制、低调的心态,永远是非常重要的。

燒梨聯句

信王

頴王

唐肅宗

李泌

烧梨联句[1]

【历史背景】

安史之乱爆发后，唐肃宗在灵武即位之初，他身边的文武官员不满三十人，一些武将，也不大肯听指挥。肃宗要想平定叛乱，急需身边有贤能之人辅佐，这时他想起当太子时的一个好朋友李泌，于是派人寻访李泌。

李泌是个有道行的人，隐居在衡山，曾经侍奉肃宗于东宫。肃宗派人各处寻访，最终找到他并把他召来，让他住在宫廷里。唐肃宗想封他当宰相，李泌回绝说："陛下待我像知心朋友一样，这比宰相的地位还尊贵，何必非要我挂个名不可呢?"看他决心已定，唐肃宗也没再勉强。后来，肃宗收复长安和洛阳，平定安史之乱，李泌为他献了不少良策，功勋卓著。到德宗的时候，德宗任命李泌为宰相，政绩更是卓越，人们把他比作汉代的张良，称他为"神仙宰相"。

【原文】

唐史纪：肃宗召处士李泌[2]于衡山，至，舍之内庭。尝夜坐地炉，烧二梨以赐李泌，颖王[3]恃宠固求，上不许曰："汝饱食肉，先生绝粒[4]，何争耶?"时诸王请联句[5]，颖王曰："先生年几许，颜色似童儿。"信王[6]曰："夜枕九仙骨，朝披一品衣。"一王[7]曰："不食千钟粟[8]，惟餐两颗梨。"上曰："天生此间气[9]，助我化无为。"后肃宗恢复两京[10]，泌之策为多。至德宗时拜相，时人方之张子房。

【张居正解】

唐史上记：处士李泌有道行，隐居嵩山，曾侍肃宗于东宫，及肃宗即位，遣人各处求访，得之于衡山，既到，待以宾友之礼，就着他在内殿居住，便于谘访。曾一寒夜，肃宗坐地炉，自烧两个梨以赐李泌，颍王年幼，倚着肃宗宠爱，要这烧的梨吃，肃宗不肯与他，说道：你终日饱食肉味，先生休粮绝粒，不吃烟火食，故我以此梨赐之，如何来争。颍王乃止。此时诸王因请联诗以赠李泌，颍王先倡一联云："先生年几许，颜色似童儿。"说李泌年纪多少，而颜色美好，只如童子一般，此美其有道养形，异于常人也。信王接一联云："夜枕九仙骨，朝披一品衣。"说李泌夜间则枕九仙的骨睡着，昼则穿一品极贵的衣服。此美其以隐逸而兼尊贵也。有一王又接一联云："不食千钟粟，惟餐两个梨。"说李泌固辞相位，不肯受千盅俸禄，惟今夜二梨之赐则受而食之。此美其高尚之志也。于是肃宗凑成末联云："天生此间气，助我化无为。"说李泌非是凡人，乃上天间气所生，以助我成无为之化也。其后肃宗收复两京平安史之乱，李泌之谋策居多。至德宗时为宰相，功业尤著。时人把他比汉时张子房，为神仙宰相也。夫李泌一山人[11]尔，而肃宗乃呼为先生，称为间气，至烧黎以赐之，此所谓以天子而友匹夫者也。

【注释】

①此篇出自李繁《邺侯家传》。记述唐肃宗礼遇处士李泌烧梨赠诗的故事。

②李泌(722~789)：字长源，其先辽东襄平（今辽阳）人，后徙居京兆（唐长安），唐玄宗天宝时为太子供俸。因遭杨国忠之忌而遁归名山，肃宗即位后召请，拜银青光禄大夫。复归隐湖南衡山。代宗时任检校郎中、杭州刺史，德宗时任中书侍郎、平章事。封邺县侯。

③颍王：名璬，玄宗第十三子，读书有文辞。开元十三年封颍王。

④绝粒：道家所说的辟谷法。一个时期内不食五谷。

⑤联句：赋诗时人各一句或几句，相连而合成一篇，叫联句。

⑥信王：名瑝，唐玄宗第二十三子。初名沔，开元二十三年封为信王。

⑦一王：据《邺侯家传》指汴王，名璥，唐玄宗第三十子，开元二十五年封汴王。按此事指肃宗即位以后召请李泌，时汴王已死。

⑧千钟粟：钟，古代容量单位，六斛四斗为一钟。千钟粟，指很多的俸禄米。

⑨间气：即闲气。古以五行附会人事。正气为帝，闲气为臣。

⑩安史之乱后，玄宗逃蜀，肃宗在灵武即位后，陆续收复长安和洛阳。

⑪山人：山居之人，多指隐士。

【译文】

唐代史书上记载:唐肃宗派人到衡山把处士李泌召来,住在皇帝宫廷。肃宗曾在晚上坐于地炉旁,烧了两个梨赐给李泌吃。颖王恃着肃宗的宠爱要这两只梨。肃宗不给,说:"你饱食肉味,先生绝粒不吃饭,你为什么要争呢?"当时诸王共同作诗赠李泌。颖王说:"先生你多大年纪,脸上颜色像儿童。"信王说:"晚上枕着九仙的骨睡觉,早上穿一品官服上朝。"另一王说:"不吃多至千盅的俸米,只吃两个梨。"肃宗说:"上天把灵气降在这里,帮助我以无为化天下太平。"后来肃宗收复两京,李泌贡献的计策最多。到唐德宗时,官至宰相。当时人把他比作张良。

【评议】

安史之乱爆发以后,唐玄宗逃往四川,唐肃宗即位于灵武。当时形势非常紧张,肃宗派人把他的老师李泌找来辅佐朝政。李泌以隐士自居,又善修养之术,辞官不就,只以白衣身份参与机密,深为肃宗信赖。一次李泌辟谷不吃五谷饭食,肃宗便烧了两个梨赐他。并与诸兄弟王作诗赠给李泌。由此可见肃宗虽贵为天子,但对待老师像对待亲人一样。这个故事,在于告诫领导者要尊敬贤人,听取贤人的良策来治理国家。

【拓展阅读】

肃宗李亨

唐肃宗名叫李亨,是玄宗李隆基的第三子,唐王朝的第八代皇帝。他于大唐盛极而衰的动乱中即位,给苦于安史之乱的唐朝百姓带来了希望,成为中原民众的精神支柱。而他在位期间,又开了唐朝宦官专权的先河,这既是他个人的不幸,也是唐朝持续衰落下去的重要原因。

李亨,生于唐睿宗景云二年(公元 711 年)九月初三。他出生时,父亲李隆基还是太子,正与姑母太平公主为权势争斗激烈。他的母亲杨氏,出身于弘农华阴(今属陕西)的名门望族，曾祖杨士达乃是隋炀帝时期的纳言（宰相），父亲杨知庆也官至唐朝的左千牛将军。不过杨氏虽有显赫的家世.却不是李隆基的正妻。太子妃王氏无子.就决定将李亨接过去抚养。杨氏作为妾室，根本不敢有任何异议，只能眼睁睁地看着儿子被夺走。好在王氏对李亨极为疼爱，视若已出。后来李隆基继位称帝，即唐玄宗，王氏被封为皇后，李亨的身份也更加显贵。

玄宗子嗣数量庞大，他有30个儿子、30个女儿，他在两京（长安和洛阳）和华清宫修建了十王宅、百孙院，以供子孙们居住。李亨自幼记忆力超人，他熟读诗书，学识出色，且文辞优美，是个很有才华的少年。他6岁被拜为安西大都护、河西四镇诸蕃大使，16岁又被封为忠王，居住在“十王宅”中。

玄宗妃嫔多，子孙多，后宫的争斗自然更激烈。王皇后一族曾为玄宗除韦后、诛太平公主立下了汗马功劳，可是玄宗却并不喜欢王皇后，他最宠爱的是武惠妃。武惠妃宠冠后宫，生下了儿子寿王李瑁后，气焰就更加高涨了。她想取得皇后之位，而王皇后长年失宠，自然心有不平，于是两人斗得很厉害，玄宗自然站在了宠妃一边。后来王皇后听从兄长王守一的建议，在宫中用厌胜之术诅咒武惠妃。玄宗得知后大怒，于开元十二年（公元724年）七月废黜王皇后，并赐死王守一。14岁的李亨失去了养母这个依靠，心中悲痛，不过这件事也让他看到了宫廷斗争的险恶，从此再不崭露锋芒，小心谨慎做人，生怕遭来祸患。

在宫廷之战中胜出的武惠妃，并未如愿封后。因为玄宗自废掉王皇后，就再也没有立皇后的打算了。于是，武惠妃取得了皇后级别的待遇之后，就转向为儿子李瑁谋求太子之位。玄宗立的太子李瑛，是出身青楼的丽妃之子。丽妃失宠后，李瑛也被冷落。公元726年，丽妃去世，李瑛就彻底失去了依靠。他与同样被冷落的妃嫔之子鄂王李瑶、光王李琚交好，三人时常聚在一起倾吐心中的郁闷，言语中自然对嚣张的武惠妃很不满，对父亲玄宗也颇有怨言。武惠妃得知后，就指使自己的女婿驸马都尉杨洄诬告太子等三人结党谋反。玄宗听信谗言，竟然将三个儿子都杀死。不过玄宗又没有让武惠妃如愿，他于开元二十六年（公元738年）立28岁的李亨为太子。

李亨为人处处低调，不想意外得到了太子之位。其实李亨看多了后宫争斗，对权势也没多大兴趣了。他被推为众矢之的的太子后，在这个位置上苦熬了18年。直到天宝十四载（公元755年）十一月九日，安史之乱爆发，他的生活才发生变化。安禄山大军15

万,直奔长安,唐军无力抵抗,京师告急。沉迷歌舞美人的玄宗慌了手脚,于公元756年六月逃往蜀中避难。就在这个月里,长安沦陷了。玄宗逃到马嵬坡(今陕西兴平市西北)时,被迫缢死杨贵妃以平民愤,然后不顾大臣百姓的恳求,继续逃往蜀地。深受战乱之祸的百姓恳求太子李亨留下来,带领大家平叛。李亨经不住众人的苦苦哀求,终于鼓起勇气留下来北上,于六月底在灵武(今属宁夏)即位称帝,即唐肃宗,改元至德。他以皇帝的身份号令天下,为各地抗击安史叛乱的民众带来了希望。

46岁的李亨于危难之中称帝后,就开始了艰苦卓绝的平叛之路。至德二年(公元757年),大将郭子仪、李嗣业等率领唐军,终于收复了长安和洛阳两京,肃宗李亨返回长安指挥大局。而安史之乱的阵营内部也出现了分裂,先是安禄山的儿子安庆绪弑父夺位,然后安禄山的部将史思明又趁机夺了安庆绪的权。史思明曾一度降唐,后又复叛,成为唐军的劲敌。直到公元761年三月,史思明部又发生内讧,他的儿子史朝义也弑父自立。不过叛军经过几次内讧,人心不齐,屡次被唐军打败。走投无路的史朝义,于宝应二年(公元763年)春天自缢身亡,历时7年多的安史之乱才宣告结束。不过肃宗李亨没有等到这一天,李亨经历了多年的内忧外患,身体状况一直不好。761年春,李亨病倒后,就再也没有康复。宝应元年(公元762)四月十八日,病入膏肓的肃宗李亨与世长辞,享年52岁,长子李豫继位,即唐代宗。肃宗死后,葬于建陵,谥号"宣孝皇帝",庙号"肃宗"。

肃宗在位6年,为安史之乱中的唐朝百姓带来了希望,并成为他们的精神支柱,为叛乱的平息立下了卓越功绩。不过他本人治国才能有限,在平乱中既听信谗言,又无深远谋略,结果导致兵祸延续时间过长,给唐朝国势带来了严重的损害。而他平乱中重用宦官外戚,也为唐朝后期种下了宦官专权的恶果。

【镜鉴】

用人选才可知兴衰

任何一个政权的兴衰都决定于用什么样的人才,以及如何选拔人才。任人唯贤,可得天下,人人得以施展中华,国家强盛,是百姓之福;任人唯亲,即一人得官,鸡犬升天,不学无术之辈当权,国势衰败,是百姓之害,自然是要亡国的。人常说:物以类聚,人以群分。用一个奸佞之人,就会引来一大批奸臣;用一个智者,就会产生一大批智者;用一个忠臣,就会唤起一大批忠臣。战争期间要善于用军事人才,建设时期就要用经济人才,和平时期要用忠诚人才。会用人才就能够得江山,不会用人才就会失去江山。选拔人才在历史上一直是有争议的问题,概括起来,大致存在三种选拔方法:一是推荐,二是考试,三是考查。这三种方法都是有利有弊,关键是要区分具体情况。凡是在用人选才工作上做得好的,政权就稳固;相反,就会导致昏庸无能之辈掌权,有才有德之人受压抑,报国无门,最终必然亡国。

(一)举贤任能汤得天下　忠奸不分桀失江山

夏朝在孔甲乱政后,逐渐衰落,到了夏桀的时候,已经无法控制各地的部落了。这时候,东部的商逐渐强大,而强大的主要原因,就在于汤即位后到处网络贤能人才。

传说商部落的始祖是契。契的母亲名叫简狄,为有氏娀之女,后来嫁给帝喾,是帝喾的次妃。

有一次,简狄与另外两位奴婢一同去湖边洗澡,她看见一只玄鸟围绕着自己飞了一圈,然后落在了离自己不远的一块石头上产下了一个蛋。当然,这个蛋不是一般的蛋,而是一个色彩斑斓的蛋。简狄有些好奇,也有些饥渴,拿起蛋来一口吞到肚子里面去了。

没有过多久,简狄就感觉到身体不舒服,如同怀孕了一般。十个月之后便产下一名男婴,即为“契”。这就是有名的历史故事——“天命玄鸟,降而生商”。

契长大之后,因为贤能而被众人举荐给帝舜,帝舜任命他为司徒(相当于现在的教育部长)。契受命而施教化于天下百姓,百姓始知有礼。

后来,契因功而受封于商,赐姓子氏。经过十三代人的努力,到汤接任首领之时,商部落已经有了很大的发展。自契至汤,共十四代人,先后八次迁移城邑,汤最后把商城定在了亳(今河南郑州,也有说是今河南商丘市北)。

因为天下对夏桀的残暴统治已经非常不满意了,汤开始有了替天除暴的雄心,并积极做灭夏的准备。首先,他到处搜罗人才,号召天下有学问的人都到商地来。他用伊尹做右相,仲虺做左相。伊尹是汤妻陪嫁的媵臣,据说,伊尹曾经到夏桀那里做官,后来发现夏桀昏庸无能,用小人不用贤臣,最后逃到商地,当了媵臣。汤发现伊尹有才能,于是就去拜访他,就有了商汤见伊尹的历史典故。

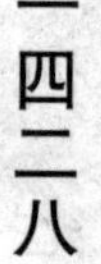

商汤将要前往去见伊尹,让彭家的儿子来驾车。彭家的儿子半路上问道:“您这是要去哪里?”商汤答道:“我将要去见伊尹。”彭家的儿子说:“伊尹,是全天下中的一位普通的百姓。如果您想要见他,只要下令召见来问他,这对他来说已经是受到赏赐了!”商汤说:“这不像你知道的那样。如果现在这里有一种药,吃了它,耳朵会变得更加灵敏,眼睛会变得更加明亮,那么我一定会很高兴它并努力吃这个药。现在伊尹对于我国,就好像良医好药,而你却不想让我见伊尹,这是你不想让我好啊!”商汤于是叫彭家的儿子下去,不让他驾车了。商汤见过伊尹,就重用他做丞相。

仲虺是夏车官奚仲的后代,仲虺居薛(山东滕县南),是个旧部落的酋长。汤得伊尹、仲虺的辅助,国力日益强大。在伐夏前,商征服了附近的许多小国。后来又经过 11 次战争,无敌于天下,使得夏王朝空前的孤立,又利用有缗氏的反叛,起兵打败夏桀王于鸣条之野,一举灭夏。由于商汤以武力灭夏,打破国王永定的说法,从此中国历代王朝皆如此更迭,因而史称“商汤革命”。汤建立商朝后,对内减轻征敛,鼓励生产,安抚民心,从而扩展了统治区域,影响远至黄河上游,氐、羌部落都来纳贡归服。

夏桀在位时,各国诸侯已经不来朝贺。夏王室内政不修,外患不断,阶级矛盾日趋尖锐,民不聊生,危机四伏。但夏桀不思进取,骄奢淫逸。据《竹书纪年》记载,他“筑倾宫、饰瑶台、作琼室、立玉门”。还从各地搜寻美女,藏于后宫,日夜与妺喜及宫女饮酒作乐。据说酒池修造得很大,可以航船,醉而溺死的事情时常发生,荒唐无稽之事,常使妺喜欢笑不已。

夏桀重用奸臣,排挤贤臣。他重用一个叫赵梁的小人,此人专投桀所好,教他如何享乐,如何勒索、残杀百姓。夏桀继位后的第十七年,有人引见伊尹给夏桀,伊尹以尧、舜的仁政来劝说桀,希望桀体谅百姓的疾苦,用心治理天下,桀听不进去,伊尹只得离去。

太史令终古看到夏桀这样荒淫奢侈,便进宫向夏桀哭泣进谏说:“自古帝王,都是勤俭爱惜人民的力量,才能够得到人民的爱戴。不能把人民的血汗供给一人的娱乐,这样奢侈,只有亡国。”夏桀听了很不耐烦,斥责终古多管闲事。终古知道夏桀已不可救药,心里明白夏一定要灭亡的,就投奔了商汤。大臣关龙逄几次劝谏夏桀,夏桀就是不听,关龙逄说:“天子谦恭而讲究信义,节俭又护贤才,天下才能安定,王朝才以稳固,如今陛下奢侈无度,嗜杀成性,弄得百姓都盼望早些灭亡,陛下已经失去了人心,只有赶快改正过错,才能挽回人心。”夏桀听了,非常生气,下令将关龙逄杀死,这样,夏朝朝政更加腐败,夏桀也日益失去人心，众叛亲离。到了晚年，桀更加荒淫无度，竟命人造了一个大池，称为“夜宫”，他带着一大群男女杂处在池内，一个月不上朝。正是这样，夏桀把夏朝推向了灭亡的境地。

(二)姬昌访贤西周昌盛　杀害忠良殷纣亡国

周文王，姬姓，名昌。周太王之孙，季历之子。季历死后，其子姬昌继位，他就是日后著名的周文王。他在位50年，是很有作为的创业主，勤于政事，重视发展农业生产，礼贤下士，广罗人才，拜姜尚为军师，问以军国大计，使“天下三分，其二归周”。

文王在位，以商朝的一个“方伯”的面目出现，表面上臣服于商，暗地里却积极进行灭商的准备。他分化瓦解商朝的附庸，争取他国，成功地调解了虞、芮两国争田纠纷，使河东小国纷纷前来归附，诸侯都把文王看成是可取代商纣的“受命之君”。在虞、芮归附的第二年，文王向西北、西南用兵，为灭商建立了巩固的后方。接着向东发展，过黄河进攻耆、邗等国。沿渭水东进，攻占了商朝在渭水中游的重要据点崇，扫除了周在东进道路上的一个障碍，并且据有关中的膏腴之地。在伐崇的第二年，文王在沣水西岸营建丰邑，把政治中心迁于丰(今西安市西南)。至此，周文王已经完成了对商都的“钳形”包围，形成了对商朝咄咄逼人的攻势。

据说，西周之所以很快崛起，就在于周文王到处搜寻贤能之人，启用贤良。历史上留下周文王访贤，访得周朝八百年的传说。姬昌看到商纣王终于沉醉于享乐，小人得势，忠臣逃匿，明白了商朝已走向没落。但要想拯救臣民，消灭腐朽的商王朝，第一要务是要有人才辅助，所以，他开始到处访贤。有一次出猎在渭水河边巧遇年已垂老、怀才不遇的姜尚在湖边钓鱼。文王同他谈话，相互谈得甚为投机，便让姜尚与他同车而归，立拜为师，共同筹划灭商策略。姬昌见姜尚学识渊博，通晓历史和时势，向他请教治国兴邦的良策，姜尚当即提出了“三常”之说：“一曰君以举贤为常，二曰官以任贤为常，三曰士以敬贤为常。”意思是，要治国兴邦，必须以贤为本，重视发掘、使用人才。姬昌听后甚喜，说道：“我先君太公预言，当有圣人至周，周才得以兴盛。您就是那位圣人吧？我盼望先生久矣！”于是，姬昌亲自把姜尚扶上车辇，一起回宫，拜为太师，称“太公望”。

据《尚书大传》说文王在位的最后七年中干了六件大事。头一年调解虞芮两国纠纷。虞(山西平陆县)芮(山西芮城)都是商王朝西方属国；可是他们不找商王裁决，都慕周文王的威名,求文王审断。据《诗经·大雅·绵》篇注说:虞芮两国看到周国是"耕者让其畔,行者让路""男女异路,斑白不提携""士让为大夫,大夫让为卿",一派君子之风。两相对比,内心羞愧,回国之后虞芮两国都主动将所争之地做了闲田处理,纠纷从此解决。第二年出兵伐犬戎,战败西戎诸夷,灭了几个小国。第三年攻打密须(在今甘肃灵台县),解除了北边和西边的后顾之忧。第四年"西伯戡黎(在今山西黎城县)",第五年伐邗(在今河南沁阳县)。戡黎、伐邗实际上是构成了对商都朝歌的直接威胁。第六年灭崇国(在今陕西户县境)。将周的都城由岐山周原东迁渭水平原,建立沣京(在今陕西长安区)。《诗经·大雅》:"既伐于崇,作邑于沣。"接着又向南扩展势力到长江、汉江、汝水流域,形成了"三分天下有其二"的形势。《论语·泰伯》讲的这句话,即说明岐周实际已控制了大半个天下,而殷商已处于极端孤立的境地。就在这大功垂成之际,姬昌不幸死去。《尚书·无逸》和《吕氏春秋·制乐》都说他享国50年,称王前立国43年。死后葬于毕(指西安渭水南北两岸,境域较广)。周文王在中国历史上是一位明君圣人,被后世历代所称颂敬仰。

相反,殷纣王自以为天下第一,无人可比,只愿意听阿谀奉承的话,听不进劝诫忠告之言,剖比干,囚萁子,让天下贤能之人心寒弃之而去。当时黎国在今山西省上党壶关,位于纣都朝歌之西,是一个位近王畿的方国。武王灭黎的消息传到朝歌,满朝文武为之震惊。贤臣祖伊奔告纣王说:"天帝莫不是要结束我殷的王命?不管从人事来看,还是从占卜大龟的神灵,都不敢告知殷的前途有什么好的征兆。不是先王不顾恤他的后代,只是王淫佚过度,不遵守王道常法,自绝于先王,所以上天丢弃了我们,使祖宗不能安食共享。如今天下百姓,没有不希望殷命早绝的。王打算怎么办"?纣王听后,坦然地说:"我的命不是天给的吗?他们的恶言,又能把我怎么样呢?"祖伊踉踉跄跄地走下殿来,说:"纣王真的是不可以劝谏了。"从此以后,纣王越发淫乱下去。整个商都,如盛夏的鸣蝉,似滚开的肉羹。神祇没人敬祭,宗庙无人管理。大臣、小人都做偷窃奸邪的坏事。犯了法的人受不到惩罚,甚至连偷窃神用的牺牲,也没有人责备;吃了也受不到惩罚。因而纣王的宗亲,没有不担心王朝命运的。纣兄微子启,几次劝谏,纣王都不理会。于是微子对少师说:"我们的祖先给我们留下的江山,因为受嗜酒的淫乐,败坏了祖先的美德,现在江山完了。如今连大臣、小人都干偷窃奸邪的坏事,六卿、典士也互相效仿而不遵守法度。小民们都反对我们,我们的国家,真像涉大水一样,既找不到渡口,又看不到边岸,殷就要亡在今天了！父师、少师呀！我在家里心乱如麻，想离开家到荒野去，请你们不要把国家危亡的事告诉我”。箕子说：“王子，上天给我们殷邦降下灾难。使他沉酗于酒，有什么办法？他什么都不怕：上不怕天威，下不怕长老旧臣。现在殷民重赋，实际上是更快地招来敌人。商如果灭亡，我们只有殉国，我们不能做他人的奴仆。不过，我认为王子出奔，倒是一条正道，否则，我殷家宗庙陨坠就没有人来挽救了。”于是微子出走。比干见微子去，于是叹息说：“主上有过，不去劝谏，就是不忠。怕死不说，就是不勇。有过就谏，不听就死，才是大忠大勇的人。”说着比干冒着生命危险，上殿去见纣王。一连三天，他指责纣王的过错，劝谏纣王洗心革面，重整朝纲。说得纣王无言答对，却恼羞成怒说：“你为什么要坚持你的看法？是什么东西支持你坚持自己的看法？”比干说：“我是希望你痛改前非，保住先王留下的社稷，是这个大义支持我来劝谏你。”纣王心想：“他如此坚持自己的看法，必定是觉得自己高明，把自己当做圣人。难道真有比自己还高明的圣人？”于是他轻蔑地看着群臣说：“我听说圣人的心有七个孔窍，比干认为自己是圣人，他的心真的有七个孔窍？”于是比干被剖腹而死。箕子看到纣王如此残酷地害死自己的叔父，知道他是谁的话也听不进去了，为了保存自己，他假装疯狂，把自己装扮成奴隶模样。但是纣王并没有放过他，把他抓起来，囚禁在牢狱里。从此，满朝大臣，谁也不敢再进谏了。纣王在身边佞臣的谄谀下，更加荒淫暴虐，肆无忌惮。结果朝政日益腐败，郊社不修，宗庙不祭，一味以奇巧异能、博取妲己的喜悦。殷太师疵、少师疆看到纣王如此对待天帝、祖先，知道殷朝的天下快要完了，便偷偷抱着祭器、乐器，逃往周国去了。

约公元前 1046 年，周武王联合西方十一个小国会师孟津，乘机对商朝发起进攻。牧野之战，大批俘虏倒戈，周兵攻至朝歌。帝辛殷纣王登上鹿台，穿上他缀有宝玉的衣服，投火自焚而死，商朝灭亡。

(三)弃嫌用贤小白称霸　小人受宠桓公饿死

春秋时期齐国国君齐襄公被杀。襄公有两个兄弟，一个叫公子纠，当时在鲁国(都城在今山东曲阜)；一个叫公子小白，当时在莒国(都城在今山东莒县)。两个人身边都有个师傅，公子纠的师傅叫管仲，公子小白的师傅叫鲍叔牙。两个公子听到齐襄公被杀的消息，都急着要回齐国争夺君位。在公子小白回齐国的路上，管仲早就派好人马拦截他。管仲拈弓搭箭，对准小白射去。只见小白大叫一声，倒在车里。管仲以为小白已经死了，就不慌不忙护送公子纠回到齐国去。怎知公子小白是诈死,等到公子纠和管仲进入齐国国境,小白和鲍叔牙早已抄小道抢先回到了国都临淄,小白当上了齐国国君,即齐桓公。

齐桓公从莒国回到齐国当了国君后,就任命鲍叔牙当太宰,鲍叔牙谢绝说:“我,是国君的一个平庸的臣子,您给予我恩惠,不叫我挨冻受饿,就是国君对臣子的恩赐了。如果一定要治理国家,那不是我所能做到的,而这个人就只有管仲了。我比不上管仲的地方有五点:宽厚仁慈,爱戴人民,我不如他;治理国家使其不丢失权力,我不如他;用忠诚信义结交诸侯百家,我不如他;制定礼法道德规范成为全国人民的行为准则,我不如他;(两军交战)在营门前击鼓助威,使诸侯百家勇气倍增,我不如他。”桓公说:“那个管仲用箭射中我的衣带钩,差点把我射死。”鲍叔牙解释说:“管仲是为他的君主而行动。您如果宽恕他的罪过让他回到齐国,他也会像爱其主那样的。”齐桓公问:“那怎么办?”鲍叔牙回答说:“到鲁国去邀请他。”齐桓公说:“施伯是鲁君有智谋的大臣,他知道我要任用管仲,一定不会给我,那可怎么办呢?”鲍叔牙说:“派人向鲁国请求,就说:我们国君有个不好的臣子在贵国,想要把他在群臣面前处死,所以请求贵国。那么就会给我们了。”齐桓公就按照鲍叔牙所言,派使臣向鲁国请求。

正如鲍叔牙所说的,鲁庄公向施伯询问这件事,施伯回答说:“这不是想杀他,是想用他治理国家。管仲,是治理天下的有才之士,他所在的国家一定能在天下如愿以偿;让他在齐国,那必定长期成为鲁国的忧患啊。”鲁庄公问:“那怎么办?”施伯回答说:“杀了管仲,然后把尸体交给齐国使臣。”鲁庄公准备杀管仲,齐国的使臣向鲁庄公请求说:“我们的国君想亲眼看着处死他,如果不能把活的管仲在群臣面前杀了示众,还是没达到请求的目的呀,我们请求给我们活的。”于是鲁庄公吩咐武臣捆绑管仲来交给齐国使臣,齐国使臣领回管仲便离开了鲁国。

等管仲到齐国的时候,齐桓公多次沐浴并用香料涂身,亲自到城外迎接他,和他坐下来一起谈论天下大事。齐桓公是个豁达大度的人,听了鲍叔牙的话,不但不办管仲的罪,还立刻任命他为相,让他管理国政。管仲帮着齐桓公整顿内政,开发富源,大开铁矿,多制农具,齐国就越来越富强了。

后来齐桓公之所以成为春秋时期第一个霸主,就因为他求贤若渴,礼贤下士,贤能为之用。有一个小故事足以说明:

齐桓公要见一个叫稷的小吏,一天去了三次也没有见到,随从就说:“你作为有一万辆兵车的大国君王，召见平民百姓，一天去了三次却没有见到，就可以停止了。”桓公说：“不是这样的，轻视爵位、俸禄的士人，一定会轻视他们的君王；君王如果轻视霸王之业，自然也会轻视有才能的人。即便稷敢轻视爵位和俸禄，我哪里敢轻视霸王之业呢？”齐桓公召见了五次才见到稷，天下的国君听说了，都说：“齐桓公尚且降低身份对待平民，何况我们这些一般的国君呢？”在这时其他的君主一起前往朝拜齐桓公，没有不到的。齐桓公能够九次召集诸侯会盟，使天下错误的事情全都得到匡正的原因，就是因为他能够用这样的态度对待士人啊。《诗经》上说：“有着正直德行的人，四方国家的人们都会顺服他。”齐桓公大概可以算是有这样的德行的人了。

可是，就是这样有德行的人到了晚年，也不免在用人方面铸成大错。公元前645年，管仲病逝，临终前曾告诫齐桓公要疏远易牙、竖刁等小人。但齐桓公没有这样做，仍然重用这些人，愈发变得昏庸。其中易牙对齐桓公的侍奉让人感觉毛骨悚然、心惊肉跳。据说有一次，齐桓公对易牙说，此生吃遍山珍海味，唯一没有吃过的就是婴儿肉，他也不过是无稽之谈，随便说说，但易牙却把此事牢记在心，把“无稽之谈”当作圣旨、命令。易牙回到家，便把自己的亲生儿子给清蒸了，然后亲自送给主子齐桓公吃，这下齐桓公感激涕零，便更加宠幸易牙。这两个主仆就像亲兄弟一样，但最后齐桓公还是饿死在易牙等人的手中。齐桓公有三个媳妇，却未得一子，为了后继有人，他又娶了六个小老婆，便有了一群儿子。齐桓公准备立郑姬生的儿子为太子，但是卫姬不甘心，就勾结宠臣竖刁和易牙，想办法逼齐桓公立自己的儿子为太子。公元前643年，齐桓公患重病，易牙、竖刁等认为机会到了，便假借齐桓公的命令，堵塞齐宫大门，并在大门前竖起一道高墙，不准任何人进入宫内。齐桓公病在床上，没有一个人过问，最后，这位称雄一世的霸主竟然被活活饿死在宫内。齐桓公的五个儿子为了争夺权位互相残杀，谁也不管父亲的死活。结果，齐桓公的尸体在寿宫中整整搁置了67天，尸体生了蛆也无人收葬，可怜一代霸主，晚年由于宠用小人，竟然落得如此下场！

（四）求贤用贤秦国强盛　奸臣当道二世取亡

秦在东周时期，是个文化落后的国家。公元前361年，秦孝公立，下令求贤。卫国人公孙鞅（仕秦有功，封于商，号商鞅）应募入秦，得孝公信任，变旧法创立新法。秦从此成为七国中第一强国。早在战国初年，李悝在魏，吴起在楚，曾行新法，但为旧势力所阻。

秦旧势力较小,因之商鞅变法得到成功。商鞅也就成为这一历史时期的代表人物。

秦相自商鞅后,有公孙衍、张仪、甘茂、樗里子、魏冉、范雎、蔡泽以至吕不韦、李斯等人陆续受到秦国重用,也分别创下不朽功劳。除了樗里子是秦宗室,其余全是异姓客卿,这说明秦国贵族领主失去了政治上的特权,而秦王重视人才不论出身和国籍,只要能够帮助秦国富强的贤良都可以得到重用。

正因为秦国的腐化势力比较薄弱,所以新的制度得以实施。荀子曾到过秦国,在《疆国篇》里夸奖秦国民俗的朴素、官吏的忠实、官宦的守法、朝廷的清静,认为是最好的政治。秦国军制,荀子也认为比别国好。荀子在《议兵篇》说,齐国讲求勇力技击,斩敌首一级,赏金一锱(一两二十四铢,六铢为一锱),这种军队只能"事小敌",遇上大敌就离散崩溃了,这是"亡国之兵"。魏国的武卒,是按照严格的标准选拔来的,被挑选上的人可以免户赋徭役,这样一来,军队辗转增加,"地虽大,其税必寡",这是"危国之兵"。秦国以军功升进,不管他是什么人,打胜仗的有赏,打败仗的有罚,所以人人奋勇,求得军功。齐国的技击,不能碰上魏国的武卒;魏国的武卒,不能碰上秦国的锐士,一碰上,就像以卵击石了。足见秦在政治上、军事上都占有优势。

商鞅代表地主阶级的利益。不过,地主阶级没有结合士与大商贾,力量还不能说是完整。秦始皇改变旧习惯,尊崇大畜牧主乌氏倮,位比封君(地位和侯爵一样);优待大丹砂商寡妇清,"礼抗万乘"(国王用客礼相待);又用大商贾吕不韦为秦相国。吕不韦养学士、食客三千人。这样,山东游士和大商贾,不再反对秦的统一战争了。秦国的强大完全是吸引、利用各国的人才为自己的国家服务,才由一个西部落后的国家逐渐成为威慑天下的强国,最终统一天下。

俗话说,虎父无犬子。其实也未必如此。秦始皇是很善于用人的,继承皇位的秦二世在用人方面却犯下了很大的失误,加快了秦国灭亡的步伐。秦二世在历史上也没有什么好名声,不过他一开始即位的时候,还是能够听取大臣的建议的。他曾经召集大臣商议秦始皇的庙号,以后还听取了大臣李斯、冯去疾等人的一些建议,有过试图有所作为的举动。现代有的学者已经证明,秦二世受过比较好的法家教育,对于权力制衡是很有一套的。但后来他受了赵高的蒙骗,终于身死国灭,为后人耻笑。秦二世的皇位来得不怎么正当,所以他老是担心能不能让大臣服气,害怕其他公子过来争权。他便问赵高该怎么办,赵高就趁这个机会跟二世说:那帮大臣们的势力盘根错节,威望很大,陛下应趁巡视的机会，清除他们的势力，起用新人。这个主意非常毒辣。赵高其实是想铲除阻碍自己前进的绊脚石，哪里是在为二世出谋划策？但是秦二世就怕别人抢了他的位子，也不斟酌一下，就开始动手，接二连三地诛杀大臣和皇子，秦朝的统治基础大为削弱。而大臣的劝谏被认为是诽谤，大臣们为了保持禄位，诚惶诚恐，谄媚奉承，秦二世也听不到什么真言了。

之后，赵高又开始游说二世，说陛下现在太年轻，又刚当皇帝，怎么能和大臣商量、决定大事呢？万一办错了，则损害自己的威严。天子称朕的原因就是表示不应该听别人的声音，而要乾纲独断。赵高还引用典故，这段话说得似乎是有理有据，并且符合法家的统治理论，好像是一心为二世考虑，其实是为了能够让皇帝只听他一个人的。二世竟也相信了，从此常居于深宫，与赵高商量各种大事，大臣们很少能够见到他了，朝政日益混乱。

不过，这个时候的秦二世还是能够控制赵高的。秦二世是一个暴君，但用人也有自己的特点，他同时重用赵高、李斯二人，使此二人相争，而自己处于平衡斗争的地位。这是后世帝王控制大臣时广泛使用的方法。秦二世始终想使二人的势力处于一种平衡的状态，不肯轻易地打破。因此当二人互相攻击对方谋反或者不忠的时候，秦二世往往不置可否。李斯的存在，显然危害了赵高的利益。因此，赵高又利用二世怕别人危害自己统治地位的心理，设计陷害李斯，将李斯投入了监狱，并严刑拷打，使得李斯屈打成招，承认谋反。秦二世信以为真，斩了李斯一门。秦二世自己破坏了这种平衡，使得权力集中于赵高手中。

除掉李斯之后，赵高又陆续把秦二世身边的忠臣逐个收拾，看看条件成熟了，就想作乱，可是怕大臣不听使唤，竟上演了一出精彩的历史活剧。那天他拉了一只鹿上朝，对皇帝说，我献给您一匹马。那二世智力还是正常的，便说，丞相，这不是匹鹿吗？大臣们有的附和着说是马，有的不敢说话，还有一些有良心的大臣说，这是匹鹿。于是赵高暗中把那些说是鹿的大臣除掉了，之后不久他便发动宫变，处死了二世。二世也成了中国历史上第一个被大臣处死的皇帝。贾谊在《过秦论》中曾经深刻地揭示了秦二世用人的过失。他说，秦二世继位的时候，天下苦病已久，渴望得到治理。即使二世是庸主，只要他能任用忠贤，臣主一心，励精图治，天下也可以得治。二世不行此术，而专用奸臣赵高，而杀害忠良贤能之人，结果陈涉在大泽乡起义，天下响应，二世自寻死路，秦朝灭亡。

（五）任用人杰刘邦称帝　宠爱董贤西汉没落

刘邦出身农民，懂得农民阶级的疾苦，又身为亭长，懂得地主阶级的统治方法。开始起义，便得沛县，以萧何、曹参为首的全部县吏，成为起义军的领导骨干。此后逐步扩大，直到建立朝廷，最基本的人物还是沛县吏。汉高祖刘邦在洛阳南宫摆酒宴，说："各位王侯将领不要隐瞒我，都说出真实的情况。我得天下的原因是什么呢？项羽失天下的原因是什么呢？"高起、王陵回答说："陛下让人攻取城池取得土地，就把城镇、土地赐给他们，与天下的利益相同；项羽却不是这样，杀害有功绩的人，怀疑有才能的人，这就是失天下的原因啊。"刘邦说："你只知道那一个方面，却不知道另一个方面。在大帐内出谋划策，在千里以外一决胜负，我不如张良；平定国家，安抚百姓，供给军饷，不断绝运粮食的道路，我不如萧何；联合众多的士兵，只要打仗一定胜利，只要攻城一定取得，我不如韩信。这三个人都是人中豪杰，我能够任用他们，这是我取得天下的原因。项羽有一位范增而不任用他，这就是被我捉拿的原因。"众大臣心悦诚服。汉高祖正确地总结了他取得战争胜利的成功经验和项羽失败的教训，即"得人者得天下，失人者失天下"。其中包含着两个方面。一方面是必须有人才，尤其是杰出人才。战争归根结底是人才的较量。人才质量的高低是战争胜负的重要因素。汉高祖的三杰是楚汉战争期间三个重要人才。其中张良是战略家、政治活动家，不仅能制订正确的战略，而且能通过自身的政治活动来实现，他的天才在楚汉战争时期独一无二；韩信是当时杰出的军事家，其军事天才在当时也是独一无二；萧何是杰出的政治家，其治理、协调才能在当时也是独一无二。三个独一无二的人才皆在汉高祖之手，战争的胜负不言而喻。另一方面，有人才必须保得住，保不住反受其害。要保住人才，就要尊重人才，重用人才。汉高祖重用人才，是中国帝王中的典范。他对张良敬之如师，自始至终保持着这种特殊关系；他对韩信，以军权王爵相付，稳住了韩信，保证了对项羽战争的控制；他对萧何，从不怀疑。汉高祖与三杰的如此关系，这在中国历史上都是罕见的。汉高祖南宫论三杰，见解之精辟，令人叹服，作为千古佳话而广为流传。

汉哀帝是西汉历史上的第 13 个皇帝，元帝刘奭之孙，定陶王刘康之子。元帝三子：长子即成帝刘骜，皇后所生；次子定陶王刘康；三子中山王刘兴。成帝即位二十余年而无子，为了继嗣问题，需要在弟与侄中择立一人为皇太子，以便将来可以继承皇位。其时定陶王刘康已死，中山王刘兴尚在，而刘康只有刘欣一子，可以考虑的人选其实只有刘兴与刘欣二人。成帝绥和元年，皇帝召集丞相翟方进、孔光、骠骑将军王根、廉褒等有资格参与国家大计的将相大臣入禁中，讨论究竟应以何人为太子。翟方进、王根、廉褒和朱博都主张立刘欣，因为刘欣乃是帝弟刘康之子，于辈行上乃是皇帝的“犹子”，适于作为，而刘兴乃是皇帝之亲弟，辈行不合，不适宜。御史大夫孔光则以为亲弟的血统关系较侄儿为亲。按照立太子之义，应以刘兴为宜。但成帝却以翟方进等人之说为是，而且他认为刘兴亦不如刘欣之聪明而有才，所以决定以刘欣为皇太子。

成帝死后，18 岁的刘欣于绥和二年甲寅(公元前 7 年)四月继位称帝，翌年改年号为“建平”，此即历史上的又一著名皇帝汉哀帝。史称汉哀帝少年时原本不好声色，是个熟读经书、文辞博敏的有才之君。即位初期，面对汉朝中道衰落的局面，哀帝很想有一番作为。他为此曾躬行节俭，省灭诸用，勤于政事，又启用鲍寅等有识之士，颁布限田令、限奴婢令等法令，试图抑制日益严重的社会下滑趋势。然而哀帝生不逢时，当时汉家王朝根基已动，无论何人也无力回天。哀帝的革新政策也因受到官僚的反对而失败，而长于权术的祖母傅太后的干政，使哀帝办起事来力不从心，结果导致权力外移，朝风日坏。面对失败和挫折，年轻的汉哀帝便气馁了，即位之初的锐气很快荡然无存，代之而来的是在声色犬马之中求刺激。这样，即位不久的汉哀帝便由一个颇有朝气的年轻有为之君，彻底堕落为一个比成帝还要荒浑腐败的昏君。

哀帝是历史上有名的同性恋者，著名典故“断袖之癖”就源于此。他宠信一位男宠董贤，他不但给董贤个人以高官厚禄，封他为大司马，还为董贤建造了一栋与皇宫类似的宫殿，并将最好的御用品送给董贤使用，自己则用次品。

不仅如此，为了使董贤能够开开心心地侍奉自己，哀帝还利用自己的特权，尽可能地照应董贤的家人，如让董贤的妹妹做了一个衣食无忧的昭仪，封董贤的父亲为霸陵令，迁光禄大夫，就连董贤妻子的家人亦获任官职。这可真是一人得道，鸡犬升天。

哀帝在封赏董贤和其家人时，全不顾其他大臣的劝谏和反对，一意孤行。在封董贤为侯时，丞相王嘉坚决反对说：“往古以来，贵臣未尝有此，流闻四方，皆同怨之”，王嘉认为董贤的行为应该“千人所指，无病而死”。听了王嘉如此辱骂自己的心肝宝贝，哀帝不禁怒从心头起，他全不顾这个忠心耿耿的丞相的苦心好意，便命人把王嘉送进监狱，呕血而死。从此汉哀帝不务政事，导致外戚、奸臣篡政，西汉也就此走向没落。几十年后，被东汉取代。

(六)卖官鬻爵东汉灭亡　九品中正魏晋代立

汉灵帝刘宏是汉章帝刘炟玄孙。汉桓帝刘志逝世后,刘宏被外戚窦氏选为皇位继承人。汉灵帝即位后,为了彻底排斥士族并满足自己的无底囊,他和宦官们索性开辟了一个叫作西园的官员交易所,标出官价公开卖官,地方官一般比朝官价贵一倍。各县肥瘦不等,让求官人估价投标,出价较高的人才能得标上任。定价以外,又看求官人身份及财产随时加减,如名士崔烈半价买得一个司徒(定价一千万钱)做,宦官曹腾(汉桓帝的宦官)的养子曹嵩家极富饶,买太尉出钱一万万,比定价贵十倍。又为优待主顾,扩充营业起见,允许先挂赊欠账,到任后限期加倍还欠。又为尽快周转以广泛招徕起见,一个官上任不久,另派一个新官又去上任,州郡官一月内甚至替换好几次。官怕损失本钱又要大获利钱,一到任就得本利兼收,刻不容缓。人民被迫"寒不敢衣,饥不敢食",贱价卖出自己仅有的一点谷物,让新官一到就得钱,以免一家人性命不能保。汉灵帝和宦官觉得这样做还是不够,命令州郡送助军修宫钱,大郡多至二三千万钱,最小的县也不能免。送钱以外,还要"价买"木材石料,令州郡运送到京师。宦官派人点收,硬说材料不中用,只给价十分之一,转手卖给商人,得十足价钱。有些材料根本不点收,让州郡再送。人民在这一大群豺虎盗贼的吞噬下,逼得实在生路全绝。184 年开始的黄巾大起义,虽然很快被镇压下去,但农民仍到处起来反抗。当时宦官害怕黄巾起义的威力,有些暗中投降,愿做内应,其余都召还做地方官的子弟和徒党,准备退避。汉灵帝感到孤立,下诏赦免党人,利用那些口头上斥责宦官虐民自己似乎是同情农民的士族来镇压起义军。经常宣称"张常侍(张让)是我的父亲,赵常侍(赵忠)是我的母亲"的汉灵帝开始觉得士族有用,质问宦官们说:"你们总说党人想造反,该杀该禁锢。现在党人都给国家出力,你们反倒和黄巾通情,该杀不该杀!"饱受宦官高压的士族因此又得了势。士族仇视宦官,更仇视农民起义,他们看到汉朝必亡,纷纷组织武力,等待割据称雄的时机到来。

189 年,汉灵帝死,皇子刘辩继位。何太后临朝,何进掌朝政。社会下层(屠户)出身的何进企图依靠下层的大豪强董卓杀宦官,不料宦官首先发动,杀死何进。随后士族大豪强袁绍起兵杀宦官二千余人,宦官全部歼灭。董卓引兵到洛阳,逐走袁绍,废皇子刘辩,杀何太后,立汉献帝。罪孽深重的外戚和宦官一起消灭了,东汉的朝廷实际上也消灭

了。象征中央集权的朝廷已经消灭,豪强们便公开进行着疯狂的武装混斗,黑暗的东汉后期转入了社会空前大破坏的分裂时期。

东汉末年,群雄并起,曹操挟天子以令诸侯,很快称雄一方。曹操用人,“不拘微贱”,这自然要引起士族的不安。赤壁战前,鲁肃劝孙权抗曹操,说像我鲁肃这样的人,投降了曹操,他会把我送还本乡,评品等第,给个小吏做,慢慢升迁做州郡官。曹操得荆州,令韩嵩评品荆州士人优劣,极力拉拢士人阶层。当时北方士族,一部分在豪强混斗中死亡了;一部分各投旧主,多是投袁绍;一部分逃避到江东为孙策所收用;一部分投奔荆州,依附大名士刘表;还有一些远避到辽东和极南边的交州。剩下来的士族本来不多,曹操出身宦官家庭,搜罗士族更显得困难。不过曹操也有好的条件,首先是他有汉朝廷名义,其次是屡次战胜,军威颇盛,在别处不得意或主人失败了的士,不得不投过来求功名。大名士也是最大的谋士荀彧,就是从袁绍那边投过来的一个。这些条件以外,曹操还主动地着力争取。例如司马懿称病坚卧,不就征召,曹操用死刑威胁他出来做官。又如祢衡当众辱骂曹操,曹操大怒,把他送到刘表那里去,表示不杀士人。几年间,曹操得士比任何大割据者都多。

220年,曹操死,子曹丕继王位,是为魏文帝。魏文帝听从拥曹派士族陈群的建议,明令规定九品官人法,各州设大中正官,各郡县设小中正官,评品本州本郡本县士人的等第。做大小中正官的人自然是高级士族和一些中级士族,他们荐举做官的人,自然也是高级或中级士族。微贱人被排摈不能入品,低级士族只能列在下品。

魏文帝行施九品官人法,取得了士族对曹氏政权的拥护。司马氏要夺取曹氏政权,当然也必须从争取士族入手。司马懿当权,夏侯玄请减削中正官权力。司马懿不敢得罪高级士族,谢绝夏侯玄的建议。自司马懿至司马昭,用优厚的待遇收买士族,形成司马氏集团。依靠这个集团,残酷地屠杀拥护曹氏的士族。到司马昭时,拥曹士族已经全部消灭。晋武帝建立晋朝,对待高级士族愈益宽容。例如刘友、山涛、司马睦、武陔四人各私占官稻田,被李憙告发。晋武帝说,山涛等三人私占官稻田,查明是刘友干的事,刘友侵剥百姓来欺骗朝士,应诛死以惩邪佞,山涛等可不问罪。晋武帝罚小官不罚大官,显然是宽容所谓朝士的高级士族,进一步保障高级士族的利益,以得到他们的拥护。

高级士族政治上的权利,从九品官人法得到保障。这种选举法称为门选,结果自然是“上品无寒门,下品无世族”,任何人(包括皇帝)不能侵犯高级士族做高级官的特权。

高级士族经济上的权利,从荫亲属制得到保障。所谓荫亲属,就是高级官的同族人得在他的荫庇下,免向国家纳租税服徭役,也就是被荫者须向荫者纳租税服徭役。所荫亲属,多的可以到九族(上起高祖,下至玄孙),少的也还有三世。高级官以外,宗室(司马氏)、国宾(被废的魏帝)、先贤的后代、士人的子孙(名门世家)也得按门阀高低荫亲属。

数量不大的高级士族有了这两个特权,势力愈益巩固,各种矛盾也因此而愈趋尖锐化。

(七)荐贤用良石勒兴国　种族歧视后赵灭亡

石勒是羯族人,出生在兵荒马乱的两晋南北朝时期。连年的饥荒和战乱,使他不得不背井离乡,以乞讨度日。后因统治阶级内战,他被卖到他乡做奴隶。饱经磨难的他与晋王朝的矛盾越积越深,在而立之年率领"十八骑"愤然起义,从此走上了反晋的道路。他"壮健有胆力,雄武好骑射",带领一帮兄弟南征北战十多年,最终建立后赵王国,占据了中国的大半个江山,使得偏安一隅的东晋王朝闻风丧胆。他就是中国历史上唯一的从奴隶走上皇位的少数民族英雄——石勒!石勒在战争中,特别重视人才,并逐渐建立起一些政治制度。312年,听从张宾计,建都襄国。313年,立太学,选士人为教师,让将佐的子弟三百人入大学读书。定租赋,令州郡官查实户口,每户出帛二匹、谷二斛。319年,石勒以所据河内(今河南沁阳市)等二十四郡为赵国,有民户二十九万。删简律令,选择重要条款,造《辛亥制度》共五千字。任用续咸为律学祭酒,管理狱讼。任用支雄、王阳(八骑中人)为门臣祭酒,专管胡人的狱讼。此外,任用裴宪等为经学祭酒,任播等为史学祭酒。任张宾为大执法,总管朝政。遣使官巡行州郡,督促农桑生产。石勒为巩固自己的统治,特别重视士族,320年,下令诸将帅,此后俘获士人,不得杀死,一定要送到襄国来。

石勒用人大度宽容,历史上有石勒不记布衣之恨的传说。据载:后赵王石勒请武乡有声望的老友前往襄国,同他们一起聚会饮酒。当初,石勒出身贫贱,与李阳是邻居,多次为争夺沤麻池而相互殴打,李阳因此不敢来。石勒说:"李阳是个壮士,争沤麻池一事,那是我当平民百姓时结下的怨恨。我现在广纳人才,怎么能对一个普通百姓记恨呢?"于是急速传召李阳,同他一起饮酒,还拉着他的臂膀开玩笑说:"我从前挨够你的拳头,你也遭到了我的痛打。"随后任命李阳做参军都尉。

石虎是石勒的侄子。因多次出兵作战,获得做过西晋掾属小官吏以上的低级士族三百家,送到襄国,石勒设公族大夫专管这些士人。石勒修改魏晋以来九品官人法,令群臣及州郡官每年保荐秀才、至孝、廉清、贤良、直言、武勇各一人,令张宾管理选举,品定这些被保荐的人,给他们官做。石勒所立学校,有太学一所,小学十余所。324 年,石勒亲到太小学考试诸学生,按经学程度的高低给予赏赐。329 年,石勒巡行冀州诸郡,引见高年、孝弟、力田、文学之士,赏给谷帛。331 年,令群臣保荐贤良、方正、直言、秀异、至孝、廉清各一人,考试及格,分三等给官职。333 年,就是石勒死的一年,还令各郡立学官,每郡置博士、祭酒各一人,学生一百五十人。石勒提倡经学,重视士族,在他的政治措施里最为突出。他利用低级士族与高级士族间的矛盾,杀死大量高级士族,借以取得低级士族的拥护。他奖励清廉,严刑惩罚贪污的官吏,借以缓和汉族农民的反抗。这一点,石勒比起西晋和东晋的腐朽统治来,显得有些新气象。

石勒死,石虎夺取了后赵国政权。石虎性同野兽,比石勒残暴得多。335 年,石虎迁都邺,大造宫室,昼夜荒淫,穷奢极侈,百姓饿死了十之六七。石虎似乎也感到危险,一方面亲自执掌军事和刑法,一方面加强对高级士族和佛教的依靠。336 年,石虎下令恢复西晋九品官人旧制,有权势的人家,家人多得好官;没有权势,即使有才德也被摈斥。这样,士族又出现了高低级间的矛盾。石虎得到高级士族的支持,却招致低级士族的怨恨。338 年,信佛的石虎下令,准许汉人不论贫富和社会地位,都可以出家为僧。贫民被暴政驱迫,纷纷出家,寺庙主成为出家贫民的剥削者和统治者。石虎失去这些贫民,自然要加紧对在家贫民的盘剥。汉族人民受尽石虎暴政和国人欺压的痛苦,与后赵统治者间的矛盾达到了最高点。

349 年,石虎死。次年,石虎养子汉族人冉闵灭后赵,下令道:“和我同心的人留在城内,不同心的人任便出城。”周围百里内汉族人全数入城,羯人纷纷出城。冉闵杀了石氏一家人,知道羯人是不同心的,下令杀羯人,不论男女老少,无人得免,一天内就杀死数万人,前后共杀二十余万人。有些人仅仅因为鼻子高些胡须多些,也被当作羯人杀死。冉闵这一野蛮行动,引爆了将近五十年中汉族人对匈奴人羯人的积忿,也引起了无以复加的大破坏,汉族和非汉族人民在这个大破坏中不知损失了多少生命。

唐憲宗
不受貢獻
昇平公主
唐憲宗

不受贡献①

【历史背景】

明代大政治家、大学士张居正引述这段故事后说："按常规，天下的东西，总向喜好它的人那里聚集。而像'声色、祥瑞、珍奇'这三件，尤其是常人嗜好的东西。对皇帝而言，他一旦有所好，那么奸邪小人就会乘机而投其所好。欲望的念头一开，只要收下一件，那就好像堤防溃决，再也堵不住，终于鬼迷心窍，沉迷于此，荒废政务，甚至到最后亡身亡国还不知是怎么回事。真可悲啊！以上故事说明，唐宪宗即位之初，就能如此坚决地拒绝一切进献贡品，包括声色、祥瑞、珍奇等，由此看来，他志远识高，的确远远地超出寻常之君了。"

唐宪宗是唐朝历史上唯一一个能够和唐太宗、唐玄宗相提并论的皇帝，是唐代时期少有的有所作为的皇帝之一。唐宪宗李纯，原名李淳，被立为皇太子以后改名为纯。他是唐顺宗的长子，自幼就聪明伶俐、不同寻常。等到宪宗即位以后，为了从历史中找出治国安邦的实际经验，他经常阅读历朝历代的实录，对唐代的贞观、开元故事，他十分的仰慕。宪宗从即位的时候开始就决心要以祖上圣明的君王作为榜样，认真总结历史经验，力图开创唐朝新的辉煌。唐宪宗很注重发挥大臣们的作用，敢于任用并且信任宰相，他在延英殿与宰相商议国家大事，都是很晚才退朝。宪宗在位的十五年间，勤勉政事，君臣之间都能够以社稷为重、齐心协力，从而取得了元和削藩的巨大成果，并大大增加了中央政府的威望，成就了唐朝的中兴。

宪宗以英明果断著称，在驱逐了王叔文集团以后，继续革新。采取强硬的策略来处理当时割据的藩镇。先后打击并且降服了西川、夏绥、镇海等地区的节度使。其中最著名的就是利用李愬消灭了淮西吴元济。经过这样的战争以后，各路节度使重新接受了中央的领导，不再各自为政，而向朝廷缴纳赋税，接受朝廷对官吏的任免。虽然宪宗有心，但最后还是没有对河北三镇进行征伐，只是接受了他们形式上的归顺。这样唐王朝又重新在形式上获得了统一。

在本则故事当中还有一个主人公那就是升平公主，也就是齐国昭懿公主，她是唐代宗李豫和崔贵妃的女儿。这位公主确切的名字虽然没有传下来，但是她的封号升平公主，却是家喻户晓的，因为后世依据有关她的婚姻故事，编有戏剧《打金枝》。她下嫁给了汾阳王郭子仪的儿子郭暧。大历末期，长安城附近发生了水荒，有民众反映说是泾渭河上架设的权贵们打磨脂粉用的石磨房使得水不能通过，影响了灌溉。于是代宗就下令拆去这些石磨房。权贵们都不愿意。当时升平公主家的石磨房也在拆除之列，于是她便向皇帝请求留下自己家的，但是皇帝说自己要为天下的苍生着想，不可以为自己亲戚的面子就忘记这一点，于是，升平公主还是遵照父亲的意愿，第一个拆掉了石磨房。在升平公主的影响下，泾渭河上的石坊都自行拆去了。长安附近干旱的田地，终于又得到了灌溉。等到唐宪宗即位，升平公主向他进献女伎，遭到了宪宗的拒绝说："太上皇不受献，朕何敢违？"于是就坚决将女伎送还回去了。

【原文】

唐史纪：宪宗初即位，升平公主[②]献女口。上曰："上皇[③]不受献，朕何敢违。"遂却[④]之。荆南[⑤]献毛龟，诏曰："朕永思理本[⑥]，所宝惟贤[⑦]。至如嘉禾、神芝[⑧]、珍禽奇兽，皆虚美尔。所以《春秋》不书祥瑞[⑨]。自今勿复以闻。其有珍奇，亦毋得进[⑩]。"

【张居正解】

唐史上记：宪宗初即帝位，升平公主献妇女十五人进宫答应。宪宗说道："我父皇在时，不受人的贡酬，朕何敢违其教？"遂却而不受。又荆南地方献两个绿毛龟，宪宗又下诏书却之，说道："朕长思治道之本，惟贤人为可宝，取其能安国家、利百姓也。至如嘉禾、灵芝、珍禽奇兽，徒为耳目观美，都是无用之物。何足宝乎？所以孔子作《春秋》之书，并不曾记一件祥瑞，正以其无益也。自今以后，天下有司再勿以祥瑞奏闻。其有珍禽奇兽，如毛龟之类者，亦不许进献。"盖天下之物，恒聚于所好，而声色、祥瑞、珍奇三件，尤人情所易溺者。人主一有所好，则邪佞小人遂得以乘其隙而投之。欲端一开，譬之堤防溃决，不可复塞，终至于心志蛊惑，政事荒怠，亡身覆国而不悟。可悲也哉！今宪宗即位之初。即能一切拒绝如此，其高识远志，诚超出乎寻常万万矣。

【注释】

①本则出自《资治通鉴》。在这个故事中主要讲述的是唐宪宗坚持父亲的教导，不受贡献，拒绝祥瑞的事情。

②升平公主：（公元755年～公元810年），唐代宗李豫的女儿，母亲是崔贵妃，被封为升平公主。下嫁给了汾阳王郭子仪的儿子郭暧。唐宪宗即位的时候，贡献女伎，宪宗说："太上皇不受献，朕何敢违？"又还给了她。

③上皇：就是指唐宪宗的父亲。

④却：拒绝，在这里是退还的意思。

⑤荆南：荆南又称南平、北楚，高季兴修建而成，为五代十国时期当中的十国之一。都荆州，辖荆、归（今湖北秭归）、峡（今湖北宜昌）三州。

⑥理本：治道的根本。

⑦所宝惟贤：只有贤能的人才是真正的宝贵财富。

⑧嘉禾、神芝：嘉禾，生长得格外茁壮的禾稻。神芝：灵芝。嘉禾神芝，古代视作吉祥的象征。

⑨所以《春秋》不书祥瑞：所以，孔子作的《春秋》一书就不写"祥瑞"。书，动词，写、记载的意思。

⑩进：进献。

【译文】

唐宪宗刚刚即位的时候，升平公主就给皇帝选了五十个极为标致的美女，让她们来服侍皇上。宪宗说："我父皇在世的时候，从来不曾接受别人的进献，我怎么敢违背父皇的教诲呢！"于是宪宗就将这些美女退还给升平公主。荆南地方贡献两只绿毛龟，宪宗又下诏令说："我经常思考的只是如何治理好国家的办法，只有贤能的人才是真正的宝贵财富。至于那些一根茎秆上生出许多穗有吉兆的庄稼和灵芝，以及那些珍禽奇兽，对于我来说实际上都是没有用的东西，只是'虚美'罢了。所以，孔子作的《春秋》一书就不写

‘祥瑞’。从今以后,不要再把这样的事情和事物禀报于我,至于那些珍奇之物也不许再向朕进献。”

【评议】

唐宪宗是历史上比较有作为的皇帝,在即位的时候,就开始谨遵先皇的教诲,坚决拒绝了别人的贡献。对于祥瑞一类的东西,唐宪宗认为这没有什么价值,因为那对国家的建设不存在根本的实际作用,相反只有人才才是最重要的。他很明确地知道,人才是国家兴盛富强的根本。宪宗在位的期间重视人才的任用,而对诸如故事中的进献的人却给以拒绝,这就为后来的统治开了一个好头。因为很多奸佞的人总是投皇帝所好,利用自己的谄媚手段以各种各样的形式来逢迎皇帝。这样就会出现小人得势的局面,君子就会被疏远,从而导致政治的不清明。想想今天还存在很多只接受“贡献”,而不识别人才的人,喜欢那些对自己谄媚的人,看到这个故事之后不知道这类人能不能反省一下自己的过失呢?

【拓展阅读】

宪宗李纯

唐宪宗名叫李纯,是顺宗李诵的长子,唐王朝的第十二位皇帝。他胸怀大志,英明果断,是唐朝中后期最有作为的皇帝,史称“中兴之主”。

李纯,代宗大历十三年(公元 778 年)生于长安,初名李淳,后来成为太子才改名李纯。他 1 岁时,祖父德宗继位,父亲顺宗被立为太子。李纯幼年时期,正值德宗的削藩之战。建中四年(公元 783 年)十月,长安发生著名的“泾师之变”,6 岁的李纯跟随祖父德宗仓皇出逃,侥幸保住了性命。不过大唐宗室子弟还有许多来不及撤离,死于乱军的竟达 77 人,德宗为此非常痛心自责。第二年七月,德宗等人才返回长安,看到满目疮痍的京城,随行众人都心酸落泪。这次战乱对李纯的影响很大,也促使他过早地成熟。

回京后不久,一次,德宗抱着 7 岁的长孙李纯膝头逗乐,问他:“你是谁家的孩子,怎么坐在我的怀里啊?”小小年纪的李纯按照祖、父、子的顺序答道:“我是第三天子。”这句话既合情理又出人意料,德宗闻言非常诧异,从此也对这个长孙刮目相看。贞元四年(公元788年)六月,11岁的李纯被封为广陵郡王。

李纯少年时期,就很有大志。他经常翻阅历朝实录,每次读到贞观之治、开元盛世的故事,就倾慕不已。他决心以祖上明君为榜样,做出一番大业来名留青史。而李纯的祖父德宗、父亲顺宗都有中兴大唐的心愿,可惜德宗执政遇到重重困难后就灰心丧气了,而顺宗自己都疾病缠身,他的改革最终也失败了。顺宗于贞元二十一年(公元805年)正月登基,因中风失语,所以在三月份就立长子李纯为太子。到了八月,顺宗在宦官和藩镇节度使的双重压力下,就令太子监国,几天之后,就禅位给太子,退居为太上皇了。李纯在几个月之间,就实现了由皇子到太子到皇帝的转换。李纯继位,即唐宪宗,时年28岁,改元永贞,第二年改元元和。

宪宗即位后,就以祖上的太宗和玄宗为榜样,决心革除时弊,削平藩乱,实现大唐的中兴。他选贤任能,英明果断,一反前几代皇帝对藩镇的姑息纵容之态,坚决铲除藩镇。

为了削藩,宪宗先决定先肃清自己的官僚队伍。他提拔了许多正直有才的贤士,如杜黄裳、李绛、武元衡、裴度、崔群等,都是元和时期的名相,宪宗对他们非常信任,对他们委以重任。宪宗还非常注重广纳谏言,他在早朝之后,还经常把宰相大臣们召到延英殿,让他们各抒己见,吸纳其中好的建言。这就是历史上著名的“延英议政”。

有了团结稳固的政权班底,宪宗就开始着手削藩了。公元805年底,西川节度使韦皋亡故,副节度使刘辟想代为节度使,就向朝廷上书,这在以往就是走个形式而已。不料宪宗根本不像前几任君王那样顺从,而是马上命袁滋为西川节度使,并召刘辟入朝为给事中,刘辟于是发动叛乱。元和元年(公元806年),宪宗采纳宰相杜黄裳“振举纲纪,制裁藩镇”的建议,出兵讨伐刘辟,由此拉开了削藩的序幕。

宪宗任智勇双全的左神策行营节度使高崇文为统帅,兵分三路入蜀,不久就攻克了成都,并生擒了刘辟,从而成功平定了叛乱。就在唐军入蜀之机,夏绥节度使韩全义入朝为官,不过却把兵权交由自己的外甥杨惠琳。宪宗任右骁卫将军李演为夏绥节度使,杨惠琳不肯交出兵权,与李演对峙。宪宗调集河东、天德两军讨伐杨惠琳,很快就平息了叛乱。没过多久,镇海节度使李锜又起兵叛乱,也被宪宗平定。

宪宗削藩初战告捷,声威大震,许多节度使纷纷自请入朝为官,交出了兵权。不过实力最强的河朔三镇节度使们，已经嚣张了几十年，根本不甘心奉宪宗的诏令。他们就养精蓄锐、厉兵秣马，准备与朝廷对抗到底。

元和四年（公元809年），三镇之一的成德节度使王士真去世，其子副大使王承宗自封为留后，继承父职。其他两镇的节度使也纷纷效仿，命自己的儿子为副大使，打算以后父死子承。宪宗闻讯十分恼怒，就立即出兵攻打三镇。他对拥立自己即位的宦官很信任，就任任宦官吐突承璀为帅，领神策军前去平乱。可是吐突承璀根本不懂军务，加上河朔三镇实力强大，又有周边的其他节度使暗中支持，结果唐军一败涂地。

公元812年八月，魏博节度使田季安去世，他11岁的儿子田怀谏继承父职。宪宗又打算出兵削藩，不过他吸取了上次惨败的教训，先听取大臣们的意见。宰相李绛认为可以利用藩镇的内部争斗，"不战而屈人兵"，宪宗就决定静观其变。果不其然，田怀谏被家僮蒋士则杀死，兵权也落入了蒋士则之手。不过蒋士则很快就被军中将士杀死，兵权落到了田氏一族的田兴手里。朝廷按照计划，主动任命田兴为魏博节度使。田兴自然万分感激，心甘情愿地归附了朝廷，河朔三镇就这样打开了一个缺口。之后，从公元814年闰八月到817年冬，宪宗用4年时间平定了淮西叛乱。其他节度使见状纷纷上书表示愿意归顺，唐王朝重归统一。

宪宗在削藩过程中，始终选拔贤才，这不仅成就了统一大业，而且在政事上也更加清明，唐王朝重新充满生机，成就了历史上有名的"元和中兴"。

可是在削藩成功后，宪宗自以为大业已成，就沾沾自喜，逐渐骄奢放纵起来。他不仅开始宠信奸佞之臣，而且笃信仙佛，企求长生不老。公元818年，宪宗下诏征求方士。宰相皇甫博推荐了一个叫柳泌的山人，为宪宗炼制长生药。公元819年，宪宗又派宦官将法门寺的佛骨舍利迎入宫中，供奉三日后，又下令将佛骨送往京城各佛寺轮流供奉。此举遭到了刑部侍郎韩愈的强烈反对，他上书力谏，宪宗大怒，打算处死韩愈，后来大臣裴度等人求情，宪宗才稍息怒火，最终还是将韩愈贬为潮州刺史。

公元819年，宪宗就开始服食长生不老丹，他的身体也就越来越差了。到了公元820年，宪宗因服食丹药过多，性情也变得日益暴躁，对侍奉的宦官、妃嫔动不动就责罚，甚至赐死，由此宫中人人自危。这年正月二十七日，不堪忍受责辱的宦官陈弘志就在宫中杀死了宪宗。

宪宗在位15年，终年43岁，死后葬于景陵，谥号"武孝皇帝"，庙号"宪宗"。他励精

图治一生，重新统一了大唐疆土；不料晚年却昏聩求仙，最后死于宦官之手，使得元和中兴成了大唐最后的回光返照。宪宗死后，大唐摇摇欲坠，此后唐朝皇帝的废立，都由宦官来操纵了。

【镜鉴】

廉洁腐败两种命运

最早提出把“廉”作为一种从政道德的，是西周时期的周公姬旦。周公主张以廉洁作为考核官员的标准之一。到了春秋战国时期，晏婴主张把清正廉洁作为治政的根本。在《晏子春秋·内篇问下》中，景公问晏子曰：“廉政而长久，其行何也?”晏子对曰：“其行水也。美哉水乎清清！其浊无不雩途，其清无不洒除，是以长久也。”翻译过来就是：齐景公问大夫晏婴：廉洁为政而能长久，这一行为像什么呢？晏婴的回答非常通俗，这一行为像水。清清的流水真是美，它的浑浊没有好前途，它的清流一直向前流淌。所以它能长久地奔流。这就跟人一样，贪官污吏将会沉到历史的河底，清正廉明的官员可以走得更久远。

自古以来，为官不免要在廉洁和腐败两个道路上做出选择。凡是选择廉洁为官者，大都是以天下为己任，克己奉公；而走上腐败之途的官员，大都是私欲为上，当官就是为了满足一己之私欲。看起来，腐败者似乎得到了很多好处，但是，失去了做人的根本，最终还是没有好结果的。廉洁奉公的人不谋私利，日子过得清贫，但是做人能够挺起腰杆，赢得了生前身后名。

(一)以廉为金子罕留名　贪腐成性叔鱼丧命

子罕是春秋时宋国(今河南商丘)人，姓乐名喜，字子罕。于宋平公(前575~前532)时任司城(即司空，因宋武公名司空，改名为“司城”。主管建筑工程，制造车服器械，监督手工业奴隶)，位列六卿。在位期间清正廉明，不谋私利，一心为宋国百姓着想，获得后世好评。

鲁襄公二十九年，郑国发生饥荒，而当年的麦子还未收割，老百姓困苦不堪。在郑国担任上卿的子皮根据父亲子展的遗命，给国内的人分发粮食，每户一钟，郑国人由此躲过了灾荒，子皮也得到了郑国百姓的极大拥护。

子罕听说这一情况后，说："多做善事，这是百姓所希望的。"宋国也发生了饥荒，子罕便请示宋平公，要求拿出公室的粮食借给百姓，让大夫们也都把粮食借出来。子罕首先带头把自己的家族粮食借给别人，也不写借据，不要求别人归还。同时还以那些家里没有多余粮食的大夫的名义，借给百姓粮食。宋国人也没有挨饿。

晋国的叔向听说这些情况后，说："郑国的罕氏（即子展、子皮的家族）、宋国的乐氏（即子罕的家族）肯定会长盛不衰，他们应该都能够执掌国家的政权吧！这是因为民心都已归向他们了。以其他大夫的名义施舍，不只是考虑树立自己的德望名声，还考虑为别人树立威望，在这方面子罕更胜一筹。他们将与宋国共存亡吧！"

叔向评曰："施而不德，乐氏加焉"，认为宋子罕施舍灾民而不需其报德，显得比郑子皮更高一筹。

子罕为政特别清廉，从来不谋私利。宋国有一个农民耕地的时候，从地里挖出一块玉来。他恭恭敬敬地把玉送给司城官子罕，可是子罕却不愿收下。农夫说："我们种田人把玉看作是宝贝呢！请相国收下吧！"子罕说："我把不贪心作为宝，你把宝玉作为宝；我若是收下你这块玉，我们都失去了自己的宝，还不如各人留着各自的宝物好啊！"那人听后跪下磕头，说："我是个小小老百姓，藏着这么贵重的宝物，实在不安全，献给您也是为了自家的平安啊！"

子罕把玉放置在自己居住的乡里，派玉人替自己雕琢、加工，然后按加工之后的玉器价格付给农夫，使献玉者富裕后，才让其人回到他的居所。

这件事被宋国那些道德高尚的人知道后，都说："子罕不是没有宝贝，只是他的宝贝和一般人的宝贝不同罢了。"如果把一百两金子和一团玉米给小孩选择，小孩子一定是要玉米而不要金子；把贵重的和氏璧和一百两金子给那些庸人去选择，那些庸人一定是要金子而不要和氏璧；如果把和氏璧和深切中肯的道德至言送给那些贤智的人去选择，那些贤智的人就一定是要那种深切中肯的道德至言了。所以知道得越精深的人，他所选择的就越珍贵；知道得越粗浅的人，他所选择的也就越粗贱。子罕不收取他人之玉，内心保持一种清廉美德，让宋国的百姓无上尊崇，可是玉石对于老百姓来说，没有什么用处，子罕就把玉石留下，而把等价的黄金给农民，这让农民更加感激子罕的美德。

羊舌鲋（前580~前531），字叔鱼。晋国大夫，在代理司马、司寇时，到处索贿，贪腐成性。当时晋国还比较强大，周围这些小国都依赖晋国的保护，他就趁机勒索。他还扣押鲁国季平子作为人质，向鲁国索贿。最后，羊舌鲋是以贪"墨"罪论处杀头示众的人，是中国历史上第一个因贪污而受到惩罚的官员。

据说叔鱼出生的时候，他的母亲看到他的长相，说："这孩子长了一双老虎的眼睛和猪八戒的嘴、鸟的肩膀、牛的肚子，河流沟谷都可以填满，这孩子贪得无厌，将来一定因为贪婪索贿而死。"于是，不愿意再看到他。也就是说他母亲看他这副长相就知道他是欲壑难填，必因贪财而死。他的母亲还真是一位贤良的妇女，能够对自己的孩子有一定的认识。叔鱼的异母胞兄叔向，是晋国有名的贤臣。身为羊舌氏的直系子弟，二人一同在晋国公室担任大夫。但他们为人做事的原则却完全不同；叔向严格自律，恪守清正操行；叔鱼却不仅贪赃枉法，甚至向人索取贿赂，贪腐成性。

公元前529年，晋国在平丘（今河南封丘县东）大会诸侯。靠着巴结献媚，叔鱼得到上卿韩起的赏识，受命为代理司马，率领参加会盟的晋军开往东方的邾国。这支军队很庞大，光战车就有一千辆，人数更是数以万计，虽然以训练为名参加会盟，实际上却等同于晋国向沿途的诸侯国示威。

叔鱼新掌兵权，十分得意，一路耀武扬威挥师东进。军队停驻卫国时，叔鱼贪婪的嘴脸暴露出来，他公开向卫国索取财物。卫国没有答应他的要求，叔鱼恼羞成怒。为了报复，他纵容晋军以保障补给为名，大肆骚扰掠夺，有的村庄甚至被洗劫一空，卫国上下怨声载道。

叔鱼的恶行虽然引起了诸侯的不满，但谁也不敢站出来为卫国求情。卫灵公敢怒不敢言，只好设法向叔鱼素有贤名的哥哥叔向求助。

叔向的车一进卫都，卫国大夫屠伯早已等候多时。为了表示友好，屠伯向叔向敬奉了慰问的羹汤和鲁国出产的上好锦缎。

叔向疑惑地看着锦缎，正准备询问，屠伯先开口了："今时今日，各诸侯侍奉晋国都不敢三心二意，何况相邻晋国的卫国。贵国这次驾临，敝国绝无二心，也丝毫没有怠慢的意思。"

叔向越发疑惑了，说："这些话和赠送锦缎有关系吗？"他推托道："叔向与您初次见面，羹汤可以收下，但锦缎还请收回，若有话，您直说就行，不要拐弯抹角吧！”

屠伯只好说：“屠伯前来见您，确实有事相求。这次会盟，贵国在补给军队时……行事，似乎和过去不大一样。敢请您阻止一下，卫国感激不尽！”说罢，屠伯拱手弯腰，长揖到底。

“补给军队，莫不是为了叔鱼？看来卫国这次被祸害得不浅，不然连我这与他貌合神离的兄长都被当成救命稻草？”想到这儿，叔向歉意地说：“您知道，晋国有个大名鼎鼎的叔鱼，贪图财物没有止境，这名声已经传遍了诸侯。我看，过不了多久，他就会因为多行不义而死于非命！不是叔向不助卫国，实在是……虽然身为叔鱼兄长，但不好说呀！”

屠伯顿时像被浇了一瓢凉水，目光一下黯淡了许多。他嗫嚅说：“唉，苍天不佑卫国，可怜深受苦难的万千百姓啊！”

看着屠伯的样子，叔向一声叹息，拉过屠伯的衣袖说道：“忙帮不上，但我可以帮你出个主意，或许能解决此事。”

屠伯忙不迭声地攥住叔向的手臂，急切地说：“请大夫指教！”

叔向小声说道：“解铃还须系铃人。若想解决此事，应以贵国之名将这锦缎赐予叔鱼。他贪图财物，见了东西自然会妥善处理……”

屠伯一怔，哭笑不得地摇了摇头又点了点头，最后对叔向一拱手：“屠伯知道怎么办了。这锦缎还请收下，权作谢这个主意！”

叔向皱起眉头：“屠大夫的好意叔向心领了，但东西还是带走吧。锦缎是好东西，叔向也喜欢，但更以清正廉洁为准则，如果收受了锦缎，岂不是自毁声名？虽然与叔鱼是同胞兄弟，但叔向却不齿与他为伍！”

看着叔向态度坚决，屠伯不再坚持，带着锦缎告辞而去。

按照叔向的建议，屠伯带着锦缎去见叔鱼，声称卫灵公慰劳他随军辛苦，以锦缎作为赏赐。

叔鱼高兴地接受了精美的锦缎，自然知道屠伯来办什么事，遂当着屠伯的面向晋军下达命令，立即停止沿途的骚扰。没有等屠伯离开，命令已经生效。直至会盟结束，卫国境内再也没有发生晋军胡作非为的事情。

叔鱼不仅贪财，而且贪恋美色。上台后，韩宣子把一桩诉讼多年却没有能够得到解决的土地纠纷案交给他处理。案子的主角是晋国两个很有地位的人物，一个叫刑侯，一

个叫雍子,他们俩为了如何划分田产的边界发生了冲突。

叔鱼开始接手此案的时候,雍子抢先获得了消息。为了打赢官司,他主动把自己美貌如花的女儿嫁给了叔鱼。叔鱼得到雍子的女儿后,不问是非曲直,就宣判雍子无罪、刑侯有罪,强行把刑侯的田产划到了雍子的田产范围内,从而使雍子的田产扩大了不少。由于叔鱼执意错判,刑侯一怒之下,拔剑杀了叔鱼和雍子。

叔鱼死后,韩宣子把他的哥哥叔向叫来问怎么办,叔向说:"他们三个都应该定为死罪。"

于是,韩宣子接受了叔向的主张,杀了刑侯,同时认为叔鱼因为贪婪被杀,是死有余辜,把他的尸体拉到繁华的大街上示众,借以警示世人。叔鱼身为执法大夫,不能以身护法、执法,反而以贪坏法,卖法纵贪,终于落了个死后弃尸于市的下场,他的名字从此被钉在贪官污吏的耻辱柱上。

(二)公正廉洁杨震雕像　贪腐蛀虫淳于获刑

杨震字伯起,是弘农华阴人。少年时代就喜欢学习,曾向太常卿桓郁学习《欧阳尚书》,明习经学,博览群书,对学问没有不深究到底的。当时的儒生因此说他是"关西孔子杨伯起"。平常客居在湖城,几十年都不回复州郡的隆重礼聘,人们都说他错过大好年华,但他的志向却愈发坚定。

大将军邓骘听到他有才能就举荐他,屡次升迁为荆州刺史、东莱太守。在他上任时,途径昌邑。先前他所举荐的荆州秀才昌邑令王密拜见他,在夜里揣着十斤金子赠给他。杨震说:"作为老朋友,我了解你,你却不了解老朋友,这是为什么呢?"王密说:"深更半夜没人知道。"杨震说:"上天知道,神明知道,我知道,你知道。怎么能说没人知道!"王密惭愧地退出客舍。后来他转任涿郡太守,也逐渐变得公正廉洁,不接受私人请托。

杨震的子孙经常吃素菜,出门步行,亲戚朋友和长辈有人想让他为子孙置办产业,他不答应,说:"让后世称道他们是清白官吏的子孙,把清名留给他们,不也是丰厚的遗产吗?"

在此之前,汉代的博士选拔举荐大多不按实际才华,而从杨震被征为太常后,杨震举荐了明经的名士陈留人杨伦等,使儒学得以彰显承传,众多的儒生都称道他。

永宁元年,杨震代替刘恺担任司徒。第二年,邓太后驾崩,宦官宠臣们开始横行。安帝乳母王圣，借着哺育皇帝的功劳，凭恃恩宠放诞恣肆；王圣的女儿伯荣随意出入宫禁，传通消息，作奸犯科，大行贿赂，尤其骄奢淫逸。杨震深深痛恨，到朝廷上书进谏，可是奏疏递进后没有回复。

延光二年，杨震代替刘恺担任太尉。国舅大鸿胪耿宝向杨震举荐中常侍李闰的哥哥，杨震不听从。耿宝就亲自前往拜候杨震说："李常侍，是国家所倚重的人，想让您任用他的哥哥，我只是传达皇上的意思罢了。"杨震说："假如朝廷想让三府征聘人才，按规矩应该有尚书的公文。"于是拒绝了他，耿宝恨恨地离开了。皇后的哥哥执金吾阎显也向杨震举荐他亲近的人，杨震又不答应。司空刘授听到这两件事，随即征召了这二人，十天之内他们都被破格提拔。从此之后，杨震更加被人怨恨。

延光三年春天，皇帝向东方巡行泰山，樊丰等人趁皇帝车驾在外地，竞相修建宅第，杨震的部属高舒召来工匠拷问，得到樊丰等人假托皇命的诏书，准备以实情全部上奏。樊丰等人听到消息，极度恐慌害怕，适逢太史令说星象反常，于是他们趁机向皇上共同诋毁杨震。等到皇帝巡幸还都，便连夜派遣使者收回杨震的太尉印绶，杨震从此紧闭柴门，不接待宾客。樊丰等人又憎恶他，就请求大将军耿宝诬奏杨震不服罪，心怀愤恨，皇帝下诏遣送杨震回原籍。杨震走到城西几阳亭，慷慨激昂地对他的儿子和门生们说："死是读书人的本分。我承蒙国恩身居高位，痛恨奸臣狡猾却不能惩处他们，厌恶后宫作乱却不能禁止她们，还有什么脸面再见天地日月！我死的那天，用杂木做棺材，用布单薄被只盖住形体，不要埋进祖坟，不要设祠祭祀。"说罢喝毒酒而死，终年七十多岁。

过了一年多，顺帝即位，樊丰、周广等被处死，虞放、陈翼到宫阙追诉杨震冤死的事。朝廷大臣都称赞杨震的忠诚，于是顺帝下诏任命他的两个儿子为郎，赠钱一百万，按礼节改葬杨震于华阴县潼关亭，远近的人都赶来会葬。在葬前的十余天，有大鸟高一丈有余，聚集在杨震的灵柩前，俯仰悲鸣，泪水沾地，葬毕，才飞去。郡上把这个情况上奏。当时接连有灾异现象发生，顺帝有感于杨震的冤枉，于是下诏说："原太尉杨震，为人正直，匡正时政，而小人如青蝇颠倒黑白，同停在篱笆上。上天降威，灾害屡兴，既卜又筮，知道都是为了杨震的缘故。朕以不德，因而扩大罪责，山崩梁折，我太危险了！现在派太守丞用中牢祭祀，杨震魂魄有灵的话，怅然享受祭品。"于是当时人立石鸟像在他的墓所。

淳于长，字子孺，魏郡元城（今河北大名东）人。周武王曾经用地名来封公，其后就有以淳于为姓的。淳于国后来被杞国所灭，原先的国人就以淳于为姓，以示纪念。杞国接下来的都城就在淳于,有些居民就用邑为姓。由此看来,淳于氏并没有多么显赫的家世,但淳于氏娶了一位王姓的女子后,一切都改变了。这位王姓女子本人并不特别,但她有一个妹妹叫王政君。王政君何许人也?她就是汉元帝的皇后、汉武帝的皇太后,她的哥哥王凤是当朝大司马,领尚书事,位在三公之上。

在“一人得道,鸡犬升天”的封建社会,淳于长凭借着母族的显赫权势,轻而易举地捞到个黄门郎的职位。其官位虽然不高,但可出入于宫廷之中,往来显贵之间。这是常人所不能及的。朝中显贵们尤其是他的舅舅们炙手可热的权势、豪华奢侈的生活,不能不给淳于长以巨大的影响,使刚刚跨上政治舞台的淳于长强烈感觉到,有了权势就有了一切。而权势的获得,与其为国家建功立业逐步争取,倒不如攀附权贵,争取他们的推荐和提拔来得更快些。

阳朔三年(前22年),王凤病倒了。淳子长意识到,机会终于来了,这正是加深甥舅之情的绝佳机会。他主动要求去侍奉王凤。他送汤递药,毕恭毕敬;白天黑夜,不敢有丝毫懈怠,从而深得王凤欢心。

淳于长得到机会接近汉成帝,又取得皇帝的信任。淳于长当时负责宫廷警卫,而且专门往来于皇帝与太后之间传递信息,加上太后又是自己的姨娘,有这双重身份,使他在太后面前无话不谈。当他得知太后之所以不同意改立皇后,主要是因为赵飞燕出身微贱时,就及时将这消息通报给成帝。同时,他也在太后面前尽力为立后之事斡旋,终于说得太后有点松动。成帝得知这一消息后,立刻先封赵飞燕的父亲赵临为阳侯,以提高赵飞燕的出身。一个多月后,汉成帝终于得以下诏正式改立赵飞燕为皇后。

几经周折,改立皇后获得成功,汉成帝非常高兴。通过这一事件,淳于长不仅赢得了赵飞燕的感激,而且更为重要的是取得了成帝的极大信任。在成帝看来,没有什么大事比帮助自己将宠爱的赵飞燕立为皇后更令他高兴了。反正皇帝宫中有的是官爵,他决定封淳于长为关内侯。关内侯是当时二十等爵的第十九级,仅高于彻侯,封有食邑若干户,有按规定产数征收租税的特权,地位显赫,非一般官吏可比。仅隔几年,成帝又封淳于长为定陵侯,享有封国。淳于长无功受此显爵,真是恩典非常。从此,淳于长得皇帝的重用,成为皇帝身边少数几个宠臣之一。

如果说此前还贪迹不显的话,那是因为他少权乏势,贪赃对他来说,是“非不为也,是不能也”。而现在与过去不可同日而语了,既是侯爵,又是宠臣,他可以为所欲为了。

淳于长利用自己是皇帝宠臣的身份，广泛结交诸侯和各地牧、守，这一“礼贤下士”的举动当然是大获成功。因为在封建社会，皇帝的一时喜怒，直接决定一个人的升迁降黜，甚至生死存亡。多少人就是未摸准这一点往往动辄获咎，言出祸随，甚至落得身首异处、全族被诛的悲惨下场。一些诸侯及地方官为了升官，也必须投皇帝之所好，因此，及时地了解皇帝的好恶和意图，就非常重要。其次，朝中的政治风云极为复杂，瞬息万变，远离朝廷的地方官甚至一些诸侯为了不致糊里糊涂卷进政治漩涡，也急需随时掌握朝中的形势和风向。更重要的是，地方官要升迁，就需要有人经常在皇帝面前美言和引荐……所有这一切，都非皇帝的宠臣所不能。而淳于长正具备这样得天独厚的条件，淳于长也把自己的权势视为待价而沽的“奇货”：你给多少贿赂，我就给你多少消息，办多少事情。一些诸侯和地方牧守为了各自的目的，大肆贿赂淳于长。淳于长是来者不拒，多多益善。所以，短短一两年里，光是地方官的贿赂加上皇帝的赏赐就数累“巨万”，使淳于长顿时成了暴发户。

尽管成了暴发户，但由于淳于长纵情声色犬马，极度铺张浪费，官员们的贿赂还是远远不够，淳于长于是想到了许废后。

许皇后因赵飞燕的诬告而被废以后，居于长定宫。许皇后的姐姐许氏因其丈夫龙思侯已死，一直寡居在家。好色的淳于长竟与许氏“私通”起来，并娶其为“小妻”。许皇后鉴于淳于长的权势，就通过姐姐大肆贿赂淳于长，希望他在成帝面前替自己说情，求复为婕好。淳于长立刻就认识到这是诱取贿赂的极好机会。他知道许皇后被废以后，虽无地位权势，但所藏私财一定很多，正可以乘机大捞一把。他欺骗许皇后，答应她在成帝面前为其说情，并许诺让成帝立她为“左皇后”。认不清淳于长抛出的这个“诱饵”，许皇后信以为真，不惜一切地贿赂淳于长。每次许氏到长定宫去看妹妹，淳于长都托她带话给许皇后，不是说正在等时机，就是说皇帝正在考虑。可怜的许皇后把这一切都当成真的，沉浸在“左皇后”的幻想之中。她把自己多年的积蓄源源不断地送给淳于长。直到许皇后被彻底榨干，淳于长还不罢休，贪心不足地还想继续诱骗下去。据史载，在一年多的时间里，淳于长诱骗许皇后的金钱乘舆饰物前后达“千余万”，他凭着这些贿赂广蓄姬妾，纵情声色，过着荒淫无耻的生活。

当时在朝中辅政的是大司马、骠骑将军、曲阳侯王根，是皇帝的舅舅。由于身体多病，几次上疏请求退休。而当时最有希望接替王根的就是淳于长，因为他位居九卿，又是皇太后的外侄，更是颇得成帝信任的宠臣。他自己也认为自己代替王根辅政，已是板上钉钉的事。

淳于长哪里知道，还有一个人早就觊觎着这个位置想取而代之了，他就是王莽。王莽当时是侍中、骑都尉、光禄大夫，与淳于长是表兄弟。虽说王莽的父亲早死，他此时还没有崭露头角，但其有利条件也不少。太后王政君是他的姑母，王根是他的伯父。王根生病时，王莽精心服侍，深得伯父欢心。而且王莽十分注重自己的形象，生活节俭，礼贤下士，颇得朝廷上下的好感。王莽也知道，淳于长是自己辅政的最大绊脚石，不除掉淳于长，自己就难以辅政。他对于淳于长的种种劣迹早已了然于胸，此时不用更待何时。有一次，他在侍奉王根时，试探着对伯父说："淳于长见到将军久病不起，心中十分欢喜，自以为一定会取代你而辅政，以至于暗里还给人封官许愿呢！"同时，王莽还把淳于长如何同许氏私通，如何长期接受许皇后的贿赂等等劣迹向王根和盘托出。王根听后大吃一惊，问道："既如此，为何不早说呢？"王莽说："不知将军的意图，故一直不敢说。"王根要王莽赶快将此事报告太后。太后听后十分震怒，吩咐立刻报告皇帝。成帝将信将疑，但是迫于太后的压力，只好免去淳于长的官职而不治罪，要他离开京师回到封国去。

一场风波似乎就这么过去了，平息了。在别人看来，这种处罚也许是太轻了，但在淳于长看来，却是受到了沉重的打击。免官就国，意味着昔日的权势随之失去了，而这权势正是他取之不尽、用之不竭的"摇钱树"。如今"大树"倒了，财路断了，这对浑身浸透着贪欲的淳于长来说是无论如何也不能接受的。他要做最后的努力，挽狂澜于既倒。然而他始料不及的是，自己最后的挣扎，恰恰弄巧成拙，加速了自己的灭亡。

厄运的使者是王融，也就是王立的儿子，而淳于长则是王立的表弟。王立也是一位侯爵，却没有地位，在资格以及能力上，他自以为应该是当朝宰相，可是偏偏被王根夺了去。他认为这全是淳于长捣的鬼，是淳于长在皇帝面前说了坏话，因而对淳于长恨之入骨。淳于长被免官，王立自然幸灾乐祸。当淳于长收拾行李准备回封地时，王立趁火打劫来了。他派王融去问淳于长能不能把"车骑"送给他。车骑，顾名思义，有车有马，车上装着金钱珠宝，车下围着卫士。淳于长既然被贬回他的封邑，这些抖威风的东西自然也就用不着了。他灵机一动，不仅满口答应，双手奉送，还另外奉送一批稀世的珠宝，拜托王融帮忙。王融大喜过望，回去后说服父亲，代淳于长向皇帝说情。

王立本来就是个老糊涂，而且他也确实想要这"车骑"，就向成帝上了一份奏章，建议免除淳于长的放逐。奏章上说："对于淳于长，你既然回念到太后的亲情，不加处罚，如果仍然赶他回到封邑，同样使太后伤心，不如准他留在长安，戴罪立功。"成帝看到奏章，颇感疑惑：王立竟为昔日冤家说情，这里面肯定有问题。他下令有关部门进行调查。任何内幕都禁不住调查，不久真相大白。王立做贼心虚，竟逼令自己的儿子自杀灭口。这样一来，成帝更觉其中必有大奸，下令逮捕淳于长，下狱追究。淳于长在案发之时，就知道大事不好，不但难留长安，恐怕还有更大危险，立即束装出逃，但刚走到洛阳就被逮捕，囚入洛阳监狱。洛阳司法官得到的指令是"穷治"，也就是刨根问底，一定要查个水落石出。淳于长终于全部承认自己"戏侮长定宫（指许皇后），谋立左皇后"的罪行。按照汉朝法律，这是大逆之罪。成帝可以忍受官场贿赂，却怎么也不会容忍他的妻子被人戏弄。他立即下诏，处死淳于长。于是，淳于长在洛阳监狱中被绞死，家属被放逐到两千公里以外的南方荒蛮地区。一个大贪官就这样落下了个身败名裂、妻离子散的下场。

（三）"一钱太守"千古流芳　贪婪专横梁冀身亡

刘宠，东汉大臣。其父亲刘丕，很有学问，人称儒学大家。刘宠年轻时随父亲学习，因精通经学被推为孝廉，授东平陵县令。母亲患病，他弃官回家。百姓送他，连道路也堵塞了，车子不能前进，于是他穿着便服悄悄地离开。

后来，他四次升迁担任豫章太守，又三次升迁担任会稽太守。山里的老百姓朴实拘谨，也因此他们往往被官吏欺诈。刘宠除去那些繁琐的规章制度，禁止部属扰民等不法行为，努力使老百姓安居乐业。刘宠因为官清廉，政绩卓著，被调往京城任职。

临行之前，但见几位白发老人，蹒跚而至，结伴前来，说是要为太守送行。刘宠听说，连忙谢过："老人家偌大年岁，不辞辛劳，远道而来，我实在担当不起啊！"老人们说："以前为官者贪钱恋物，常常闹得鸡犬不宁，百姓寝食不安。自从您任太守，官吏克己奉公，百姓安居乐业。今日太守要走，大家实感难舍难离，特来专程相送，以表心意。"说着，每人托出一百文钱，要交给刘宠留着途中使用。

刘宠听罢，十分感动地说："父老们如此过奖，我实在愧不堪言。大家的心意我领受了，这钱我不能收，还是请带回去吧！"

老人们情真意切，执意赠送。刘宠无奈，只得从每人手里拿了一文钱收下，老人们这才称谢作别。刘宠见老人们渐渐远去，遂将收下的那几文钱轻轻地投进了河中。

此事很快传开,人们纷纷称赞刘宠,有人为他起了个美名,叫"一钱太守"。据说,如今浙江绍兴市北面的钱清镇,就是当年刘宠投钱入河的地方。

刘宠前后连任郡太守并官至卿相,但清廉朴素,家里没有多少资财。他曾经自京师外出,想在亭舍休息,亭吏阻止他说:"我们整顿屋舍,打扫干净,专门等待刘大人到来,您不得在这里休息。"刘宠没有说话就走了,当时人称他为长者。刘宠清廉俭朴的美德,载在《后汉书·循史传》。清代著名文人、恩贡宋克智诗中曾写道:"冷落东牟汉室亲,坚持清节作名臣。到今千有余年后,占得五乡第一人。"清初邑人在莒岛刘宠墓前题诗:"居官莫道一钱轻,尽是苍生血作成。向使特来抛海底,莒波赢得有清名。"

梁冀(?~159年),字伯卓,东汉安定乌氏(今甘肃平凉)人,是中国东汉时期外戚出身的权臣。

永和元年(136年)梁冀成为河南尹。汉顺帝时因皇后的关系,梁氏一族左右国政。梁冀的父亲梁商是东汉大将军,位高权贵;同时他的妹妹是皇后,他的姑姑被皇帝册封为贵人,可以说,他是凭借这些关系,才继承了大将军的职位。

梁冀左右朝政,他不喜欢年幼的汉质帝,便毒杀了汉质帝而扶立桓帝即位。而桓帝为了酬谢梁冀"援立之功",不惜代价,对梁冀的礼遇之优,超过了萧何;封地之广,超过了邓禹;赏赐之厚,超过了霍光。可以说梁冀所受到的皇帝恩遇,超过两汉以来一切元勋。尽管如此,梁冀仍是"不悦",为什么呢?因为梁冀要的是权,更多更大的权,有了权,何愁礼不优,地不广,财不厚?梁冀非常醉心于权,朝廷的大权小权他都抓到手里。事无巨细,无不向他请示,由他决断。宫廷内外都布满了他的亲信,连皇帝起居的一点一滴小事,他都要过问。凡是升迁者都必先到他那里谢恩辞行,至于皇帝那儿去不去,都不重要了。

梁冀掌握大权的目的就是为了满足自己贪婪财富的野心,梁冀既然结党营私,"请托"之风自然公开肆行。有位叫吴树的,新任为宛县令,到梁冀那儿去辞行。宛县是南阳最繁庶的地方,有很多梁冀的宾客,梁冀要吴树对他的族党宾朋多给照顾。吴树回答说:"对那些干坏事的小人,应该杀绝。大将军居高位,又是皇后的亲兄,理应尊崇贤良的人,以补益朝廷。宛县是大县,士人很多,但未听说有一个贤能的人得到任用,而所用的多是徇私的小人。因此,我不敢从命。"吴树说到做到,到任后即将梁冀宾客中罪恶累累者杀了几十个,梁冀恨透了他。后来,梁冀以升吴树为荆州刺史为借口,将他召至府中饯行,在酒中置毒，把吴树毒死在回家去的车上。当时，有许多无能之辈，都很想当官，于是便给梁冀送礼，他收到礼物之后，就给无能之辈安排了较好的职位。

东汉王朝外戚专横，不是梁冀一人，然梁冀专横却比任何外戚专横有过之而无不及，见者无不“侧目切齿”。大多数人敢怒而不敢言，当然也有个别吃了豹子胆的人，敢于挺身而出，仗义执言。如袁著就是一个。袁著年十九，任郎中小官，他看到梁冀如此“凶纵”，甚是愤激，不禁给皇帝上书，指出朝廷已经“势分权臣”，建议大将军梁冀“功成身退”，回家养神，否则权重震主，难以“全其身矣”，并且还提出“除诽谤之罪，以开天下之口”。梁冀知道此事后，马上派人逮捕袁著。袁著变换姓名逃走，又托病假死，用蒲草结成尸体，下棺落葬，但仍然掩遮不住梁党密探的耳目。当梁冀查明袁著诈死之后，即暗中派人将袁著抓住，活活地将他打死。至此，梁冀仍感不能解恨，还把与袁著有关系的一批人都杀了。如袁著的好友，当时的名士郝絜、胡武、刘常都遭株连。仅胡武一家被杀害的就有六十余人。最初，郝絜逃亡避祸，但实在逃不出梁冀在全国所布下的党徒之手，只得叫人抬着棺材，去见梁冀，服毒而死于大将军梁冀门前，以保一家性命。

梁冀是没有皇冠的皇帝，富有天下，拥有封户三万，大造官邸。其妻孙寿也要与丈夫比高低，大造宅第，封君、食租邑，岁入五千万。梁冀私生活荒淫放荡，孙寿也同样荒淫放荡，她曾与梁冀所爱的“监奴”秦宫私通，但是她又本着女性的妒忌，干涉梁冀的私生活。梁冀曾与美女友通期私通，孙寿得知，派人抓住友通期，扯头发、刮面孔、打板子，甚至要将事闹到朝廷上去。

159 年，梁皇后去世，汉桓帝寻找到一个机会，利用宦官单超、唐衡等五人带兵对梁冀的住宅进行了围攻，命令宦官将他的大将军印绶收回，梁冀知道自己的末日已经到来，只得和妻子孙寿自杀了。

梁冀自杀身亡之后，他的家产一清点，竟有 3 亿多钱，相当于当年国家税收的一半。

(四)廉洁直言高允长寿　贪婪荒淫司马短命

高允是南北朝时北魏重臣，历仕世祖、恭宗、高宗、显祖、高祖五位帝王，享年 98 岁，且是载誉入棺，朝廷上下、街头巷里皆对其褒扬有加。这在“伴君如伴虎”、位高权重之臣多无善终的封建官场上是十分罕见的。

高允曾经参与崔浩编写史书，崔浩出事，牵涉到高允。太子拓跋晃听了这事，吓了一

大跳。他不为别的，就是替高允担心。高允是太子的老师，教太子念过书，也是和崔浩一起编史书的人。他要是让这件事牵连进去，准活不了。太子想救高允，就赶紧派人把高允叫来，对他说："皇上正为崔浩写史书的事生气呐！我怕你也给办了罪，所以叫你来。你今儿个就住在我这儿好了，没有人敢上我这儿来抓人。明天，我亲自带你去见父皇。父皇问你什么，你按我说的回答，就能保住性命了。"

第二天，太子带高允去朝见太武帝。他先进去对太武帝说："高允这个人办事从来胆子小，不敢乱来。他的地位又低，不能跟崔浩相比。虽说他参加了编史，可实际上没写多少。您就饶了他吧！"太武帝让人把高允叫进来，问他："史书都是崔浩写的吗？"太子一听，马上对高允一努嘴，又点点头。不料高允老老实实地说："书里的《先帝记》和《今记》都是我和崔浩一块儿写的。不过他别的事情多，只是最后才总地看看改改罢了，所以我比崔浩写得多。"太武帝瞪起眼睛对太子说："听见了吗？他自己都承认比崔浩写得多了，罪比崔浩还大。我怎么能饶他！"太子吓得打着哆嗦说："父皇这么威严，高允从来没见过这么大的场面，所以吓得他连话也说不准了。我刚才还问过他，他说都是崔浩写的。"太武帝转过脸又问高允："太子说得对吗？"高允大声说："臣下不敢说假话。太子因为臣教过他念书，想救臣不死，才这么说。其实他刚才并没问过臣。"

太子听了连连跺脚，急得要死，也气得要死。太武帝倒愣了：怎么这个人自个儿给自个儿身上加罪呐？别人都是为自己开脱罪责，这个人实诚、正直，他对太子说："这个人真耿直啊！他到死也不改口。一般人做不到的事，他就能做到，很难得。这么着，我就饶了他。不过，把崔浩他们定罪处死的那件诏书，可得要让他来写才行！"

高允回去以后，怎么也不愿写这篇诏书。太武帝催了一次又一次，逼得高允急了，他对派来的人说："请让我再见皇上一面，然后再写。"太武帝答应了，高允就进了宫。

高允对太武帝说："崔浩有没有别的罪，我不知道。单就编史书这一条，我认为够不上判死罪。"太武帝这回可真的把肺气炸了，二话没说，就叫武士们把高允绑起来。幸亏太子在旁边好说歹说，央告了半天，太武帝才消了气，把高允又放了，还说："要不是这个人，我非杀他几千人不可！"

太子吓出了一身冷汗，把高允带到自己的住处，责备说："你这个人太老实了！我让你按我说的回答，你偏不！偏要去找死，惹得父皇生气，真让我害怕呀！"高允郑重地说："历代的史书，都要把帝王的言行一五一十地记下来，好给子孙后代留个借鉴，让后代帝王做事小心点儿,免得让他以后的人批评。所以要写就得实实在在地写,不能有半点儿隐瞒。这些都是当史官的责任。崔浩的史书,虽说有的地方说得有点儿过火,可总的说,写得没有错儿!我和他们一起修史,要死就该同死。您把我这么救下来,本来不是我的心愿呐!”太子听了很感动,也没再说什么。打这儿以后,高允的不说假话,就出了名了。

452 年,北魏太武帝死了。他的孙子拓跋浚即位,是魏文成帝。文成帝很尊重高允,高允也不客气,碰上什么看着不对的事,就直截了当地批评文成帝。文成帝总是挺客气地一直听他说完,有的时候,还索性把高允留在宫里,单独和他说话,一说就是一整天。有一回,文成帝对大臣们说:“高允这样的人才算是忠臣。我有了错儿,他就当面直说;有的话,让我听了受不了,他也不回避。可是你们有些人在我左右这么些年,没说过一句直话,只想讨我的喜欢,以后好升官。跟人家高允比比,你们就不脸红吗?”司徒陆丽说:“陛下这么敬重高允,可不知道他家里的情形。他当了这么多年官,家里人连一件绸子衣服都没有。一家大小都穿的是布衣服,日子挺不好过。”文成帝惊奇地说:“真的吗?你们怎么不早说?我要亲自去看看。”说完,他就起身到了高允家里。

原来高允真的只住着几间草房,被子都是麻布做的。家里人穿的是旧丝锦袍子(那时候,到了冬天,老百姓就用麻布裹上稻草过冬,做官的穿的是丝绵袍),厨房里只有一点儿盐和菜。文成帝看了里屋又看外屋,看完后叹着气说:“古人说清贫、清贫,还没见过高允这么清贫的。”高允活到了 98 岁,在北魏五个皇帝手下做官,一直挺受重用。那时候老百姓生活很苦,而地主、贵族都挺富裕。高允当了这么多年的官,能一直说真话,就是因为廉洁奉公,不谋私利。

司马氏取代曹魏,建立了晋国,很快就走向了贪婪荒淫的腐败之路。晋武帝曾问刘毅:“你看我像汉朝哪个皇帝?”刘毅答:“像汉朝的桓帝、灵帝。”晋武帝说:“我平吴国,统一天下,你把我比作桓灵,不免过甚。”刘毅说:“桓灵卖官,钱入官库,陛下卖官,钱人私门。这样看来,似乎比桓灵还不如。”

273 年,晋武帝选中级以上文武官员家的处女入宫。次年,又选下级文武官员和普通士族家处女五千人入宫。灭吴后,选取吴宫女五千人,晋宫中一万人以上入宫。晋武帝提倡荒淫,士族自然响应。

晋武帝是奢侈的提倡者,所以他的大臣和亲信都非常奢侈。何曾每天膳食,值钱一万,还说没有可吃的东西。何曾的儿子何劭,每天膳费二万钱。任恺比何劭更奢侈。王济、王恺、羊琇又超过任恺,但还比不上石崇的豪富。王恺和石崇斗奢侈,晋武帝助王恺,仍不能取胜。一个皇帝助臣下斗奢侈,可以想见奢风的盛行。士族过着奢侈生活,人民自然要受残酷的剥削。傅咸上书说"侈汰之害,甚于天灾",这句话是完全合于事实的。因为天灾还有一定的限度,奢侈互相比赛,则没有止境,吸尽了人民的血汗才算是止境。

司马氏以杀夺手段建立晋朝,拥戴司马氏的很少有正直忠实的人。当时风俗淫邪,是非颠倒。士人学的是老庄,谈的是虚无,做人以行同禽兽为通达,仕进以无耻苟得为才能,当官以照例署名为高尚。凡是放弃职事毫不用心的人,都享受盛名。谁要真心做事,就得遭受斥责,像灰尘那样被轻蔑。是非善恶都不在话下,群起而争的只是钱财。朝廷用人,看什么人该给什么官,不是看什么官该用什么人;求官的人,选择有利可图的官才做,无利就不做。大官身兼十几职,实际是一职也不管,重要事件,处理错了十之八九。世家子弟,越次超升,很快做大官;普通士人努力奔竞,希望获得较高的官位。成千成百的官,不曾有过一个让贤的官。士族妇女同样腐朽。她们使用婢仆,自己什么事都不做。有的任情淫乱,有的凶悍杀婢妾,没有人认为不应该。风俗、政治败坏到这个地步,大乱是无可避免的了。

遣使賑恤
唐憲宗
鄭敬

遣使赈恤[1]

【历史背景】

张居正引述完这段故事后说："为什么唐宪宗这样谆谆教诲郑敬等人呢？这是因为：国家的根本在人民，而民以食为天，假如百姓发生饥荒，朝廷不去赈济抚恤，那么死亡者就会很多。更重要的是，会使民心离散，那还用什么立国呢？唐宪宗有鉴于此，所以节俭自己的消费，而厚待于民。这真可以说：他知道用财之道，得到保卫国家的根本所在了。他真不愧是唐代的贤明帝王啊！"

宪宗是唐代历史上比较有作为的皇帝，他在位时期的政绩根据史书记载，主要有两方面：政治上的改革和平定藩镇。他宣布一切按照中央规定的赋税标准进行纳税，为了减轻百姓的负担，规定观察使要首先征用所管理的州的市税，不足的时候才可以向所属的其他州征税；又下诏蠲租税，拒绝进奉，禁止南方掠卖奴婢；精减官员。他还利用前代积累下来的财力，重用主张撤藩的大臣，出兵征伐藩镇，取得了一定的胜利。后人将其誉为唐代的中兴之主。

在这里还有必要谈及故事里的潘孟阳，他是礼部侍郎潘炎的儿子，因其父亲的原因历任兵部郎中、江淮盐铁转运副使、大理卿、剑南东川节度使、户部侍郎，登开元博学宏辞科。潘孟阳当初也曾受到宪宗的重用，在唐宪宗刚刚即位的时候，就委派他作为特使到江淮一带视察工作。但是潘孟阳完全没有把皇帝的命令放在心里，把国家的事情当作大事要事来执行，每到一处只顾着喝酒吃饭，游览大好河山，据说仅仅是跟随他出行的仆从就带了三百多人，还经常收受一些地方官员的贿赂，私自任用官吏。后来他的事情败露了，被唐宪宗知道后就免去了他的官职，不再任用。唐宪宗对这样的一个人始终不忘，经常用他来警戒大臣。直到四年之后，唐宪宗还不忘告诫另一个出使的官员，让他一定要以国家为重，"勿效潘孟阳饮酒游山而已"。

【原文】

唐史纪：宪宗四年，南方旱饥，命左司郎中[2]郑敬等为江淮、两浙、荆湖、襄鄂等道宣慰使[3]，赈恤之。将行，上戒之曰："朕宫中用帛一匹，皆籍其数，惟赒救百姓，则不计费。卿辈宜识此意，勿效潘孟阳[4]饮酒游山而已。"

【张居正解】

唐史上记，宪宗四年，南方大旱，百姓饥荒。宪宗命左司郎中郑敬等为江淮、两浙、荆湖、襄鄂等处各道宣慰使之官，分头去赈济饥民。郑敬等奉命将行，辞朝。宪宗戒谕他说："朕于宫中用度，虽一帛之微，必登记其数，唯恐浪费，独于赒济百姓，则不计所费，虽多弗惜，盖以民命为重，必使百姓受惠，而库藏盈缩，所以不暇计也。卿等此行，宜体朕此意，凡所至饥荒之处，务要量其轻重，备查户口，逐一散给，必使百姓每个人都沾实惠才好。若前此所遣潘孟阳出去只饮酒游山，而以赈济委之他人，全不体朝廷爱民之意，深负委托，卿等切勿效之。"盖国依于民，而民依于食，使民有饥荒，而不为赈恤，则死者固多，而民心亦离散矣！将何以为国乎？宪宗有见于此，故薄于自奉，而厚于恤民，可谓知用财之道，得保邦之本矣！宜其为有唐之令主也欤！

【注释】

①此篇出自《资治通鉴》237，唐纪五十三，元和四年。并见《新唐书·潘孟阳传》。记述唐宪宗及时派遣使臣，赈济灾民的故事。

②左司郎中：尚书仆射之下属官员，从五品。

③宣慰使：唐宪宗平淄青节度留后李师道，分其地为三镇，曾置淄青十二州宣慰使，非常制。以掌地方军民事务。

④潘孟阳：大历末，官右庶子。永贞元年八月，宪宗即位，遣孟阳以度支、盐铁转运副使宣慰江淮，并察诸使治否。孟阳从仆三百人，所至会宾客，流连倡乐，元和元年（806）三月使还，罢其度支、盐铁转运副使。

【译文】

唐代史书上记载：唐宪宗元和四年，南方大旱，百姓饥荒。于是命左司郎中郑敬等人，为江淮、两浙、荆湖、襄鄂等各道的宣慰使，去赈济抚恤他们。将要出发，皇上告诫他们说："我在宫里用一匹帛都要登记账目，唯独对周济百姓的费用在所不计。你们应当体会朝廷的意思，不要效仿潘孟阳只是吃酒游山而已。"

【评议】

唐宪宗之所以能够获得与太宗、玄宗相提并论的荣誉，是有一定原因的。唐宪宗对自己的生活很自律，从不任意地挥霍，对于一代皇帝可以说得上是斤斤计较了，但是面对灾民的时候，他却极其慷慨。要求官员到达灾区之后要注意到当地的灾情，清查户口，务必保证每个人都能得到发放的物资，不要让老百姓忍饥挨饿。在这里我们看到的是一个将国家和百姓放在心上的好皇帝形象。历朝历代的皇帝都知道百姓是天下根本的道理，但真正将这句话实施到自己的行动当中去的又能有几个呢？古代的孟子就曾经教导统治者"民为贵，君为轻"的道理，这也是儒家几千年的治国安邦的信条，可是我们从史书上看到的往往是与之背道而驰的事例。在这里，唐宪宗能够真正将百姓放在心上，还是很值得我们后世人尊敬的。

【镜鉴】

一、提高廉洁自律的自觉性

（一）领导干部要始终做到自重

自重是指对人生价值、人格形象的自我确认，它包括两个层面的含义。第一个层面，自重是尊重自己的人格，注意自己的言行，珍惜自己的名誉，并且对亲人、朋友也同样珍爱,像尊重自己一样对待和要求他们。古语说:“山自重,不失之威峻;海自重,不失之雄浑;人自重,不失之尊严。”第二个层面,自重是为人处世的重要原则,重视自身的价值存在,才能端正人生态度,形成积极向上的人生追求,把握自己的行为方式。领导干部始终做到自重,就是要珍重自己的人格、珍爱自己的家庭、珍惜自己的荣誉,自觉加强对配偶、子女和身边工作人员的教育,防止他们利用其职务影响谋取不正当利益。同时,由于领导干部身份的特殊性,其做到自重对社会有很大的导向和引领作用。从这个意义上讲,领导干部做到自重形成的人格力量,能引发社会的价值认同,而社会认同本身也是个体实现人生价值的重要基础。

领导干部要尊重自己的人格。人格是人的尊严、品质、道德的集合。一个堂堂正正的人应该讲尊严、惜荣誉、知廉耻,珍爱自己的独立人格。领导干部是践行党的先进性要求的带头者,相对于普通党员和社会公众而言,要有更高的自我要求,具备更为高尚的人格,不狂妄自大,不自轻自贱,始终保持秉公用权、清正廉洁的良好形象。从现实情况看,一些领导干部陷入违纪违法的深渊,一个重要的原因就是面对诱惑没有坚持住党性原则,丧失了自己的人格,最终毁损了自己的形象。比如,因钱多、房多、女人多被网友称为“许三多”的杭州市原副市长许迈永,人格低下,品行败坏,最终坠入腐败的泥潭,2011 年 7 月被执行死刑。当下,社会上一些居心不良的人,把掌有实权的领导干部当作“资源”来经营,把优秀的年轻干部当作“潜力股”来投资。领导干部如果不保持高度警觉,不能始终做到自律自省,肆意放纵自己,很容易被“糖衣炮弹”打倒,最终会因为小节丧失而大节不保。

领导干部要珍爱自己的家庭。关爱家庭、亲人、朋友是人之常情,但关爱什么、怎么关爱却值得每个党员领导干部认真思考和严肃对待。在这方面,毛泽东等老一辈无产阶级革命家为我们树立了光辉榜样。毛泽东同志在处理与亲友、故旧的关系时,一直坚持恋亲,但不为亲属徇私情;念旧,但不为故旧谋私利。作为父亲,他疼爱孩子但更注意严格要求孩子。1946 年年初,毛岸英从苏联回国后,他让毛岸英拜延安特等劳模为师,下乡当农民、读“劳动大学”;新中国成立后,他让毛岸英到北京机器总厂当工人;1950 年朝鲜战争爆发后,他送毛岸英到朝鲜参战。面对许多同志的劝阻,他说:“谁叫他是毛泽东的儿子,他不去谁还去!”领导干部要向老一辈无产阶级革命家学习,严格要求子女、配偶和亲属,一方面防止他们利用自己的影响谋取不正当利益,另一方面防止社会上一些别有用心的人从他们身上打开缺口、拉拢腐蚀，切实做到清正廉洁从“身边”做起。

领导干部要珍惜自己的荣誉。领导干部的权力、地位和荣誉是人民给的，尊重人民群众是领导干部珍惜自己的荣誉的内在要求和外在表现。胡锦涛同志指出，推动科学发展，必须紧紧依靠人民群众，做到谋划发展思路向人民群众问计，查找发展问题听人民群众意见，改进发展措施向人民群众请教，落实发展任务靠人民群众努力，衡量发展成效由人民群众评判。俗语说得好：“金杯银杯不如老百姓的口碑，金奖银奖不如老百姓的夸奖。”实现自重的路径和标准，来自人民群众，只有得到人民群众认可的尊重才是真正的自我尊重。领导干部要做到自重就必须坚持相信群众、依靠群众，一切为了群众，牢固树立以民为本、群众至上的观点。近些年来，有些党员干部不尊重人民群众，侵害人民群众利益的事情时有发生，有的还比较严重。这不仅使领导干部失去了群众的信任和尊重，而且使领导干部失去了自重的群众基础和底气，这类教训值得每一位领导干部保持警惕。

（二）领导干部要始终做到自警

自警是个人修身养性、自我警示、自我约束的重要方法。领导干部的自警，重在强调增强廉政意识，时刻警惕外部诱惑，防范廉政风险，处处慎思、事事笃行，防微杜渐。陈毅同志 1954 年所作《手莫伸》一诗说：“手莫伸，伸手必被捉。党和人民在监督，万目睽睽难逃脱。汝言惧捉手不伸，他道不伸能自觉。其实想伸不敢伸，人民咫尺手自缩。岂不爱权位，权位高高耸山岳。岂不爱粉黛，爱河饮尽犹饥渴。岂不爱推戴，颂歌盈耳神仙乐。第一想到不忘本，来自人民莫作恶。第二想到党培养，无党岂能有所作？第三想到衣食住，若无人民岂能活？第四想到虽有功，岂无过失应惭愧。吁嗟乎，九牛一毫莫自夸，骄傲自满必翻车。历览古今多少事，成由谦逊败由奢。”这值得每一位领导干部深思和引以为戒。在长期执政、改革开放、市场经济和外部环境的严峻考验面前，各级领导干部更应增强自警意识，时时警示和告诫自己，不违背政治纪律、组织原则和道德规范；时刻提醒自己吸取他人教训，不重蹈覆辙，牢筑廉洁自律思想防线，将自己的道德行为始终不渝地纳入道德规范和党性轨道。归根到底，自警就是要在拉拢腐蚀和各种不良风气的诱惑面前，保持清醒头脑，做到慎独、慎微、慎交友。

首先要做到慎独。古人说：“慎独者，慎其闲居之所为。”慎独是一种高度自觉的思想

和行为习惯。它要求一个人在无人监督的时候能自我克制，自觉地按照规则行事。领导干部所言所行一定要慎独，切忌我行我素、恣意妄为。东汉末年，杨震调任东莱郡太守，途经昌邑县时，由其举荐为官的时任县令王密亲赴边界迎接。当晚二人畅叙旧情，尽欢而散后，王密到驿馆拜访，拿出十斤黄金送给杨震以表知遇之恩。杨震坚辞不受。王密急忙解释说，夜深人静无人知晓，大人受之无妨。杨震严肃地回答，这事天知、地知、你知、我知，怎么能说无人知晓呢？王密见此抱愧而去。古人尚且如此，作为领导干部更应严格要求自己，独处时也不忘警醒自己，谨言慎行，以免跌入腐败的陷阱不能自拔。

其次要做到慎微。古人云："勿以恶小而为之，勿以善小而不为。""千里之堤，溃于蚁穴。"微小之处不警惕，必失大节。第二次世界大战期间，在伦敦英美后勤司令部墙上，醒目地写着一则古老的谚语：因为一枚铁钉，毁了一只马掌；因为一只马掌，损了一匹战马；因为一匹战马，失去一位骑手；因为一位骑手，输了一次战斗；因为一次战斗，丢掉一场战役；因为一场战役，亡了一个帝国。这充分说明了因小失大的道理。现在有的领导干部在大事上往往能够保持清醒头脑，而就是在一些看似微不足道的小事上摔了跟头。他们从吃点、收点、拿点、要点开始，思想道德防线一点一点被攻破、被瓦解，胃口越来越大，胆子越来越壮，最后一步一步走上犯罪的道路。因此，领导干部干事情想问题一定要从大处着眼，小处着手：决策上把握住大局，不能从局部得失来考虑问题；权力上秉公行使，不能把权力异化为谋私的工具；感情上把握住原则，不能让人情牵着鼻子走；生活上把握小节，不能因小失大损害自己的形象。

再次要慎交友。古人云："近朱者赤，近墨者黑。"领导干部也有正常的社会交往，但如何对待社会交往、与什么人交往，都需要认真把握。领导干部的工作性质和特点，决定了在社会交往问题上应有更加审慎的态度，更加严格的要求，不能随便交友、滥交友，更不能把人际交往异化为酒肉关系、交换关系和金钱关系。交好友，可以互相学习、互相促进，共同提高；交友不慎，则可能是互相利用、互相攻击，尔虞我诈，甚至被拉下水，最终追悔莫及。这样的例子不胜枚举。比如，新中国成立以来第一个因受贿罪被判处死刑的省部级干部胡长清，他与某大款就是一对相互利用的所谓"朋友"。大款后来形容他们的关系时说："游鱼贪食，钓者诱之；人皆为鱼，我则钓者。"领导干部一定要注意净化自己的社交圈、生活圈和朋友圈，善交益友、乐交净友、不交损友，远离"小圈子""小兄弟"，特别是对那些千方百计套近乎、拉关系、送好处的人，一定要保持头脑清醒，不为所动、不为所用。

(三)领导干部要始终做到自省

自省是指通过内心的自我反省,检点自己的思想和行为,找出自己的不足,认识自己的过失。“见贤思齐焉,见不贤而内自省也”,这是古人所说的自省。曾子还说,“吾日三省吾身。”自省是一个加强自我修养、进行自我批评的重要方法,其实质是一个修正错误和追求真理的过程。它重在自我反思、自我检查、自我解剖、自我监督,及时发现并纠正错误。领导干部始终做到自省,就是要对照党章和党纪条规,认真查找并改进自身存在的问题。领导干部权力越大,面临的诱惑也就越大,尤其要增强自省意识,高标准严要求,将自己的一言一行置于党的路线方针政策、党纪政纪和各项规章制度的约束之下,不做违背党纪国法和社会公德、职业道德、家庭美德之事。

崇高风范

周恩来的修养要则

1943 年 3 月 18 日是周恩来 45 岁生日。中共中央南方局机关的干部正根据党中央的统一部署开展整风学习活动。周恩来在南方局办事处机关做了一场自我反省报告。他简要回顾了自己参加革命的经历,剖析了自己的性格弱点,以反躬自省的精神为自己传奇的人生经历做了一个谦诚的总结,并检讨自己“理论修养不够,有些事务主义的作风”。就在这天晚上,周恩来在自己的办公室,以一个共产党人特有的襟怀剖析自己、反省自己、要求自己,写下了著名的《我的修养要则》:

一、加紧学习,抓住中心,宁精勿杂,宁专勿多。

二、努力工作,要有计划,有重点,有条理。

三、习作合一,要注意时间、空间和条件,使之配合适当,要注意检讨和整理,要有发现和创造。

四、要与自己和他人的一切不正确的思想意识作原则上坚决的斗争。

五、适当地发扬自己的长处,具体地纠正自己的短处。

六、永远不与群众隔离,向群众学习,并帮助他们。过集体生活,注意调研,遵守纪律。

七、健全自己身体,保持合理的规律生活,这是自我修养的物质基础。

自省重在剖析。自省的前提是正确认识自己,自省的过程也是正确认识自己的过程。在古希腊的阿波罗神殿大门上,写着一句闻名遐迩的箴言:“认识你自己!”正确认识自己的精神面貌、道德品质、才能、优点、缺点、自己的过去和现状,正确认识自己的脾气、性格,是一件重要而且困难的事情。吴玉章同志是我们党的老前辈,也是严格自省的楷模。他在自己81岁生日时,写下了一篇《自省座右铭》:“年过八一,寡过未解,东隅已失,桑榆未晚。必须痛改前非,力图挽救,戒骄戒躁,毋怠毋荒,谨铭。”吴老的自省精神,着实令人敬佩。在事务繁杂、诱惑众多的今天,领导干部要保持廉洁自律,必须积极进行自省,自我剖析,勇于发现自己的过失与不足,认真分析其中的原因,为改正缺点、修正错误奠定必要的基础。

自省贵在改进。自省的目的在于改正错误、提高自己。老子有句名言:“胜人者力,自胜者强。”意思是说,战胜别人的人,是有力量的人,而能战胜自己的弱点、改正自己的缺点的人,才是真正的强者。法国杰出的思想家、文学家卢梭在自传《忏悔录》里把自己“难以启齿”而抱恨终身的丑事公之于众,详尽地承认自己说过谎、行过骗、调戏过妇女、偷过东西……在他去世后,人们不仅没有看轻他,反而更加推崇他,赞誉他这种勇于反省自己的精神,还把他的遗体移葬到伟人公墓。这说明,缺点和错误并不可怕,可怕的是失察,或者察明以后却没有勇气去正视和改正。敢于坚持真理、勇于修正错误,这是我们党的优良传统,也是我们党得到群众支持、不断发展壮大的一个重要原因。领导干部要继承我们党的优良传统,积极主动地改正过失,从吸取教训中获得进步,从总结经验中获得提高,不断地将事业引向新的胜利。

(四)领导干部要始终做到自励

自励就是自我激励、自我勉励,用远大的理想、人生抱负来鞭策、激励自己,奋发有为,建功立业。苏东坡曾以一联自励:“发愤识遍天下字,立志读尽人间书。”他博览群书,积淀深厚,终成一代大家,成为中国文化史上一颗璀璨的星辰。领导干部始终做到自励,就是要从党领导革命、建设、改革的伟大实践中,从革命先辈、时代先锋的崇高风范中汲取力量,保持昂扬向上的精神状态;就是要直面困难、问题或矛盾,胜不骄败不馁,自我鼓励、自我鞭策,坚定地按党的规章制度行事,坚决反对腐败和不正之风。当前,领导干部要保持清正廉洁，常常会遇到各种各样的风险和挑战，有时甚至要做出一定的牺牲、付出巨大的努力。这尤其需要加强自我激励，锤炼意志品质，激发精神动力，做到始终警钟长鸣、自觉拒腐防变。

自励要求确立标杆。榜样的力量是无穷的。自励实际上是用典型的事迹、先进的人物来激励自己、启迪自己。这里的典型事迹、先进人物十分重要。我们经常讲，拿什么来激励人，这里的“什么”，就是一个坐标，一个参照物。胡锦涛同志在庆祝中国共产党成立90周年大会上，鲜明地提出党员干部面临精神懈怠的危险这一重大课题。解决这个重大课题，很重要的一个途径就是要运用激励的办法。在中华民族灿烂辉煌的历史长河中，出现过许许多多流芳千古的清官廉吏；在我们党90多年的奋斗历程中，涌现出无数可歌可泣的勤廉典型。比如，古有羊续“悬鱼拒贿”、包拯“不持一砚归”、子罕“以不贪为宝”，今有“身居高位心系群众的好书记”郑培民、“铁骨柔情的纪委书记”王瑛、“草鞋书记”杨善洲，等等。他们的精神，理应成为每一位领导干部学习的榜样，成为激励自己奋进的引路航标。各级领导干部由于学识、阅历、环境、承担的工作等不尽相同，不同典型的激励作用也会不一样。应该结合自己的实际，选择适合自己的典型来激励自己、鞭策自己，更好地做到廉洁奉公、勤政为民。

自励要求砥砺意志。人的意志品质是在不断地砥砺、锤炼中逐步形成的。坚强的意志品质对于我们干事创业具有重大的促进作用。领导干部的廉洁操守不是与生俱来的，也不是一劳永逸的，需要坚持不懈地学习、历练和培养，摒弃谋私之念和非分之想，自觉培养蓬勃朝气、昂扬锐气、浩然正气。领导干部要继承和弘扬中华民族文化传统中那些重气节、重情操、轻名利、轻富贵的优良品质，要用当代共产党人的楷模和先进人物的事迹鞭策自己，砥砺自己的品行，不断提高思想觉悟，改造和完善自己。现实中，有些领导干部刚开始也能洁身自好，甚至能主动抵制腐蚀并积极开展斗争，但后来遇到一些复杂情况和实际问题，就打了“退堂鼓”，裹足不前了，有的觉得自己吃了亏需要补偿，有的甚至同流合污，最终走向犯罪的深渊。发人深省的教训告诉我们，筑牢拒腐防变思想道德防线，不是靠一时一事，不是靠一朝一夕，而是需要我们永不自满、永不懈怠，持之以恒地自我勉励、自我激励。

二、自觉防止利益冲突

(一)高度重视防止利益冲突问题

利益冲突是指公职人员本身利益与公职所代表的公共利益之间的冲突。现代政治学理论把利益冲突看成是腐败产生的主要根源之一,认为只要防止和消除官员处理公共事务中追逐个人私利,就可以有效阻断腐败。防止利益冲突制度是指为了保证公职人员公正行使公共权力,以公共利益为界限,对其行权行为、过程、结果进行监督、限制、约束的制度安排,避免私人利益对公共权力的影响或公共利益的侵占。党的十七届四中全会通过的《中共中央关于加强和改进新形势下党的建设若干重大问题的决定》明确提出了"建立健全防止利益冲突制度"的要求,这是"利益冲突"的概念第一次正式出现在党的文件中。这充分表明,防止利益冲突已经成为反腐倡廉建设的一个重要问题。

我们党坚持把领导干部作为防止利益冲突的重点,注重领导干部廉洁自律制度建设,所颁布的许多政策法规,都包含着防止领导干部利益冲突的制度规定。比如 1995 年颁布的收入申报规定以及此后的个人有关事项报告规定等与收入或财产有关的制度,1980 年以及此后颁布的收受礼品登记、管理规定,有关廉洁从政、从业规定等与非收入或非财产相关的其他制度。2009 年 10 月,亚太经合组织(APEC)反腐败研讨会在北京举行,主题为"APEC 廉政准则——防止利益冲突",会议达成的一个共识就是要避免和消除利益冲突,切实维护公共利益。近年颁布的《廉政准则》《从业规定》等一系列包含防止利益冲突要求的重要法规制度,对于规范公共权力运行、防止国家工作人员权力滥用和以权谋私发挥了重要作用。但也要清醒地认识到,我国防止利益冲突的规定尽管在许多党内文件或法律法规中都有所体现,但是针对性和系统性还不够,亟待加强这方面的理论研讨和科学论证。

改革开放以来,随着社会主义市场经济的发展,利益多元化日趋突出,公职人员的公私利益冲突越来越直接,并不断产生新的复杂动因,不断出现新的表现形式。同时,相对一般国家公职人员而言,领导干部掌握的权力更大、可动用的资源更多,更容易发生利益冲突行为。国际经验表明,在防止利益冲突的过程中,提高用权者的素质是其中很重要的一个方面。因此,各级领导干部一定要高度重视防止利益冲突问题,认真贯彻有关防止利益冲突的制度,并通过执行制度,增强防止利益冲突的自觉性和坚定性。

媒体点击

近年来,浙江省市场经济发展迅速,家庭从业行为多元化,一些党员领导干部配偶、子女、近亲属经商办企业或从事其他经营活动的"一家两制"现象屡见不鲜。针对这一情况,省纪委在一些地方探索的基础上,把建立健全防止利益冲突制度作为重点工作来抓,就防止利益冲突课题进行深入调研,积极借鉴国内外有效做法和理念,于2010年12月率先在全国以省委文件的形式出台了《浙江省党员领导干部防止利益冲突暂行办法》,为开展防止利益冲突工作提供了法规依据。防止利益冲突制度的建立,就是要通过体制性改革阻断公职人员以权谋私的渠道,使公共权力与私人利益相分离,从而达到有效预防腐败的目的。

(二)坚持防止利益冲突原则

注重利益回避。当前,我国社会主义市场经济体制和相关法律法规还不完善、不健全,"熟人社会"的负面影响根深蒂固,办事找关系的"潜规则"还相当普遍。这不仅破坏社会资源配置的公平法则,催生权钱交易行为,而且可能进一步加剧利益冲突。要认真执行利益回避制度,有效防范和规避权力导致的各种利益风险。利益回避主要包括任职回避和公务回避,其主体是国家工作人员及其特定关系人,客体包括财产利益及非财产利益。财产利益如不动产、现金、存款、有价证券等;非财产利益包括录用、调动、提任、奖惩及其他人事措施和人事安排等。回避形式分自行回避、依申请回避和强制回避。自行回避是指国家工作人员明知存在利益冲突的,应回避人员根据职务不同向所在单位、上级机关或同级行政监察机关书面提出自行回避的申请,或自行停止可能造成利益冲突的行为。依申请回避是指利益冲突相对人可以就可能存在的利益冲突向有关单位提出回避申请,有关单位审核后要及时做出是否同意回避的决定,强制回避是指单位对工作人员应回避而未回避的行为,采取暂停工作人员执行现职务,或制止可能发生利益冲突的行为。

注重从业限制。从业限制就是对某些群体所从事工作和服务的工作或职业按照回避的原则而进行的限制。它包括两方面:一是对领导干部亲属的从业限制。这是针对领导干部特有身份而提出的,不允许领导干部亲属利用个人职权或者职务和地位形成的便利条件,也就是本人身份所形成的特有资源和优势去谋取个人私利。二是对领导干部的后职务从业限制。党的十七届四中全会通过的《中共中央关于加强和改进新形势下党的建设若干重大问题的决定》指出:“进一步规范离退休领导干部在企业和各类学会、协会、基金会任职行为。”此前,《从业规定》对国有企业领导人员离职或者退休后的从业行为也做了规范性的限定。近年来,一些地方对此也做出了类似规定。这些做法无疑有助于社会公平和市场经济的健康发展。一些廉政制度健全的国家和地区十分重视利益冲突的问题,并探索出许多防止利益冲突的从业限定措施。比如,禁止政府雇员以公职人员身份参与他知道对自己或其他关联人有经济利益的任何事项,违者视同经济犯罪。对离职、退休公职人员的再就业的范围、活动、期限提出明确的法律规范,等等。这些对我们都具有重要的借鉴意义。

注重行为约束。行为约束是指对主体行为及其所产生的条件进行的限制或管束。对领导干部行为约束一般包括外部约束和自我约束两个层面。领导干部外部约束包括党纪约束、政纪约束、法律约束、监督约束等,如《中共中央纪委关于严格禁止利用职务上的便利谋取不正当利益的若干规定》中要求严格禁止利用职务上的便利为请托人谋取利益,就是一种外部约束。自我约束是一种道德内化的过程,要求领导干部不仅仅基于外部约束来做到廉洁自律,而且还要有道德的归属和自我的境界来自觉地磨炼和锻造。这实际上是外部约束通过个体的自我意识转化为个体内在的行为准则和价值目标的过程。自我约束的优越性表现在能促进行为个体实行自我监督,更加自觉地遵循主流组织体系的行为规范。领导干部作为行为个体有自己把握自己行为的权利,行为约束更能促进他们廉洁自律。

延英殿

延英忘倦

唐宪宗

李绛

裴度

延英忘倦①

【历史背景】

唐宪宗于贞元二十一年(公元805年)继位,那时距离安史之乱结束(公元762年)已经过去近半个世纪了。

在那四十多年里,国家一直动荡不安,藩王割据,战乱频发。整个大唐王朝惊恐动荡,百姓都无法安乐生活。

唐宪宗的继位无疑是唐王朝的最后一把救命稻草。

宪宗即位之初,即发生了西川节度使刘辟叛乱的事件。这为大唐百姓喜庆新君登基的心情,染上了浓浓的阴霾,但是,宪宗迅速派兵平定了叛乱。宪宗很快又将目光投向那些拥兵自重的藩镇军阀,元和削藩就这样付诸行动了。

削藩同时,宪宗勤政爱民,重用贤臣,对唐代国力的恢复起到重要作用。

元和十年夏五月的一天,宪宗与宰相在延英殿议政。宪宗对宰相说:“卿等总是说淮、浙地区去年闹水旱灾害,可最近有位御史从那个地方回朝,说还不至于造成灾害。究竟事情是怎样的呢?”宰相李绛回答道:“臣看了淮南、浙西、浙东行政长官的奏折,他们都说有水旱灾害,很多百姓流离失所,要求朝廷设法招抚。他们的意思是怕朝廷怪罪他们治理不力,哪里肯无灾而妄言有灾呢!这大概是那位御史想讨陛下的欢心,是向陛下献媚吧。希望陛下告诉我他的姓名,我一定要按法惩办他。”宪宗听后,说:“卿的话很对。国家以百姓为根本,听到哪里有灾应当赶紧去救灾,哪有怀疑的道理!朕刚才考虑不周,失言了。”随后,宪宗又命人免去受灾地区的租赋。

张居正引述了这段故事后说:“皇帝在一天当中,需要处理的事很多。但最重要的是,一定要常常接见贤明的大臣,和他们一起不急不忙地讨论问题,才能获得治国安邦的好策略和方法。所以,古代舜的时候,君臣在一起,互相讨论,可以发表不满或不同的意见,嘈杂于一堂之上。文王从早晨直到日头偏西,都在和大臣讨论国事,甚至顾不上吃午饭。他们这样勤奋，所以被后代万世称为圣明的君主。现在，我们又看到唐宪宗如此勤政，也可以说他是知道为君之道的。正因为这样，他才能削平藩镇之乱，所到之处民众都归服，为他的祖先也增了光啊！"

【原文】

唐史纪：宪宗尝与宰相论治道于延英殿。日旰[②]，暑甚[③]，汗透御服。宰相恐上体倦，求退。上留之，曰："朕入宫中，所与处者[④]，独宫人、近侍耳。故乐与卿等且共谈为理之要[⑤]。殊[⑥]不知倦也。"

【张居正解】

唐史上记：宪宗励精图治事，尝与宰相讲论治天下的道理于延英殿。直到日暮，尚未还宫。天气又甚暑热，汗透了上所尚的袍服。宰相李绛、裴度恐上御体劳倦，因求退出。宪宗留之，说道："朕回到宫中，所与相处者，不过是宫女及左右近侍耳，安得对贤士，闻正言。所以每日喜与卿等，且共谈论为治的要务，甚是有益，不知疲倦也。"夫人君一日之间，事有万几，须是常常接见贤臣，从容讲论，方得停当。所以尧舜之时，君臣一体，都俞吁咈于一堂之上。文王自朝至于日中昃，不遑暇食，万世称为圣明之君。今观宪宗之勤政如此，亦可谓知君道者。宜其能削平僭乱，所向归服，有光于前烈也。

【注释】

①本则短文出自《新唐书·李绛传》。主要记载了唐宪宗与宰相在延英殿商讨治理国家的办法而不知道疲倦的故事。

②日旰：日晚，天色已晚的意思。

③暑甚：天气很炎热。

④所与处者：和我在一起的人。

⑤故乐与卿等且共谈为理之要：所以，朕很喜欢与你们在一起暂且共同探讨治理国家的方法和相关的政策措施。

⑥殊：唯独，只。

【译文】

宪宗曾在延英殿与宰相共同商讨治理天下的方法。天已经很晚了，那时候天气十分的炎热，皇帝连衣服都被汗水打湿了。宰相担心皇帝身体疲倦，就请求退出去。宪宗将他们留下来对他们说："朕要是回到宫中，跟朕在一起相处都是一些宫女和宦官。所以，朕很喜欢与你们在一起暂且共同探讨治理国家的方法和相关的政策措施，唯独这样我才会不知道疲倦。"

【评议】

古代的皇帝认为贵为天子的好处就在于能够呼风唤雨，更有佳丽围绕身边，所以古代的皇帝们大多沉迷于这样的腐化生活，而忘记了自己为君的重大责任，在治理国家的方面疏忽大意，最终导致国家灭亡。当然了，这些都是一些昏庸君王的想法与做法。有很多昏君也就是因为这样，才会身败名裂的。

相反，历代的明主明君却将自己的主要精力用在了找寻治理国家的方法上。宪宗在即位的时候就立志以先祖为榜样，再兴大唐的辉煌，所以他整日地勤于政务，一点都不敢懈怠，担心自己会愧对祖宗，每次和大臣们商议国事都要很晚才肯退朝。唐宪宗可以说是一位勤奋的皇帝了，所以在他的治理之下，已经破败的唐朝才再次出现了复兴的景象。唐宪宗没有像他之前的某些皇帝那样耽于享乐，而是坚决遵守先皇的训导，为了自己的复兴大业时刻努力。那么这样的故事在我们当今的社会中，意义恐怕更加巨大吧，我们现有的生活也越来越优越，这样必然会造成一些人丧失了自己的理想、毫无追求、只顾享乐，每天都在夸赞自己生活得像皇帝，但是这些人有没有思考过自己所说的那个皇帝究竟是什么样的皇帝呢？看了这个故事后，希望能够给现在还没有觉醒的人们以警示吧！

【镜鉴】

在"勤"字上下功夫

(一)"勤"字为人生第一要义

"勤"很好理解,就是勤奋、勤恳、勤劳、勤快、勤苦。

"勤"字表面看来是老生常谈。但是,在管理中真正起作用的,往往就是这些看起来是老生常谈的东西。决定一个组织能否保持卓越,也往往就是这样一些东西。"勤"就是这样。

关于"勤",曾国藩有一个孵小鸡的比喻:

练勇之道,必须营官昼夜从事,乃可渐几于熟,如鸡伏卵。如炉炼丹,未宜须臾稍离。

练兵之道,必须是带兵的人日夜从事,才能逐渐练出一支成熟的队伍来,就像母鸡孵鸡、道士炼丹一样,是一刻也不能离开的。所以在曾国藩看来,练兵的人要手不停批、口不息办、心不辍息。就像母鸡孵蛋一样,全身心投入,始终不离,直到孵出小鸡为止。

所有经历过创业的领导者,对曾国藩的这段话,一定会有很强的共鸣,因为几乎所有的创业者都是这样一步步走过来的,在创业的过程中,很多事情必须亲力亲为,一时一刻不能放松,哪怕稍微松懈就可能会出现问题。

曾国藩认为"'勤'字为人生第一要义","勤"字是人生的第一条原则。治军尤其如此:

治军以勤字为先,由阅历而知其不可易。未有平日不早起,而临敌忽能早起者;未有平日不习劳,而临敌忽能习劳者;未有平日不能忍饥耐寒,而临敌忽能忍饥耐寒者。

治军以勤字为先,我从我的阅历中知道,这是不可更易的道理。没有平时不能早起,而临敌时忽然能早起的人;没有平时不习惯于劳苦,而临敌时忽然能习惯劳苦的人;没有平时不能忍饥耐寒,而临敌时忽然能够忍饥耐寒的人。

曾同藩在给朋友的信中说:

吾辈现办军务，系处功利场中，宜刻刻勤劳，如农之力穑，如贾之趋利，如篙工之上滩，早做夜思，以求有济。

我们现在出来办理军务，就是处于功利之中，应当时时勤劳，如同农民务农、商人经商、篙工上滩一样，白天工作，晚上琢磨，才能把事情做好。

曾国藩还认为，最忌讳的就是偷懒：

百处弊端，皆由懒生。懒则弛缓，弛缓则治人不严，而趋功不敏。一处弛，则百处懒矣。

所有弊端，都是由于管理者的懒引起的。懒就会松弛拖沓，松弛拖沓就会导致管理不严，效率低下。一处松下来，各个部门、各个环节就会都想着偷懒。管理就是这样，你想偷懒，你的下属比你还想偷懒；他想偷懒，他的下属比他还想偷懒。你会发现一念之差，再想恢复组织的效率就会非常困难。领导者一时的偷懒，往往导致整个组织的管理效率变得极其低下。

领导力的一个重要内容，是激发起下属对工作的热情与投入。然而在大多数的组织中，大部分人只是服从而已，对于工作远远没有达到全力以赴的地步。要让组织成员全力以赴，管理者自己首先要全力以赴。这就是"勤"字的价值。

(二)当为餐冰茹蘖之劳臣，不为脑满肠肥之达官

天下事莫易于为官，一旦为官，便是人上之人，尤其是传统社会中，官场习气向来是无过便是有功，所谓"无灾无难到三公"，也就成了许多为官者保官、升官的不二法门。一个人不管出身如何，一旦为官，行有车、食有鱼，过不了几年，就会脑满肠肥，一副发达之像了。

然而天下事也莫难于为官，"官"者"管"也，领导者身上，担负着组织赋予的责任，担负着苍生的疾苦。要做一个"先天下之忧而忧"的好官，自然是难上加难的。

曾国藩是一个具有强烈社会责任感的封建官员。他曾经立志要有民胞物与之量，有内圣外王之业，要做一个天地间的完人。曾国藩还经常引用顾亭林"保国者，其君其臣，肉食者谋之；保天下者，匹夫之贱，与有责焉"的话来勖勉下属。在曾国藩看来，既然为官，就不能做那种以"推诿为明哲，以因袭为老成，以奉行虚文故事为得体"的庸官。当曾国藩的门生李鸿章出任江苏巡抚时，曾国藩告诫他说："吾辈当为餐冰茹蘖之劳臣，不为

脑满肠肥之达官也。"其中的关键,在于一个"勤"字,要在"勤"上痛下功夫:"治军之道,以勤字为先。身勤则强,逸则病。家勤则兴,懒则衰。国勤则治,怠则乱。军勤则胜,惰则败。惰者,暮气也,当常常提其朝气。"治军的方法,首先就是要勤。身体勤劳就会健康,贪图安逸就会生病;家庭勤劳就会兴旺,懒惰就会衰败;治国勤劳就会天下大治,懈怠就会天下大乱;治军勤劳就会获得胜利,懒惰就会失败。

治军如此,为官也是如此。用曾国藩的话说,"勤字为人生第一要义,无论居家、居官、行军,皆以勤字为本""勤以治事,恕以待人,廉以服众,明以应物。四字兼全,可为名将,可为好官。不论文武大小,到处皆行得通。……四字中又唯'勤'字最要紧也""唯俭可以养廉,唯勤可以生智。明此二语者,是做好官的秘诀,即是做好人的命脉"。他还引用历史上名人之例,说明"为官以勤为第一要义"的道理:

古之成大业者,多自克勤小物而来。百尺之楼,基于平地;千丈之帛,一尺一寸之所积也;万石之钟,一铢一两之所累也。文王之圣,而自朝至于日中昃,不遑暇食;周公仰而思之,夜以继日,幸而得之,坐以待旦;仲山甫夙夜匪懈。其勤若此,则无小无大,何事之敢慢哉。诸葛忠武为相,自杖罪以上,皆亲自临决;杜慧度为政。纤密一如治家;陶侃综理密微,虽竹头木屑,皆储为有用之物。朱子谓为学须铢积寸累,为政者亦未有不由铢积寸累而克底于成者也。

古代成就大事业的人,都是从小事情上克勤克俭开始的。百尺高的楼阁,起自平地;千丈长的绢帛,是一尺一尺积累起来;一万石的钟,是一两一两积聚起来的。文王被称为圣明,因为他常常整天为公事顾不上吃饭;周公为国事操劳,日夜不停,如果思有所得,就坐着等待天明;仲山甫时时刻刻都不敢懈怠。他们如此勤劳,那么无论大事小事,对什么事会轻慢地对待呢?诸葛亮担任丞相,只要是杖罪以上都要亲临决断;杜慧度处理政事,如同治理家事一样缜密;陶侃治事细密,虽然是竹头木屑之类的东西,都要储存起来,以备急用。朱熹说做学问必须铢积寸累,其实为政者也没有不通过一铢一寸地积累而能成功的。

曾国藩在军中的时候,每天早上都是未明即起,黎明后巡查营垒,检阅士兵操练,白天则清理文卷,接见客人。其余的时间,则是披览群书。曾国藩曾经为湘军制定了"日夜常课之规"七条:

一、五更三点即起,派三成队站墙子一次。放醒炮,闻锣声则散。

二、黎明演早操一次，营官看亲兵之操，或帮办代看。哨官看本哨之操。

三、午刻点名一次，亲兵由营官点，或帮办代点。各哨由哨长点。

四、日斜时演晚操一次，与黎明早操同。

五、灯时派三成队站墙子一次，放定更炮，闻锣声则散。

六、二更前点名一次，与午刻点名同。计每日夜共站墙子二次，点名二次，看操二次。此外营官点全营之名，看全营之操无定期，约每月四五次。

七、每夜派一成队站墙唱更，每更一人，轮流替换。如离贼甚近，则派二成队，每更二人，轮流替换。若但传令箭而不唱者，谓之暗令，仍派哨长、亲兵等常常稽查。

曾国藩认为："军勤则胜，惰则败。惰者，暮气也。当常常提其朝气。"而点名、演操、站墙子之类，就是为了保持军队的朝气。勤点名，士卒就不会外出游荡，为非作歹；勤演操，就可以锻炼其筋骨，熟练其技艺；勤站墙子，就会日日如临大敌，使士卒不敢松懈。所以曾国藩反复叮嘱部将说："早夜站墙，日日操练，断不可间。"又说："每日三成队站墙子，不特防贼来扑，且规矩习于平日，各弁勇自然人人起早，人人不懒散。"李鸿章做了淮军的统帅之后，曾国藩还反复叮嘱他要亲自去点名、看操、站墙子，而不要怕苦偷懒。在曾国藩看来，将帅能否勤劳，直接关系到军队的作风，"将不理事，则兵无不骄纵者；骄纵之兵，无不怯弱者"。这个"勤"字不但应该成为领导者自己处世的名言.还应该使之成为整个组织所养成的风气。只有上下皆"勤"，才能形成一支高效率的队伍。

（三）五到：身到、心到、眼到、手到、口到

关于"勤"字，曾国藩有一个"五到""三勤"的理论。

"五到"，就是身到、心到、眼到、手到、口到。

曾国藩说：

办事之法，以五到为要。五到者，身到、心到、眼到、手到、口到也。身到者。如做吏则亲验命盗案、亲巡乡里。治军则亲巡营垒、亲探贼地是也。心到者，凡事苦心剖析，大条理、小条理，始条理、终条理，理其绪而分之，又比其类而合之也。眼到者，着意看人，认真看公牍也。手到者，于人之长短。事之关键，随笔写记。以备遗忘也。口到者，使人之事，既有公文，又苦口叮嘱也。

这五到，是曾国藩总结出来的基本的治事之方。

五到之一是"身到",就是遇到事情一定要亲自到位,要到现场,不要偷懒。用胡林翼的话说,"军旅之事,非以身先之劳之,事必无补"。带兵打仗,如果将帅不能身先士卒,亲自操劳,事情是肯定办不好的。所以曾国藩要求下属"做吏则亲验命盗案、亲巡乡里。治军则亲巡营垒、亲探贼地",关键就是一个亲临现场。

湘军之中,各级将领,从大帅以下一直到营官,都是以亲看地势为行军作战的第一条原则。像曾国藩进攻武昌,就是先乘小船亲赴沌口相度地势;左宗棠攻杭州,也是先骑着马赴余杭察看地形。他们都是在看明地形之后,才制定进攻的方略。其他将领像塔齐布、罗泽南、王鑫、刘典等,也都是以善看地势而著称。刘典在嘉应作战时,在战前的几天,带领自己手下的统领、营官们,将附近数十里内大小路径全部勘察了一遍,达到了如指掌的地步。仗打起来后,各种冲、堵、抄、截,各尽其能,一战便全歼了敌人。

曾国藩说的"身到",几乎是所有高明将帅的取胜秘诀。林彪当年教杨成武如何当师长时,提出第一条要求是"要勤快"。林彪说:"不勤快的人办不好事情,不能当好军事指挥员。应该自己干的事情一定要亲自过目,亲自动手,比如应该上去看的山头,就要爬上去,应该了解的情况就要及时了解,应该检查的问题就要严格检查,不能懒。军事指挥员切忌懒,因为懒会带来危险,带来失败。"

在指挥作战时,林彪也往往都是亲自到前线察看地形,研究战法。解放战争时期林彪指挥的秀水河子之战,是东北解放战争时期东北民主联军打败美式装备的国民党军队的第一场硬仗。战役发起之前,林彪冒着危险,在齐膝深的雪地上爬过了我军的前沿阵地,一直爬到了对方的哨兵鼻子底下,观察敌情和地形情况,发现我军指挥员原定的主攻方向由于地形开阔而不便进攻,而另一方向则更便于我军组织突破和向纵深发展,于是,林彪果断要求对原作战部署进行了调整。事实证明,这一调整奠定了秀水河子战斗我军最终全歼国民党守军的胜利基础。而林彪亲临现场,做出了最符合实际的分析与处置,是决定这次战斗胜利最重要的因素。

稻盛和夫曾经讲过一个故事。有一次稻盛和夫去参加本田汽车创始人本田宗一郎讲课的经营研习会。当天与会人员泡了温泉换过浴衣后,一起坐在一个大房间里等待本田先生的到来。不久,本田先生出现了,看起来是直接从工厂赶过来的,因为他身上穿着一件沾有油渍的工作服。然后他一开口,竟然就是一阵破口大骂:

"请问大家到底来这里做什么?我想应该是来学习经营的吧!你们那么有空的话,

干脆早点回公司去上班。经营哪里是泡泡温泉、吃吃喝喝就可以学会的?我从没向任何人学过经营,就是最好的证明。既然我这样的人也能经营公司,那就表示你们该做的事情只有一件——就是立刻回公司上班!"

稻盛和夫由此得出了一个影响自己一生的结论:"不曾在现场挥汗工作,就不会懂得经营之道。"

五到之二是"心到"。只是身子到了,不用心还不行,一定要用心地去想,用心地去做,真正一心一意地扑上去,事情才能做好,这就是所谓的"心到"。用曾国藩的话说,白天做事,晚上还要不断地琢磨,"凡事苦心剖析,大条理、小条理,始条理、终条理,理其绪而分之,又比其类而合之也"。凡是遇到事情,一定要下一番苦功夫剖析清楚,大的逻辑、小的顺序,开始的程序、收束的步骤,这些东西一定要理清头绪,分清轻重。然后再根据类别,加一番综合的工夫,使之形成一个统一的整体。

曾国藩认为,这是做学问的基本功夫,也是做事的基本功夫。"古人忧学之不讲,又曰'明辨之',余以为训练兵勇亦须常讲常辨也"——古人担心对道理不进行钻研,又说"明白地辨析清楚",我认为,练兵也需要时常钻研、时常辨析啊。

拿破仑曾经说,有人说他有天才,其实根本不是这样的。要打仗了,他往往在三四个月之前就开始思考,搜集各式各样的信息,分析各式各样的可能性,制定一个严密的计划,其中包括几个不同的方案。拿破仑有一次向自己的参谋长罗德里尔透露了成功的秘密:

"如果说,看起来我经常对一切都胸有成竹,那是因为我在做一件事情之前,早就考虑很久了。我对所有可能发生的事情,几乎都是预先做过考虑的。我能够在别人猝不及防的情况下知道自己说什么话和采取什么行动。这完全不是冥冥之中有什么天才对我突然启示。我总是在工作:吃饭的时候在工作,看戏的时候在工作,夜里醒来也在工作。"

由于拿破仑总是提前把问题考虑清楚,打起仗来的时候,他的作战方案就已经非常成熟了。他的方案非常成熟,而对方根本来不及形成方案,一打之下,立马就见了效果,这其中最核心的,就是一个"心到",也就是反复思考的结果。

林彪在教杨成武如何当师长时,还说过这样一段话:

"要把各方面的问题想够、想透。每次战役、战斗的组织,要让大家提出各种可能出现的问题,要让大家来找答案,而且要从最坏的、最严重的情况出发来找答案,把所有的问题都回答了,再没有问题回答了,这样打起仗来才不会犯大错误,万一犯了错误,也比较容易纠正。没有得到答案的问题,不能因为想了很久想不出来就把它丢开,留下一个疙瘩。如果这样,是很危险的,在紧要关头,这个疙瘩很可能冒出来,就会使你心中无数、措手不及。当然在战争环境中,要考虑的问题很多,不可能一次都提完,也不可能一次都回答完。整个战役、战斗的过程,就是不断提出问题和不断回答问题的过程。有时脑子很疲劳,有的问题可能立即回答不了。这时,除了好好地和别人商量以外,就好好地睡一觉,睡好了,睡醒了,头脑清醒了,再躺在床上好好想一想,就可能开窍,可能想通了,回答了,解决了。总之,对每一个问题,不能含糊了事,问题回答完了,战役、战斗的组织才算完成。”从这段话中,足见凡成大事之人,一定是用心之人。

“心到”还有一层含义,就是心劲儿要到。不能光想着给自己找借口,想找借口的人一定可以找到无数个借口。红军长征能够摆脱国民党军队几十万大军的围追堵截,一个重要的原因,是红军面临的是生与死的危险,而国民党的军队没有一支是真心拼死作战的。在面临生与死的危险时,人们往往都会竭尽心力,但一旦不再有生存的危险,很多人也就不再用心。一个组织没有了那股心劲,人们就不再愿意投入精力,也就会形成懈怠懒散的作风。表面看来人人都很忙,其实没有人真正用心,都只是在做样子而已。这样的组织外表再光鲜,但魂儿已经没有了。这也往往就是一个组织走下坡路的开始。

五到之三是“眼到”,就是一定要随时留心,用自己的眼睛来观察。像在用人方面,光听别人的评价是没有用的,必须是自己亲自观察才可以。曾国藩曾说:“观人当就行事上勘察,不在虚声与言论;当以精己识为先,访人言为后。”这个“行事上勘察”,而不是在“虚声与言论”上做判断,以自己的精细判断为先,而以借助别人的评论为后,是曾国藩能够得到“识人之明”大名的重要原因,这也就是曾国藩所说的“着意看人”,平时就要狠下一番留心观察的工夫。前文提到的《清史稿》中记载,曾国藩看人“每对客,注视移时不语”,就鲜活地刻画出了一个着意看人的领导者形象。

拿破仑曾说:“一个通过别人的眼睛来看事物的人,永远不能合理地指挥一支军队。”无论是战争还是管理,无论是决策还是用人,领导者最忌讳的是仅靠下属的汇报,或者光听无根的议论,而不是自己亲自观察、亲自分析。下属能看到的东西,只是他想看到的东西,或者他那个层次的人能看到的东西;下属在给领导汇报的过程中,很多的信息也会被过滤掉,因此领导者从下属汇报那里所得到的信息,一定是有局限的;在有局限的信息基础上做出的决策,一定是先天不足的。管理学家明茨伯格也说过类似的话,“信息可以在不失真的情况下,集中起来发送给上级。这其实是一个经常实现不了的假设”“仅仅是坐在办公室里臆想战略,而不是在与实实在在的产品和顾客的接触中总结战略是非常危险的事情”。美军前参联会主席鲍威尔有一条著名的原则,就是“战地指挥官总是对的,后方指挥所总是错的,除非有证据证明情况相反”。

无论是在军队还是在企业,往往有这样的现象,领导者的层次越高,离真实的世界就越远,就越难听到或看到真实的情况。管理者必须像优秀的将军一样,直接深入到一线之中,当管理者来到一线的时候,就可以与市场一起共同呼吸,把握住市场的脉搏与起伏。所以虽然有了最先进的信息技术,但沃尔玛公司的最高执行官还是会用相当多的时间到街上去走访他们的商店,审视竞争的情况。沃尔玛的高层管理者非常清楚,对真实情况的了解产生于直接地看、听、摸,这些第一手的材料是无法通过任何其他途径取得的。索尼前首席执行官出井伸之也喜欢在周末的时候徘徊于东京的各个电器商店,与售货员和顾客谈论自己竞争对手各自的产品。《追求卓越》的作者汤姆·彼得斯称这种管理方法为“走动式管理(management hy walking around)”,通过这种“走动式管理”,管理者就可以像优秀的将军一样,敏锐地把握住市场和对手的动向。

五到之四是“手到”,手要勤快,有什么事要随时记下来,好记性不如烂笔头。曾国藩非常喜欢记日记,他随手把所见、所做、所读、所思、所得都记到日记中,并及时进行总结、反思与揣摩,这就使得他做起事来非常清楚、有条理。

人的记忆力总是有限的。领导者在领导的过程中,经常会有灵光一现的时候,有好的想法、好的主意、好的体悟。如果不能随时记下来,时间一长,工作一忙,就很快忘记了。如果能够随手记下来,由点到线,由线到面,由面到体,一个个的片段最终就会形成成熟的体系。对于领导者来说,显然这是自己所能留下的最大的思想财富。

五到之五是“口到”,也就是交代任务一定要到位,工作沟通一定要到位,甚至不惜反复地叮嘱,“使人之事,既有公文,又苦口叮嘱也”。

领导者会有一个很大的误区,往往认为自己把话说了一遍,下属就会理解自己的意图,就会马上有效地执行。信息从上级到下级的传递过程中也会出现衰减。有一种说法:领导者所要传递的信息中,只有80%能够真正表达出来;所表达出来的信息中,下属只能听懂80%;听懂的信息中,能够真正理解的只有80%;理解的信息中,能够真正接受

的只有80%。同样,接受的只有80%能够落实,落实的只有80%能够符合要求,符合要求的只有80%能够产生你所要的绩效……最终的结果,只有26%。所以杰克·韦尔奇曾经说:管理就是沟通、沟通、沟通。他甚至讲,在GE,一项计划,一个设想,如果不讲一百遍,下属是不可能真正理解的。

在管理的过程中,有时候就是因为少说了一句话,或者少问了一句话,便会出现重大问题,令人追悔莫及。所以曾国藩说,一定不要嫌麻烦,不要怕啰唆。要苦口婆心,反复地讲。其实领导者反复给下属讲的过程,也是一个自己不断思考的过程,问题会越讲越清楚、越讲越有条理。而跟下属在沟通、交流,也使下属一步步地理解了你的意图和想法,从而可以产生有效的执行力。

五到之中,最关键的是心要到。有了心到,其他自然就会到;没有心到,其他到了也没有用。星巴克的创始人霍华德·舒尔茨曾经写过一部自传体的著作,题目就是《将心注入》。他说:"我把心交给了每一杯咖啡,还有星巴克的合作伙伴们。当顾客们感受到这些时,他们会给予相应的回报。如果你倾心投入自己的工作,或是任何值得为之努力的事业,你就有可能实现在他人看来不可能实现的梦想。生活因此会变得很有意义。"做事按部就班,最多只能把事做对;做事用心投入,才能把事做好,才能达到卓越的境界。"到"的关键,是做到位,就是尽心尽力。这不是五分到位,不是六分到位,不是八分到位,而是要十分到位。到位不到位,做事的效果就完全不一样。

曾国藩所说的"三勤",是"口勤、脚勤、心勤",其实是从"五到"中提炼出来的。"五到""三勤"揭示出了管理的基本原理,所以很为后人重视。林彪在给杨成武讲如何当师长时,就专门引用了曾国藩的"五到"理论。林彪说:

"无论大小指挥员都要勤快,要不惜走路,不怕劳累,多用脑子,做到心到、眼到、口到、脚到、手到,事情没有做好以前,不能贪闲,贪闲就隐伏着犯错误的根子。什么事都要心中有底,凡事预则立,不预则废。雷打不动的干部,牛皮糖似的干部,不管有多大本事,都不是好干部。我们最喜欢勤快的干部,提倡勤快,反对懒。"

(四)天下事未有不由艰苦得来,而可大可久者也

曾国藩写过这样一副对联:

精力虽至八分,却要用到十分;权势虽有十分,只可使出五分。

优秀的领导者，一定是要尽心尽力、十分用力的。

远大集团董事长张跃谈到远大空调的成功时说，成功的秘诀就在于两个字：一个是“勤”，一个是“高”。“勤”就是勤奋，“高”就是高明。张跃说他跟他的核心团队这么多年来每天的工作时间几乎都超过 12 小时，基本没有什么节假日，一心一意扑在企业上，所以才有今天企业的发展。

王永庆是台塑集团的前董事长。王永庆去世以后，台湾地区的报纸说：“他这一走，整个台北都空了。”王永庆做企业，最大的特点就是“勤”。他每天早上四点起床，做一遍体操，然后长跑五千米，以保证他一天精力充沛。他每天一定要跟下属一起用早餐，在用餐的同时听取下属汇报。上午的时候他会到办公室看各种各样的报表，听取下属的汇报，到经营的现场去视察。他出差的时候从来不坐商务舱，一定要坐经济舱，这样一来可以充分利用这个时间跟随行的下属交流。他出差回来以后也从来不直接回家，而是直接去办公室，或者直接到现场去。美国发生了金融危机之后，王永庆这位 90 多岁的老人，一定要亲自到美国去考察金融危机的影响。王永庆一生的成功，与他的这种勤奋的习惯有着直接的关系。

其实，几乎所有优秀的企业家都有这样的习惯。统一集团创始人高清愿讲自己的企业文化，也是两个字。一是“勤”，勤奋。二是“俭”，就是成本控制。李嘉诚也是“勤”字的践行者。李嘉诚每天五点四十五分就起床，起床后听六点的新闻报道，他的工作一直忙碌到晚上十点、甚至十二点。别人曾经问李嘉诚，为什么企业如此之大，财富如此之多，还如此努力。李嘉诚说，一个人一生能用的钱是十分有限的，自己一直喜欢勤勉节俭的生活，不与别人去比。李嘉诚还说，一个人的一生是非常短暂的，一个人的价值不在于他拥有什么，而是在于他干了什么，付出了什么。

比尔·盖茨曾说：“我所从事的事业是世界上最美妙的事情，我喜欢每天都去工作，在这个过程中，我每天都会遇到挑战，每天都可以学到新东西。如果你能像我这样对待工作，我保证你永远不会对工作感到懈怠。”稻盛和夫在谈到自己除了工作还是工作时也说：“毕竟是基于喜欢而做，不但一点也不以为苦，也很少感到疲累。”他还说：“在成就事物和充实人生方面，最不可或缺的就是‘勤勉’，也就是拼命工作、全心全意投入工作。勤勉有助于充实人的精神层面，提升我们的人格。”

在成功的领导者身上，人们往往会看到这样的品质：他们对于事业有着不可思议的动力和激情。他们会花费大量的精力去打拼,而且他们非常享受这一过程。这其实是他们成功的关键。他们愿意为了自己的梦想而付出,他们愿意把自己能量百分之百地投入,这种投入会感动别人、带动别人,成为组织文化的组成部分。曾国藩曾说:“天下事未有不由艰苦得来,而可大可久者也。”天下的事情没有不是从艰苦之中一步步做出来,而真正可以做大做久的。一分耕耘,一分收获,用心方能有所回报,这就是成功者之所以成功的最朴素的法则。

淮蔡成功

唐宪宗

裴度

裴度

淮蔡成功[①]

【历史背景】

唐宪宗元和九年(814 年),淮西节度使吴少阳病死,其子吴元济自任留后。淮西历来对唐朝廷态度不恭顺,在 30 多年中屡叛屡降,先后造反十多次,宪宗早就容忍不下这样的叛逆行为,于是拒绝了吴元济继承淮西节度使的要求。吴元济以此为由纵兵劫掠,公开与唐朝廷对抗。

【原文】

唐史纪:吴元济[②]反淮西,宪宗命发兵讨之。是时诸道节度使及宰相李逢吉[③],皆与元济交通,多请罢兵,惟裴度力主讨贼之议。上曰:吾用度一人,足破此贼,遂以度为相。师累岁无功。度请自诣行营。上许之。度陛辞。言曰:"臣若灭贼,则朝天有期,贼在,则归阙无日。"上为之流涕,解通天御带以赐之。度至淮西,身自督战。由是诸将效力。李愬[④]夜袭蔡州,擒元济,淮西遂平。韩愈[⑤]。奉诏撰平淮西碑曰:凡此蔡功,惟断乃成。

【张居正解】

唐史上记,淮西节度使吴元济造反,宪宗命将发兵去征剿他。当时诸道节度使,多有元济的党羽。朝中宰相李逢吉,也与元济交通,多替他游说,奏请罢兵。唯有御史中丞裴度,晓得淮西决然可取,力劝宪宗讨贼。宪宗说:我只消用裴度一人,就足以破此贼,决不罢兵,遂用裴度做宰相,讨贼甚急。出兵已经二年,还未见成功。裴度自愿亲往淮西营里督战。宪宗大喜,就命他充淮西宣慰招讨使。裴度临行辞朝,面奏说,臣此去若能灭贼,才有回来朝见之期。若此贼不灭,臣义在必死,终无归阙之日矣!宪宗听说,不觉为他流涕。因解自家束的通天犀带一条赐他,以宠其行。裴度既到淮西,宣谕朝廷的威令,催诸将进兵讨贼。于是,诸将人人效力,每战有功,遂擒元济。淮西用兵,凡累年而不克。群臣请罢兵者甚众。若非宪宗之明,独断于上,裴度之忠,力赞于下,则淮西几无成功矣!所以韩愈奉诏,撰平淮西碑文纪功,其词有云:凡此蔡功,惟断乃成。盖美宪宗之能断而成功也。然则人君欲定大事,建大功,岂可以不断哉!

【注释】

①此篇出自《资治通鉴》卷240唐纪五十六,元和十二年。又见于《新唐书·裴度传》。记述唐宪宗任用裴度、平定淮西的故事。

②吴元济(783~817):淮西节度使吴少阳之子。少阳死,他匿不发丧。以父病请求皇帝由他主兵。因朝廷不允,遂于元和九年(814),瘩领军务,割据蔡州(今河南汝南)后被李愬攻破,被俘,斩于长安。

③李逢吉:系出陇西。元和时,迁给事中。后拜门下侍郎,同中书门下平章事。居于相位,与吴元济私自勾结,宪宗知而恶之,出为剑南东川节度使。

④李愬(773~821):字元直,洮州临潭(今甘肃临潭)人。元和九年,吴元济据申(今河南信阳市)、光(今潢川)、蔡(今汝南)三州叛变,政府讨伐,连年不克,他上表自请参战。十二年冬,乘雪夜突袭蔡州,俘吴元济,成为战史上奇袭范例。

⑤韩愈(768~824):唐代杰出的散文家、诗人和哲学家。字退之,昌黎人,世称韩昌黎。贞元八年进士。元和十二年,随裴度平定淮西。

【译文】

唐代史书上记载:吴元济叛于淮西,宪宗下令发兵征讨他们。当时,诸道节度使和宰相李逢吉,都与吴元济私相交通,多请朝廷罢兵,唯有裴度坚决主张讨伐叛逆。皇上说:我用裴度一人,足以击败此贼,于是就以裴度为宰相。官军连年没有取得战绩。裴度请求亲自到行营。皇上答应了他。裴度告辞皇上说:"我若消灭此贼,就回朝有期,如果叛贼还在,就归朝无日了。"皇上为之而痛心流泪,解下了自己的通天御带赐给他。裴度到淮西,亲身督战,由此而激发了诸将奋身效力。李愬雪夜下蔡州,生擒了吴元济,淮西就平定了。韩愈奉诏撰写"评淮西碑"文,其中指出凡此平蔡之功,唯有明断而成功。

【评议】

唐宪宗自即位之初，就慨然发愤，志平叛逆。他的雄心壮志是正义的，客观上是符合历史发展潮流的。在众议纷繁、奸佞阻隔的环境中，他能坚定地恪守忠操，最终取得平定淮西之大功，而且使“强藩悍将皆欲悔过而效顺。当此之时，唐之威令，几于复振。”重新开创大唐一统的良好局面。

【镜鉴】

多谋善断

(一) 独具慧眼　一箭三雕

战国时期，中山国相国司马熹深得国君信任，但是国君的宠姬阴简十分憎恨司马熹，常在国君的枕边说他的坏话。历史上，臣子因得罪国王宠姬而下台甚至遭受迫害的事例很多，司马熹很清楚其中的利害关系。

不能这样坐以待毙。那么，该如何办才好呢？想了很长时间，司马熹也没有想出一个万全之策。中山国有个智者叫田简，他看出司马熹的处境艰险，于是悄悄地向司马熹献策。

不久，赵国来了一位使者，小小的中山国对战国七雄之一的赵国自然不敢怠慢，司马熹几乎寸步不离地陪伴着赵国使臣。一次宴会上，司马熹问使者：“听说贵国擅长音乐的美女很多，是这样吗？”使者说：“并非如此。”司马熹说：“我曾经到过许多国家，见过无数美女，总觉得没人比得上我国那位阴姬了，她的容貌倾国倾城，仪态婀娜多姿，简直是仙女下凡。”使者回去就把这一情况汇报给赵王，赵王听后还未见到本人，就已经动心了。于是，赵王派使者到中山国，请求把阴姬送给赵王。

阴姬是中山国国君最宠爱的妃子，国君视她为掌上明珠，现在赵王要夺人所爱，他哪里肯答应，但又担心如果得罪了赵王，中山国就会遭到赵国的报复，中山国国力微弱，很可能要蒙难。正当中山王束手无策时，司马熹向国君进谏说："启奏大王，臣有一个办法，既可以回绝赵国，又可避免我国蒙难。"国君一听十分高兴，忙问："你有什么万全之策？"司马熹说："您可以立即册封阴姬为王后，这样就能断了赵王的邪念。"

中山国国君立即如法炮制，中山国就这样保全下来了。阴姬顺利地做了王后，司马熹因力荐阴姬为王后而得到阴姬的尊重。从此，阴姬不但不再憎恨司马熹，还对他感激涕零。司马熹终于摆脱了困境，其所献的万全之策可谓"一箭三雕"。

到了唐代，一代奸相李林甫更是将此计运用得驾轻就熟。

唐玄宗时，李林甫、李适之同为宰相。有一天，李适之刚入朝，李林甫就派人告诉他，华山下面有金矿，皇上尚且不知，如果您及时报告皇上，他一定会很高兴的。

李适之生性耿直，又是新任宰相，正想找机会在皇上面前表现一下。听说华山下发现了金矿，便认为是件好事，开采出来可以富国利民，于是不假思索，立即向皇上奏报。玄宗听了，果然很高兴，后来又把这件事告诉李林甫。哪知李林甫听了之后一点也不惊讶，而是神情冷漠、轻描淡写地说："他说的这件事，臣已经知道很久了。"唐玄宗觉得很奇怪，就问他："那你为什么不早告诉我呢？"李林甫马上装出一副很虔诚的样子，慢条斯理地答道："皇上，华山是皇家的龙脉所在，王气所在，开采不得啊！就是因为这个缘故，所以臣思量再三，还是不能说，也不敢说。"

李林甫的话很动听，而且也很替皇上考虑，很在情在理，玄宗深感他的一片忠心，觉得他沉稳老练、处事周全，处处把皇室的利益放在第一位，真是难得的忠臣呀！反过来，唐玄宗却认为李适之为人浮躁、考虑不周、办事不牢。于是下令："今后凡有事要奏一定要与李林甫商议，不得孟浪从事。"就这样，李林甫只耍了一个小小的花招，就既拍了一个高级马屁，赢得了玄宗的信任，又暗中打击了同僚，更得到了梦寐以求的权力。

历史发展到民国时期，一代枭雄段祺瑞更将此计玩得炉火纯青。

袁世凯死后，副总统黎元洪继任总统，国务总理是北洋系的段祺瑞。因为双方在对德参战问题上意见相左，引发了府（总统府）院（国务院）之争。1917 年 5 月 23 日，黎元洪下令罢免段祺瑞国务总理的职务。在罢免令下达当天，段祺瑞乘车避躲天津。

到天津后，段祺瑞与谋士们商定，拟在天津组建临时政府，推举徐世昌为陆海军大元帅。待各省军队会师北京赶走黎元洪后，就召集临时国会推举徐世昌为临时大总统，甚至连临时政府内阁成员也已经安排妥当。

段祺瑞避走天津后,黎元洪发现找不到一个合适的接替段祺瑞国务总理的人选。此时,北方各省督军不买黎元洪的账,不久,督军团(主要由北方各省督军组成的团体)做了一个出人意料的举动:从1917年5月29日开始,北洋系控制的安徽、河南、山东、山西等省纷纷宣布独立,吓得黎元洪任命的新总理李经羲躲在天津租界内不敢到北京上任。与此同时,在北京的一些国会议员纷纷辞职,反对黎元洪罢免段祺瑞。

就在此时,张勋的一封电报打碎了段祺瑞的如意算盘。1917年5月30日,段祺瑞在天津收到张勋发来的电文。在电报中,张勋警告段祺瑞不要在"通常名目之外另立名目"。

一计不成,段祺瑞又想出了一个新的计划:先让张勋从江苏徐州出兵,到北京赶走黎元洪,并决定暂时对张勋复辟问题不表示反对,引诱张勋放心大胆地进行复辟,利用张勋来驱逐黎元洪,之后再举起拥护共和的旗帜讨伐张勋。

1917年6月2日,天津河北大马路的中州会馆忽然悬挂出一块招牌"独立各省总参谋处",军务总参谋长为雷震春。此人曾经在袁世凯筹备称帝时,竭力为袁张罗,因此遭到政府通缉。此时,他能够跳出来组织机构,幕后支持者就是段祺瑞。而这个机构的军需、军机等项的负责人是段芝贵(段祺瑞的心腹,安徽合肥人)。

独立各省参谋处成立当天就通电全国,声明其成立的目的是反对黎元洪,并希望徐世昌主持日常工作。在电文中,雷震春指责黎元洪干涉破坏责任内阁制度,造成中国内部分崩离析,外交上四处树敌。为此,北方数省宣布脱离中央政府,并出师维护共和政体。

在天津,段祺瑞每天都在自己的公馆与智囊团商量如何应付时局的问题,张勋在徐州召开督军团会议期间,段祺瑞派人专门参加会议,对张勋复辟的念头没有加以阻拦。当他得知张勋要带兵北上后,就加紧谋划张勋北上后的口径问题。

1917年6月4日,段祺瑞、徐世昌、段芝贵等人在段的公馆密谋,决定一旦张勋复辟,就举兵讨伐。但在张勋进北京之前,要迷惑张勋,让张勋误以为段祺瑞等人不反对复辟。于是,当张勋到达天津后,他们依计行事,使张勋成了段祺瑞扳倒黎元洪的"枪手"。

张勋在徐州的时候还没有下定决心要复辟,但等他6月初到了天津,与北洋系的几位重量级人物商谈后,误认为徐世昌、段祺瑞不反对复辟,就对北京方面的黎元洪施加压力,要求他解散国会。

由于当时解散国会必须要由国务总理副署，黎元洪派自己的特使夏寿康拿着一道空白命令到处找人。他先找到了国务总理李经羲，李经羲推脱自己尚未到北京就职，还不算是国务总理。于是夏寿康又找到了段祺瑞，段的回答更为干脆，他本人已经下台了，没有签署的职权。黎元洪没有办法，要满足张勋调停的条件，就必须解散国会，最后任命了江朝宗代理国务总理，总算是解散了国会。

张勋在天津知道黎元洪解散国会的消息后，立即带领李经羲等人进入北京。不久，一场复辟闹剧上演了。

张勋发动复辟后，黎元洪起草了一道命令，重新任命段祺瑞为国务总理，责成他举兵讨伐叛逆，并派自己的秘书覃寿坤把命令送到天津去，同时在天津发出让冯国璋代行总统职权的通电。1917 年 7 月 2 日晚上，黎元洪的秘书覃寿坤前往天津，先找到了张国淦，由他引见给段祺瑞。

当时的北京已处在张勋军队的控制下，黎元洪根本就没有能力控制政局的发展，此时发布任命令，自然也无法让段祺瑞服气，所以，段祺瑞说黎元洪不算是个总统。

但段祺瑞的谋士张国淦认为，虽然黎元洪已经无力左右政局，但毕竟还是民国总统，军人拥戴段讨逆不合法，再说西南军阀也未必同意。虽然张勋在北京复辟了，但黎元洪这个总统还是被西南军阀承认的，既然是总统的命令，西南军阀是不会反对的。张国淦劝告段祺瑞不如借此机会，接受黎元洪关于内阁总理的任命，采取合法的手段反对张勋复辟。

段祺瑞考虑了一会儿，觉得张国淦说得有道理，就接受了黎元洪的任命。

段祺瑞要举兵讨伐张勋，但手下却没有足够的兵力。于是他想到了直隶省省长朱家宝和天津警察厅厅长杨以德，但这两人在张勋复辟后，就取消了直隶的独立，并通令各衙署改用宣统年号。当段祺瑞派人联络他们时，并没有得到他们的支持。

段祺瑞当时想到南京找冯国璋，但有人劝他，如果冯国璋支持复辟，段到了南京就会成为政治俘虏；如果冯国璋同意出兵讨伐张勋，一旦反复辟成功后，冯国璋就会成为“再造共和”的英雄，并借此成为北洋系的唯一领袖。这当然是段祺瑞所不愿意看到的。

于是，段祺瑞取消了到南京搬兵的念头，开始从天津周边地区的驻军中寻找兵源。最后，他们将目光瞄准了天津周边李长泰部和驻扎在廊坊的冯玉祥部，并与在河北保定的曹锟进行联络。

当一切准备就绪后,1917 年 7 月 2 日晚,段祺瑞偕同梁启超等人离开天津城,并在当晚 9 点抵达津郊的马厂。第二天,讨逆军在此成立,推举段祺瑞为讨逆军总司令,以段芝贵为东路军总司令,曹锟为西路军总司令。接着,段祺瑞抓住时机,向各省发出讨伐张勋的电文和讨逆檄文。

这两个文件是梁启超在天津就已经起草完毕的。电文和讨逆檄文先是为在北京的北洋旧部王士珍等人开脱,然后表示,凡是北洋旧部除张勋外一律不予追究责任,以及要继续保持对清室的优待地位。梁启超还以自己的名义发表反对复辟的电文,在电文中把张勋和康有为比喻成"贪黩无厌之武夫"和"大言不惭之书生"。

1917 年 7 月 5 日,段祺瑞从马厂返回天津,通电宣布就任国务总理。从 7 月 7 日到 7 月 12 日,讨逆军几乎没有遇到什么阻拦就打进了北京城,张勋躲进了荷兰使馆,清帝宣布退位,一场复辟闹剧就此结束。

由于张勋也是北洋旧部,当张勋复辟失败后,不但直隶省政府保护张勋在天津的故居,而且在第二年就赦免了张勋的罪。至此,段祺瑞坐镇天津,不仅轻松地利用张勋顺利重掌实权,也达到了挤走政敌黎元洪的目的。

就这样,段祺瑞利用张勋复辟即达到了掌握实权、推翻黎元洪、成为"再造民国"功臣"一箭三雕"的目的。

(二)假道伐虢　巧借他力

两大之间,敌胁以从,我假以势。"假道伐虢"之计的实行,要求用计者必须善于利用矛盾,因势利导,在一定时期内拉拢一方,打击一方;击败一方之后,再集中力量收拾被拉拢的这一方,各个击破,两方都是败者,只有自己才是胜者。中国历史上张居正就是采用这一计策,击败了两个强劲的对手,自己独掌朝廷大权。

张居正自幼就被人称为"神童",在他 23 岁那年,考上了进士,步入仕途。张居正满腔的政治抱负,却因当时皇帝明世宗昏庸、奸臣严嵩为非作歹而无法施展。他只得忍耐,苦熬了十几年,内心十分痛苦。但他并没有抱怨,而是在耐心地等待。

终于,严嵩专权 15 年后倒台了,徐阶成了首辅,张居正也开始得到重用。然而,张居正入阁后又遇上精明强干、头脑敏锐的政治对手高拱。张居正只得再次忍耐,尽管高拱对他傲慢无礼,但他一直用谦恭和沉默进行无声的对抗。

明神宗朱翊钧即位时才10岁，朝廷大权，由三个人分掌，宫内有太监冯保，宫外有内阁大学士高拱和张居正。经过一番精心策划，张居正开始了他为实施其政治抱负的前期准备，“假道伐虢”的计谋开始逐步实行。他先与冯保套近乎，拉关系，称兄道弟。明代一开始便接受汉唐两代宦官乱政的教训，前期对太监限制很严，太监名声不佳。冯保见张居正与自己亲近，自然喜不自禁，视为知己，遇事都与张居正商议。

第一步成功了，张居正就开始了第二步。他派一死党扮作太监模样，混进宫去，在上朝的半路上装作要刺杀神宗，吓得神宗哇哇大叫。众太监拿住刺客，但无论怎么审讯，那刺客都不讲谁是主使。冯保无奈，只好向张居正求教。

张居正装模作样地说：“这刺客扮作太监模样，分明是要嫁祸于您。权要大臣中，您与谁有过节呢？”冯保想了一下，权要大臣就是指张居正和高拱了。对，就是高拱！冯保想起高拱对自己轻蔑的眼光和与自己的几次争辩，分明是他想要整死自己。于是他点点头，计上心来，回去继续审问。

回去升堂，冯保对刺客说：“我已知是高拱派你来的了。只要你招出高拱是主谋，我便不杀你，还保你做官。”刺客一见冯保已按张居正预先估计的那样来套供，忙点头承认，画押签供。神宗见刺客之供，心中生气，但念高拱是前朝老臣，于是暗示他告老隐退了。

张居正并不就此罢手，又暗中派人让刺客翻供。神宗听说刺客翻供，亲自审问。刺客说他原先的供词都是一太监审问时教给自己说的。神宗忙问是谁，刺客指一下站在神宗身旁的冯保说：“就是他！”冯保哑口无言，跪在地上请罪。神宗嫌冯保拿刺杀皇上的案子当儿戏，竟用来做打击政敌的圈套，心中生厌，自此也疏远了冯保。

这样一来，朝廷大权便落在张居正一人手中，从此以后，张居正得到了实现自己政治抱负的机会。

东周初期，各诸侯国都乘机扩张势力。楚文王时期，楚国势力日益强大，汉江以东小国，纷纷向楚国称臣纳贡。当时有个小国叫蔡国，仗着和楚国联姻，认为有靠山，就不买楚国的账，楚文王怀恨在心，一直在寻找灭蔡的时机。

蔡国和另一小国息国关系很好，蔡侯、息侯娶的都是陈国女人，经常往来。但是，有一次息侯的夫人路过蔡国，蔡侯没有以上宾之礼款待，气得息侯夫人回国之后，大骂蔡侯，息侯对蔡侯便有了一肚子怨气。

楚文王听到这个消息后，非常高兴，认为灭蔡的时机已到。他派人与息侯联系，息侯

想借刀杀人,向楚文王献上一计:让楚国假意伐息,他就向蔡侯求救,蔡侯肯定会发兵救息。这样,楚、息合兵,蔡国必败。楚文王一听,何乐而不为?他立即调兵,假意攻息。蔡侯得到息国求援的请求,马上发兵救息。可是兵到息国城下,息侯竟紧闭城门,蔡侯急欲退兵,楚军已借道息国,把蔡侯围困起来,终于俘虏了蔡侯。

蔡侯被俘之后,痛恨息侯,对楚文王说:"息侯的夫人息妫是一个绝代佳人。"他这话是为了刺激好色的楚文王。楚文王击败蔡国之后,以巡视为名率兵到了息国都城。息侯亲自迎接,设盛宴为楚文王庆功。楚文王在宴会上,趁着酒兴说:"我帮你击败了蔡国,你怎么不让夫人敬我一杯酒呀?"息侯只得叫夫人息妫出来向楚文王敬酒。楚文王一见息妫,果然天姿国色,马上魂不附体,决定要据为己有。第二天,他举行答谢宴会,早已布置好伏兵,席间将息侯绑架,轻而易举地灭了息国。

处在敌我两大国中间的小国,当受到敌方武力胁迫时,某方常以出兵援助的姿态,把力量渗透进去。当然,对处在夹缝中的小国,只用甜言蜜语是不会取得它的信任的,一方往往以"保护"为名,迅速进军,控制其局势,使其丧失自主权。再乘机突然袭击,就可轻而易举地取得胜利。

(三)上屋抽梯　有进无退

《三十六计》里有一计叫上屋抽梯,意思是诱敌深入,才能把敌人置于进退无据的绝境。"上屋抽梯"是一种诱逼计,其做法是:第一步,制造某种使敌方觉得有机可乘的局面(置梯与示梯);第二步,引诱敌方做某事或进入某种境地(上屋);第三步,截断其退路,使其陷于绝境(抽梯);第四步,逼迫敌方按我方的意志行动,或予敌方以致命的打击。

"上屋抽梯"关键的招数是搭梯子,因为你要诱敌上屋,就得先"置梯"诱敌。诱敌之法很多,如古代兵法中所讲的,对性贪之敌,示利诱之;情骄之敌,示弱诱之;将愚而不知机变者,设伏而诱之等。总之,要根据战场上的实际情况,因势利导,调敌就范。"置梯"诱敌,是一个创造战机的过程,有时需要有一定的耐心等待战机。"置梯"为了诱敌,"抽梯"意在围歼。"抽梯"之法,即穿插分割,打围阻援;并且,你还想断敌人的退路——抽梯子,没有搭梯子的前提,哪里谈得上抽梯子的后话。

这里,梯子是诱使敌人登梯上屋的利益驱动因素,也就是诱饵。搭梯子首先要研究梯子的材料,即用什么做诱饵。诱饵得分量适当,少了不起眼,吊不起敌人的胃口;多了吞咽不便,会卡喉咙。而且安放梯子有很大的学问。

上屋抽梯其实是很阴损的一种局,却常为人所用。制造某种假象,让敌方觉得大好时机到了,着手行动。假象中掩盖着圈套,如果敌方果真采取行动,一定会落入圈套,走向失败。

唐代的王君廓就深谙此道。

武德九年,唐高祖让王君廓去辅助庐江王李瑗,李瑗把他视为心腹。玄武门之变太子李建成被诛,唐太宗令通事舍人崔敦礼召李瑗入京,李瑗因和李建成关系密切,非常害怕。王君廓想设计陷害李瑗来谋取功劳,对李瑗说:"京都发生变化,我们尚不清楚情况,大王身为王亲贵戚,受命守边,拥兵十万,却要听从一个使者召唤吗?而且赵郡王在此以前已经被抓起来了,现在太子、齐王又这样了,大王如果今天去,能够自保吗?"说罢哭了起来。

李瑗本来并不想谋反,被王君廓这么一撺掇,只好"上屋"了。李瑗将崔敦礼囚禁起来,举兵造反,召集北燕州刺史王诜、兵曹参军王利涉等一起谋事。李瑗准备把内外的重要事情都交给王君廓,王利涉认为王君廓这个人反复无常,劝说李瑗把军队交给王诜,除掉王君廓。李瑗犹豫不决。

这事让王君廓知道了,他决定"抽梯"了。他很快将王诜杀掉,拿着他的头对其部下说:"李瑗与王诜一起谋反,把皇帝派来的使者囚禁起来,擅自召集部队。现在王诜已被除掉了,只有李瑗还在,成不了什么大气候。你们如果跟他一起造反,最终会杀头灭族;如果和我一起将他捉拿归案,就可以马上立功受奖,享受荣华富贵。何去何从,由你们自己选择。"这些人异口同声地说:"我们都愿意讨贼。"

于是王君廓派兵把崔敦礼放出来,将李瑗擒获斩首。王君廓也因此而升为左领军大将军,兼幽州都督,加左光禄大夫,赐物千段,食俸实封一千三百户。李瑗在这个局中是一个可怜的受害者,他既无真心谋反,又无真心杀王君廓,可最后却稀里糊涂地成了王君廓加官晋爵的牺牲品。

(四)欲擒故纵　以退为进

当我方处于不利地位、进攻时机不成熟时,可采用欲擒故纵的策略等待时机,反攻出击。所以欲擒故纵、以退为进的实质是一种韬晦之计,即在特定形势下,用伪装的办法将真正的意图和动机隐藏起来，免除外来的侵害，保存发展自己。

诸葛亮七擒孟获，就是军事史上一个“欲擒故纵”的绝妙战例。蜀汉建立之后，定下北伐大计。当时西南夷酋长孟获率十万大军侵犯蜀国。诸葛亮为了解决北伐的后顾之忧，决定亲自率兵先平孟获。蜀军主力到达泸水（今金沙江）附近，诱敌出战，事先在山谷中埋下伏兵，孟获被诱入伏击圈内，兵败被擒。

擒拿敌军主帅的目的已经达到，敌军一时也不会有很强战斗力了，乘胜追击，自可大破敌军。但是诸葛亮考虑到孟获在西南夷中威望很高，影响很大，如果让他心悦诚服，主动请降，就能使南方真正稳定。不然的话，南方夷各个部落仍不会停止侵扰，后方难以安定。诸葛亮决定对孟获采取“攻心”战，断然释放孟获。孟获表示下次定能击败你，诸葛亮笑而不答。孟获回营，拖走所有船只，据守泸水南岸，阻止蜀军渡河。诸葛亮乘敌不备，从敌人不设防的下流偷渡过河，并袭击了孟获的粮仓。孟获暴怒，要严惩将士，激起了将士的反抗，于是将士相约投降，趁孟获不备，将孟获绑赴蜀营。诸葛亮见孟获仍不服，再次释放。以后孟获又施了许多计策，都被诸葛亮识破，四次被擒，四次被释放。最后一次，诸葛亮火烧孟获的藤甲兵，第七次生擒孟获。此时终于感动了孟获，他真诚地感谢诸葛亮七次不杀之恩，誓不再反。从此，蜀国西南安定，诸葛亮才得以举兵北伐。

两晋末年，幽州都督王浚企图谋反篡位。晋朝名将石勒闻讯后，打算消灭王浚的部队。王浚势力强大，石勒恐一时难以取胜。他决定采用“欲擒故纵”之计，麻痹王浚，他派门客王子春带了大量珍珠宝物，敬献王浚，并写信向王浚表示拥戴他为天子。信中说，现在社稷衰败，中原无主，只有你威震天下，有资格称帝。王子春也在一旁添油加醋，说得王浚心里喜滋滋的，信以为真。正在这时，王浚有个名叫游统的部下，伺机谋叛王浚。游统想找石勒做靠山，石勒却杀了游统，将游统首级送给王浚。这一招，使王浚对石勒绝对放心了。

公元 314 年，石勒探听到幽州遭受水灾，老百姓没有粮食，王浚不顾百姓生死，苛捐杂税，有增无减，民怨沸腾，军心浮动。石勒亲自率领部队攻打幽州。同年四月，石勒的部队到了幽州城，王浚还蒙在鼓里，以为石勒来拥戴他称帝，根本没有准备应战。等他突然被石勒将士捉拿时，才如梦初醒。王浚中了石勒“欲擒故纵”之计，身首异处，美梦成了泡影。

(五)静以待变　后发制人

很多时候,抢先并不见得是好事。枪打出头鸟总是一再地在历史上重演。聪明的做官者应该知道,能笑到最后的才是最美的。“后起之秀”“后来居上”,就是最好的例子。正所谓“亢龙有悔”,过分地暴露自己的优点同样也是暴露自己的弱点。强调后发制人并不是要等到最后才爆发,强调的是审时度势、待时而处、伺机而动。

所以,后发制人,是以劣胜优、以弱胜强的战策。后发制人强调以我之持久,对敌之速决,避免在不利的情况下进行战略决战,以便争取时间、创造条件,自保而全胜。

一般地说,在进行一次大规模的对局中,开始阶段组织得都比较严密,缺点和弱点不易暴露。随着时间的推移,战线拉长,敌我力量消长,对方的许多弱点就会暴露出来。先暗中积蓄力量,然后等待和寻求敌人的可乘之隙,这就是孙子说的“先为不可胜,以待敌之可胜”,也就是“后发”的用意。

在东汉末期三国史中,殷观算不上什么大人物。在刘备代替刘琦为荆州牧时,殷观官任荆州主簿,后来,为刘备取得益州立下了功劳,被升为别驾从事。

刘备任荆州牧后,又南征武陵、长沙、桂阳、零陵四郡,并取得了胜利,形成了一股强大的力量,孙权感到了威胁,便将自己的妹妹嫁给刘备,以结友好。孙权还认为,统治巴中、汉中的张鲁是与曹操类似的奸贼,张鲁早就垂涎益州。而益州牧刘璋禀性软弱,不能任贤用能,军事实力很差。如果张鲁联合曹操军队夺取了益州,则荆州东吴就会十分危险;反过来,如果他同刘备一道夺了益州,就统一了长江以南,这样纵然有十个曹操,也不惧怕了。因此,孙权又派人同刘备协商,请求共同夺取益州。

益州即现在的四川,盛产粮食,是有名的天府之国,谁都想得到益州。刘备当然也想得到益州,不过,他不愿意同孙权共取益州,而是想单独得到益州。这时,孙、刘联盟刚刚形成,怎样才能既不破坏孙、刘联盟,又能单独得到益州呢?荆州主簿殷观向刘备献策说,如果同意孙权的意见,与孙权共取益州,一旦益州不能得到,则刚有的立足点一定会被孙权占去,他们就会处于进不能进、退不能退的境地,这太难堪了!现在应该对孙权的使者讲,他们新占有荆州、长沙等地,还有许多事情需要他们去做,因此,他们现在不可能出兵益州。为了维护孙、刘联盟,刘备应该在口头上极力支持孙权单独攻取益州,然而,在地理位置方面,孙权攻取益州必然要经过荆州,如果他们不出兵,孙权必然不敢仅仅凭吴国的力量出兵益州,否则,孙权就会处于进退维谷的境地。等孙权对攻取益州感到毫无希望和兴趣时,他们再出兵攻占益州也不迟。

刘备采纳了殷观的计谋,以新占荆州、长沙等地事务太繁,就是有吴起、孙武这样的能人帮助也不能出兵为由,拒绝了孙权提出的共同夺取益州的建议。孙权开始还不知道刘备的计谋,对刘备的话信以为真,便派周瑜带领水军到夏口,准备进攻益州。刘备得知后,便在周瑜水军进攻益州的必经要点江陵、秭归、南郡分别派关羽、张飞、诸葛亮等人率兵镇守,刘备自己则亲守江陵。这时,孙权才知道刘备的意图,但却无可奈何,只得将驻夏口的周瑜水军乖乖地撤回东吴。

公元 211 年,刘备在各方面条件都成熟的情况下,仅仅带领几万士兵就一举成功,夺得了益州。

后发制人,不能简单地理解为不打第一枪。要在“后发”的被动形势中迈出主动的步伐,需要指挥者有高度的预见力和牢牢把握战争发展趋势的能动性。“后发”的行动是有计划有目的地,是胸有成竹的,应一切在我掌握之中。退却不是被敌人赶着跑,而是牵着敌人走;放弃不是永久的丧失,而是为了更多的取得;避免决战不是畏敌怯战,而是寻机待战。

长勺之战发生于周庄王十三年(前 684 年)春天,它是春秋初年齐鲁两个诸侯国之间进行的一场车阵会战,也是我国历史上后发制人、以弱胜强的一个著名战例。

自公元前 770 年周平王东迁洛邑起,我国历史进入了诸侯兼并、大国争霸的春秋时代。齐国和鲁国都是西周初年分封的重要诸侯国,互相毗邻,在当时的动荡局面下,难免发生各种矛盾,而矛盾冲突的激化,又势必造成两国间兵戎相见的结果,长勺之战正是这一特殊历史条件下的产物。

当时的鲁国据有今山东西南部地区,都城曲阜(今山东曲阜),较多地保留了宗周社会的礼乐传统,在春秋诸国中居于二等地位,疆域和国力较之齐国,均处于相对的劣势。至于齐国,则是姜太公吕望的封地,辖有今山东东北部地区的广大地域,都城临淄(今山东淄博市东北)。那里土地肥沃,又富渔盐之利,太公立国后,推行“因其俗,简其礼”“因地制宜,发展经济”“举贤而上功”“修道法”、礼法并用等一系列正确政策,因而经济发达,实力雄厚,自西周至春秋,一直成为东方地区首屈一指的大国。长勺之战就是在这种齐强鲁弱的背景下爆发的。

公元前686年冬，齐国宫廷内部发生了一场动乱。齐襄公的堂弟公孙无知杀死襄公，自立为君。几个月后，齐臣雍廪又杀死了公孙无知，这样，齐国的君位便空置了下来。当时流亡在外的公子小白和其兄公子纠都想乘机回国继承君位，于是就发生了一场君位争夺斗争。结果，公子小白捷足先登，率先入国抢占了君位，他就是历史上赫赫有名的齐桓公。而公子纠则时运不佳，在这场权力争夺中丢掉了自己的性命，其重要谋臣管仲也被罗致到齐桓公的手下，后来成为齐桓公霸业的重要奠基者。

在这场齐国的内部斗争中，鲁国是站在公子纠一边的，并曾经公开出兵支持公子纠回国争夺君位。但于乾时一战，损兵折将，大败而归。鲁国的所作所为，导致齐鲁之间矛盾的进一步激化，齐桓公本人对此更是耿耿于怀，不肯善罢甘休，终于导致了长勺之战的爆发。

公元前684年春，齐桓公在巩固了君位之后，自恃实力强大，不顾管仲的谏阻，决定兴师伐鲁，以报复鲁国一年以前支持公子纠复国的宿怨，企图一举征服鲁国，向外扩张齐国的势力。当时鲁国执政的是鲁庄公，他闻报齐军大举来攻，决定动员全国的力量同齐军一决胜负。

就在鲁庄公准备发兵应战之时，鲁国有一位名叫曹刿的人认为当政者庸碌无能，未能远谋。他不忍心看到自己的国家遭受齐国军队的蹂躏，因而入见庄公，要求参与战事。曹刿询问庄公依靠什么同齐国作战。鲁庄公说，对于衣物食品之类的东西，总是要分赐给臣下，不敢独自享用。

曹刿指出，这样做不过是小恩小惠，不能施及全国，民众是不会出力作战的。鲁庄公又说，自己对神明是很虔敬的，祭祀天地神明的祭品从不敢虚报，很守信用。但曹刿认为，对神守点小信，未必能感动神明，神也是不会降福的。鲁庄公想了一下又补充道，自己对待民间的大小狱讼，虽然不能做到明察秋毫，但是必定准情度理地予以处理。曹刿这时才说，这倒是尽到了君主的责任，为老百姓办了好事，具备了同齐国决一胜负的基本条件了。为此，他请求随同鲁庄公奔赴战场，鲁庄公允诺了他的这一请求，让他和自己同乘一车前往长勺。

鲁军根据齐强鲁弱的客观形势，在长勺（今山东曲阜北，一说莱芜东北）迎击来犯的齐车。两军都摆开了决战的态势，待布阵完毕后，鲁庄公准备传令擂鼓出击齐军，希望能够先发制人。

曹刿见状赶忙加以劝止,建议鲁庄公坚守阵地,以逸待劳,伺机破敌,鲁庄公接受了曹刿的这一建议,暂时按兵不动。齐军方面求胜心切,凭借强大的兵力优势,主动向鲁军发起猛烈的进攻。但他接连三次的出击都在鲁军的严密防御之下遭到了挫败,未能达到先发制人的作战目的,反而使自己战力衰落,斗志沮丧。曹刿见时机已到,建议鲁庄公果断进行反击。鲁庄公听从他的意见,传令鲁军全线出击。鲁军于是凭借高昂的士气,一鼓作气,迅猛英勇地冲向敌人,冲垮齐军的车阵,大败齐军。鲁庄公见齐军败退,急欲下令发起追击,又被曹刿所劝阻。曹刿下车仔细察看,发现齐军车辙的痕迹紊乱;又登车远望,望到齐军的旗帜东倒西歪,判明了齐军确是败溃,这才建议鲁庄公实施追击。鲁庄公于是下令追击齐军,进一步重创齐军,将其赶出了鲁国国境,鲁军至此取得了长勺之战的最终胜利。

战争结束后,鲁庄公向曹刿询问战役取胜的原委。曹刿回答说:“用兵打仗所凭恃的是勇气。第一次击鼓冲锋时,士气最为旺盛;第二次击鼓冲锋,士气就衰退了;等到第三次击鼓冲锋,士气便完全消失了。齐军三通鼓罢,士气已完全丧尽,而相反,我军士气却正十分旺盛,这时实施反击,自然就能够一举打败齐军。”接着曹刿又说明未立即发起追击的原因,齐国毕竟是实力强大的国家,不可等闲视之,而要谨防其佯败设伏,以避免己方不应有的失利。后来看到他们的车辙紊乱,望见他们的旌旗歪斜,这才大胆地建议实施战场追击。一番话说得鲁庄公心悦诚服,点头称是。

此战在中国古代战争史中,以后发制人、敌疲再打的防御原则取胜而著称。从曹刿战前决策、战场指挥和战后分析的诸多言行里,我们可以看到鲁军取得长勺之战的胜利乃有其必然性。鲁国统治者在战前进行了“取信于民”的政治准备,为展开军事行动创造了有利的条件。在作战中,鲁庄公又能虚心听取曹刿的正确作战指挥意见,遵循后发制人、敌疲我打、持重相敌的积极防御、适时反击的方针,正确地选择战场,正确地把握反攻和追击的时机,从而牢牢地掌握了战争的主动权,赢得战役的重大胜利。可见,长勺之战的规模虽然不大,但它却正确地反映了弱军对强军作战的基本规律和原则,因此,一直为历代兵家所称道。长勺之战是齐桓公争霸斗争史上一次少有的挫折,也是鲁齐长期斗争中鲁国一次罕见的胜利,它对齐桓公调整完善自己的争霸战略方针具有一定的影响。

(六)不要扬汤止沸

釜底抽薪出自《吕氏春秋·数尽》:“夫以汤止沸,沸愈不止。去其火,则止矣。”从锅底下抽掉柴火,比喻解决问题应着重消除引起问题的根本原因。这个计谋在军事斗争上应用得比较多。当强大的敌方不能正面阻挡时,不直接抗击敌人的锋芒,而是用削弱敌人气势的办法去战胜敌人。

三国时期,“曹操乌巢烧粮”就是一出非常精彩的“釜底抽薪”的历史活剧。

关羽斩了颜良、文丑,这两场仗打下来,袁军将士被打得垂头丧气。但是袁绍不肯罢休,一定要追击曹操。监军沮授说:“我们人尽管多,可没像曹军那么勇猛;曹军虽然勇猛,但是粮食没有我们多。所以我们还是坚守在这里,等曹军粮草用完了,他们自然就不战自败了。”

袁绍根本不听沮授的劝告,命令将士继续进军,一直赶到官渡,才扎下营寨。曹操的人马早已回到官渡,布好阵势,坚守营垒。袁绍看到曹军守住营垒,就吩咐兵士在曹营外面堆起土山、筑起高台,让兵士们在高台上居高临下地向曹营射箭;曹军只得用盾牌遮住身子,在军营里走动。

就这样,双方在官渡相持了一个多月。日子一久,曹军的粮食越来越少。但是,袁绍的军粮却从邺城源源不断地运来。

袁绍派大将淳于琼带领一万人马送运军粮,并把大批军粮囤积在离官渡四十里的乌巢。

袁绍的谋士许攸探听到曹操缺粮的情报,向袁绍献计,劝袁绍派出一小支兵马,绕过官渡,偷袭许都,袁绍很冷淡地说:“不行,我要先打败曹操。”

许攸还想劝他,正好有人从邺城送给袁绍一封信,说许攸家里的人在那里犯了法,已经被当地官员逮了起来。袁绍看了信,把许攸狠狠地骂了一通。许攸又气又恨,想起曹操是他的老朋友,就连夜逃出袁营,投奔曹操。

曹操在大营里刚脱下靴子想睡,听说许攸来投奔他,高兴得光着脚板跑出来。他拍手欢迎许攸,说:“哎呀,您肯来,我的大事就有希望了。”

许攸坐下来说:“袁绍来势很猛,您打算怎么对付他?现在您的粮食还有多少?”曹操说:“还可以支持一年。”许攸冷冷一笑,说:“没有那么多吧!”曹操改口说:“对,只能支持半年了。”许攸装出生气的样子说:“您难道不想打败袁绍吗？为什么在老朋友面前还说假话!”

曹操只好实话实说,军营里的粮食,只能维持一个月。许攸说:“我知道您的情况很危险,特地来给您报个信。现在袁绍有一万多车粮食、军械,全都放在乌巢。淳于琼的防备很松,您只要带一支轻骑兵去袭击,把他的粮草全部烧光,不出三天,他就不战自败了。”

曹操得到了这个重要情报,立刻把曹洪等人找来,吩咐他们守好官渡大营,自己带领五千骑兵,连夜向乌巢进发。他们打着袁军的旗号,沿路遇到袁军的岗哨查问,就说是袁绍派去增援乌巢的。袁军的岗哨没有怀疑,就放他们过去了。曹军到了乌巢,就围住乌巢粮囤,放起大火,把一万车粮草,烧得一干二净。乌巢的守将淳于琼匆匆应战,也被曹军杀了。

正在官渡的袁军将士听说乌巢起火,都惊慌失措。袁绍手下的大将张郃、高览带兵投降。曹军乘势猛攻,袁军四下逃散。

釜底抽薪实质上是一种“兜底战术”,在互相对垒、剑拔弩张的时候,避免做正面的主力攻击,而从对方的幕后去下功夫,侧面暗算,扯其后腿,拆其后台,使对方于不知不觉间变成一个泄气的皮球。《西游记》中孙悟空就专会使用这“釜底抽薪”之计,他保护唐三藏上西天取经时,路上所遇到的妖魔,如果自己能打得过的就一棒打过去;打不过的呢,就深查此妖的来历,摸清楚了是何方神圣之后,便跑去请出妖魔的主子,央求系铃人解铃,所以,青牛怪就这样被太上老君牵回天上去了,黄袍怪也就这样被笑哈哈的弥勒佛收了,这一套就是所谓的“兜底战术”。

“兜底战术”的妙用,在于听之无声,视之无形,无穷如天地,难知如阴阳,施用暗往明来、阴差阳遣的手段,使对方堕于术中而不觉。正如孙子兵法所谓“微乎微乎,至于无形;神乎神乎,至于无声,故能为敌之司命”。

论字知谏

论字知谏①

【历史背景】

穆宗以前的唐朝诸帝多能将皇位传给儿子，高宗（李治）有二子（即中宗和睿宗）即位做了皇帝，穆宗的父亲宪宗另外也还有一个儿子李忱（第十三子）做了皇帝，即宣宗。穆宗以后的懿宗，有第五子即位为僖宗，第七子即位为昭宗。此前，睿宗的儿子当中，一位受命登基（唐玄宗），一位追认为帝（让皇帝李宪），三位获赠太子，已被旧史盛赞为“天与之报，福流无穷”。但穆宗一共有五子，其中竟然有三个做了皇帝，即唐敬宗、唐文宗、唐武宗，这在唐朝历史上是绝无仅有的。由于每个儿子即位后都把各自的生母追尊为皇太后，所以穆宗先后共有三个皇后和他配享太庙，这在唐朝历史上也属罕见。穆宗于长庆四年（公元824年）正月死时，刚刚三十岁，相对于他之前的唐朝皇帝来说，可谓最短寿的一位。这些情况透露出，在穆宗君临天下时，唐朝的皇位继承已发生了很大的变化，皇帝的人身安全也已变得毫无保障。所有这些似乎再次提示我们，穆宗时期的宫廷局势已经难以用常规来审视了。

如果穆宗真能体会这种“忠言”，真正务正其心，用贤臣做辅弼，随事规谏，就一定少有过失，而能成为一代明君。但是，穆宗的“变色”说明，他实际上没有听进柳公权的劝谏。他一生的所作所为也完全证明了这一点。

唐穆宗经常宴饮享乐，还觉得是件值得高兴的事。一天，他在宫中麟德殿和大臣们一边饮酒一边观看歌舞，突然极其兴奋地对给事中丁公著说：“听说百官公卿们在自己的家中也要经常举行宴会歌舞，看来如今真是天下太平、五谷丰登了啊，我感觉很安慰。”然而丁公著却对穆宗提出了他的看法，他说：“凡事都是有度的，要是过了限度就不一定是好事情了。前代的名士，选取特殊的日子饮酒宴请，其间又不免要赋诗，那些都是一些文雅的事情。然而我们的国家从天宝年间以后，奢靡风气越来越严重，酒宴也无非就是喧哗嬉戏的场面而已。有身份和地位的大臣居然和那些衙门里的杂役一样吆三喝四的，却一点也不感觉到羞耻。上下之间相互仿效，真是弊端啊。”穆宗听后觉得他的这番话说得很有道理，虽然表示虚心接受，但还是坚决不改。

穆宗后来在游玩的时候得了中风，之后身体一直没有康复。长庆三年的正月初一，穆宗因为身体不适没有接受群臣的朝贺。病中的穆宗很想长生不老，于是就和他的父皇一样迷信上了金石之药。处士张皋曾经上疏劝谏，对穆宗的这个打算进行劝阻。结果长庆四年正月二十二日穆宗在自己寝殿当中去世了，后世评说正是因为他贪生之心“太甚”，反而加速了他的死亡。

【原文】

唐史纪：穆宗[②]见翰林学士柳公权[③]书，独爱之，问曰：“卿书何能如是之善?”对曰：“用笔在心，心正则笔正。”上默然改容，知其以笔谏也。

【张居正解】

唐史上记，穆宗性好写字，见翰林学士柳公权写的字好，爱之。问说，卿写的如何能这等好？公权权说，写字虽在手，用笔实在心。心里端正，则笔画自然端正。公权是个贤臣，因穆宗问他书法，就说在心上。见得凡事都从心里做出来。况人君一心，万化本源。若不是涵养的十分纯正，发出来的政事，岂能一一停当合理。这正是以笔讽谏。穆宗是个聪明之君，就知他是以笔谏。闻之，默然改容起敬。可谓善悟矣！若能体贴此言，真真实实务正其心，常用着柳公权这样人做辅弼之臣，少有阙失，随事箴规，岂不成一代之明君乎！

【注释】

①此篇出自《新唐书·柳公权传》。记述柳公权借与穆宗谈论书法进行笔谏的故事。

②穆宗：李恒(795~824)，820~824年在位。宪宗第三子。昏庸失德，喜欢击毬、奏乐，追求奢侈放纵的生活，根本不关心朝政。

③柳公权(778~865)：唐代杰出的书法家。京兆华原(今陕西省铜川市耀州区)人。

官至太子少师。他的书法自成一家,笔力刚劲挺拔,与颜真卿并称“颜柳”,“柳骨颜筋”。

【译文】

唐代史书上记载:穆宗看见翰林学士柳公权写的字,特别喜爱,就问:你的字怎么能如此之好?回答说,用笔在于心,心要正,笔就正。皇上默默改变了脸色,知道他是借笔来谏诤的。

【评议】

唐穆宗在唐代实际上是一个昏庸的君主,所以书法家柳公权才会用写字的方法对他来进行劝谏,可惜的是唐穆宗只是有所领悟,但却并没有在自己的行动上加以改正,而是将这样的劝诫抛之脑后。在这里柳公权是借书法当中的奥义来对穆宗劝诫,这种精神要求写字的人一定要放正自己的心思,然后才能够写出方正的字体。而人的行动也是这样的,要有一个好的思想来支配,才能将事情办好,君王在国家中享有高度的权力,但是要想将国家治理好,并不是一件容易的事情,只有在君王的头脑中有一个正确的认识,才能将百姓和国家治理得当。在这里我们看到的是一位善于理解臣下谏议的君主,但是从他在历史上的行为来看,他只是善于理解或者听取谏议,却是一个只会说不会做的皇帝。在我们今天的这个时代,实际行动比说要更加具有现实意义,但是想想我们自己是不是也像故事中的穆宗一样只是可以虚心地接受,却不能立即行动呢?

【拓展阅读】

穆宗彰贤纳谏

唐穆宗即位后,不理国事,经常荒废朝政,吐蕃部族正当此时开始强盛起来。郑覃和崔郾在朝廷上对唐穆宗说:“陛下刚刚即位,应该全力以赴,勤勉持政。而现在陛下沉湎于宴饮嬉闹,以游猎为乐。如今吐蕃部族雄踞北边,窥伺中原,如果有战事,臣下真不知道陛下有什么打算!所有的金器和丝织品都凝结着人民的血汗,怎么能让那些歌舞杂技艺人们没有功劳而随便得到赏赐呢？臣恳请陛下节俭使用这些东西，用剩余的部分来装备边防，不要让官吏们再去掠夺百姓的财物，就是天下最大的幸运了。”

唐穆宗不高兴，对宰相萧俛说：“这都是些什么人？”萧俛说：“都是谏官。”唐穆宗的怒气有所缓解，便说：“朕的过失，下面的人能够全部察觉，这是忠诚呀。”于是，招来郑覃说：“台阁中的官员尤难忠实诚恳，今后有向我进言的人，应该看看卿在延英殿的作为。”

当时朝廷中上奏废弛已久，到此，官吏们相互庆贺。

【镜鉴】

好习惯是成功的保证

当代一位哲人说过：“世界上最可怕的力量是习惯，世界上最宝贵的财富也是习惯。”那么，什么是习惯呢？

习惯是一个人在长期的生活过程中逐渐形成的，可以是一种自然的、不假思索的、不知不觉的行为，也可以是一种长期形成的思维方式、处事态度。习惯看不见摸不着，但它一旦形成就会像轮子的转动一样有很强的惯性，人们往往会不自觉地服从自己的这些习惯，按照习惯下意识地行动。威廉·詹姆士说过：“播下一种行为，你将收获一种习惯；播下一种习惯，你将收获一种性格；播下一种性格，你将收获一种命运。”可以这样说，习惯是一种无形的巨大力量，它在不经意间影响到人的思想和行为，乃至决定着一个人的性格和命运。

（一）领导干部应当充分认识到习惯的力量

专家指出，一个人的日常活动的90%已通过不断地重复，在潜意识中转化为程序化的惯性，也就不用思考便自动运作。这种自动化的力量，就是我们所说的习惯的力量。在现实生活中，为什么有些教育背景、职业起点等方面相同或类似的人，在若干年后有的成了成功者，有的成为普通人，甚至有的成了失败者呢？其中一个重要原因，就是个人习惯的不同。芝加哥大学的本杰明·布鲁姆博士开展了一项长达5年的研究，对包括各行

各业的20位成功人士进行跟踪访问，通过分析，得出结论：成功者与普通人之间本来并没有多大的差别，也不是天赋和天才，而是诸如坚忍不拔、不畏挫折等好习惯，造就了这些原本普通的人士的非凡成就，具备良好的思维习惯和行为习惯是他们共同的特征。人的失败往往由自己人性中的某种缺陷所致，而且这种缺陷是长期、反复发挥作用的。因此说，一个人的成功与失败都源于习惯，是习惯的力量在起作用。

毋庸置疑，习惯是一个复杂的体系，有些是好习惯，有些是坏习惯，在我们身上同时并存。习惯就像一把双刃剑。好习惯是开启成功的钥匙，坏习惯则是一扇向失败敞开的门。著名教育家乌申斯基说，"好习惯是人在神经系统中存放的资本，这个资本会不断地增长。一个人毕生就可以享用它的利息。而坏习惯是道德上无法偿清的债务，这种债务能以不断增长的利息折磨人，使他最后失败，并把他引到道德破产的地步。"我们必须正视习惯的力量，努力养成好习惯，不断走向成功。

(二)领导干部需要努力养成的几种好习惯

"人之初，性本善，性相近，习相远"。人的本性其实并无多大的差别，人与人之间的最大差别，恐怕就在于习性的不同。对于社会来说习惯林林总总，也千差万别；对于个体来说，有生活习惯、学习习惯、工作习惯等，有好习惯也有坏习惯。渴望成功是大多数人的想法，作为领导干部不仅要实现个人成功的愿望，还要承担更多的社会责任，尤其应该养成好的习惯。作为一位领导干部，以下几种习惯是应当努力养成的。

1.养成爱学习的好习惯

正如加尔布雷思所言："工业社会的动力是金钱，信息社会的动力却是知识，人们将会看到一个拥有信息且不为无知所挟的新阶级出现，他们的能力不是来自金钱，而是来自知识。学习是获取知识的最佳途径。"进入信息社会，领导干部要不断学习，站在知识和信息的制高点，才能引领团队更好地适应时代的飞速发展和环境的急剧变化，从容应对新的挑战，在日益剧烈的竞争中立于不败之地。学习已经成为我们获取知识和信息的唯一选择。

(1)要养成读书的习惯

莎士比亚说："书是人类知识的总结，是全世界的营养品。"通过读书获得知识有很多优越性。它可以不受时间和空间的限制，在获取前人学以致用的活动中总结出来的知识的基础上,加以总结、归纳,发现一些新问题并加以解决。据调查发现,区别成功人士与普通人的最简单方法就是前者喜欢读书。成功人士每天都保留一定的阅读时间,一年要读的书平均起来每人大概要有 20 本左右,或每三周至少看一本书,他们阅读的内容涉及政治、经济、历史、文学等各个方面。

读书一定要掌握方法,只有方法合理得当,读书才会富有成效。先概读,把书读“薄”,统揽学习材料,为后续学习中的理解和概括打下基础。然后细读,把书读“厚”,搞懂书里讲的是什么,切忌用自己的认识代替书里的想法,把书的原意读偏了。再精读,把书读“薄”,理清书本的脉络,领悟知识的“基本”,书就变得越来越薄。在读书过程中还要有做笔记的习惯,把书中的精华或自己喜欢的题材抄下来,既可以加深对知识的理解记忆,又方便日后查阅。

毛泽东曾讲过,“社会是学校,一切要在工作中学习。学习的书也有两种,有字的讲义书和‘无字天书’——社会上的一切也是书。”我们不仅要读有字书,也要读无字书。一是要向成功人士学习。就好像你要去某人家,最快的方法是由他带你去,因为他最熟悉这条路。成功者摸索出来的成功道路,我们只要从他们那里学习过来就行,没必要再花时间去摸索了。向成功者学习是获取知识,走向成功的捷径。二是要向群众学习。邓小平曾讲过:“农村搞家庭联产承包,这个发明权是农民的。农村改革中的好多东西,都是基层创造出来,我们把它拿来加工提高作为全国的指导。”群众是历史的创造者,有许多真知灼见、好的做法都存在于群众之中。领导干部要坚持群众路线,深入到群众中去,虚心向群众学习。这是获取知识,走向成功的重要途径。三是要在工作中学习。不管你是硕士、博士,以前在哪个单位工作过,都要立足于此时此地,保持在学习状态下工作。在工作中学习,吸取经验,提高技能。这是获取知识,走向成功的有效途径。

(2)要养成终身学习的习惯

21 世纪是知识经济时代,科技发展日新月异,知识、信息的更新和增长速度空前加快。据专家分析:农业经济时代只要 7~14 岁接受教育,就足以应付往后 40 年的工作生涯之用;在工业经济时代,求学时间延伸为 5~22 岁;在高度发达的知识经济时代,你的知识在 5 年后就会过时。我们再也不能刻苦地一劳永逸地获取知识了,而是需要建立一个不断演进的知识体系。因此,21 世纪也是一个属于学习的世纪。我们要树立终身求知的理念,养成终身学习的习惯,随时接受最新的教育,来适应知识更新的步伐和节奏。

终身学习强调的是人的一生都要学习，少年、青年、中年直至老年，学习将伴随人的整个生活历程并影响人的一生的发展。芬兰人用“昨天的面包不充饥”来形容终身学习的必要性。坚持终身学习就是把学习当作终身积累的过程，持续不断地增强学习能力，做到活到老学到老。

2.养成个人管理的习惯

在日常生活中，我们会规划生活，树立人生目标，不过仅仅确定大方向还不够，还要会管理，把它落实于日常生活中。这种管理不是组织、领导的外在管理，而是一种自我的内在管理。要养成个人管理的习惯，把精力专注于最重要的事情上，以免被一时的感觉、情绪或冲动所左右。

实现个人管理首先要培养独立意志。独立意志是除了自我意识、良知与想象力之外，真正使个人管理成为可能的人类第四个天赋。它的强弱通过自制力表现出来。自制力一词来源于信徒，他们信奉一种哲学，一套原则或价值观，信奉一个压倒一切的目标或代表这个目标的人。具有自制力才能做自己内在价值观的信徒，让感情、冲动和情绪服从于价值观，抓住大目标不放，把资源（如时间、精力等）集中在重要之事上，而不受芝麻绿豆小事牵绊。将军赶路，不赶小兔。

具有独立意志的人，在取得成功的时候，不会忘乎所以、沾沾自喜，也不为赞言所迷惑，而是保持平和的心态，从胜利不断地走向胜利。具有独立意志的人，在面对困难和挫折时，不会心灰意冷、妄自菲薄，也不因失败而懊恼，而是保持积极心态，从失败中寻觅生机，信心十足地向既定目标前进。当然独立意志不是固执己见，具有独立意志的人会积极听取别人的意见，努力借助别人的力量，实现自己的理想；而固执己见的人是听不进别人意见，得不到朋友的帮助。

实现有效的个人管理还应把握好四个步骤。首先要确定个人的角色。每个人都具有多重角色，如家庭中的丈夫、父亲、儿子，社会中的教师、公务员、企业经理，在组织或单位中的主要领导、部门领导、财务人员等角色。每个人对自己在家庭、组织、社会中所扮演的各种角色要清楚明白。只有角色明了，才能知道自己该干什么，不该干什么。其次是选择好目标。为每个角色拟定一个未来一周欲达成的两到三个重要成果，制作一个目标栏，然后把这些成果列入目标中。每个目标都可当作某一天的第一要务，将你的时间、才能聚焦在特定的目标上，不要被不重要的人和事过多的打搅。再次要合理安排进度。

根据所列目标,安排未来七天的行程。根据事情的轻重缓急来排定处理的先后顺序,做到在正确的时间出现在正确的地点。如何分清主次,把时间用在最有生产力的地方呢?有三个判断标准:一是我必须做什么?包含是否必须做,是否必须由我做两层意思。二是什么能给我最高回报?三是什么能给我最大的满足感?最高回报的事情并非都能给自己带来满足感,均衡才有和谐满足。因此,无论你地位如何,总需分配时间于令人满足和快乐的事情,唯有如此,工作才是有趣的,并容易保持工作热情。最后是要逐日调整。每天早晨根据行事历,安排一天的大小事务。逐日计划行事,使事情井然有序,这样才不致因小失大。每天用80%的时间做最重要的事情,而用20%的时间做其他事情。每隔一段时间对目标完成情况进行检讨,凡是符合个人目标的加以保留,否则便取消或更改时间。

3.养成立即行动的习惯

行胜于言。马克思讲,“一个实际行动胜过一打纲领”。邓小平说:“世界上的事情都是干出来的,不干,半点马克思主义都没有。”世界上最伟大的天才无一例外都是最好的实干家。立即行动,成功的愿望才能变为成功的现实。

要养成遇事马上做、现在就做的习惯。斐乐特说:“利用寸阴,是在任何种类战斗中博得胜利的秘诀。”有些人喜欢以“有空再做、明天再做、以后再做”“研究研究、商量商量”等找借口,决定了的事不是立即付诸实践,而是一拖再拖,错过了成就事情的最佳时机,甚至被束之高阁,最终一事无成。时间的最大损失是拖延、期待和依赖将来,要克服拖延心态,一旦决定了的事就立即行动,把方案变成现实。

(1)要养成善用时间习惯

领导干部总是说事务多、应酬多,抱怨“没有时间”。其实,时间对每个人是公平的,成功人士为什么能把事情做得从从容容,有条不紊?这其中很重要的一条就是善用时间。养成善用时间的习惯方法很多,我看有三条很重要。一是培养善用零碎时间的习惯。学会把零碎时间用来做零碎工作,从而最大限度地提高工作效率。比如在车上时、在等待时,可用于学习、用于思考或用于简短地计划下一个行动。二是培养快速的节奏感,克服做事缓慢的习惯。日本人把“快食”“快睡”“快便”“快思”“快行”“快说”的“六快”之人,称之为人中之杰。快速的节奏,不仅节约时间,也是健康的表现。三是培养用日志管理时间的习惯。几乎所有伟人都有把想法记录下来的习惯。用日志来总结经验、反省过失,用日志来规划明天、明确目标,用日志来管理时间,可以集中精力、抓住大事,提高时间的利用效率。

(2)要养成把事情当作事业来做的习惯

事情与事业,虽一字之差,但相差千里,两者在内涵、时间、空间和性质上都绝不相同。把事情仅仅当作事情来做,只是在做事,只能算是完成了一个任务而已;而把事情当作事业来做,你就会把事情与事业联系起来,拓展事情的发展空间,就会设计未来,把每天的事情当作一个连续的过程,因而会将小事做大,逐渐发展成事业。“失败者做事情,成功者做事业。”在行动中,不管大事小事,都要把它当作事业来做实做好,这样才能真正成就事业。

4.养成与人善处的习惯

亚里士多德说:“一个生活在社会之外的,同他人不发生关系的,不是动物就是神。”人不可能生活在一个人的世界里,人一生的成长、发展、成功、幸福,乃至忧伤、烦恼,都与同他人交往有关。领导活动的实践表明,领导者70%的时间是用在沟通上,任何团队或组织,都是由相互沟通的成员组成的人际关系网,处于这个网的中心的就是领导者。建立良好的人际关系,既是领导者自身发展的需要,也是领导工作的要求。因而,领导者要养成与人善处的习惯。

(1)要学会换位认知

在与人交往时要用心倾听别人,站在别人的角度和立场上思考问题,在主动理解别人前提下,赢得别人的理解,而不是一味强求他人对你的理解。要有一颗仁慈心,真诚对人,切莫因自己有了一点成绩就瞧不起人,别人有困难就落井下石,否则没人敢于你交往。俗话说,“投之以桃、报之以李。”领导干部真诚地对待同事,多设身处地为同事着想,解决实际问题;同事也自然会按照组织的目标来调整自己的行为,甚至为了组织目标而牺牲个人的利益。

(2)要培养双赢思维

双赢思维是一种利人利己的思维。在人际交往中,基于互敬、寻求互惠,把生活看作一个合作的舞台,既有勇气表达自己的感情与信念,又能顾及他人的感受与想法;既有勇气追求个人利润,又顾及他人的利益;既严于律己,又宽以待人。尊重差异,取长补短,在团队中勿怀敌对的态度,创造性地合作,获得1十1>2的效益,甚至更多。在团队发展、他人得利的过程中实现个人的成功。

(3)要遵守方圆之道

“方”是做人之本,其直接意义是“直”,即为了求取自己认定的人生目标,宁直不弯,在各种困难中挺立身体,与人竞争。“圆”就是灵活,即善于察言观色,善于揣度别人的心思、意图,会变通,保持适度的弹性。与人相处,要正直做人,不能逾越道德的底线;但也要懂得人与人之间总是存在许多不能直说的微妙关系,要尊重他人的人格、习惯、权力、地位、隐私等,否则不是伤害别人,就是伤害自己。领导者对下属既要从严要求,也要充分尊重,让下属有尊严的工作,那么你在下属中也就会有威信。

5.要养成感恩守信的习惯

感恩是中华民族的传统美德,是一种境界,是一种生活态度,是一种处世哲学,也是一种智慧品德。爱因斯坦曾经说过:“每天我都无数次地提醒自己,我的内心和外在的生活,都是建立在其他生活着的和死去的人的劳动基础上。我必须竭尽全力,像我曾经得到的和正在得到的那样,做出同样的贡献。”很多时候,感恩并不在于回报什么,而是在自己与社会之间创造一种互相影响的友善氛围:对别人少一分挑剔,多一分欣赏;在肯定别人的同时,升华自己。

领导干部养成善于感恩的习惯就是要感恩组织。要牢记不管你地位有多高、贡献有多大,都离不开组织的培养。在任何时候,任何情况下,都要摆正自己的心态,摆正自己位置,带头执行组织决定,接受组织监管,遵守组织纪律,完成组织安排的各项工作任务。要感恩同志。没有同事的支持帮助,领导干部就成了“孤家寡人”,不可能有所作为。因而对待同事要以诚待人、以诚为本、以情感人、以心换心,搞好同志之间的团结。要感恩家庭。自觉遵守和弘扬家庭美德,担负起自己的责任,教育好自己的子女,关心爱护好自己的配偶和老人,通过自己对家庭的影响带动家庭的和睦,促进社会的和谐发展。

感恩不同于一般的知恩图报,作为领导干部常怀感恩之心就是要跳出狭隘的视野,追求健全的人格,坚定崇高的信仰,树立远大的理想,不但关心自我,注重个性发展,更关心他人、社会、国家、民族和人类的进步事业。

“人而无信,不知其可”。诚信是国家和民族立足、个人立身做人的根本。一个不讲诚信的民族,必然是一个没有前途的民族;一个不讲诚信的人,必然是一个没有出息的人。领导干部基于群众和组织的信任,走上领导岗位,成为社会发展、国家富强的组织者、领导者，领导干部讲诚信也就尤为重要。

不讲诚信的领导干部喜欢搞说一套，做一套；人前一套，人后一套；不报实情、不说实话，搞形式主义、做表面文章等，不仅降低了自身在群众中的威信，还严重损害党和政府的形象，败坏社会的风气。领导干部讲诚信就是要增强党性修养，保持共产党人的高尚人格，堂堂正正做人，老老实实做事，做到表里如一、言行一致、言必信、行必果；就是要践行全心全意为人民服务的宗旨，做到为民要"公"，用权要"正"，为公要"廉"，行事要"明"，做人要"实"，真正为群众办实事，求实效，不辜负群众对你的期望。

帝鉴图说

屏书政要

屏书政要①

【历史背景】

唐太宗曾将前代治乱兴亡的事迹编成一部书，名“金镜书”。在唐开元八年以后，恒王傅吴兢又编成《贞观政要》一书。此书是在《太宗实录》之外，采择太宗与群臣问答之语，记述当时法制政令，议论事迹，以备借鉴。分为十卷，共四十篇。以上这两部书，宣宗极为重视。

明代大政治家、大学士张居正又解释说：“自古以来天下因为什么才乱亡？只因为朝廷错任了奸邪之人。他行私罔上，做的都是祸国殃民的事，天下怎么能不乱呢！天下又因为什么才平治了呢？只因为朝廷能用忠良的大臣。他竭忠事主，做的都是富国利民的事，天下怎么能不治呢！”当唐宣宗听到令狐绹谈到这两句话时，马上止住他，说：“凡是人君要达到太平盛世的，应当以这句话为行事原则。”宣宗又把《贞观政要》一书写在屏风上，每次读时都会恭敬地立在屏风之前，表情端庄严肃，拱手而读，表示他要以太宗的良法善政、佳言美行为师，尽力效法。

张居正在引述这个故事后，说：“看来，唐宣宗法祖图治，其急切程度已达到如此地步，真是近代帝王之中的美谈。所以，当时人称他为‘小太宗’，这并非虚假地吹捧啊！”

唐宣宗原名李怡，是唐宪宗的第十三个儿子，唐穆宗的弟弟，唐敬宗、唐文宗、唐武宗的叔叔。他是晚唐最后一位较有作为的皇帝。早在宣宗还没有做皇帝的时候，朝廷就已经被牛李两党之间的纠葛闹得不得安宁，等到宣宗即位，就把武宗时期的宰相李德裕贬出朝廷，而且再也没有起用他。然后又重用牛党的白敏中为宰相。这样延续了几十年的牛李党争最后以李党的彻底失败告终，朝廷获得了暂时的平静。

宣宗从即位的时候开始就勤于政事，尽力治理国家。他重新整顿吏治，并且遏制皇亲和宦官的权力。还为死于甘露之变中的除郑李之外的百官平反昭雪，也试图彻底除去宦官的势力，但因为甘露之变的历史教训，没能有所行动。历史上评价说，宣宗在位期间曾经有很大作为,就是使“权豪敛迹”,使“奸臣畏法”,使“阉寺詟气”,并把他赞誉为“明君”“英主”。宣宗为了祖宗的基业进行过不懈努力,在一定程度上延缓了唐朝走向衰败的历程,但是他还是无法改变这一趋势。

【原文】

唐史纪:宣宗[②]尝以太宗所撰《金镜录【书】》[③]授翰林学士令狐绹[④],使读之,至“乱未尝不任不肖,治未尝不任忠贤”。上止之,曰:“凡求致太平,当以此言为首。”又书《贞观政要》[⑤]于屏风,每正色拱手而读之。

【张居正解】

唐史上记,宣宗有志法祖图治,他的祖太宗曾将前代治乱兴亡的事迹,编成一书叫作《金镜录[书]》。宣宗一日将这部书授予翰林学士令狐绹,着他在面前诵读。这书中有两句说道:“乱未尝不任不肖,治未尝不任忠贤。”说古来天下因什么就乱亡?只为朝廷错任用了那不好的人。他心心念念罔上行私,行的都是蠹国殃民的事。用了这样人,天下安得不乱。天下因什么就平治?只为朝廷能任用着那忠良之臣,他心心念念,竭忠事主,行的都是要富国利民的事。若常用这样人,天下安得不治。宣宗听得令狐绹读到这两句言语,喜其切中事理,就止住他,且莫读。说道,大凡人君要求致太平,须要把这两句说话做第一件紧关的事,着实审察,辨别其孰为君子?孰为小人?果然是奸邪的小人,就当斥远了他;果然是忠贤的君子,就当专心信任他。天下岂有不太平的道理?又见他先朝有《贞观政要》一书,是当年史臣吴兢编载太宗与贤臣魏征等图治的事迹,遂把来写在屏风上,常时正色拱手,一一诵读。盖以为师法而效仿之也。夫观宣宗留心法祖图治,其切如此,真近代帝王盛事。所以当时称为小太宗[⑥],岂虚也哉!

【注释】

①此篇出自《资治通鉴》卷248,唐纪六十四,大中二年(848)。《新唐书·令狐绹传》。记述唐宣宗法祖图治,认真钻研唐太宗著作的故事。

②宣宗:即李忱(810~859),846~859年在位。宪宗第13子。

③《金镜书》:此书误作《金镜录》,唐玄宗时张九龄所作。唐太宗所撰 为《金镜书》。《令狐绹传》:"它夜,召与论人间疾苦,帝出《金镜书》:'此太宗所著也,卿为我举其要。"

④令狐绹(795~872):字子直,京兆华原(今陕西省铜川市耀州区东南)人。宣宗时,为吴兴太守,旋升宰相,辅政十年。累官至吏部尚书,右仆射,封凉国公。

⑤《贞观政要》:唐代著名史学家吴兢(670~749)撰。记贞观年间,唐太宗与魏征、房玄龄、杜如晦等大臣45人之间政论答问,以及有关谏诤事迹、当时政治设施等等。此书历来受到后世统治者乃至日本皇家、幕府重视,多被用作讲读教材。

⑥小太宗:《通鉴》卷249,大中十三年(859),称"宣宗性明察沉断,用法无私,从谏如流,重惜官赏,恭谨节俭,惠爱民物,故大中之政,讫于唐亡,人思咏之,谓之小太宗"。对唐宣宗这个评价,溢美之词较多。

【译文】

唐代史书上记载:宣宗曾以唐太宗编撰的《金镜书》交给翰林学士令狐绹,让他诵读,读到"动乱未曾不任用不肖之人,治平未曾不任用忠诚贤德之人"。宣宗让他停下来,说"凡是要求达到天下治平,应当以这句话为首要之点"。并把《贞观政要》的内容写在屏风上,常常严肃、恭敬地阅读它。

【评议】

唐宣宗作为一代有为之君,虽然没能挽救大唐衰亡的历史趋势,但毕竟为大唐以及当时的百姓做出了很大的贡献,但是历史是不以人的意志而改变的,无论怎样历史的规律是人无法更改的,所以唐朝衰亡的历史是宣宗无法改变的。历史上评价宣宗明察事理、处事沉断,对所有触犯法律的人都能不徇私情,他从谏如流,赏罚分明,恭谨节俭,爱护百姓,所以被人叫作"小太宗"。他为了加强自己的统治,为了寻找解决问题的办法,喜欢读有关太宗的一些书籍或者资料,因为在这些作品当中凝结了先祖优秀的执政方法与策略。在他的成长过程当中对小人祸国之理具有深刻的体悟,所以他在任用大臣的时候很注意鼓励忠贤、打击小人。宣宗对于太宗书籍的学习是诚恳的,并且能够将学得的东西用到实践当中。

【拓展阅读】

宣宗李忱

唐宣宗原名李怡，即位后改名李忱，是宪宗李纯的第十三子，武宗李炎的叔叔，唐王朝的第十七位皇帝。他明察善断，是晚唐最后一位有所作为的皇帝，不过也因服食丹药致死。

李忱，生于元和五年（公元810年）六月，是宪宗之子。他的生母郑氏乃是镇海节度使李锜的小妾，李锜叛乱被杀后，家眷就籍没掖庭。其中郑氏被安排在郭贵妃的寝宫当侍女，因为貌美而得到了宪宗的宠幸，后来生下了李忱。郭贵妃家世显赫，又是后来的穆宗李恒的生母，郑氏自然无法与之相比，只好与儿子小心谨慎地生活，生怕惹来祸端。李忱自幼生活在这样的环境中，就习惯于不苟言笑，行事十分低调。宪宗死后，继位的穆宗是李忱的兄长，后来接连继任的敬宗、文宗和武宗，都是他的侄子，只是李忱与几个侄子年纪相仿。

本来李忱早就与皇位无缘了，不想命运无常，皇位又转到了他手中。会昌六年（公元846年），武宗因服食丹药中毒而死，他生前因为5个儿子都年幼，就一直没有册立太子。武宗一死，曾被打压的宦官们又趁机出头，他们再次操纵废立皇帝之事。宦官马元贽等人伪造诏书，立武宗的叔叔、光王李忱为皇太叔。宦官们选中李忱是认为他沉默寡言，好操纵。宰相李德裕等人虽然惊异，但也以为是武宗的遗命，就遵从了。就这样，37岁的皇太叔继侄子之位称帝，即唐宣宗，改元大中。

宣宗上台后，就一扫过去韬光养晦展现给别人的憨傻姿态，他处理朝政，接待群臣，很有皇帝的威仪，行事也十分坚决果断。他尊生母郑氏为皇太后，而对曾经欺压自己母子多年的郭氏非常嫉恨，对她很不尊重。郭氏在儿子穆宗、孙子敬宗、文宗和武宗执政期间，都稳居太后之位，很受尊崇。不料宣宗一坐上皇帝宝座，郭太后的所有尊荣就没有了，她也感觉到了宣宗对自己的猜忌怨恨，就变得郁郁寡欢。大中二年（公元848年）五月，老迈的郭太后无法忍受宣宗的冷遇，竟然登上勤政楼，打算跳楼自尽，最后被宫女救

了下来。不过当天夜里，郭氏就暴亡了。宣宗还没有解恨，他将郭太后葬在宪宗景陵的外园，可见宣宗沉默多年，积聚的怨恨有多深。

宣宗以皇叔的身份称帝，只认定自己是父亲宪宗的直接继承人，不承认自己是继武宗的位。从穆宗到武宗的所有施政方针，也被他全盘否定。宰相李德裕、李让夷等相继被免职，而与李德裕党对立的牛党成员白敏中做了宰相。白敏中是唐代大文豪白居易的堂弟，他本是李德裕推荐提拔的，却进了牛党阵营。白敏中为相后，就严厉打击李党。李德裕被多次贬谪，最后死于崖州(今海南崇山)。宣宗的这些做法，使晚唐时期的朋党之争更加激烈了。

除了挟怨报复郭太后及其子孙外，宣宗还算得上是一个精明能干的好皇帝。他以皇叔之身，旁观政治斗争20多年，早已练就了过人的智慧和权谋。他尊重儒生，认为科举出身的人才有真才实学。为了完善科举制度，宣宗还经常微服私访，听取百姓对科举的议论。他对科举考试中的营私舞弊行为深恶痛绝，并坚决予以严厉惩处。宣宗在官吏的选拔和任用上很有自己的特色。历代吏部选官，都以家世资历为标准，而宣宗却十分重视官员的实际能力，并制定了一套完整的考核标准。他曾下诏观察使、刺史等先试用，然后根据其试用期的表现正式任免。他还把户口的增减也列为官员升迁的标准，并规定中央各部官员必须有基层任职的经验，认为这样的人才了解民间疾苦，才能执政为民。

宣宗唯才是举，自己也以身作则，绝不徇私。郑太后的弟弟郑光原为河中的镇守官，后来宣宗认为他才能平庸，就降他为京城的右羽林统军。郑太后多次为自己的弟弟说情，可宣宗就是不为所动。宣宗生性节俭，除了上朝或其他重要场合，平时都穿旧衣，日常饮食也极为简单。他对子女的要求也相当严格，长女万寿公主出嫁，按例应用银箔饰车，宣宗却改为铜饰。他还要求子女们的日常生活言行不得奢华张扬。皇帝如此行事，大臣们也纷纷效仿，宣宗时期，朝廷风气逐渐转好。

宣宗勤于朝政，秉公执法，节俭爱民，被后人称为“小太宗”。对宦官专权的问题，宣宗并没有好的解决办法，不过他善于处理人际关系，这样宦官的势力也有所收敛，整个大中年间都没有发生过宦官误国的大事。

在宣宗的统治之下，唐朝不仅内政比较稳定，而且外交上也取得了很大的成就。大中四年(公元850年)，沙州(今甘肃敦煌)军民在张义潮的领导下，赶走了吐蕃守将，夺回沙州。大中五年(公元851年)，张义潮归附唐朝，使原被吐蕃占领的河陇地区重新归属唐朝。宣宗不用武力，却保持了边境安定，还收复了失地，的确是很辉煌的功绩。

宣宗在对待佛教的问题上，与武宗相反。他下令大兴佛教，将以前损毁的佛寺全部重修，僧尼也召回寺院，佛教又兴盛起来。不过宣宗自己却好道术，迷信长生不老。宣宗到了晚年，身体不太好，就特别迷信长生仙药，他也和前代的好几个皇帝一样，服用所谓的仙丹。

大中十三年(公元859年)八月，宣宗因服食丹药过多，中毒身亡，享年50岁。长子李漼继位，即唐懿宗。宣宗死后，葬于贞陵，谥号"文孝皇帝"，庙号"宣宗"。他在位13年，能使衰弱的唐王朝重回生机，实在不易，可惜宦官和藩镇问题并未根除。宣宗死后，唐王朝就进入末世了。

【镜鉴】

养成和保持良好的执政心态

各级领导干部肩负党的希望和人民的重托，不仅政治立场、政治品质要靠得住，领导水平和执政能力要过得硬，还要有健康的执政心态。心态决定行为。领导干部的执政心态是影响执政绩效的重要因素。

(一)心态与执政心态

心态，即心理状态，是指人们对事物发展反应和理解所表现出的不同情感、思想等内心活动状态。心态有积极心态和消极心态。所谓积极心态，就是面对工作、问题、困难、压力、挫折、挑战和责任，积极进取。积极心态是一种主动的生活态度，对任何事都有足够的控制能力，反映了一个人胸襟、魄力。所谓消极心态，就是面对工作、问题、困难、压力、挫折、挑战和责任，怨天尤人，丧失信心，缺乏斗志和进取心。美国著名心理学家马斯洛认为：心态若改变，态度跟着改变；态度改变，习惯跟着改变；习惯改变，性格跟着改变；性格改变，人生就跟着改变。心态是积极的还是消极的，是负责的还是敷衍的，是进取的还是逃避的，决定着一个人的前程和命运。只有心态积极上进，才能身体健康、生活快

乐、工作投入、事业成功。美国成功学大师拿破仑·希尔关于心态的意义说过这样一句话:人与人之间只有很小的差异,但是这种很小的差异却造成巨大的差异,很小的差异就是,你所具备的心态是积极的还是消极的,巨大的差异就是成功和失败。心态是命运的控制塔,心态决定我们人生的成败。每个人生存的外部环境,也许不能选择,但心理的、感情的、精神的内在环境却可以由自己去改善。

作为执政者的领导干部在执政过程中所外化出来的精神状态就是执政心态。领导干部的心态决定领导干部的行为。领导干部拥有良好的执政心态,不仅有利于个人潜能最大化的发挥,而且对一个地方和单位有着暗示和引领的效应,对领导干部提高执政能力和建功立业起着十分重要的作用。领导干部心态好,就能正确看待进退留转,正确看待所从事的事业和肩负的重任,其执政风格、执政行为和执政成效就更能得到人民群众的认可;反之,心胸狭窄,不思进取,或好大喜功,就会使领导干部形象受损,威信难立,党和国家事业受挫。新的历史时期,面对我国经济体制深刻变革、社会结构深刻变动、利益格局深刻调整、思想观念深刻变化,面临严峻的执政考验、改革开放考验、市场经济考验和外部环境考验,部分领导干部逐渐滋长了一些不良心态。如追求"官本位"的功利心态、"不求有功但求无过"的自满心态、"一朝权在手,便把令来行"的自大心态、"有权不用,过期作废"的放纵心态,等等。这些不良的执政心态,不仅严重影响了领导干部的领导水平和执政绩效,也极大地损害了我们党的执政能力和执政地位,必须引以为戒,自觉培养良好的执政心态。

(二)应注意养成和保持哪些良好的执政心态

面临执政考验,肩负执政重任,领导干部应着力养成和保持哪些良好的执政心态呢?

1.积极进取的心态

希尔黄金定律告诉我们,人的头脑很神奇,积极的心态能让你不断往大脑中枢输入正面的信息,自动过滤和删除消极的信息,不断开启心智,想出办法,解决问题。积极进取是一种健康的人生态度,也是一名领导干部成就事业的基础。领导干部必须要强化一心干事业、全力谋发展的进取意识,始终保持拼搏的态度对待事业。要想事业、谋事业、钻事业、干事业、成事业,始终保持旺盛的斗志,把心思用在工作上,用在提高自身素质上,用在全心全意为群众服务上。

2.勇于担当的心态

古人云:“为官避事平生耻”。人的一生活在责任中,活在担当中。人生需要担当,家庭需要担当,单位需要担当,政党需要担当,事业更需要担当。毫无疑问,勇于担当是一项重要的领导素质,必须把担当国家、人民和社会的发展作为内心深处的价值追求和自觉实践。俗话说:大事难事看担当,顺境逆境看胸怀。体制转轨、社会转型、思想转变的新时代,领导干部尤其需要增强勇于担当的意识,培养勇于担当的作风,提高勇于担当的能力。唯有解放思想,敢于担当、勇于担当、善于担当,才能增强发展的意识、干事的勇气、履职的胆识,从而担负起党和人民赋予的重任。

3.实事求是的心态

周恩来有一句名言:“世界上最聪明的人是最老实的人,因为只有老实人,才能经得起事实和历史的考验。”领导干部要牢记这一名言,把“实事求是”作为自己言行的标尺,始终保持心态与表态的统一、台上与台下的统一、对领导负责与对群众负责的统一,坚持“做老实人、说老实话、办老实事”,把求真务实作为自己的为政准则。做规划,做决策,一定从实际出发,认真做好“结合”这篇大文章,不折腾,不做表面文章,既尽力而为又量力而行,经得起历史、实践、群众的检验。

4.改革创新的心态

改革和创新是国家发展的两大动力,任何单位和个人的发展都是如此。当今世界,唯一不变的是变,以变应变和在别人未变之前自己先变,是竞争社会的赢家要领之一。我国社会正处在改革的攻坚阶段、发展的关键时期,各种新情况、新问题、新挑战此起彼伏,要想推进改革的不断深化,拓展自己的事业,实现本地区、本部门经济社会的科学、健康发展,领导干部一定要勇于开拓,大胆创新,不因循守旧,不故步自封。改革有风险,不改革则有危险。不断增强改革意识,积极稳妥地推进改革,对领导干部来说是至关重要的。

5.心系群众的心态

领导干部如何对待群众,是党性问题、立场问题,也是修养问题、境界问题。2003 年 3 月 6 日,胡锦涛在十届全国人大一次会议贵州代表团发言时指出:“是用手中的权力为群众造福还是为自己营造安乐窝,是心系群众还是心系自己,是为群众谋利益还是为自己牟私利,这是领导干部政治上合格不合格、作风上是否过硬的分水岭。”一个领导干部,

如果心里没有群众,群众观念淡薄,不能做到“权为民所用、情为民所系、利为民所谋”,一定不会是一个好干部,也一定不会是肩负重任干部。因为这样的干部,不管他地位有多高,不可能得到群众的信赖和拥护。群众在你心里分量有多重,你在群众心里的分量就有多重。

6.淡泊名利的心态

为官从政,要保持一种平和健康的心态,淡泊名利,从容生活,无论遭遇什么情况,都要坚守住自己的精神家园,不为官大官小而烦恼,不为利多利少而计较。淡泊名利是一种崇高境界,也是人生应有的一种态度。作为领导干部,应时刻牢记权力来自党和人民的赋予,把个人的得失放在党的事业中来思考,自觉摆脱名缰利锁的束缚,克服贪图享乐、追求金钱、盲目攀比等错误心态。“祸莫大于不知足,咎莫大于欲得”。要学会克己修身,常思贪欲之害,常怀律己之心,常排非分之想,常修为官之德。

7.感恩报效的心态

感恩是一种美好的感情,是一种健康的心态,是一种良知,是一种动力,也是中华民族的传统美德。有位哲学家说过,世界上最大的悲剧或不幸,就是一个人大言不惭地说,没有人给我任何东西。领导干部来自普通群众,每一次成长进步都离不开党组织的培养,离不开各级领导的关怀,离不开广大群众的支持。领导干部一定要常怀感恩之心,要把这种培养、关怀、支持转化为兢兢业业为党工作、勤勤恳恳为民服务的报效行动,经常想一想党的恩情回报没有,党的号令执行没有,自觉以一流的精神状态、一流的工作标准、一流的服务态度回报组织,报答群众。

8.宽容共赢的心态

每个人都处在社会关系当中,都处在一定的组织当中。单枪匹马、孤军奋战,没有组织的支持,缺乏他人的合作,在现代社会要成就事业、取得成功根本不可想象。宽容是和谐社会的基本理念,共赢是人际关系的最高境界,是成就一番事业的前提,也是领导干部应具备的心理品质。培根说:“人可以容忍一百个人发迹,但决不能容忍一个身边的人上升。”领导干部必须摆脱这种人性的弱点,要树立兼容并蓄、求同存异、合作共赢的观念,宽容待人,善于与自己意见相异、甚至相对立的同志合作共事,善于集中各种智慧、整合各类资源,共创党的大业。

(三)如何养成和保持良好的执政心态

领导干部良好执政心态的养成不会一蹴而就,其保持也不可能一劳永逸,必定是一个长期而艰辛过程。

1.加强自身学习,塑造高尚人格

学习是领导干部提高本领、做好工作的前提,是内修身、外创业的重要法宝。新的历史时期,面对艰巨的任务、严峻的挑战,领导干部只有肯于学习、乐于学习、善于学习,才能履好职、尽好责。为此,胡锦涛指出:"各级领导干部必须明白,现在社会各个方面的发展日新月异,人民群众的实践创造丰富多彩,不学习、不坚持学习、不刻苦学习,势必会落伍,势必难以胜任我们所肩负的重大职责,要做合格的领导者和管理者,必须大力加强学习,努力用人类社会创造的丰富知识来充实自己。"学习是给自己补充能量,一定要切实把学习作为一种政治责任和工作需要,作为一种生活常态和精神追求,真正做到学习工作化,工作学习化,在不断学习中找到方法,形成思路,提高执政能力。要善于将科学理论、知识内化为自己有血有肉的坚强党性和高尚人格,内化为自己善知善行的智慧本领,外化为认识世界和改造世界的科学实践,外化为服务群众、全面建设小康社会的工作业绩。

2.增强党性修养,筑牢理想信念

领导干部正确行使权力,最根本的是要有坚强的党性作保证。党性不纯,品质不好,作风不正,必然导致用权上的种种问题,导致自我迷失。在新的历史时期,领导干部加强党性修养,筑牢理想信念,尤其要注重把世界观的改造作为强化理想信念的"总开关"。这些年来,一些领导干部在金钱、权力、美色面前,经不起考验,蜕化变质,跌入了腐败的泥坑。一个重要原因,就是这些人放松了世界观的改造。面对复杂多变的国内国际局势,面对物欲喧嚣、诱惑肆虐的世俗人生,每一个领导干部,都要牢固树立正确的世界观、事业观、政绩观。"见贤思齐,见不贤而自省",要像焦裕禄、孔繁森、沈浩那样对党对国家对人民对社会主义无限忠诚,为了党的事业,为了共产主义理想鞠躬尽瘁,死而后已。要从根本上解决"为谁当官、为谁用权"的问题,为正确掌权用权打牢思想基础,切实履行党和人民赋予的职责。要坚持以最广大人民群众的根本利益为自己一切工作的出发点和落脚点,吃苦在先、享受在后,关键时刻挺身而出,危急关头冲锋在前,甚至不惜牺牲自己的一切;要注重把远大理想和具体工作相结合,学好本领,提高能力,在本职岗位上恪尽职守、勤奋工作、爱岗敬业,兢兢业业创造一流的工作业绩,将奉献精神切实体现在平凡本职工作的具体行动之中;要做到个人利益服从党和人民利益,在个人利益与群众、集体、国家利益发生冲突时,识大体、顾大局,把无私奉献的精神转化为实实在在的具体行为。

3.坚守道德底线。培养健康心灵

所谓道德底线,就是做人应该遵守的最基本的行为规范和道德准则,或曰做人的最基本的道理和良知,就是是与非、美与丑、善与恶、好与坏的分水岭。人生在世,总有一些基本的东西不能丢弃,比如信仰、道德、良知、人格等。一个人如果失去了这些东西,就没有了立身之本,就没有了精神支柱和灵魂。坚守道德底线,是人们安身立命最基本、最起码的要求。福建省委原书记宋德福在生病住院期间,与陪护的同志谈起社会上的一些不良现象、官场上的一些潜规则时曾说:“这个世界已经变了,这我心里很明白,我也不是刻板的人。但我一辈子形成的信念,我不愿再改变了。党员要有党性,为官要有官德,做人要有良心,这是我一贯的主张。要想做个好党员、好干部,做个男子汉,总要有所坚守,有所舍弃!”众所周知,维护人类社会有两大原则:一是法律,二是道德。法律是社会道德底线。毫无疑问,道德与法律之间并没有一条“鸿沟”,甚至可以说,不道德与违法只有一步之遥。守住“道德底线”,决不让私欲和恶行越过它,是对我们每个领导干部最起码、最基本的要求。做官先做人,为政先修德。领导干部要长思贪欲之害、常修为政之德、常怀律己之心,珍重自己的人格,珍爱自己的声誉,珍惜自己的形象,自觉做到清正廉洁,严格自律,堂堂正正做人,干干净净干事。当然,作为领导干部,仅仅守住“道德底线”是不够的,还应该加强品德修养,提升精神境界,努力追求高尚的道德情操,遵守社会道德准则和职业道德准则,争做道德高尚、品质端正的人,率先垂范,成为社会和下属的道德楷模。

4.常怀敬畏之心。把握人生航向

所谓敬畏,指人们对一切神圣的事物既敬重又害怕的心理。敬畏,是一种境界,也是一种自律。“天下之事,成于惧而败于忽”。领导干部倘若缺乏敬畏之心,就会变得自高自大、无法无天起来,就可能演绎出一幕幕“官场悲剧”。我国古代就有:“畏法不敢肆而得以成,无畏则其所欲而及于祸”的告诫。懂得敬畏,是人生理智与成熟的表现。一是敬畏党。敬畏党,就是要牢记党的宗旨,牢记自己在庄严党旗下的铮铮誓言,自觉遵守党的章程和纪律，任何时候、任何条件下都站在党的立场上想问题、办事情，使自己的言行符合党员的要求，自觉与党中央保持高度一致，使自己的所作所为切实符合最广大人民群众的根本利益。敬畏党，就是要真正明白：任何人在组织面前都是渺小的。必须自觉维护党的利益，严守党的纪律，必须切实做到立党为公、执政为民。二是敬畏人民。作为一个领导干部，必须时刻牢记手中的权力不是与生俱来的，而是人民赋予的。在其握有实权的时候，如果漠视了人民群众，或高高在上，或碌碌无为，不能努力做到权为民所用、情为民所系、利为民所谋，这样的领导干部必定会被人民所唾弃。三是敬畏历史。生命有限，历史不断。一个不懂得珍惜实践、敬畏历史的人，不是虚度人生、无所作为，就是胆大妄为、滥用公权，终将会被历史所忽视、轻视乃至鄙视，甚至可能沦为历史的罪人。四是敬畏人生。身为领导干部，位高权重，如果游戏人生，甚至拿权力和人生当赌注，以权谋私，忘记了自律，忘记了责任，最终必定是抱憾终生，甚至不堪回首。领导干部敬畏人生，至关重要的是敬畏责任。领导干部只有时刻保持清醒头脑、懂得敬畏，才能把握好人生之舟的正确航向。

唐宣宗

焚香读疏

焚香读疏[①]

【历史背景】

明代大政治家、大学士张居正引述了这段故事后，讲道："忠言逆耳，所以庸主是不喜欢听的。如果人主能常常听进大臣的规谏之言，那么政事就不会有缺漏，这的确是应该高兴的事。唐宣宗乐于听从规谏，屈从于大臣，真可以说是位明君啊！"

我国古代十分重视焚香，甚至将其神化为一种敬奉神明的行为。唐笪宗焚香盥洗读疏，表明他对臣子意见的尊重，这让我们想到了唐太宗那个闻过则喜的故事。唐宣宗真是有太宗之风。

据史书中记载，武宗的一直没有立太子，所以在他病危的时候，宦官马元贽推举李忱也就是后来的唐宣宗继承帝位。做了皇帝的宣宗将国家大事放在了头等重要的地位，几乎时刻都在找寻治国安邦的方法，他一生勤于政务，为正走向衰亡的大唐王朝做了振兴的最后努力。在位的十三年期间，勤政爱民，励精图治，使国家获得了一定程度的发展，历史上称赞说"大中(宣宗年号)之政有贞观之风"。他喜爱读《贞观政要》，常以太宗祖训自勉，为死于甘露之变的无辜大臣平反昭雪，并且重新整顿吏治，限制宦官，他还击败了吐蕃，收复了河湟，为整个唐朝赢得了安史之乱之后第一次对外的军事胜利，他用法公正，礼遇士人。唐代的国力在他的统治之下强盛起来。

可惜的是这位皇帝并没能脱离祖上的传统，他喜欢服丹药以求长生(所谓的丹药其实是一种含有汞、铅等剧毒物质的药丸，长期使用会中毒身亡，中国古代的皇族成员，因此而丧命的不计其数)。宣宗因为食用仙丹中毒而最终导致身亡，时年五十岁。群臣上谥号为"圣武献文孝皇帝"，庙号宣宗。第二年二月，被葬于贞陵。贞陵，位于今天的陕西省径阳县西北 30 公里黄村北的仲山之上，海拔 1003 米，东、西、北三面群山环绕，依山造陵。

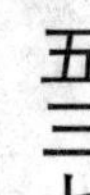

【原文】

唐史纪：宣宗乐闻规谏[②]。凡谏官[③]论事，门下封驳[④]，苟合于理[⑤]，常屈[⑥]意从之。得大臣章疏，必焚香盥手[7]而读。

【张居正解】

唐史上记：宣宗励精求治，乐闻臣下箴规谏诤之言。凡谏官议论政事，及门下省、给事中等官，遇诏敕之出，以为不可而论驳封还者，苟所论所驳有合于理，则自己虽以为是，亦每屈己意以从之，未尝偏执。每得大臣所奏的章疏，必焚香洗手，致其诚敬，而后展读。

夫忠言逆耳，庸主所不乐闻。然使规谏尝闻，则政事无缺，实可乐也。宣宗乐于闻谏，屈己从人，可谓明矣！至于大臣涉历既多，虑事尤熟，又非庶官之比，故读其章疏，必加诚敬。盖诚敬则精神收敛，精神收敛则意见精详，可以察其言之当否，以为施用非徒敬其章疏而已也。宣宗图治若此，故大中之政，人思咏之，以为继美太宗岂不足为贤君哉！

【注释】

①本则出自《资治通鉴》。这个故事主要记述的是唐宣宗善于听取进谏，尊重大臣奏章的事情。

②规谏：以正言相劝诫。

③谏官：掌管谏诤的官员。唐设谏议大夫、补阅、拾遗等谏官。

④门下封驳：唐朝设中书、门下、尚书三省，其长官同为宰相。中书出令，门下封驳，尚书行政。门下省为宰相议政决策之所。门下省长官为侍中，掌献纳谏诤等事，有封驳之权。对诏敕认为不当者，驳正封还。

⑤苟合于理：如果合乎道理。

⑥屈：屈从。

⑦盥手：洗手。以手承水冲洗为盥。

【译文】

唐宣宗在即位之初就决心要治理好自己的国家，他很愿意听到臣下的谏诤一类的言论。凡是谏官所议论的政事，都要经过门下省给事中等官员的鉴定，凡是认为不妥的就直接论驳封还。如果这些官员所陈述的内容是有道理的，虽然宣宗自己本意不是那样的，但也总要将自己原来的命令收回，而服从官员们的意见，从没有刚愎自用，任性而为的。每次得到大臣所奏的章疏，宣宗一定要首先点上香，让香气四散，再将双手洗得干干净净，然后才展开阅读。

【评议】

唐宣宗以太宗李世民为榜样，注重听取多方的谏议来完善自己的统治。在古代的皇帝中能够做到这些的实在是很难得。因为在我国的封建帝王统治时期，皇帝具有说一不二的权力，他们往往都听不进去大臣们的批评，而只愿意听取对自己的赞扬，像宣宗这样主动索取谏议，并且特别重视大臣谏议的就更少了。宣宗处理政事一向都很仔细，喜欢大臣说出自己的真实想法，尊重大臣们的主张。凡是臣属的上书都要在洗手焚香以后才翻看，由此可见宣宗在面对谏议上书这一类事情上是很郑重严肃的。因此他在作重大决策时才会三思后行，他的那些惠及百姓，有利国家的举措，有很多都是耐心听取臣子们的意见之后才做出的。可以说，他从谏如流，任用贤臣的做法，扭转了整个唐朝走向衰败的趋势，为唐帝国的百姓创建了秩序井然、权豪敛迹的安稳的生活环境。

这个故事也给我们后人带来了深刻的启示，目前我们虽然没有皇权的统治，但是在我们周围的某些领导还存在一些固执己见的问题，那么看到这个故事的时候，这些人是不是有所启发呢？对于我们普通人来说，这个故事也是很有意义的，如果我们在自己平时的行为之中多听一听大家的看法或者意见，那么出现的错误或者过失自然就会减少了。

【镜鉴】

为官应有畏惧心

——常怀敬畏

应当经常用“怕”字来约束自己，有一种如临深渊、如履薄冰的心态，掌实权而不揽势，居高位而不骄狂，可以避免许多矛盾和纷争。“怕”在违法违纪之前好。怕是悬崖勒马的“惊回首”，能受益一生，可一生无悔，一世无忧。“怕”字在心中，就会想到自重、自省、自警、自励。

“泰山崩于前而色不变，麋鹿兴于左而目不瞬”。这是宋代苏洵《心术》中的名

句——即使泰山在面前崩塌这样的意外变故，也面不变色；即使美好的麋鹿在旁边起舞，也不去看一眼。这是说面对惊吓和引诱都毫不动心，才可以为将，才能克敌制胜。此言形容古人的修养深，一无所惧，写得气势磅礴，设喻得当。

从政为官，应常怀敬畏，记住“怕”字。有篇随笔说，在近代史上曾出现一种“循环怕”：老百姓怕官，官怕外国人，外国人又怕老百姓。

有一次，朱元璋看着金碧辉煌的宫殿，信口说出当年为饥寒所迫，想当个盗贼……不料大梁上有一个漆匠正在刷油，大声喊了几遍，他才下来。朱元璋断定漆匠是个聋子，便让他继续干活。机灵的漆匠当晚逃走，带着家小躲避他乡。

人如果怕招灾惹祸，做事时就有畏惧之心；有了畏惧之心，就会小心谨慎；小心谨慎，就会远离祸患；远离祸患，就可以安居乐业，做事就容易成功。

其实，无论做人还是从政，都应有敬畏之心。有的人刚刚做了个芝麻官，就淡忘了党组织的培养、同志们的支持，官气十足起来，不知天高地厚，动辄训人，唯我独尊，骄躁、蛮横、轻浮、受贿，容不得别人冒犯一点点。一旦有人冒犯，马上进行报复。

有个寓言故事：一只羊站在高高的屋顶上，看见一只狼从屋旁走过，于是骂道：“你这只笨狼，你这只傻狼，你有什么了不起……”狼向上望了望，对羊说道：“你之所以敢骂我，只不过是因为你站的位置比我高罢了……”

清代同治元年，曾国藩升任两江总督，位高权重。曾国藩在给两个弟弟的信中，对官运却透着一股深深的畏惧之情：日过正午要偏斜，月到圆满则亏缺，曾家眼下正处在日正月圆时刻，时时有走下坡路的可能。应当勤政、廉洁，谨慎从事，推迟这一时刻的到来。

清代学问家纪晓岚有句名言：做人和为官要记住一个“怕”字。法国前司法部长皮埃尔·梅埃涅里在评价法国人的道德现状时指出：“恐惧就是理智的开端。”美国政治哲学家阿伦德·汉纳认为：“恐惧是生存的一种必不可少的情感。”锡金有一则谚语说得好：“恐惧感和羞耻心能使人不为非作歹。”

至于“怕”什么，西汉刘向说过：“明主者有三惧，一日处尊位而恐不闻其过，二日得意而恐骄，三日闻天下之至言而恐不能行。”刘向在《说苑·敬慎》中说得好：“身已贵而骄人者，民去之；位已高而擅权者，君恶之；禄已厚而不知足者，患处之。”——身份高贵却很骄傲的人，民众离开他；官做大了而又独揽大权的人，国君憎恶他；俸禄优厚而又不知满足的人，灾祸会跟随他。

后唐王朝的建立，是李存勖武功达到极盛的标志，也是李存勖南征北战十多年的收获。他的前半生可称得上是一个成功的统帅，可是后来，却没有成为一个成功的君主。即位后，他开始热衷于声色犬马，沉湎于骄奢淫逸，逐渐疏远了曾并肩夺取天下的将领与大臣，在位仅四年后便死于乱兵之中。历史上因无敬畏之心、为所欲为而最后败亡的人并不在少数。李自成也是辛苦征战十几年很快败亡。

《宋史·贾谊》记载，为官从政有“五畏”：“一畏上下相蒙，而毁誉不得其真；二畏政事苟且，且官人不任其责；三畏经费不足，而生财不得其道；四畏人才废缺，而教善不得方；五畏刑赏失中，而心中不知所向。”

唐贞观二年10月，唐太宗李世民想去南山游玩。由于大臣魏征不在宫中，唐太宗迟迟没有下达出发的号令。后来，奉命外出扫墓的魏征回朝后，问及此事，没想到唐太宗毫不掩饰地说：“害怕你生气、责备，就中途放弃了”。（“畏卿嗔，故中辍尔”）

唐太宗喜爱鹞鹰，一日正在宫外把玩，遇到谏议大夫魏征，惊慌之中，忙将鹞鹰藏于袖中，结果此鸟窒息而死。面对谏官，虽见爱鸟死去，唐太宗却敢怒不敢言。

宋太祖赵匡胤喜欢弹射鸟雀，一日玩兴正浓，一史官路过，加以劝阻，且言辞犀利。宋太祖不听，并用弹弓打掉史官的两颗门牙，史官一声不响地把两颗门牙捡起来，揣进口袋里，说要把此事写到正史中去。宋太祖害怕了，忙向史官赔罪，并大加赏赐。

明代开国皇帝朱元璋，是继汉王刘邦以后又一位贫民出身的皇帝。《明史杂俎》里有一则杂记：一日早朝，朱元璋忽然向左右群臣提出一个问题：“天下何人最快活”？有言功高盖世者最快活，有言位居显赫者最快活，有言金榜题名者最快活，有言富甲一方者最快活……朱元璋听后均不满意。沉默了片刻，一个叫万钢的大臣答道：“天下守法度者最快活。”朱元璋顿时大悦，夸赞万钢的见解“甚是独到”。

《淮南子·说林训》说，君子治理百姓，他的心情就像用腐烂的缰绳驾驭奔马，就像踩在薄冰上而下面藏着蛟龙一样战战兢兢。

党员干部要“有所为”，须经常检查自己的一言一行、一举一动，是否对得起党和人民，是否正确履行自己的职责，在追求真理、执政为民中寻找快乐，在做出实绩中得到快乐。

与此同时，又要“有所不为”，越是仕途顺利、踌躇满志，越要管好自己，注重名节，懂得珍惜，不能胡来。“有所不为”才能保证“有所为”。做到“有所不为”，须确立“有所怕”的意识，有一种敬畏心理。有敬畏之心，就不会触犯法律，不会蒙人生污迹之羞，不会受身败名裂之辱，从而远离穷奢极欲、中饱私囊的贪婪，自然也不会担心东窗事发的幽怨，从而活得洒脱、快活。

应当经常用“怕”字来约束自己，有一种如临深渊、如履薄冰的心态，掌实权而不揽势，居高位而不骄狂，可以避免许多矛盾和纷争。“怕”在违法违纪之前好。怕是悬崖勒马的“惊回首”，能受益一生，可一生无悔，一世无忧。“怕”字在心中，就会想到自重、自省、自警、自励。

一些人觉得拥有“权、钱、色”为贵，却鲜以“怕”为贵，不懂得登成功的峰巅距失落的低谷并不遥远，结果印证了一句箴言：不自重者自讨其辱，不自畏者自遭其祸。

胡长清、李真等人，当初他们也有一段艰苦创业的历史，在个人的成长过程中，他们曾经“畏”过家规校训，“畏”过党纪国法。然而，随着职务的升迁和地位的显赫，觉得“畏法度”不快乐了，总想成为“自由人”，成为特殊人物，于是有恃无恐，大搞权钱交易，结果不但没有得到快乐，过去已经有的，也失去了，连最起码的生存权也失去了。

由此可见，一定要用“怕”来约束自己，怕有愧于党和人民，以人民的呼声为第一信号，以人民的需要为第一选择，以人民的满意为第一标准，怕人民不满意、不答应、不高兴、不拥护，不做出格事，不做违心事，不敢越“雷池”半步，主动接受党政组织和群众的监督，带头遵章守纪，不为贪欲所俘，莫将金枷套颈，休让玉锁缠身，勿以善小而不为，勿以恶小而为之，让廉洁铭刻人生，把清白留给历史。

要敬畏党纪国法，慎用权力，在遇到可能违反党纪政纪的时候，要有临深渊、履薄冰的心态，努力预防问题的发生，成为一名“畏法度的快乐着”。

“高飞之鸟，亡于贪食；深渊之鱼，死于诱饵”。官有所畏，业有所成。如果无视党纪政纪这个“高压线”，把党纪政纪当作吓唬鸟儿用的稻草人，不自觉接受监督，放纵自己的私欲，让富贵所淫，被金钱所惑，为美色所迷，任性而行，为所欲为，以权代法，“前腐后继”，那么，到头来就会损害事业发展，失去家庭幸福，贻误自己前途，又怎么可能立党为公、执政为民呢？

邓小平有一段精彩论述：“共产党员谨小慎微不好，胆子太大了也不好。一怕党，二怕群众，三怕民主党派，总是好一些。”这是对党员干部心有“怕”字的最好的诠释，其中的道理是值得深思的。

无产阶级革命家任弼时在世时就有“三怕”：怕工作无成绩，怕挥霍浪费，怕请客送礼。

彭德怀戎马一生，总是敢打敢拼临危不惧，处乱不惊，然而彭总也有过“怕”的时候。当年毛泽东亲笔书赠彭德怀：“山高路远坑深，大军纵横驰奔，谁敢横刀立马，唯我彭大将军！”面对这一崇高赞誉，彭德怀惶然不敢接受，致信毛泽东，请求将：“唯我彭大将军”改为“唯我英雄红军”。

抗美援朝期间，彭德怀在审阅《彭总会见记》文章时，提出将“像长者对子弟讲话”，改为“像和睦家庭中亲人谈话”。他对作者说：“我是一个很渺小的人，把我写得太大了，使我有些害怕。”我们从彭老总这种“怕”中看到了他的高大。

我们手中的权力，往大处说，承载着实现民族伟大复兴的神圣使命，承载着巩固党的执政地位的神圣使命；往小处说，蕴涵着履行好岗位职责、完成组织交给的任务的责任，蕴涵着服务好人民、让人民群众满意的责任。我们怎可不深怀敬畏感：敬重之心，慎畏之心？因为用不好权力就会损害党的事业、人民的利益，甚至会危及党的执政地位。

敬畏权力，就要敬畏权力的神圣性，根除特权思想，从制度创新上破解权力运行的“特权机制”，慎之又慎地用权力，时刻警惕以特权为伍，防止权力的滥用，严守党纪国法，秉公用权，廉洁用权。

为此，党员干部应当经常想、想清楚、想明白：“入党为什么，当官做什么，给子女留什么”，始终保持清醒的头脑，树立正确的权力观，把自己当作人民的公仆、人民的“孺子牛”，是为人民所使唤的工具，把人民赋予的权力只用来为人民服务，有权不辱崇高使命，位高不失公仆之心，鞠躬尽瘁，死而后已。

中央一位领导同志强调：“当干部要有敬畏之心，一要敬畏历史，使自己的工作能经得起实践和历史的检验；二要敬畏百姓，让自己做的事情对得起养育我们的人民；三要敬畏人生，将来回首往事的时候不会感到后悔。”

“独有英雄驱虎豹、更无豪杰怕熊罴”的共产党人，为完善自己、兴旺事业，竟有如此之多的、群众欣慰的“敬畏”。我们还应敬畏自然规律和社会发展规律、敬畏真理、敬畏舆论、敬畏一切神圣的东西。

让我们从谦卑做起，从感恩出发，在敬畏中行进，做出仰无愧于前辈、俯不负于后人的业绩，书写人生无与伦比的瑰丽的篇章！

敬受母教

皇太后

宋太祖

敬受母教[①]

【历史背景】

张居正指出:"此后,宋太祖时时记住太后的叮嘱,窒欲防非,重道崇儒,缓刑尚德,以忠厚立国,以赤心待人,所以能削平叛乱,创立大业,并能传给后世。像宋太祖这样,才可以说是大孝啊!"

宋太祖赵匡胤在二十一岁的时候,离家闯荡天下,为的就是要找到自己的事业,他到了华北、中原以及西北的不少地方,都没能够如愿。后来在北上的途中,他终于找到了机遇,他遇到了当时担任后汉枢密使的郭威,于是赵匡胤凭借自己的武功投到了郭威的旗下。郭威后来即位做了后周太祖,赵匡胤就担任禁卫军长,在此期间,由于他恪尽职守,武艺高超,得到了后来的周世宗柴荣的赏识,成了柴荣的部下。等到周世宗即位后,赵匡胤跟随他南北征战,军功卓越,因此更得到了世宗的信任和重用,成为禁军高级将领。周世宗北征燕云的时候,大获全胜。可巧的是这个时候偏偏世宗染上了重病而无奈退军,不久便去世了,由其幼子柴宗训继位。临死前,世宗将赵匡胤升任殿前都点检也就是禁卫军首领。后来掌握军权的赵匡胤,乘"主少国疑"的机会,发动了"陈桥兵变",夺取了后周政权,建立宋朝。赵匡胤没有耗费太大的兵力,就顺利地取得了政权,统治了当时的大半个中国。他生活俭朴,给予臣子的待遇却十分优厚,他勤政爱民,真正将百姓的疾苦放在心上。在他在位的时候,因为治国有方,宋朝的经济和文化再次达到我国历史上的新高峰。

【原文】

宋史纪:太祖[②]尊母南郡夫人杜氏为皇太后[③]。太祖拜殿上,群臣称贺。后愀然不乐。左右进曰:"臣闻母以子贵,今子为天子,胡为不乐?"后曰:"吾闻'为君难'。天子置身兆庶之上,若治得其道,则此位可尊。苟或失驭[4],求为匹夫[5]不可得,是吾所以忧也。"太祖再拜,曰:"谨受教。"

【张居正解】

宋史上记,太祖既即帝位,尊母杜氏为皇太后。太祖拜上尊号,群臣皆称贺。太后愀然有忧愁不乐之色。左右之人问说:臣闻母以子贵,今子既为天子,太后为天子之母,其贵无以加矣!何故反有不乐?太后说:吾闻古人说"为君难"。盖为天子者,置其身于亿兆众庶之上,若治之有道,则民皆爱戴,而尊位可以常保;倘或治失其道,以致兆庶离叛,则虽求为匹夫,亦不可得矣!今我子虽为天子,吾方忧天位之难居,岂可以为乐乎!太后这说话,虽是告群臣,实有警诫太祖之意。故太祖即再拜谢,说:谨当受教。自是,即位之后,夙夜畏惧,窒欲防非,重道崇儒,缓刑尚德,以忠厚立国,推赤心置人。故能削平僭乱,创业垂统。于戏[6],若宋太祖者,可谓大孝矣!

【注释】

①此篇出自《宋史·后妃上·太祖母昭宪杜太后》。记述赵匡胤夺取政权后,杜太后激发他警惕丧失政权的故事。

②太祖:赵匡胤(927~976),960~976在位。涿州(今河北涿州市)人。后周时,任殿前都点检,领宋州归德军节度使,率军抵御契丹。至陈桥驿(今开封东北40里),发动兵变。黄袍加身,即帝位,国号宋,是为宋太祖。

③南郡夫人杜氏:定州安喜五代后周显德年间,赵匡胤为宋国军节度使,封其母杜氏为南阳郡太夫人。太祖即位,尊为皇太后。

④失驭:同"失御"。丧失统治能力。

⑤匹夫:平民,庶人。

⑥于戏:于,助词,无义。戏通"呼",即呜呼!

【译文】

宋代史书上记载:宋太祖尊其母南阳郡夫人杜氏为皇太后。太祖叩拜于殿上,群臣恭贺。太后满怀忧思而不欢乐。身边群臣进言,道:"我们听说母以子贵,今天儿子成为天子,您怎么反而不高兴呢?"太后说:"我听说'为君难',天子置身于亿兆庶民之上,如治理能得其道,这君位就可以尊崇,假如失去控制,再想当一平民也不可能了!此我之所以忧虑呀!"太祖再次叩头,说:"谨当受教。"

【评议】

赵匡胤是历史上著名的皇帝,他依靠"陈桥兵变"而兵不血刃一举夺得了帝位,这在当时战乱频频的时代无疑是具有深刻的历史积极意义的。他即位之后采取了积极有效的治国策略使经济获得了迅速的恢复与发展。这位皇帝是一位具有长远眼光、深谋远虑的智慧型人物,而富有智慧又深明大义的母亲对他进行的这一番教导在他日后的统治中意义更为巨大。母亲的训导与激发,就是要提醒他做皇帝要时刻警惕政权的危机,只有真正为百姓、为国家设想,才能够得到民众的拥护,否则就会遭到万民的唾弃,落得最悲惨的下场。赵匡胤在自己的政务上的确谨遵母亲的教导,无论是在政策的方针策略还是在典章制度的规定上都牢牢记住了母亲的警戒,所以在他的统治时期才会有稳定的局面。故事当中的赵母是可敬可佩的,充分显示出了她长远的目光,也显示出了作为太后拥有的德行与仁义。这对母子论政的故事,成为后世的佳话流传至今。今天也不失其原有的教育意义。

【拓展阅读】

太祖赵匡胤

宋太祖名叫赵匡胤,是宋朝的开国皇帝。他于乱世中起家,发动陈桥兵变,黄袍加身,建立了北宋王朝,并由此结束了五代十国的分裂局面。他以杯酒释兵权,削除藩镇,以文治国,加强了中央集权;他发展农业,健全科举,整顿吏治,为宋王朝的统治打下了坚实的基础。

乱世漂泊　黄袍加身

赵匡胤于后唐天成二年(公元927年)生于河南洛阳夹马营。他的父亲赵弘殷时任后唐禁军正捷指挥使,母亲为杜氏:传闻赵匡胤一生下来就体带异香,_二日不散,所以他的乳名叫"香孩儿"。后来他到了读书的年纪,父亲赵弘殷才为其取名赵匡胤。匡者,匡扶、保佑胤乱者,胤嗣、后代。"匡胤"就是匡救后世的意思,可见父亲对这个儿子的厚望。赵匡胤也的确没有辜负父亲的期望,他不但书读得不错,而且武艺骑射很出众,完全继承了父亲的武学天赋。等到成年,他就成了一个文武双全的青年俊杰。

在赵匡胤乱成长的十几年间,赵家很不景气。后唐庄宗李存勖时期,赵匡胤的父亲赵弘殷很受重用。后唐庄宗同光三年(公元925年),李存勖在兵变中被杀后,赵弘殷就开始受到冷落。此后十几年,朝代几度更迭,皇帝也换了五六个,而赵弘殷的官职却始终没动。这期间,赵匡胤又添了2个弟弟和2个妹妹,家大口多,赵家的境况就日益窘迫了。后晋开运二年(公元945年),19岁的赵匡胤娶妻成家,开始承担养家的重任。可是赵家已经穷困潦倒了,赵匡胤只好在21岁这年离家出去闯荡,希望能在外面做出一番事业。

赵匡胤满怀希望地开始浪迹天涯,不过残酷的现实却泼了他一头冷水。赵匡胤的父亲为官多年,也结交过一些有权有势的朋友。于是,赵匡胤就决定先去投奔他们,可惜世态炎凉,根本没有人愿意关照他这个落魄的晚辈。赵匡胤漂泊了两年,仍然一事无成。不过困境并没有击垮赵匡胤,反而将他的意志和性格磨炼得更加坚强了。后汉乾祐三年(公元950年),赵匡胤来到河北邺都,在后汉枢密使郭威手下做了一个小兵,他的人生从这时就开始改变了。

后周广顺元年(公元951年),郭威发动兵变,灭了后汉,建立了后周政权。郭威称帝,即后周太祖。他提拔有功的赵匡胤为禁军东西班行首,负责宫廷禁卫。显德元年(公元954年),周太祖郭威病逝,他的养子柴荣继位,即周世宗。柴荣是个很有作为的皇帝,他很器重赵匡胤,将其调到中央禁军任职。这样,赵匡胤终于有了施展才华的机会。二月,北汉世祖刘崇就趁着后周同丧.领兵前来征讨。周世宗亲自率兵迎战,赵匡胤也随军出征。两方军马在高平(今山西晋城东北)展开激战,战斗初期北汉军就占了上风,后周大将樊爱能、何徽等临阵脱逃,以致后周军阵势大乱。还是赵匡胤比较冷静,在他的建议下，世宗将禁军分为二部，张永德指挥一部，负责抢占制高点，用箭矢压制敌人的进攻；赵匡胤率领一部，负责从左侧直扑敌军阵地。在密集如雨的箭矢中，赵匡胤带着 2000 多骑兵奋勇杀敌。北汉军抵挡不住，后周军转败为胜。

高平之战后，赵匡胤一举成名，被世宗提拔为殿前都虞候候，跻身禁军的高级将领行列，从此深得世宗的信任。没过多久，他就受世宗委任，负责整顿禁军。经过一轮裁汰老弱、补足精干后，后周禁军的战斗力加强了，不过最重要的是赵匡胤在军中培植了自己的势力。他的心腹罗彦环、郭延斌等都进入基层，负责笼络普通将领。而赵匡胤自己则负责结交高层将领，他还与其中的石守信等人结拜为义社十兄弟。没过多久，后周军中从下到上，都有了赵匡胤的势力。

后来世宗又对南唐发动了几次进攻，将南唐在江北的 15 州收入囊中。赵匡胤也凭着在战役中的出色表现，晋升为忠武将军节度使兼殿前都指挥使。赵匡胤在军中的权势日益增大，同时他也开始重视与文人的交往。他将赵普、王仁瞻等文士都纳入麾下，为自己出谋划策。此时，他的弟弟赵匡义也来到军中，成为他的左膀有臂。随着权势的壮大，赵匡胤的野心也越来越大了。

后周显德六年（公元 959 年）六月，世宗柴荣病逝，他 7 岁的儿子柴宗训继位，符太后垂帘听政。后周面临“主少国疑”的局面，也就是皇帝年幼，人心疑惧不安。后周政权很不稳定，这就为赵匡胤篡位提供了良机。

后周显德七年（公元 960 年）正月，赵匡胤利用后周群臣朝贺新年的时机，谎报军情，说辽和北汉正联兵入侵。于是，小皇帝柴宗训就命他统帅禁军去迎战。当禁军到达距开封几十里的陈桥驿时，将领们就将一件象征天子身份的黄袍披在赵匡胤身上，并拥立他为帝。此事史称“陈桥兵变”。赵匡胤黄袍加身后，就立即掉头赶回开封，控制了京城的局势。柴宗训无奈，只好宣读了“禅位诏书”，将皇位“让”给他。就在公元 960 年正月，赵匡胤正式称帝，改国号为“宋”，改元建隆，定都汴京（今河南开封），他就是宋朝的开国皇帝宋太祖。

恩威并施杯酒释兵权

赵匡胤称帝时才 33 岁，不过他从 21 岁离家，在外拼搏了十几年，早已磨炼成一个成熟老练的政治家。他是凭着武力夺取后周政权的，这在五代十国的政权更迭中非常普遍。所以其他权臣同样有野心,他们时刻觊觎着赵匡胤的皇位。

为了稳定京城的局势,宋太祖对后周旧臣们以施恩安抚为主。他厚遇“禅位”的柴宗训和符太后,将后周旧臣原封照搬为宋朝开国大臣,连宰相王溥、范质和魏仁浦三人也原职留任。那些因拥立赵匡胤而崛起的新贵,则受到严格束缚,若是有人仗势欺凌旧臣,就会遭到宋太祖的严惩。通过这些措施,不少后周旧臣都安分下来,为新王朝效力。

不过也有不愿臣服,起兵作乱的。后周显德七年(公元960年)四月,昭义军节度使李筠就起兵叛乱,北汉也趁机侵扰,而后周太祖的外甥李重进也准备在扬州起兵响应。面对严峻的局势,宋太祖并没有慌乱。他首先用高官厚禄和寓意永保富贵的“丹书铁券”稳住李重进,接着就命皇弟赵匡义及大臣赵普等人留守京城,自己亲自领兵讨伐李筠。皇帝亲征,宋军士气高昂,很快就打败了李筠的叛军,又赶走了北汉的军队。李筠被逼得走投无路,最后自焚而死。太祖随后挥师南下,除掉了李重进。“二李”之乱平息后,后周旧臣也真正转变成了宋朝新臣,赵匡胤的政权终于稳定了下来。

解决了后周臣属的问题后,宋太祖稍微松了口气,不过他仍然不敢大意。他深知,五代时期的朝代更迭频繁,关键就在于臣属太强,尤其是统兵大将势力太大,他们要弑君篡位,实在太容易了。为了维护自己的统治,宋太祖决定收回禁军将帅的兵权。

建隆二年(公元961)七月初九夜,宋太祖宴请禁军将领石守信等人。酒至半酣,他概叹道:“要不是靠你们扶持,我也不会有今日。可当了皇帝后,我就没睡过一夜安稳觉,还不如做节度使逍遥自在啊!”石守信等人忙问其故。太祖郑重说道:“我这个位置,谁不想坐?”众人大惊,纷纷下跪叩拜表忠心,并请皇上指一条明路。太祖就顺水推舟,将早已做好的决定说出来。他说:“人生苦短,若不能及时行乐,实在可惜!你们何不交出兵权,多置些良田美宅,既能安享富贵,又能为子孙后代留下份产业。我再与你们联姻,这样君臣间没了猜疑,上下相安,你们也能日日美酒佳人,快活一辈子,岂不更好?”众将听了皇上的话,第二天就都识趣地交出兵权了。没过多久,太祖又用同样的手段削夺了王彦超等节度使的兵权。此事史称“杯酒释兵权”。

为了安抚这些交出大权的功臣,宋太祖不仅赐给厚赏,而且认真履行联姻承诺。太祖有一妹三女,其中三人都嫁入被释去兵权的将领家。功臣们失去了大权,却成了皇亲,心理上也平衡了,于是,君臣皆大欢喜。比起历史上许多开国皇帝大杀功臣的做法,这种方式无疑是以最小的代价来巩固君主集权。

先南后北武力统一

从中唐后期的藩镇割据，到五代十国的政权林立，中国长期陷入分裂混战中，这不仅使社会经济和文化的发展受到严重阻碍，还给社会各阶层都带来了深重的灾难。于是，结束战乱，重新统一，就成了五代十国末期所有人的共同愿望。后周世宗柴荣，就曾为中原统一做了不少努力。赵匡胤建立宋朝后，也把统一大业提上了日程。

北宋建立时，周边还有许多割据政权。其中北方有契丹族建立的辽国，西北有势力强大的党项族，夹在二者之间的是割据山西一带的北汉。在农业发达、物产丰富的江淮以南，还有南唐、吴越、后蜀、南汉、南平、楚、闽等 7 个割据政权。宋太祖要想实现统一大业，就要制定好周密的策略。到底是先伐南还是先讨北呢？太祖就召集谋士赵普等人以及曾参加过北周北伐的大臣们，一起商讨对策。经过多方探讨，他终于在建隆三年（公元 962 年）确立了“先南后北”的统一方针，即先取巴蜀，次取广南、江南，待国家强大后，再讨伐北汉和强大的契丹等。

乾德元年（公元 963 年），慕容延钊、李处耘等受宋太祖之命，率 10 州兵马征讨荆湖。他们遵从太祖的指示，向割据江陵的南平政权借道，然而趁机灭掉它。二月，宋军攻破南平都城江陵，国主高继冲投降，南平灭亡。之后，宋军继续进发湖南。一个月后，割据于此的楚政权也被平定了。这样不仅荆州、湖南的大片土地尽归北宋，而且水陆都可进攻后蜀了。乾德二年（公元 964 年）十一月，大将王全斌、曹彬等领兵讨伐后蜀。66 天后，后蜀灭亡，北宋的领地再次扩大。

后蜀覆灭后，宋太祖变得有些骄纵大意，他改变“先南后北”的方针，于开宝元年（公元 968 年）和开宝二年（公元 969 年）两次出兵北汉，结果都以失败告终。一再碰壁之后，宋太祖继续实施“先南后北”的策略。开宝三年（公元 970 年）九月，宋军出征南汉。次年二月，南汉灭亡。此时南方还剩下 3 个割据政权：南唐、吴越和闽政权。三个政权个个自危，其中实力最强的南唐主动取消国号，放弃皇帝的称号，改称“江南国主”。另外两个政权就直接上表称臣，接受宋朝的官职。

宋太祖本想和平统一南方。他以“南北一家，何分彼此”为由，几次召南唐国主李煜入朝，均被其拒绝。太祖非常恼怒，决定灭掉南唐。他扬言：“卧榻之侧，岂容他人酣睡？”意思就是南唐存在，就是侵占北宋的利益。不过南唐国力雄厚，又有长江天险作为屏障，有“江南第一大国”之称,实在不可小觑。为了讨伐南唐,宋太祖做了周密的计划。他用离间计除掉了智勇双全的南唐大将林仁肇,又利用南唐文人樊若冰获取了长江测绘图,并听从樊若冰的建议,在荆州建造了上千艘战舰及黑龙船,用以将来渡江时作为浮桥使用。

经过3年的精心准备,开宝七年(公元974)十月,宋太祖以曹彬为统帅,率水、陆、骑兵浮桥渡江,围攻金陵;同时又命吴越国主钱弘俶带领5万吴越军从东面进攻金陵;另命宋将王明进击武昌,从西面牵制屯驻江西的南唐军队,使其无法东下救援金陵。宋军从北、南、西三面进攻,金陵就成了一座孤城。李煜被困,仍不投降。十一月二十七日,金陵城破,李煜被俘,南唐灭亡。

灭南唐之战,是当时最大的一次渡江作战,也是宋太祖一生最得意的战役。宋军在这次战争中运用的“浮桥渡江”“围城打援”,成为中国古代战争史上的经典战术。此战之后,宋朝完成了南方的统一,当时已经臣服北宋的吴越和闽,最后灭亡在太祖的弟弟——太宗赵光义手里。

重文轻武祖宗家法

宋太祖在南北用兵的同时,也注重整顿内政。为了巩固和加强了专制主义中央集权,他采取一系列措施,并创立了一整套延用整个宋朝的“祖宗家法”。

太祖首先削夺了地方藩镇的兵权。在平定荆湖后,他就废除了荆湖地区的“支郡”地位,“支郡”原为节度使管辖,现在直属京师,原来掌管州务的武将也被文臣取代。支郡被废除,文臣任知府,就使得地方节度使的权力大大削弱了。除了削弱武将的权力,宋太祖也很重视对文臣的控制。建隆四年(公元963年),他制定了两项措施来限制州郡长官权力过重:一是“三岁一易”,即知府、知县在一个地方任职不得超过三年;二是在州郡设置通判,通判职位略低于知州,与知州共同判理事务,不过通判有一项特权,就是监督州郡长官,所以知州实际上受通判限制,二者产生矛盾,就在所难免了,在整个宋朝都是这样。

其次,就是收夺地方上的财权,称“制其钱谷”。自唐朝以来,节度使都可以存积大量钱财,称之为税赋“留州”。到宋太祖时,这项制度就正式废止了。乾德二年(公元964年),太祖发布诏令,要求各州除了留出必要的经费外,其余财赋中属于货币的部分全部上缴中央政府,不得无故占留。乾德三年(公元965年)三月,他又重申了这条诏令。地方政府没有了财权，就再也不能“屯兵自重”，如此一来，就确立了“天下之权悉归朝廷”“四方万里之遥，奉尊京师”的新型中央与地方的关系。

第三，就是调整君臣关系。宰相在封建社会里一直处于很高的地位，自两汉以来，宰相就同皇帝一样，可以坐着议事。到了宋太祖这里，他就撤了宰相王溥、范质等人的座位。此后宰相在皇帝面前只能站着奏事，由尊而卑，地位就大大下降了。宋太祖对普通官员则采用“官、职分离，互相牵制”的任官政策，使任何官员都不能集权力、荣誉和威望于一身，从而消除了他们对皇权的威胁。

宋太祖的所有措施，都是为了加强皇权，将所有的权力都牢牢抓在自己一人手里。他在集中权力的过程中，深切体会到文化统治的重要性。于是，他改革了隋唐以来的科举考试制度，放宽了科考范围，规定只要有一定文化的人，不论贫富贵贱，都可以应举；殿试也取消了淘汰制度，只要参加过殿试的人，就成了“天子门生”，人人都有官做。宋太祖靠武力开国，朝中重武轻文的风气自然浓厚。为了扭转这种风气，他下令修复孔庙，开辟儒馆，聘请博学多才的名儒来劝导教化。随着对文臣的重用，统治集团内部的重文风气也逐渐形成。太祖重文，但也不完全轻武，他对文臣武将，量才任用，这样北宋王朝的统治基础，不仅很稳固，而且非常广泛。

【镜鉴】

一、一些基本常识要遵守

(一)失人心者失天下

孟子说：“桀纣之失天下也，失其民也；失其民者，失其心也。得天下有道：得其民，斯得天下矣；得其民有道：得其心，斯得民矣；得其心有道：所欲与之聚之，所恶勿施，尔也。”孟子所言，换个说法，就是“失人心者失天下，得人心者得天下。”孟子是中国儒家学说的重要代表人物，他的学说中充满了民本思想。这种思想，一直被封建时代的开明君主奉为座右铭。

中国共产党作为执政党，始终坚持"以人为本"的执政理念，这正是对我国古代民本思想合理内核的批判继承。同样，"失民心者失天下"的古训，在当代中国仍然有它的借鉴意义；对于广大领导干部来讲，仍然具有十分重要的警醒作用。少数领导干部的恶劣行径正将自己推向人民群众的对立面。他们或者高高在上，狂妄自大，孤陋寡闻，不去了解下情，不去调查研究，严重脱离实际，严重脱离群众，决策随意性大，最终给人民群众的财产造成巨大损失。或者言行不一，台上一套台下一套，公开一套背后一套，欺上瞒下，阳奉阴违。或者只重形式不重内容，工作纯粹是为了应付上级、应付群众，做表面文章。老百姓形象地将他们描绘成："狠抓就是开会，管理就是收费，重视就是标语，落实就是动嘴，验收就是喝醉，检查就是宴会，研究就是扯皮，政绩就是神吹，汇报就是掺水，涨价就是接轨。"或者急功近利，哗众取宠，虚报浮夸，大搞劳民伤财、沽名钓誉的"形象工程""政绩工程"。动不动就来个"世界第一"，什么世界第一墙、世界第一楼、天下第一村，老百姓则叫苦连天，甚至有苦难言。而遇到事关人民群众切实利益的问题时，要么熟视无睹，要么高高挂起，听之任之，最终导致损害国家和人民利益的恶性事件的发生。贵州省瓮安县严重群体性事件发生后，贵州省一主要领导公开承认，发生这件事，是因为长期积累的矛盾，没得到及时处理。这一群体性事件背后真正的问题，在于民众对当地政府的不信、不满、不服。而这种民众对当地政府关系上的"三不主义"，正是瓮安事件的必然性原因。或者见利忘义，官商勾结，为了一己之私，慷国家之慨，不惜给国家和人民造成十倍甚至百倍的损失。

失民心者，从本质上来看，是由于他们的权利观、人生观和价值观扭曲变形所致。首先，他们不能正确认识自己手中的权力是人民赋予的。古代有"溥天之下，莫非王土；率土之滨，莫非王臣"的说法，在某些帝王看来，天下是他一个人的天下，因此，他无视百姓的生存和发展，任由自己胡作非为。历史始终证明，这种思想是十分荒诞的；而一次又一次的农民起义把他们的这种思想连同他们的王朝本身击得粉碎。时至今日，在极少数领导干部的头脑中仍然残存着这样的封建余毒，在人民面前，他们忘记了自己的权力是人民赋予的，忘记了自己是人民群众的公仆，因而时刻以主子的身份出现，对待人民群众整天盛气凌人，很少平易近人。其次，他们受拜金主义、享乐主义和极端个人主义的腐蚀，淡化、忘记甚至背离全心全意为人民服务的宗旨，不愿意甚至不屑于和群众交朋友，更加谈不上为人民群众谋利益，手中的权力完全成了自己牟取私利的工具。第三，他们头脑中具有挥之不去的以自我为中心的价值观。他们时刻以自我为核心,将党、社会、群众置之度外,处处为自己考虑,认为只要是有利可图的,就都是“有价值”的;倘若是对自己无利的,则都是“没有价值”的。

必须看到,对于少数落后干部存在的这种脱离人民群众的现象,如果任其发展,不提高认识,不加以制止和克服,必将造成相当大的危害。因为,人民群众的眼睛是雪亮的,他们爱憎分明,他们也是最通情达理的。他们心中自有一杆秤,哪个领导干部能够倾听他们的呼声,关心他们的冷暖,挂记他们的疾苦,为他们办好事办实事,为他们排忧解难,他们不但不会忘记,而且会把那些领导干部永远装在心里,挂在嘴上,甚至时刻想着如何报答、如何感恩,这就是古人所说的“得民心者得天下”,焦裕禄、孔繁森、郑培民等就是有力的证明。反之,哪个领导干部看不起他们,远离他们,不关心他们的冷暖疾苦,没有为他们办好事办实事,甚至鱼肉他们、欺骗他们,他们的心就不可能和你在一起,他们往往会对那些领导干部敬而远之。而任何领导干部,一旦失去民心,就必然会失去人民群众的拥护和支持,失去自己生存的土壤和根基,最终不仅一事无成,招致失败,而且长此以往还会给自己带来更大的祸害。真可谓“水可载舟,亦可覆舟”。

一个人是如此,一个组织是如此,一个政党同样如此。中国共产党领导的人民军队当年最终战胜装备精良的国民党军队,中国共产党最终战胜国民党,雄辩地说明“失人心者失天下,得人心者得天下”的道理。中国共产党始终坚持人民战争的思想,既是为人民而战,又是依靠人民而战,因此战无不胜。国民党却将人民排斥在战争之外,战争是为了他们统治集团的利益,战争严重脱离人民群众,因此屡战屡败。20世纪,东欧剧变、苏联解体,世界上一些老牌执政党、大党纷纷倒台,同样说明,依靠群众,力大无穷;脱离群众,一事无成。

我们党始终清醒地认识到,党最大的政治优势是善于组织群众、宣传群众、联系群众;党执政后最大的危险是脱离群众,失去民心。尤其是在新的历史时期,面对新的历史任务,站在新的历史起点上,党只有顺民意、谋民利、得民心,与人民群众做知心朋友,甘当人民的公仆,才能永远立于不败之地,党的执政基础才能更加巩固,党的事业才会更加兴旺发达。为此,领导干部就必须在不断提高认识、端正态度、加强党性修养下功夫,必须诚心诚意为人民服务,把为人民服务的价值取向升华为一种崇高的思想境界,实实在在为人民办事情。要通过办实事来凝聚民心、树立威望、密切关系;要想群众之所想、急群众之所急,呕心沥血为群众排忧解难;要解放思想,实事求是,与时俱进,开拓创新,大胆探索经济建设、社会发展的新途径,大胆创新工作思路,创特色、求实效,造福于群众。

(二)对手并不可怕

据说日本的北海道出产一种味道珍奇的鳗鱼,海边渔村的许多渔民都以捕捞鳗鱼为生。鳗鱼的生命非常脆弱,只要一离开深海区,要不了半天就会全部死亡。奇怪的是有一位老渔民天天出海捕捞鳗鱼,返回岸边后,他的鳗鱼总是活蹦乱跳的。而其他几家捕捞鳗鱼的渔户,无论如何处置捕捞到的鳗鱼,回港后都全是死的。由于鲜活的鳗鱼要比死亡的鳗鱼价格几乎贵出一倍以上,所以没几年工夫,老渔民一家便成了远近闻名的富翁。周围的渔民做着同样的营生,却一直只能维持简单的温饱。老渔民在临终之时,把秘诀传授给了儿子。原来,老渔民使鳗鱼不死的秘诀,就是在整仓的鳗鱼中,放进几条叫狗鱼的杂鱼。鳗鱼与狗鱼非但不是同类,还是出名"对头"。几条势单力薄的狗鱼遇到成舱的对手,便惊慌地在鳗鱼堆里四处乱窜,这样一来,反倒把满满一船舱死气沉沉的鳗鱼全给激活了。

一种动物如果没有对手,就会变得死气沉沉。同样地,一个人如果没有对手,那他就会甘于平庸,养成惰性,最终导致庸碌无为。一个群体如果没有对手,就会因为相互的依赖和潜移默化而丧失活力,丧失生机。一个政体如果没有了对手,就会逐步走向懈怠,甚至走向腐败和堕落。一个行业如果没有了对手,就会丧失进取的意志,就会因为安于现状而逐步走向衰亡。鳗鱼因为有了狗鱼这样的对手,才长久地保持着生命的鲜活。

古语云:出则无敌国外患者,国恒亡。这是为什么呢?答案很明显:没有一个强劲的对手。统治者无所顾虑,满以为四海之内的一切皆为他所拥有,所有的人都臣服于他,因而只知道吃喝玩乐,大肆挥霍百姓的钱财,行为极其奢侈,导致最后国破家亡。

拿破仑曾说:"一匹马如果没有另一匹马紧紧追赶并要超过它,就永远不会疾驰飞奔。"的确,别人跟得快,你才会跑得更快。没有了对手,就没有了危机感;没有了对手,就没有了竞争力;没有了对手,就没有了进取心。缺少对手,这样的人生难免会走向平庸,甚至失败。

对手是什么?有人说,对手是要战胜的对象,要想尽办法击垮它;有人说,对手是竞争的伙伴,要在竞争中共同发展;有人说,对手是要攀登的高山,山越高,征服它就越能体

现自己的价值；有人说，对手是论坛上的辩友，失去了一方，另一方也会失去意义……

其实，对手是动力，是你前进的动力，是实现自己人生辉煌、体现人生价值的奠基石。对手是生命中的盐，少了他们，生活就会很淡。人生需要对手，没有一个和自己实力相当的对手的人生是孤独而寂寞的。因为没有对手，自己的水平就无法提高，那是何等的煎熬，生命也会因此而凋零。

一个好的对手意味着竞争。普希金说：在我生命的终结，我最要感谢的人是我的对手。没有周瑜的三气，便显现不出孔明的高明；米兰同城对手的恩怨，成就了米兰双雄百年来的辉煌。美国不也是在急于寻找对手吗？对伊战争能拉动美国自身的经济。

的确如此，一个人拥有对手确实是件值得庆幸的事情。拥有对手，生活才会充满悬念和实现优胜劣汰；拥有对手，人才会有生存的危机感和竞争的压力；拥有对手，才会有竞争力，人才会不断进步和强大。拥有对手，你便不得不发愤图强，不得不推陈出新，不得不革故鼎新，甚至不敢稍有懈怠。否则，你就只有等着被吞并、被替代、被淘汰的命运的到来。

对手，仿佛是催人奋进的警钟；对手，犹如催人策马疾跑的鞭子。如果你在生活中拥有对手，尤其是拥有非常优秀的对手，你应该感到无比的庆幸。正因为有了对手，我们的生活才不会像白开水一样平淡乏味，而是变得美丽、变得七彩斑斓；正因为有了对手，我们才不会像人工养殖的鲜花一样弱质纤纤，而变得越来越坚强；正因为有了对手，我们才能享受到真正的快乐。那么为何不道声“感谢对手”呢？

对手的存在能够让我们看到自己的不足，能够让我们正视自己的长短，能够让我们不断超越自己获得更多的资本取得更大的发展。尽管心里感觉不好受，但好的感受激发不了生存的能力，生存能力就是在困境中生长的，所以，没有对手时，我们要敢于主动去寻找对手。有了对手时，就绝不放弃，因为任何能力只有过程中才能得以成全，拥抱一切困境，困境的过程使我们的心灵走向成熟。

所以你不要总想着如何把对手置于死地，不要挖空心思把对手消灭。其实，对手是我们的目标，是我们的动力，有了目标，有了动力，你才会有机会迈向成功。如果你放弃这个目标，你就会因失去动力而停滞不前，也会因迷失方向而无所作为。对手可以使我们互相鞭策，互相鼓励，共同前进。因而对手是我们最好的朋友。

但是，在现实生活中，我们却总是见到那么多的人憎恨对手，把对手视为是心腹大患,是异己,是眼中钉、肉中刺,恨不得马上除之而后快。殊不知,人是有惰性的,当他没有对手竞争时,尽管原先非常强大勇猛,最终也会逐步丧失活力而变得平庸柔弱。因此,只要反过来仔细一想,便会发现拥有一个强劲的对手,反而倒是一种福分,一种造化。因为一个强劲的对手,会让你时刻有种危机四伏的感觉,它会激发起你更加旺盛的精神和斗志。

没有对手,生活的方式如何多种多样;没有对手,人生的意义如何体现。没有对手的人生索然无味,没有拦路虎的坦途令人丧失斗志。跟高手的竞争过程,可以说是一条通向胜利彼岸的蜀道。尽管坎坷无限,只要坚持到底,人生将会得以升华。依靠对手,把对手的力量当作前进的动力,你会认清方向、不断进取,成功就会随之而来。

对手是成功者的陪练者。职场上的对手,能够激活你的最大潜能,创造出最好的成绩。最高的纪录往往就是在与对手较劲时创下的。工作中的对手,能够使你战胜自满和懒惰,不断从"好"迈向"更好";商场上的对手,能够使你放弃安逸,不断做出更大的"蛋糕"。而且,对手越强,威胁越大,赢者在闯关夺隘的征战中提高越快。从某种意义说,各行业的冠军都是被对手们撵到最高处的。

当孔令辉击败瓦尔德内尔夺取乒乓球男子单打冠军时,所有在场的观众把同样热烈的掌声和欢呼声送给了这场较量的胜败双方,正因为有了瓦尔德内尔这样的对手,中国乒乓球才不会独孤求败拔剑四顾心茫然,才会让世人心悦诚服地承认我们在乒乓领域的王者之尊。

我们要感谢人生中各个时期、各个阶段的每一个对手。如果我们没有对手,没有强大的对手这个目标,让我们吃不香、睡不着,让我们时时感到危机,我们的潜能就挖掘不出来。应该说,是对手造就了我们的成功,对手越强大,我们自己也就越伟大。所以,我们还得感谢对手,是他们把我们提升到一个新的境界。

也许某一天,一个强有力的对手会把你打败,没有关系,只要有必胜的信心,就会体会到"人外有人,天外有天"。然后不断激励自己,提高自己,最终打败对手。因此,有人说,是所有我们曾经碰上的对手让自己越上了一个更高的层次,是那些人成就了我们的成功,也是他们验证了我们成长的历程。

对手是一面镜子,可以照见自己的优势,也可以照见自己的缺陷。在如今五彩缤纷、竞争激烈的社会中,涌现出一批又一批发展全面、素质强劲的对手。所谓"狭路相逢勇者胜”,正是由于他们,才使你认识到自己的不足,才使你认识到要发展自我,才使你认识到社会乃至整个世界都无时无刻地在进步,在前行。对手犹如一面铜镜,能照出你自己的特征,也能激励你去不断学习,不断发展。如果没有了对手,缺陷也不会自动消失。对手,让你时刻提醒自己,没有最好,只有更好。

有时候,将我们送上领奖台的,不是我们的朋友,而恰恰是我们的对手。西方社会有位名人讲了这样一句很有哲理的话,他说:“许多人之所以伟大,多半是由他们的敌人促成的。”这对于名人来讲,古今中外,概莫能外。而且,敌人越是阴险狡猾的,越能促使你更加成功,名扬天下。“一个人最怕的是没有对手。”著名速滑运动员叶乔波曾经这样说。有了对手,人才有了竞争的斗志,才能破釜沉舟,勇往直前。

清朝时最有名的皇帝康熙大帝在60岁时大摆“千叟宴”,在席上他敬了三个人——一个是在康熙大帝幼年时的对手鳌拜,一个是在台湾的郑经,还有一个是准噶尔的噶尔丹,他说:“鳌拜、吴三桂、郑经、噶尔丹,还有那个朱三太子,他们都是英雄豪杰啊!他们造就了朕,是他们逼着朕创下了这丰功伟业,朕恨他们,也爱他们,可惜的是他们都死了,朕寂寞啊!朕不祝他们死的安宁,朕祝他们来生再与朕为敌吧!”

人因有了对手而成为强人,动物因没有对手走向灭亡。寻找对手吧,对手是人生最好的激励!

所以我们要感谢对手,因为真正的对手是我们的老师,真正的对手是我们的镜子,真正的对手是我们需要拼尽全力才有可能超越的目标,正是有真正对手的存在,才使得我们的事业见识到了天外有天,才使得我们的头脑由妄自尊大变得深刻冷静,才使得我们自己在凌空虚蹈的瞬间醍醐灌顶如梦初醒。正视对手,与高手过招,我们能够不断地校正方向,我们能够不停地向前方奔跑,我们能够不悔地抵达美好的未来。感谢对手吧!正是由于他们,我们才会认识到自己的缺点,才会激发我们的潜能,才能激励我们不断进步,才会迫使我们奋勇前进,勇攀高峰!

古人讲:下棋要找高手,弄斧须到班门。要提升自己,精彩人生,不仅需要面对对手,更需要挑战高手。只有这样,才能历练成金,获得真功,从而立足社会,展示生命的价值。唐太宗说得好:“以铜为镜可以正衣冠,以人为镜可以知得失。”有了对手,我们就可以看到自己的不足之处,并尽力改之。因此,我们欢迎对手,更应当努力寻找有价值的对手,以创造竞争环境的远见,以学习对手的诚心,以帮助对手的肚量,以赶超对手的勇气,在超越对手的同时超越自我,努力实现“双赢”的目的。在与品德、才学都能够堪称一流的对手过招时,我们能够丰富见识,磨炼意志,并让自己在不知不觉与潜移默化中得到精神的洗礼,受到人格的熏陶。

没有对手的日子是寂寞的,那就让我们善待对手吧。把同事当作对手,在竞争中提高业务;把事业当作对手,在进取中感悟快乐。善待对手,我们才有可能超越对手,才有可能在良性竞争环境中立于不败之地。别把对手当作敌人,更不要花太多的心思研究怎样对付对手,那样做的结果只能是两败俱伤。

奋斗途中,不要抱怨你的对手;成功来临时,不要忘了感谢你的对手。从某种意义上说,他才是你人生路上最好的朋友。

善待你的对手吧,千万别把他当成“敌人”,而应该待他当作是你的一剂强心针,一副推进器,一个加力档,一条警策鞭。

善待你的对手吧,因为他的存在,你才会永远是一条鲜活的“鳗鱼”。

(三)不可“裸体为官”

网络世界日新月异,各种新词层出不穷,如潮水般涌现。仅就“裸”字而言,本意为赤身露体,一向为生性含蓄的国人所忌讳,然而在网上也衍生出不少使用率颇高的新词,既有被人们赞颂不已的“裸捐”“裸退”,又有为人所不齿的“裸聊”“裸奔”等。2008 年,又冒出了一个令人惊诧的新词——“裸体为官”(简称为“裸官”)!

1.何谓“裸官”

裸官是指那些配偶、子女以及财产都已转移到国外,自己独自留守国内的领导干部。一旦感觉风吹草动,有东窗事发前兆,“裸官”们便会迅速抽身外逃,溜之大吉。令人忧虑的是,“裸体为官”并非个别现象,而是一个具有一定规模的群体。仅据商务部 2004 年公布的数据,即有 4000 多名贪官挟带 500 多亿美元资产出逃海外,并且绝大多数事先已把配偶、子女以经商、留学等名义送往国外。可见,“裸体为官”虽并不能直接等同于腐败证据,但领导干部将自己的家人及来源不明的财产接二连三转移到国外,至少可视为一种腐败的信号,应引起有关部门的高度重视。

2.“裸体为官”现象的出现。反映了一些领导干部对党和国家缺乏忠诚和信念,本质上是一种背叛行为。其危害是极其严重的他们在台上大谈社会主义制度的优越性，教育群众要对党和国家忠诚，自己背后却悄然安排好了退路，随时准备“胜利大逃亡”，与家人“会师”国外。在任何一个国家，官员对自己的国家及政党失去忠诚和信念，都是一个极其严重的问题。如果对“裸体为官”现象听之任之，势必会影响广大人民群众对党和国家机器的信任，使国家和民族的凝聚力、向心力受到严重破坏，甚至使国家的政治、经济乃至军事安全遭受严重损害。

3.“裸体为官”现象从反面警示我们：理想和信念是共产党人安身立命之本，任何时候都不能动摇

理想和信念是人们的政治信仰和世界观在奋斗目标上的集中体现。我们共产党人的奋斗目标是实现共产主义，在现阶段则是建设有中国特色社会主义。坚定的理想和信念，是共产党人的灵魂，是共产党人前赴后继、奋斗不息的精神支柱和力量源泉。在战争年代，凭着坚定的理想信念，千百万革命者经受了血与火、生与死的考验，迎来了新中国的诞生。

在社会主义建设和改革开放的历史时期，同样凭着坚定的理想信念，广大党员干部经受了执政和改革开放的考验，以自己的先锋模范作用，团结和带动亿万人民群众，取得了社会主义事业的一个又一个胜利。共产党人一旦丧失理想信念，就意味着背叛，就会蜕化变质和滑向腐败的深渊。那些被查处的腐败分子虽然案情不同，但无一不是从丧失理想信念开始，经历一个从量变到质变过程的。大贪官胡长清常对移居国外的儿子说：“总有一天中国会不行的”，“有两个国籍，将来就有余地了。”为此，胡长清全家都办了化名身份证和因私出国的护照，准备一有风吹草动时就开溜国外。正如胡长清自己所言，“放弃世界观改造，个人私欲恶性膨胀，迎合钱财的诱惑，遇到资产阶级糖衣炮弹的袭击，不战即败”。

共产党人的理想信念，不是空洞的说教，必须体现在行动上，体现在能否经得起执政的考验、改革开放的考验和权力、金钱、美色的考验上。防止“裸体为官”现象，必须加强理论学习，注重世界观的改造，树立坚定的理想信念，切实加强党性修养。只有学好科学理论，才能使我们正确而深刻地认识社会发展的客观规律，而不被各种纷繁复杂的形势所迷惑。各级领导干部一定要把理论学习作为事业和人生的头等大事，深入、全面、系统地学习马列主义、毛泽东思想和中国特色社会主义理论体系，真正理解和掌握人类社会发展的客观规律，坚定共产主义必胜的信心，使共产主义的理想信念深深地扎根于自己

的头脑里、凝刻在自己的心目中，筑起拒腐防变的思想长堤。

要牢固树立正确的世界观、人生观、价值观，努力改造主观世界，自觉接受党性教育，始终保持理想不变、信念不失、宗旨不忘、传统不丢、本色不改，并且做到“见贤思齐，见不贤而自省”，像焦裕禄、孔繁森那样对党对国家对人民对社会主义无限忠诚，为了党的事业，为了共产主义理想鞠躬尽瘁，死而后已。

4.防止“裸体为官”现象，必须按照从严治党的要求，切实加强对党员领导干部的管理监督

针对干部容易犯错误、群众反映强烈的问题，要及时制定行为准则和道德规范，完善规章，建立制度，为实施有效的管理监督提供制度保证。特别是要针对已暴露出的干部管理监督上的薄弱点甚至空白点，从机制、管理等方面着手，进一步加大对党员领导干部的监督力度，主动监督，将监督关口前移。尤其要坚持和完善领导干部重大事项报告制度，发现问题及时提醒、及时纠正。除了对领导干部工作时间内的表现要监督外，还要加强对领导干部工作时间以外活动的监督管理。努力做到领导干部的权力行使到哪里，领导活动延伸到哪里，党组织的监督就实行到哪里。

5.防止“裸体为官”现象，关键还要从制度上切断贪官外逃的退路

必须加强对领导干部因公出国的管理，包括出国培训及因私护照的管理，对领导干部出国实行严格审批制度，对其直系亲属出国留学、定居实行申报备案及公示制度。建立领导干部财产公布制度，领导干部必须定期向社会公布家庭财产及年收入情况，以接受群众监督。同时，加强对党员干部廉政情况的分析，对于群众反映比较大的干部，出国应从严控制。

（四）简单生活是一种幸福

世事纷繁，人生如棋。在当今社会存在一定浮躁情绪的情况下，一个人要走好人生、成就辉煌，既需要热情，也离不开智慧。善于发现生活中的简单，乐于过简单的生活，保持积极向上、健康和谐的心态，对于抓住机遇、应对挑战，实现个人价值，创造幸福生活，至关重要。

简单生活，并不意味着贫苦、简陋的生活，而是经过深思熟虑之后，过上目标明确的生活，是一种丰富、健康、和谐、悠闲的生活。“非淡泊无以明志，非宁静无以致远”，这是

大家耳熟能详的一句名言，其实道出了简单生活的真谛。人生一般不过百年，需要得到物质的满足，更应当追求精神的富有，这样才能赋予生命以价值和意义。倘若一个人满脑子都是权力、金钱、美色，不惜为之忙于算计、疲于奔命，甚至利令智昏、铤而走险，最终必将误入歧途、亵渎生命。也就是说，只有追求简单生活，才能不为物所役、不为欲所累，把握人生航船的正确方向，排出生命过程本末轻重的优先顺序，努力成为一个高尚的人、一个有益于人民的人，真正领略生命高处的绚丽。一位叫梭罗的西方哲学家说："大多数所谓豪华和舒适的生活不仅不是必不可少的，反而是人类进步的障碍，对此，有识之士更愿选择比穷人还要简单和粗糙的生活。"的确，简单的生活能够使人清心寡欲，使人不至于执着于财富、权势等身外之物，超越那些短浅的功利目标，从而树立起追求更高人生价值的志向；简单的生活也能使人不为浮华的生活所迷惑，得以砥砺自己的性情节操，培养出超尘脱俗的心灵和出类拔萃的品格。可以说，简单的生活是内心和谐的基础，而高尚的精神追求则是简单生活的升华。

1.只有追求简单生活，保持心态宁静，才能集中精力学习思考，不断增长才干，从而在事业和人生的道路上走得更好、走得更远

《礼记·学记》中说："玉不琢，不成器；人不学，不知道。"学然后知不足。学习是人们了解自身的缺陷和不足，进而在思想、知识和能力上不断取得进步的重要前提和基础。

我国古代有"十年窗下无人问，一举成名天下知"之说，而现代社会的人们则要通过更长时间的学习，才能掌握适应社会的基本技能。一个人如果想要在事业上取得更大成就，学习就应成为"常态"，成为一种终身行为。学习之时，必须保持宁静的心态，即平心静气、聚精会神、心无旁骛。心态是否保持宁静，效果大不一样。《孟子·告子章句上》中讲述了这样一个故事：两个人师从著名棋手奕秋学习棋艺，其中一个人专心致志，"惟奕秋之为听"；而另一个人虽然表面上在听讲，但实际上心猿意马，"一心以为有鸿鹄将至，思援弓缴而射之"。最后，两个人的棋艺相差甚大。这并不是因为他们的智力有多大差别，而是因为学习时的态度不一样：前者保持了心态宁静，后者却没有做到。"学而不思则罔，思而不学则殆。"一个人要实现成长和进步，学习与思考是相辅相成、缺一不可的两个重要条件。学习需要保持心态宁静，思考也是如此。思考是一种去粗取精、去伪存真、透过现象看本质的复杂脑力劳动。要想在前人认识的基础上有所前进，要想在纷繁复杂的形势中做出正确判断，就必须静下心来进行深入思考，正所谓"三思而行，再思可矣"。

实践证明，新认识、新发明、新创造常常是在长时间的专心学习和深入思考后取得的，而片面或错误的判断与决策往往是在心浮气躁和急功近利的心态下做出的。

2.只有追求简单生活，保持情趣健康，才能确立远大奋斗目标，拥有高尚的精神追求

理想信念是引导人们奋然前行的强大动力，远大目标是成就辉煌人生的重要前提。人的一生，没有理想信念和明确目标，就很容易浑浑噩噩、一事无成。诚然，奋发向上、开拓进取，生命才能闪耀光芒；成就事业、实现价值，人生才没虚度。但生命过程有高潮也有低谷，有选择就有放弃。如果总是用功名利禄的鞭子驱使着自己一路狂奔，无暇顾及四季的变化，不给自己喘息的机会，那就可能背离生命的真谛，也很难实现真正的成功。简单和单纯的生活有利于消除物质与生命本质之间的隔阂。

为了获得圆满无悔的一生，我们必须认清哪些是我们必须拥有的；哪些是可有可无的；哪些是必须丢弃的。追求简单生活，就要摆脱虚名浮利的羁绊，抵御灯红酒绿的诱惑，注意培养健康的生活情趣，始终保持高尚的精神追求。追求简单生活，不是不求进取，而是把扛在肩上的包袱卸几件，调适身心，积蓄力量，以更好地投入火热的实践中、多彩的生活中。

3.只有追求简单生活，才能做到洁身自好，不贪不占。人最大的财富。是在于无欲。但有的人往往是因为贪得无厌走上不归路

在山东曲阜孔府内宅正门的一面照壁上，绘有一幅龙头、狮尾、麒麟身的动物，传说是天界的神兽。尽管它的脚下和周围都是宝物，但它并不满足，还妄想去吞食太阳，结果被太阳烧死，可谓贪得无厌。据说孔子将这幅画画在内宅门里，是为了让家里世代做官的人每天都能看到它，提醒自己要引以为戒，不可贪得无厌。相传孔子这一图画式家训就是成语“贪得无厌”的由来。其意义发人深省，足以令人为戒。

凡是读过弘一法师传记的人，都不会忘记他以珍惜和满足的神情面对盘中餐：那不过是最普通的萝卜和白菜，他却用筷子小心地夹起放在嘴里津津有味地咀嚼，似在享用山珍海味。“一生清福，只在好书良友”。其实，人生幸福与否并不取决于得到的多少，能够长久享受简单生活的快乐，无疑是人生幸福的源泉。

二、立党为公

治国必先治党，治党务必从严。多年来，全国纪检监察机关一直保持查办案件的强

劲势头，致使许多贪官纷纷“落马”。据统计，“从 2007 年 11 月至 2010 年底，全国纪检监察机关共立案 43.5 万件，结案 44.6 万件，给予党纪政纪处分 46.6 万人，涉嫌犯罪被移送司法机关处理 16607 人，立案件数、结案件数和党纪政纪处分人数逐年增长；共查办商业贿赂案件 50244 件，涉案金额 125.4 亿元。党的十七大以来，中央纪委监察部严肃查处了刘志军、陈绍基、王华元、黄松有、王益、康日新、黄瑶、宋勇、许宗衡等一批大案要案，各地区各部门也查处了一批在本地区本部门有重要影响的案件。通过查办案件，有力震慑了腐败分子，彰显了我们党反对腐败的鲜明态度和坚强决心，增强了人民群众对反腐败斗争的信心。”

透视这些省部级贪官“落马”的人生轨迹，大都是“艰苦在童年，成长在青年，辉煌在中年，失足在晚年”。他们的惨痛教训再一次敲响了警钟：莫拿腐败的钞票去换法庭的传票。贪官在危害党、国家和人民的同时，也就在为自己营造“囚牢”。贪得越多，罪行就越严重，命就越不值钱，轻者则身陷囹圄，重者则被判处极刑，并且身败名裂，被世人唾骂。导致这种人生结局的主要原因是他们忘记了立党为公的立身之本，从而失去了人生坐标，导致了人生观扭曲、价值观失衡、权力观错位。为此，他们的沉痛教训值得我们反思和引以为戒。

要立党为公，必须牢固树立正确的人生观。“高飞之鸟，亡于贪食；深潭之鱼，死于香饵。”而人类并非都是“为财而死”的。古人云：“为生民立命，为天地立身。”“生无益于时，死无闻于后，是身弃也。”江泽民同志在《加强思想政治建设，提高干部和党员队伍素质》一文中指出：“我们的干部和党员，一定要把人为什么活着这个问题弄清楚。如果只是为自己、为家庭而活着，那个意义是很有限的。只有为国家、为社会、为民族、为集体的利益奋不顾身地工作着，毫不保留地贡献出自己的聪明才智，这样的人生才有真正的意义，才是光荣的人生、闪光的人生。”因为，在人的成长过程中，世界观、人生观和价值观决定着人生追求、奋斗目标和价值取向，是人的立身之本、浩然正气的源泉，是勤奋敬业、甘于奉献的精神支柱，是以德从政、廉洁自律的灵魂。人只有找准了自己的人生坐标，明确了自己的人生追求，才能在茫茫大海中找到了前进的航标，才能信心百倍、锐意进取、执着拼搏、勇往直前，并实现自己的人生价值。人只有在不断的追求中，才能发现自我、完善自我、超越自我。正是这样一种锐意进取，勇于开拓的事业激情，使人生的历程在人生舞台上展示了丰富多彩。历览古今人生，有的人勤奋敬业、利国利民、造福人类、功成名就、流芳百世,与天地同在;有的人损公利私、贪赃枉法、危害社会、身败名裂、遗臭万年,生不如死;有的人安分守己、勤俭清贫、平平凡凡、劳碌一生、传宗接代,后裔缅怀。人世间多少地位显赫和钱财富有的人,大都过眼烟云,灰飞烟灭以至没有留下一丝痕迹。生命的意义不是看他的地位、荣誉、财富,而是看其在简单的事情中能折射出多少内在的价值。生命的价值不在于长短,而在于其价值的体现。生得伟大,死得其所。人生的意义不在于索取,而在于奉献。雷锋同志作为一名普通战士,在平凡的岗位上,如一颗螺丝钉,恪尽职守;在平时生活中,毫不利己,专门利人,做了很多好事实事。1963 年,毛泽东主席发出“向雷锋同志学习”的伟大号召。雷锋精神之所以影响和激励了一代又一代人,是因为他弘扬专门利人、甘于奉献的精神。正如雷锋在日记中说的:“人活着,就是为了使别人过得更美好。”“人的生命是有限的,可是,为人民服务是无限的,我要把有限的生命,投入到无限的‘为人民服务’之中去。”传播和践行党的创新理论的新时代楷模——海军大连舰艇学院教授方永刚几十年如一日,潜心钻研党的理论,真学、真信、真心地传播党的理论。党的理论每前进一步,方永刚的学习和研究就跟进一步。方永刚曾因车祸住院 108 天,住院期间,他研读了 43 本理论书籍,撰写了 30 万字的著作。笃志于对党的理论的学习与传播,在自身头脑不断武装、思想不断净化、境界不断提升的同时,他也成了最受群众欢迎的党的政策的“政治翻译”“广播电台”。20 多年来,方永刚之所以能够十分执着地创新党的理论,全身心地实践党的理论,就在于他找准了自己人生信仰的支点,孜孜不倦,以三尺讲台书写人生的精神力量,将有限的生命投入到无限的为人民服务之中去。正如方永刚同志说的:“如果有一天我的生命之钟停摆了,我愿意把它定格在自己的岗位上,永远保持一名思想理论战线英勇战士的冲锋姿态,让有限的生命为太阳底下最壮丽的事业燃烧。”在延安,毛泽东主席推出了白求恩和张思德这两位共产党人的先进典型。他在《纪念白求恩》和《为人民服务》两篇文章中教诲我们要做“一个高尚的人,一个纯粹的人,一个有道德的人,一个脱离了低级趣味的人,一个有益于人民的人”。“人总是要死的,但死的意义有不同”。“为人民利益而死,就比泰山还重;替法西斯卖力,替剥削人民和压迫人民的人去死,就比鸿毛还轻”。伟大和渺小、高尚和卑劣、光荣和耻辱,不是与生俱来,而是在于是否把个人这个“小数”加在人民事业这个“大数”上,把个人的“点滴”融入党和人民事业的“江河”。由此可见,人的诞生和死亡,其结果是相同的,不可改变的;只是人的生命过程不尽相同,所体现的人生价值也就不相同。人生的过程是短暂的，每个人都是世上的一个过客，要做怎样的过客，扮演怎样的角色，那是每个人的选择。人生过程的选择尽管不相同，结果如何也固然重要，但关键的是要遵守做人的道德规范，固守做人的良知底线，并为自己确定的人生目标去拼搏，人生自然会得到丰厚的回报。生前博得万民爱，不唤清风自然来。也就是说，人生的态度，人生的追求，人生的感觉和人生的成就，显示着人生的质量和价值。正是这样一种锐意进取，勇于开拓的事业激情，使人生的历程在人生舞台上展示了丰富多彩。因此，高尚的追求，描绘出五彩斑斓的理想，让人生更加瑰丽，志向愈显雄奇；庸俗的追求，遮住了蓬勃明媚的春光，使人生黯淡失色，青春愈显衰老。

要立党为公，必须牢固树立公仆意识。古人云："报国之心，死而后已。""以身殉道不苟生，道在光明照千古。"党章明确规定："党的干部是党的事业的骨干，是人民的公仆。"公仆意识是由我们党的性质和宗旨决定的，也是共产党人立党为公、执政为民的本质体现。我们党作为执政党，是国家和人民利益的忠实代表。我们党除了工人阶级和最广大人民群众的利益，没有自己的特殊利益。对党员领导干部而言，领导是人民的公仆，官职是为人民服务的岗位，权力是为人民服务的工具。权力意味着责任和义务，意味着行使公共权力，官位越高，权力越大，肩负执政为民的责任就越重，应尽执政为民的义务就越多，付出执政为民的贡献就越大，其人生价值就越辉煌。周恩来同志是立党为公、执政为民、殚精竭虑、鞠躬尽瘁的世代楷模。他没有墓，没有祠，没有儿女，无怨无悔地奉献自己的毕生精力。他深情地说："假如是对人民，我们要像孺子牛一样诚诚恳恳、老老实实为人民服务。我们要有所恨，有所怒，有所爱，有所为。""我们的国家机关是属于人民群众的，是决心为人民服务的。""人民的世纪到了，所以应该像条牛一样努力奋斗，团结一致，为人民服务而死。"新时期优秀领导干部的楷模——西藏自治区阿里地委书记孔繁森，1992年年底，他主动报名第二次进藏工作。面对人生之路又一次重大选择，他毫不犹豫地服从了党的决定，人民的需要。孔繁森进藏工作，请人写了"是七尺男儿生能舍己，作千秋鬼雄死不还乡"和"青山处处埋忠骨，一腔热血洒高原"的条幅，以此铭志。孔繁森两次赴藏工作10年间，情系高原，始终立党为公、恪尽职守、为民解难、无私奉献、一身正气、廉洁清正。1994年11月29日，孔繁森因车祸殉职。人们在他的遗体上找到的现金只有8元6角，谁会相信，这竟是一个地委书记在西藏的全部遗产。孔繁森殉职后，胡锦涛同志撰写了署名文章，号召全党、全国人民向孔繁森同志学习。新时期优秀领导干部——湖南省委副书记郑培民立党为公,清正廉明,勤政为民、鞠躬尽瘁。他饱含深情地说:"我是人民培养的书记,当然应该亲民、爱民、为民。"他在日记中写道:"老百姓比天大","做官先做人,万事民为先",自己要"永做人民的公仆",为党和人民掌好权、用好权。他要求自己"多为人民谋取利益、办实事",对老百姓的正当要求有求必应。这为他践行"为官先做人,万事民为先"奠定了基础。2003年初,中央电视台评选出"感动中国"十大人物,郑培民被列为第一位,评委为他做出的评语是:"他身居高位而心系百姓,他以'做官先做人,万事民为先'为自己的行为标准,直到生命的最后时刻仍然不忘自己曾经许下的诺言。他树立了一个共产党人的品德风范,他在人民心里树立起一座公正廉洁为民服务的丰碑。"由此可见,公仆意识不仅是我们党的立党之本、执政之基、力量之源和事业勃兴的根本保证,而且是党员领导干部的立身之本、精神支柱、正气之源。为此,党员领导干部都要以这些时代楷模为榜样,增强公仆意识,以服务人民为人生理想,以奉献社会为人生价值,以先忧后乐为人生境界,始终坚持立党为公,执政为民,殚精竭虑,无怨无悔。

要立党为公,必须严于律己,清正廉洁,两袖清风。古人云:"忠信廉洁,立身之本。"胡锦涛总书记在海南省考察工作时强调指出:"各级干部要坚持讲党性、重品行、做表率,切实做到解放思想、大胆探索,勤政为民、真抓实干,严格自律、廉洁奉公,特别是要以谨慎之心对待权力、以淡泊之心对待名利、以警惕之心对待诱惑,干干净净为国家和人民工作。"由于当前社会,诱惑太多。世界五光十色,商潮汹涌,各种各样的诱惑,犹如一个个或明或暗的陷阱,作为领导干部必须警惕诱惑,抵制诱惑,并且战胜诱惑。"不虑于微,始成大患;不防于小,终亏大德。"党员领导干部只有自觉遵守党的纪律和国家的法律法规,严格执行廉洁从政的各项规定,养成严于律己、遵纪守法、清正廉洁的好习惯,处处防微杜渐,时时警钟长鸣,才能顶得住歪风,挡得住诱惑,经得起执政和改革开放的考验。实践证明,那些贪权、贪财、贪色的贪官,之所以咎由自取,成为阶下囚,是因为他们不严格自律、不遵纪守法,完全丧失了做人的良知底线。正如湖南省工商局党组原副书记、常务副局长廖子中(因犯受贿罪、玩忽职守罪被依法判处死缓)在《我的忏悔书》中所醒悟的:"人生要把握好自己,慎走旅途每一步。我的惨痛教训说明,人生之路并不都是平坦的,有荆棘,有坎坷,还有陷阱。要走好旅途每一步,贵在把握住自己,把握好自己。要使自己的人生天平不倾斜,必须真正领悟人生的真谛和做人的准则,真正懂得什么才是正确的世界观、人生观和价值观，想问题做事情，常自警、自律，明知可为才为之，切不可明知不可为而为之。现在，我才真正醒悟到，身为领导干部，在权力问题上把握不住自己，把握不好自己，碰壁摔跤，甚至落入陷阱，走上犯罪，则是迟早的事。领导干部把握好自己，最根本的是心中时刻想着两头，一头是中央，一头是群众。上要坚定地与中央保持一致，切不可我行我素；下要心中装着百姓，用权为民。我在人生旅途的关键时刻没有把握住自己，就是因为淡忘和丢掉了这个根本，终于导致犯罪，成为阶下囚。”由此可见，贪廉一念间，清浊两重天；早知不归路，切莫生贪念；行事廉为首，执政民为先；常思爱民心，“公仆”记心间；立身有正气，腐败亦自远。因此，一个成功者要不致跨出悲剧性的一步，关键是要有很强的自律意识和自觉性，严格管住自己，特别是面对权力，要“如履薄冰，如临深渊”，时时提醒自己，警示自己，常修为政之德，常怀律己之心，常思贪欲之害，常虑不廉之险，常禁非分之欲。作为主要领导干部更应勤于“五洗”，保持“五官”端正：洗头而保持头脑清醒，功名利禄不争；洗手而使手清洁，分外财物不取；洗脚而使脚跟站不斜，不洁之地不进；洗身而保持洁身自好，法纪防线不碰；洗眼而看清人民才是自己的衣食父母，不是惠民之事不做，始终有权不辱崇高使命，位高不失公仆之心。要始终坚持立党为公、不以权谋私，执政为民、不做表面文章，生活正派、不骄奢淫逸，始终保持共产党人的政治本色，真正做到堂堂正正做人，清清白白当官，踏踏实实做事，默默无私奉献。

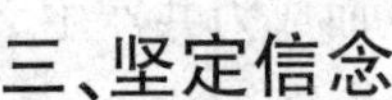

三、坚定信念

当前，在各种错误思潮的影响下，有些领导干部存在“信念危机”的问题。他们的理想信念动摇，沉迷神灵、风水、命相。有的为预测官职升迁或有好官运就问卜算卦、求诸神灵或迷信风水。如河北省国家税务局原局长李真（因犯受贿罪、贪污罪被依法判处死刑），曾因一名风水“大师”预测他“五年内成为封疆大吏”，就给了这位风水大师人民币8000元，最后不但“封疆大吏”没有当成，反而成了一名死囚。有的为保住“金交椅”，守住特权，竟烧香拜佛，弄神拜鬼，乞灵风水，迷信忌讳，修祖坟，建祠堂，封建霉味十足。如河北省原常务副省长丛福奎把个人的命运、个人的政治前途寄托于“大师”的预测和佛祖的保佑上，在他的住宅内设佛堂、供佛像、设神台，每月初一、十五烧香、念经、拜佛。可是，这位“虔诚”的佛教信徒，佛祖不但没有给他带来好运，反而因犯受贿罪被依法判处死缓。有的为掩盖其腐败行为，祈求神灵保佑、消灾，企图瞒天过海，逍遥法外。如黑龙江省政协原主席韩桂芝(因犯受贿罪、巨额财产来源不明罪被依法判处死缓)在她儿子被捕时,怪罪儿媳妇信佛不够虔诚,当她自己被纪委带走接受调查时,则仰天长叹:“佛啊,我天天为你烧香、打坐,为你花了那么多钱,你为什么不保佑我呢?”2007 年 6 月 1 日,被中央纪委通报批评的山西省粮食局在国家级风景名胜区——山西省永济市五老峰以修建粮食系统“培训中心”为名,挪用国家粮食储备库资金修建用于旅游接待的“云峰阁”宾馆,并在宾馆附近修建“粮神殿”,在殿中为个人歌功颂德、树碑立传,并将各省(区、市)粮食部门负责人的题词刻在石碑或牌位上,与神像一并供奉,也曾经一度被大力推崇。可是,好景不长,不但没有“万古流芳”,反而有多名厅局长被这位粮食局长拉下水,悔恨终生。上述沉迷神灵的事件再一次为我们敲响了警钟。

封建迷信是对星占、卜筮、风水、命相和鬼神的盲目沉迷和崇拜。共产党人既是无神论者,又是无神论的宣传者。然而,有些党员领导干部为何封建迷信?为何把官职升迁或有好官运寄托在神灵、八卦、“大师”、风水之上?究其主要原因:一是理想信念动摇。有些人片面地认为资本主义不但“垂而不死”,而且生产力高度发展,物质生活比较丰富。苏联经过七十多年的社会主义建设,却发生了剧变的悲剧,最后解体了、垮台了。当前,反腐败斗争仍十分严峻,高官“落马”“前腐后继”仍屡禁不止,惩而复生,就错误地认为“反腐败,越反越腐”。由于受这些负面影响,便认为“共产主义渺茫”,致使他们的理想丧失,信念畸变,产生了信念危机,从而成为共产主义信念的背叛者。二是缺乏自信,沉迷于“人算不如天算”。他们认为人的运气与风水有着“因果报应”关系,从而失去了自强自立的信心,整天听天由命,乞求神灵、风水之助,以便带来时来运转。

共产党人之所以坚定信仰马克思主义,是因为马克思主义是人类文明的精华,是划时代的科学理论,是无产阶级及其政党十分严整而彻底的世界观,是无产阶级解放运动的理论,是无产阶级根本利益的科学表现,是无产阶级、被压迫人民和被压迫民族的战斗旗帜和行动指南。回眸历史,我们党从诞生之日起,就把马克思主义确立为自己的指导思想。党领导人民取得的革命、建设、改革的每一个胜利,都离不开马克思主义的指导。从 19 世纪 40 年代到 20 世纪初期,中国人民就一直在为寻找救国图强道路而不懈探索和奋斗,结果都失败了,证明西方资本主义道路在中国行不通。直到中国共产党人找到了马克思主义,才实现了民族独立和人民解放,建立了新中国,并直接跨越资本主义,开始了在社会主义道路上实现中华民族伟大复兴的历史征程。实践证明,只有社会主义才能救中国，只有中国特色社会主义才能发展中国。因此，共产主义远大理想和中国特色社会主义共同理想，是建立在马克思主义揭示的人类社会发展规律基础上的科学的理想信念，是共产党人保持先进性的精神动力，是当代中国发展进步的旗帜，是全党全国各族人民团结奋斗的共同思想基础。正如胡锦涛总书记在党的十七大报告中指出的："中国特色社会主义伟大旗帜，是当代中国发展进步的旗帜，是全党全国各族人民团结奋斗的旗帜。"中国特色社会主义道路，是一条实现民族振兴、国家富强、人民幸福、社会和谐的必由之路、成功之路、胜利之路，是历史的选择、人民的选择、时代的选择。在当代中国，高举中国特色社会主义伟大旗帜，就是真正高举马克思列宁主义、毛泽东思想的伟大旗帜；坚持中国特色社会主义道路，就是真正坚持社会主义。所以，党员领导干部必须始终保持对马克思主义的坚定信念，胸怀共产主义的远大理想，坚定地走中国特色社会主义道路，矢志不渝地为实现党在社会主义初级阶段的基本路线、基本纲领而奋斗。

信仰是人生的精神支柱，是人生的一种追求、一座灯塔、一股动力。古人云："古之立事者，不唯有超世之才，亦必有坚忍不拔之志。""志不确则无以立功"。2006 年，胡锦涛总书记在中央纪委第六次全会讲话中指出："党章明确要求，中国共产党党员必须是具有共产主义觉悟的先锋战士，必须全心全意为人民服务，为实现共产主义奋斗终生；党的各级领导干部必须具有共产主义远大理想和中国特色社会主义坚定信念。"他还指出："崇高的理想信念，始终是共产党人保持先进性的精神动力。"理想是人生的航标，价值是人生的追求。党员领导干部要以服务人民为人生理想，以奉献社会为人生价值，以先忧后乐为人生境界。要懂得，理想是石，敲出星星之义；理想是火，点燃熄灭的灯；理想是灯，照亮夜行的路；理想是路，引你走到黎明。对于每一个人来说，只有明确目标，才会有前进的方向，才会有为之奋斗的不竭动力。目标就是希望，目标就是动力。一个人有无精神支柱和力量源泉，不仅取决于他有无理想抱负，而且这种支柱和源泉还常常与其理想抱负的大小高低成正比例关系。事实证明，一个领导者的理想抱负越是远大、崇高，他的精神支柱就越坚强，心中产生的力量就越充足。邓小平同志曾经说过："我们党过去之所以在非常困难的情况下奋斗出来，战胜千难万险使革命胜利，就是因为我们有理想，有马克思主义和共产主义信念。"在中华民族历史上，有许多志士仁人为了实现自己的崇高理想和信仰，不畏条件之恶劣，不管斗争之残酷，始终坚忍不拔，义无反顾。在革命战争年代，为了民族解放事业，无数革命先烈出生入死，前仆后继，英勇就义，视死如归，就是具有坚定的共产主义信念。夏明翰大义凛然写下了就义诗:“砍头不要紧,只要主义真,杀了夏明翰,还有后来人。”李大钊在敌人的绞刑架前浩然正气地向敌人宣告:“不能因为你们绞死了我,就绞死了伟大的共产主义。我们已经培养了很多革命同志,如同红花的种子,撒遍各地。我们相信,共产主义在中国必然得到光荣胜利。”方志敏在敌人的牢狱里写道:“敌人只能砍下我们的头颅,但决不能动摇我们的信仰。因为我们信仰的主义,乃是宇宙的真理。”他还在《死！共产主义的殉道者的记述》中,有一段令人动容的话:“为着阶级和民族的解放,为着党的事业的成功,我毫不稀罕那华丽的大厦,却宁愿居住在卑陋潮湿的茅棚;不稀罕美味的西餐大菜,宁愿吞嚼刺口的苞粟和菜根;不稀罕舒服柔软的钢丝床,宁愿睡在猪狗窠似的住所！……一切难于忍受的生活,我都能忍受下去！这些都不能丝毫动摇我的决心,相反地,是更加磨炼我的意志！我能舍弃一切,但是不能舍弃党,舍弃阶级,舍弃革命事业。”由此可见,坚定的革命信念和高尚的情操,是共产党人前仆后继、视死如归的强大精神动力。

在新时期,树立共产主义理想信念,并为之奋斗终生,这是党员领导干部的首要条件。党员领导干部如果没有坚定的理想信念,就不可能有良好的执政意识、执政素质和执政能力,就会削弱党的创造力、凝聚力和战斗力,也就谈不上发挥党组织的领导核心作用和战斗堡垒作用。人,以精神指挥生命。精神既能造化一切,又能毁灭一切。一个人醉生梦死,则万事俱废;一个人精神崩溃,则不打自垮。“人生如屋,信仰是柱,柱折屋塌,柱牢屋固。”如果人的马克思主义世界观、人生观、价值观一旦发生蜕变,理想信念一旦出现偏差,就如大厦失去了支柱,大坝动摇了基石,必然带来思想上的蜕变,精神上的空虚,道德上的堕落,经济上的犯罪,生活上的腐化,最终以身试法,身陷囹圄,甚至走上一条不归之路。巨贪李真在临刑前幡然悔悟地警示后人:“人可以没有金钱,但不能没有信念。丧失信念,就会毁灭一生。”“人一旦丧失信念,就像一头疯狂的野兽,不是掉进深谷,自取灭亡,就是被猎人开枪打死。这是我想奉告在位的官员的话。”为此,党员领导干部要始终保持对马克思主义的坚定信念,坚定不移地走中国特色社会主义道路,矢志不渝地为实现中华民族伟大复兴而奋斗。

做人要靠自信。古人云:“自恃者,得天下。得天下者,先自得者也。能胜强敌者,先自胜者也。”“眼前多少难甘事,自古男儿当自强。”《国际歌》中有一段歌词:“从来就没有什么救世主,也不靠神仙皇帝,要创造人类的幸福全靠我们自己。我们要夺回劳动果实,让思想冲破牢笼,快把那炉火烧得通红,趁热打铁才能成功,这是最后的斗争,团结起来到明天,英特纳雄耐尔就一定要实现。”自信是指一个人对自己某方面才能的“自我认识”,有自己独立的见解,相信自己有信心有能力创造出新的东西。自信是成大事业最重要的必备条件。没有自信,就没有追求的成功;没有自信,就没有信念的实现。自信是攀登高峰的阶梯,自信是驶向彼岸的航船,自信是建筑大厦的基石,自信是开启成功的钥匙。自信是成功的第一秘诀。没有成功,人生便失去意义,没有自信,人生便失去成功的可能。一个人,永远不会被别人打倒,都是被自己打倒的,是自己打败自己。人以精神指挥生命。精神既能造化一切,又能毁灭一切。一个人醉生梦死,则万事俱废;一个人精神崩溃,则不打自垮。世界上最能帮自己与害自己的人,其实只有一个,都是自己。懂得征服自己,是一种清醒;善于征服自己,是一种智慧。征服自己,改造主观世界,促进自我修炼和完善,促进自我提高和升华,使人真正走向成熟,赢得一种内在的力量。古往今来,成大事者都是信心充足的人;许多失败者之所以失败,究其原因,不是因为不能,而是因为不自信,无所作为,听天由命,梦想天上掉下馅饼,甚至思想空虚,心灵脆弱,乞求神灵。应该明白,在自然界中,有时发生“因果报应”的自然现象。如人类乱砍滥伐森林,破坏生态平衡,最终遭受风灾、水灾、干旱和沙尘暴等自然灾害的报复,应验了“善有善报,恶有恶报”的因果关系。但是,人的命运、官职升迁与人的生辰、命相、“风水”是没有内在联系和因果关系的。每个国家,同一年、月、日、时辰出生的人不知道有多少,可是当上皇帝、总统的只是一个人。如果社会上的恶人都遭到报应、灭绝,那么天下就平安和谐了,有这种可能吗?没有!因此,依靠生辰、命相、风水和鬼神为自己带来好运是不可能的,迟早也会出事的。一些党员领导干部,在失去自信心的情况下,为了达到升迁的目的,就不信组织信个人,不信“马列”信鬼神,宁可信其有,不可信其无,指望风水和鬼神能给他们带来官运、财运或消灾,从而大搞歪门邪道,盲目迷信风水和鬼神,烧香拜佛,弄神做鬼,乞灵风水,迷信忌讳,修祖坟,建祠堂,封建霉味十足,其结果只能事与愿违。因此,做人要靠自信,靠骨气挺直脊梁,靠正气树立形象,靠朝气迎来希望,靠勇气增添力量,靠志气实现理想,靠才气书写华章,靠人气团结兴旺。

伟大的灵魂与普通的灵魂相比,不在于它“欲望少”、道德多,而在于它有最伟大的抱负。党员领导干部一定要牢记使命,坚定信仰,崇尚科学,执着追求,拼搏进取,为实现中国特色社会主义共同理想奋斗终生。

解裘赐将

宋太祖

解裘赐将①

【历史背景】

宋太祖当上皇帝,在占领了荆湖两地之后,宋太祖要平蜀,但正恐出师无名。乾德二年冬十月,宋太祖得到后蜀约北汉攻宋的蜡书,笑着说:"我西讨有名义了!"便于十一月,命忠武节度使王全斌为西川行营凤州路都部署,合步骑六万分路进讨。十二月,蜀军烧绝栈道,宋军又重修栈道与蜀军作战。

宋太祖"解裘赐将"之举极大地鼓舞了士气,将士们决心全力图报。之后,所向皆捷,只用了66天的时间,就迫使蜀主孟昶在乾德三年正月投降。后来,虽然又有全师雄等人起兵反抗,但到乾德四年十二月,最终被宋军全部消灭,巴蜀完全平定。北宋平定后蜀后,潘美等宋朝的将领也攻取了南汉的郴州,形成了良好的战略攻势。宋太祖的时候,南汉以广州为中心,割据岭南两广地区达60年。也就在此的第二年潘美等按照宋太祖的命令消灭了南汉的势力。南汉灭亡之后,南方剩下的割据政权不敢再坚持自己的政权纷纷投降向宋朝称臣,甚至连比较强大的南唐皇帝李煜也不得不自觉要求取消国号,放弃皇帝的称号,改称"江南国主",后来也最终臣服于宋太祖。

明代大政治家、大学士张居正说:"可见,君主要想边疆将士成就大功,不可不体察他们的处境、他们的要求、他们的情感,要厚重地赏赐他们。这也是让他们为朝廷拼命效力的一种方法。"宋太祖深知大将的权力对皇帝的威胁,所以就有了历史上著名的"杯酒释兵权"。一日,太祖在后花园设宴款待禁军大将石守信等人。宴席当中太祖愁眉不展地说:"我要不是多亏了你们是不会有今天的,但皇帝难做啊,还不如做节度使快乐,我整个晚上都睡不好啊!"石守信等忙问原因,太祖就说:"谁不想做皇帝啊?"石守信等一听,都很惶恐,纷纷表白说自己绝没有二心。太祖否定道,"我对你们是放心的,但要是有那么一天你们的部下也将黄袍加在你的身上,你虽然不想做皇帝,但能行吗?"众将都请求皇帝给自己指明一条道路。太祖才表明了自己的意思,希望他们回家养老行乐,为子孙后代着想,也为他们多积攒些钱财,免得将来有一天骨肉分离、家破人亡啊。众将明白了太祖的用意,一齐下拜表示感谢皇帝的指点,于是就在第二天都称病离职了。太祖对此很满意,安排他们到各个地方做节度使。赵匡胤凭借几杯美酒很容易就解决了君主可能会刀光剑影才能解决的问题,这就是历史上被传为佳话的"杯酒释兵权"的故事。

【原文】

王全斌[2]之伐蜀也,属[3]汴京大雪。太祖设毡帏[4]于讲武殿,衣紫貂裘帽以视事。忽谓左右曰:"我被服[5]如此,体尚觉寒。念征西将士,冲冒霜雪,何以堪处[6]"即解裘帽,遣中使驰赐全斌;仍谕[7]诸将曰:"不能遍及也!"全斌拜赐感泣,故所向有功[8]

【张居正解】

宋史上记:太祖遣大将王全斌帅师征蜀。时冬月天寒,京城大雪。太祖设毡帏于讲武殿中,身穿着紫貂裘,头戴着紫貂帽,临朝视事。忽然谓左右说:"我穿戴这般样温暖的物,身上尚觉寒冷!想那西征的将士,冲冒霜雪,又无有这样衣服,怎么当得这等寒冷?"即时将所服裘帽解下,遣中使马上赍去,赐予全斌。又晓谕他部下的将士,说:"诸将寒苦,朝廷无不在念,奈裘帽有限,不能人人遍及也。"于是全斌拜受赐物,感激泪下。诸将亦皆感激,相与戮力图报,故所向皆捷,卒能平定西蜀。

夫宋太祖有解衣之恩,及于将帅,遂能得其死力,成功如此。可见人主要边将成大功,不可不体其情,厚其赏,以劝之也。

【注释】

①本则故事出自《续资治通鉴长编》。本文讲述了赵匡胤对部下的关心,当感到天寒的时候,就立即解下自己的衣裘赐予西征将士的故事。

②王全斌:并州太原人。曾是后唐、后晋、后周的将领。宋朝建立后,参加平叛将李筠、攻北汉之战,因功升安国军节度使。

③属:恰好遇到。

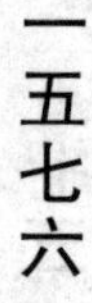

④毡帏：兽毛制成的毡片账幕。

⑤被服：穿，着。

⑥何以堪处：怎么能够忍受呢？

⑦谕：告诉。

⑧故所向有功：所以军队一直所向披靡，百战百胜。

【译文】

宋太祖时候曾经派遣大将军王全斌率领军队征伐蜀国。当时正赶上寒冬，地冻天寒，京城里下起了大雪。太祖在讲武殿设了毡帏，身穿着紫貂裘，头戴着紫貂帽，处理政务。忽然对身边的人说："我穿戴得这样暖和，但还是感觉身上异常寒冷。想想那些西征的将士们，冒着霜雪进行征战，怎么能承受这样的寒冷啊？"于是就将衣帽脱下，派遣中使马上给在蜀地驻扎的王全斌送去。又向他部下的将士宣布说："诸位将领正在遭受寒冷苦难，朝廷无时无刻不在牵挂大家，但是我们的皮裘衣帽是有限的，不能人人都得到，请大家谅解。"王全斌跪拜接受来自皇帝的赏赐，感激涕零。全体将士都被太祖的这种举动所感动，誓言一定要努力征战，所以军队一直所向披靡，百战百胜。

【评议】

赵匡胤是历史上很聪明的皇帝，据记载他对待下属很宽厚仁义，所以在诸多的材料上都可以看到对他高度的评价。在这个故事里，当他自己感觉身上寒冷，就想到了远在严寒地区作战的将士们，于是马上解下自己的裘衣，派人去送给带兵打仗的将军，这样的慰问和关怀让将士们大受鼓舞，上下同心同德，最终取得了征战的胜利。所以，凡是领导都要在会用人的情况之下，知道如何将人用得更好，使其更好地为自己出力。在这个方面，赵匡胤可以说绝对是一个聪明绝顶的领导啊。

【镜鉴】

以真情感动下属

——善于感情投资才能得人心

感情就是凝聚力,感情有时甚至就是生产力。优秀的管理者善于对员工进行感情投资。只有通过感情上的沟通,才能使下属感觉自己受到了领导的重视和关爱,因而愿意尽己所能,充分发挥自己的潜力。

(一)真正关心下属,才能赢得下属的信任与忠诚

只有通过感情投资,才能使下属感觉自己受到了领导的重视和关爱.因而愿意尽己所能。充分发挥自己的能力。

现在管理界有一个很流行的词——"情感管理"。它是通过情感的双向沟通,关注人的内心世界,通过关爱别人,从而实现有效的管理。

如今,关爱员工,已成为企业做大做强的一个重要指标。关爱员工,除了让员工多赚钱,使他们的生活有保障外,还要给员工营造友情与亲情的和谐氛围。日本麦当劳社长藤田田在所著畅销书《我是最会赚钱的人》中谈到,他将他的所有投资进行分类,研究其回报率,发现感情投资在所有投资中花费最少,回报率最高。

感情就是凝聚力,感情有时甚至就是生产力。优秀的管理者善于对员工进行感情投资。只有通过感情上的沟通,才能使下属感觉自己受到了领导的重视和关爱,因而愿意尽己所能,充分发挥自己的潜力。

"每一位成功的男人背后都站着一位伟大的女人。"日本麦当劳汉堡店总裁藤田田就懂得如何与"伟大"的女人沟通感悟,从而使自己的员工成为成功的男人。

日本麦当劳汉堡店员工的太太们过生日时,一般都会收到总裁藤田田让礼仪小姐从花店送来的鲜花。

事实上,这束鲜花的价钱并不贵,然而太太们的心里却很高兴,"连我先生都忘了我

的生日，想不到董事长却惦记着送鲜花给我”。总裁藤田田经常会收到类似的感谢函及电话。

日本麦当劳除了每年6月底和年底发放奖金外，每年4月还加发一次奖金。这个月的奖金并不交给员工，而是发给员工的太太们。如果是单身员工他们才直接发给本人，并鼓励员工早日找到自己的伴侣。总裁藤田田特别在银行里以员工太太们的名义开户头，再将奖金分别存入各个户头，先生们不能经手。在把奖金存入员工太太们户头的同时，还附上一封做工精致的道谢函：“由于各位太太的协助，公司才会有这么好的员工，才会有这么好的业绩。虽然直接参与工作的是先生们，可是，正是因为你们这些贤内助的无私支持，先生们才会心情愉快地投入工作。”因而员工们则把这个奖金戏称为“太太奖金”。

听了这番话，哪位太太不心存感激呢？而这种感激对一个家庭又意味着什么呢？显然，这种做法在薪酬支付的艺术中发挥了激励员工、凝聚人心的作用。

每个人都不光是围绕着物质利益而生活的，员工也不只是为了金钱而工作的。人有精神要求，有互相交流感情的需要。就领导来说，要充分发挥下属的能力和作用，使下属尽职尽责，就必须对下属进行感情投资。领导对员工的感情投资，可以有效地激发员工潜在的能力，使员工产生强大的使命感与奉献精神。得到了领导感情投资的员工，在内心深处会对领导心存感激，认为领导对自己有知遇之恩，因而“知恩图报”，愿意更加尽心尽力地工作。

一个优秀的管理者，不仅要当好领导，更重要的是当好老师，诲人有术。帮助员工建立自信，给人勇气，教人自立，是功德无量的善行，也是诲人的真谛。不仅需要诲人不倦，还需要有良苦用心，要教育员工相信“天生我材必有用”。

有一家公司有一位新招聘来的年轻员工，在编制计算机程序时，总也做不好，他自己都丧失了信心，准备到总经理那里去辞职，总经理亲切地鼓励他.相信他一定能干好，使这位年轻人备受感动，同时增强了自信，很快就完成了任务。之后，这位年轻人成为企业的骨干。通过这件事情，这家公司的总经理说：“我个人生活的目标是快乐生活，因此，我也要把快乐传给别人。我给了这位年轻人认可，他就获得了快乐，并能影响他一生的生活，我也就更快乐了。”

人们通常用这句话来形象地说明皮格马利翁效应：“说你行，你就行；说你不行，你就不行。”总之,要想使员工发展得更好,就应该给他传递积极的期望。

得到别人的喜欢和敬重是一种幸福,爱别人、关心别人也是一种幸福。要真正地去关心别人、爱别人,激励他们展现最好的一面。人与人之间关系的好坏不一定只有在大事中才能体现出来,在日常生活的琐碎小事之中更能体现出你的友善。既懂得工作的重要,又深知生活的乐趣,随时把心中最真诚的愉悦带给大家,这正是处理好人际关系的要诀。

俗话说:“带人如带兵,带兵要带心。”领导者只有真正关心下属,才能赢得下属的充分信任和忠诚,进而高效、高质量地完成管理工作,让自己有很好的职业发展前景。

(二)你尊重下属,下属才会尊重你

尊重员工是人性化管理的必然要求,只有员工个人受到了尊重,他们才会真正感到被重视、被激励,做事情才会真正发自内心,才愿意和领导打成一片。

一个知名企业的总裁曾经说过这样一句话:“企业要走向以人为本的管理,第一步是学会尊重员工。”

尊重员工的理念被很多企业奉为圭臬。有“硅谷常青树”美称的惠普公司认为,人才最需要的是信任和尊重。“经营之神”松下幸之助曾经这样告诉他的高层领导者:“要想很好地激励员工的积极性、责任感,那么你们就要拿出激励的武器——尊重。”任何人都有被尊重的需要。员工一旦受到尊重,往往会产生比金钱激励大得多的激励效果。

松下幸之助曾经说过,经营者必须兼任“端菜”的工作。这句话的意思并不是说让经营者要亲自去端菜,而是应该随时怀抱此种谦逊的态度,对努力尽责的员工要满怀感激之情。只要心怀感激,在行动之中便会自然地流露出来,这么一来,自然会使员工振奋精神,因而更加努力地去工作以作为回报。松下幸之助说,当他的员工达到100人时,他要站在员工的最前面,以命令的口气指挥部属工作;当他的员工增加到1 000人时,他必须站在员工的中间,诚恳地请求员工鼎力相助;当他的员工达1万人时,他只要站在员工的后面,心存感激就可以了;当他的员工达到5万或10万人时,除了心存感激还不够,必须双手合十,以拜佛的虔诚之心来领导他们。松下幸之助的这一段话,充分表达了他“柔性管理”的精髓。

尊重员工是人性化管理的必然要求,只有员工个人受到了尊重,他们才会真正感到被重视、被激励,做事情才会真正发自内心,才愿意和领导打成一片,站到领导的立场,主动完成领导交办的任务,心甘情愿为工作团队的荣誉付出。

摩托罗拉公司通过"肯定个人尊严"体现对员工的尊重,从而在员工中建立了一种互信的氛围。

摩托罗拉公司的企业文化是它的一大优势,其基石是对人保持不变的尊重。他们在某个阶段也许会放弃一些业务,但他们从不放弃凝聚全球的员工的努力,始终把"肯定个人尊严"的人才理念作为指导企业发展的最高准则,强调企业要发展,首先必须尊重人性。他们非常注重与下属员工的沟通,令员工深切地感到彼此之间都是朋友。

公司总裁每周都会发一封信给员工,把他这一周会见的客户、所做的事情告诉员工,即使他这周带孩子去钓鱼这样的小事,也会在信中与员工分享。总裁不是以高高在上的口气与员工对话,而是以一个普通人的身份,把自身的经历、经验写给员工,信中还经常提出希望请员工们关心自己的家庭等。

任何一个成功的领导,首先都是一个尊重别人的领导。尊重了员工,也便尊重了自己,也为自己赢得了尊重。在工作上,领导对员工的尊重确实是激励的一个武器。那如何才能做到尊重员工呢?

尊重员工,就要尊重员工的人格、尊严、建议、要求等,只有尊重员工、信任员工,员工才能放手去大胆地工作,才能拿出100%的积极性去工作。尊重员工,尤其要尊重企业的小人物和普通员工的创造性建议,激发出他们想做事、想创新、想创造的积极性。

在与"小人物"相处时,领导者的言行一定要谨慎。小人物由于处于劣势地位,很在乎别人对自己的态度,尤其是与位高权重的人交往时,更会心有顾忌。别人的一句话、一个眼神、一个动作,也许会伤了他们敏感的神经。所以,一定要注意自己的言行。

千万别对下属侧目或者不屑,应该主动给他们提供工作上的指导,向他们谈谈自己的心得和经验。这对于你而言,是易如反掌的,但却会令对方相当感动,并把它铭记在心,始终与你站在同一立场。

尊重员工还有一个方面,那就是当员工的工作遇到困难时,主动为员工排忧解难,增加员工的安全感和信任感;当工作中出现差错时,要勇于承担自己应该承担的责任。尊重既是用人的高招,也是激励员工的办法之一。

"尊重"这个词说起来容易,做到却很难,这也成为衡量一个成功人士的标准。待人如己不仅是一种道德法则，它还是一种动力，能推动整个工作环境的改善。当你试着待人如己、多替别人着想时，你身上就会散发出一种善意去影响和感染周围的人。这种善意最终会回馈到你自己身上，回馈到你的事业中。

（三）能与更多的人和谐相处，工作才能相互协调

身为领导的你要学习用不同的方式管理不同的人。要承认人的最大特点是人与人之间存在差异，克服自己的偏见，这样才能使公司更和谐，也更具效率。

“物以类聚，人以群分”，一般的人都愿意同和自己性格相近的人相处，这是无可非议的。一个人要和所有的人都成为亲密的朋友，那是不实际的、不可能的。但是，如果我们学会和各种不同性格的人打交道，我们就能和更多的人相处得好，工作起来就能相互协调。

美国总统林肯在组织内阁时，所选任的内阁成员各有不同的个性：有勇于任事、屡建功勋的军人史坦顿，有严厉的西华德，有冷静善思的蔡斯，有坚定不移的卡梅隆，但林肯却能使各个性格绝对不同的内阁成员互相合作。正因为林肯有宽宏的度量，能舍己从人，乐于与人为善，尤其是史坦顿，他那种倔强的态度，如在常人，几乎不能容忍，唯有林肯过人的心胸，使得他驾驭内阁成员指挥自如，使每个内阁成员都能为国效忠。

在当今这个人才辈出的社会里，我们应该通过不同侧面来了解一个人，给予别人全面展示自己的机会，从中发现别人的优点。这样，才能吸收到优秀的人才为自己服务。

人与人之间存在偏见，不能看到对方的“庐山真面目”，往往是彼此没有真心交往、主观臆测的结果。领导者假如先入为主，抱着冷漠和过分警惕，甚至“老死不相往来”的态度，就会对真正值得交往的人心存偏见，与之失之交臂，留下人生遗憾，影响事业轨迹。

二十年前，世界巨富比尔·盖茨和沃伦·巴菲特是两个互不相干的人。彼此只闻其名，不识其人，两人之间甚至还有很深的偏见：盖茨认为巴菲特固执、小气，靠投机发财，不懂时代先进技术；巴菲特则认为盖茨不过是运气好，靠时髦的东西赚了钱而已。但是，后来他们成了商场上不多见的莫逆之交，巴菲特多次公开说，此生最了解他的人就是盖茨，而盖茨尊称巴菲特为自己人生的老师。

这种转变起源于他们在1991年春天的第一次很重要的交往。那天，盖茨收到了一张邀请他参加华尔街CEO聚会的请帖，主讲人就是巴菲特，他不屑一顾，将请帖随手丢到一旁。盖茨的母亲微笑着劝儿子:“我倒是觉得你应该去听听,他或许恰好可以弥补你身上的缺点。”母亲的话让盖茨清醒了许多,他决定去结识一下这位前辈。

在会议室,同样在臆测中对对方抱有偏见的巴菲特见到盖茨后,傲慢地说:“你就是那个传说中非常幸运的年轻人啊。”盖茨是以一颗真心来结交巴菲特的,因此他没有针锋相对,而是真诚地鞠了一躬:“我很想向前辈学习。”这出乎巴菲特的意料,心里不由对盖茨产生了好感。

离会议开始还有一段时间,巴菲特和盖茨有意坐到了一起,一个讲述,一个倾听,彼此聊到自己的童年和对世界经济的看法。两人惊异地发现,他们有太多的共同点,都是白手起家、热衷冒险、不怕犯错误……不知不觉中,时间已过去一个多小时,意犹未尽的巴菲特被催促着来到演讲台上,他的开场白竟然是:“在开始讲话之前,我想说的是,今天我第一次和比尔·盖茨交谈,他是一个比我聪明的人……”

随着交往的深入,盖茨逐渐认识到巴菲特是个不可多得的“真人”:他并非一毛不拔的“铁公鸡”,而对金钱有着超凡脱俗的深刻见解;他不但支持妻子从事慈善事业,而且身体力行,计划在自己离世后,将全部遗产捐献给慈善事业;他助人为乐,对待朋友非常真诚、信任,他的人格魅力经常打动每一个与之交往的人……

积极与人交往,真心与人交往,这是洞悉真相、结交“真人”的最可靠、最必要的途径。在交往的过程中受益最大的其实还是自己,就像盖茨的母亲所言:“他或许恰好可以弥补你身上的缺点。”

在我们的工作场所,总是充满形形色色的人,即有各种背景的人、有各种性格的人、有不同生活经验的人,领导应尊重个别的差异并找出共同点。身为领导的你要学习用不同的方式管理不同的人。要承认人的最大特点是人与人之间存在差异,克服自己的偏见,这样才能使公司更和谐,也更具效率。

其实,人与人之间是有差异的,你不能强求别人都和你一样。认识到这一点,你就会在内心减少一些反感和厌烦的情绪,可以让你更多地了解对方,并努力去寻求对方的亲近和认同。求同存异、携手共进,才是一种成熟的处世方式。

(四)要懂得处理下属矛盾的艺术

想攻破组织中各种矛盾的暗堡,妥善解决各种纠纷,领导者就必须首先对自己身边所发生的矛盾有一个比较深入的认识，然后才能据此采取有效的行动。

有人的地方就有矛盾，作为一个拥有很多下属的领导者，每天要处理的诸多事情中，下属之间的矛盾是难以避免的，而且当下属之间出现严重矛盾时，一旦处理不好，还会把自己带进矛盾的旋涡之中。所以，领导最不愿看到的是下属之间闹矛盾，都是你的左右手，伤害了谁都是你不愿看到的，况且小的矛盾如果处理不好、处理不公，不但会降低领导的威信，还会影响整个部门的工作效率。那么，面对下属之间的矛盾，该如何解决呢？

在矛盾发生时，往往当事人双方的情绪都非常激动，都希望你能立即判断出谁对谁错，解决这个矛盾。这时你千万不要火上浇油，立即处理矛盾，因为此时双方的情绪激动，往往无论你怎么处理，双方都不会满意，还会误认为你偏袒对方。作为一个领导者，必须力争使自己成为善于处理组织内部矛盾纠纷的高手。而要想攻破组织中各种矛盾的暗堡，妥善解决各种纠纷，领导者就必须首先对自己身边所发生的矛盾有一个比较深入的认识，然后才能据此采取有效的行动。

最好的方法是做到原则性和灵活性相结合。原则性就是不能侵害组织利益，灵活性就是解决矛盾的方法不要千篇一律，不要教条式地解决问题。有些矛盾要防患于未然，有些矛盾可以事中控制、解决，而有些矛盾可以让它量变到一定程度发生质变时再解决。

武则天在位时，狄仁杰和娄师德同朝为相，但二人有矛盾。武则天见二相不和，心里很是着急。但她并没有让自己一下子陷入二人的具体矛盾之中，而是超脱于事外，不评论是非，而是研究矛盾产生的原因。武则天认为，问题的症结所在就是狄仁杰恃才傲物，看不起娄师德，总是想方设法排斥他。武则天对解决问题的方法做出了决断。

一天，武则天突然问狄仁杰："我信任并提拔你，你可知道其中原因？"

狄仁杰答道："我凭文才和品德受朝廷任用，不是平庸之辈，更不是靠别人来成就自己的事业。"

武则天沉思了一会儿，对狄仁杰说道："其实，我原来并不了解你的情况，你之所以有今天，之所以会得到朝廷的厚遇，全靠娄师德的推荐呀！"

随后，武则天命人取出一个竹箱，找出几件娄师德推荐狄仁杰的奏本，赐给了狄仁杰。

狄仁杰仔细地看完奏本，不由得满面惭愧。多年来，自己一直在想办法排斥娄师德，甚至想把他赶出京城，没想到他却一直在皇上面前举荐自己。

想到这里，狄仁杰连忙跪在地上，惶恐地向武则天承认自己有罪。武则天并没有责备他，而是原谅了他。此后，狄仁杰抛弃了对娄师德的成见，二人共同辅佐武则天，将朝政治理得井井有条。

武则天超脱狄、娄二人的矛盾之外，冷静地观察和思考，而有了巧解臣怨之妙法，对狄仁杰动之以情，晓以大义，达到了调解二人之间矛盾的目的。下属之间有矛盾时，领导要善于及时发现和妥善处理。领导者处理矛盾冲突，需要采取有效的方法。

1.单刀直入，当场解决

这是指对不太复杂的矛盾纠纷，在深入细致地调查研究的基础上，由领导把矛盾纠纷的双方召集在一起，当面锣对面鼓，把矛盾揭开，把事实真相公开，当场把处理意见拿出来，让矛盾纠纷双方遵照执行。单刀直入，当场解决矛盾纠纷，要特别注意两个问题：第一，事实真相必须准确无误；第二，领导的处理意见要合情合理，客观公正。

2.与人为善，秉公办事

无论处理什么样的冲突，这条原则都是办事的准绳。处理矛盾时，领导者一定要保持中立状态，不能有偏袒。偏袒只会使矛盾激化，而且还可能产生冲突移位，冲突的一方很可能会把矛头移向你，使人际矛盾扩大，冲突趋于复杂。

3.对恶意制造矛盾者绝不能手软

俗话说："不怕没好事，就怕没好人。"对于恶意传闲话者、故意制造事端者、生怕天下太平者，甚至与外部勾结，找内部员工的麻烦者，领导者要果断解决，坚决辞退，不要留恋，无论他有多高的才能都不能用。

碎七宝器

宋太祖

碎七宝器①

【历史背景】

史书中记载太祖的日常生活很朴素，衣服、饮食都很简单，即使是对自己的家人也要求很严格，但他也绝不是一个吝啬的人，他曾在一些关系到百姓利益的工程上花费很大，对于投降的各国国君也给予优厚的待遇。自己的私生活却严谨简朴，但只要是值得花钱的地方就会十分慷慨，在中国的历朝历代皇帝当中，这是较少见的。宋太祖平定后蜀之后，派右拾遗孙逢吉到成都收取蜀主孟昶的图书和僭号时所用的仪仗器物。乾德四年五月，孙逢吉把图书和孟昶所用器物带回京师。宋太祖碎七宝器后，又命把图书交给史馆，把其余东西一并焚毁。他认为孟昶是一个荒淫误国的昏君。

的确，宋太祖看得很准，孟昶就是这样一个昏君。

孟昶是一个十分喜爱奢华的君主，他广罗美女，并为她们兴建了很多华丽的宫殿。尤其是为了他的爱妃花蕊夫人，不惜花大量的人力物力，在蜀地广种牡丹。他常常召见后宫佳丽，并亲自点选，挑选容貌出众者，加封号，轮流进御，其品秩比公卿士大夫不低，每月由内监专门支出香粉钱，称为月头。到了支宫人俸金的时候，孟昶亲自监视，数千之多的宫人，点到名字者走过御床，孟昶亲手发放，名为支给买花钱。他还为了避暑，修建水晶宫殿，其中三间大殿都是以楠木为柱，沉香做栋，珊瑚嵌窗，碧玉作户，四周的墙壁，不用砖石，尽用长达数丈的琉璃镶嵌，内外通明，毫无隔阂，再将后宫中的夜明珠移来，晚上也粲然明亮。四周更有红桥，翠树。从此，孟昶与花蕊夫人夏夜常在此逍遥避暑。

而宋太祖却崇尚俭朴。他穿戴都很朴素简单，常穿洗过数次的衣服。他坐的车、轿，用的东西，都质朴无华。寝殿设青布绿苇帘。宫中后妃居所处用的帐幕，也没有绣花绘彩的装饰。他还曾拿出麻线布衣赐给左右近臣，说："这是我过去穿用的。"他的弟弟赵光义有一次进宫中陪宴时，不在意地对太祖说："陛下穿戴用具太草率，太不讲究了。"太祖听后，表情端庄严肃地说："你不记得在老家夹马营的时候了吗？"

明代大政治家、大学士张居正在引述了“碎七宝器”一事后，又解释道：“宋太祖是创业之君。他的话真值得万世奉为箴言。人主由此可知，件件都应该崇尚朴素，这才是爱惜福禄、保守国家的正道啊！”

【原文】

宋史纪，太祖尝见蜀主孟昶[2]宝装溺器[3]，命撞碎之。曰：汝以七宝饰此，当以何器贮食？所为如是，不亡何待！

【张居正解】

宋史上记，太祖平蜀之后，曾见蜀主孟昶，有一个溺器，是七样宝贝装成的。太祖见了大怒，命左右打碎之。说道：“七宝是珍贵之物，就做饮食之器也是奢侈不该的！汝却把来装饰溺器，不知又用何等的器皿去盛饮食？其侈用暴殄[4]，一至于此。欲家国不至败亡，岂可得乎？”夫太祖为创业之君，其言真足以垂戒万世！人君推此，件件都该崇尚朴素，乃为爱惜福禄，保守国家之道也。

【注释】

①此篇出自《宋史·太祖本纪》。又见于《宋朝事实类苑·祖宗圣训》。记述宋太祖撞碎蜀主孟昶宝装溺器的故事。

②孟昶(919~965)：五代后蜀国主，934~965在位。

③宝装溺器：溺同“尿”，小便。谓孟昶所用七宝装饰溺器。

④暴殄：任意糟蹋、残害。

【译文】

宋代史书上记载：太祖曾看到后蜀国主孟昶装上宝石的溺器，命打碎它！说：你以七种宝石装饰这个，该用什么样的器皿贮藏食物呢？如此所作所为，不亡国还等什么！

【评议】

宋太祖作为宋代的开国之君，在生活上很讲究节俭，而且还要求自己的家人也要这样，坚决杜绝奢侈浪费。当平定了后蜀以后，还将得到的蜀主孟昶的一个用宝石装饰的小便器砸在地上，摔个粉碎。这就是昏君与明主的区别啊！但凡在生活上奢侈无度的皇帝都避免不了亡国的恶果，可以说奢侈是国家之大敌，宋太祖在这一点上很明确，所以才将很多华丽的奢侈品销毁。太祖就是要用自己的这些举动告诉人们不要奢侈、不要为美色所迷醉。从这个故事里，我们可以看到历史上那些昏庸的皇帝大多像这个蜀主孟昶一样奢侈浪费、任意挥霍，虽然身居天府之国，掌握大量的财物但最终却没有逃过亡国的恶果；而相反的，像宋太祖这样的注重节俭的皇帝往往都能够获得国富民强的好运。

这个故事对我们现在的生活也是有教育意义的，“静以修身，俭以养德”，“有钱时摆阔，没钱时挨饿”，勤俭才能提高我们生活的质量，而太过奢华的生活，不仅会花光我们的金钱，更会破坏我们的德行，让我们因奢侈而骄矜，因骄矜而不再谨慎，最终失去很多重要的东西。

【镜鉴】

廉洁从政

（一）不贪为宝菜根香

一位西方哲人说：“知足的天性，足可抵过每年1000万英镑的收入！”此言蕴涵着丰富的人生哲理。

修身养性最好的办法就是减少不良欲望。一个人对财物欲望越少，精神上的自由越多。如同孟子所言：“养心莫善于寡欲。”知足使人超脱、安详、达观，知足的人每天总是面带笑容。知足者不只是长乐，而且还长得，得到他并没有想到会得到的东西。

知足常乐，是一种个人健康心态的要求，也是对待工作生活的一种思维方式。要战

胜来自方方面面的诱惑,医治贪欲之病症,倡导“知足常乐”不啻为一剂良药。一个明智的人也是一个知足的人。“知足天地宽,贪得宇宙隘。”“广厦千间,夜居不过五尺;家财万贯,日食不过斗粮”。廉洁的人为无所求而快乐,不会为个人的名誉、利益、升迁等而抱怨。一个知足的人是一个明智的人,也是一个幸福的人。党员领导干部手中攥有权力,更要常思“知足常乐”之理,牢固树立廉洁自律的意识,真正做到权为民所用,利为民所谋。

知足常乐,并不是满足现状、不思进取。党员领导干部要在工作中保持快乐心态,正确对待工作中的不足,在工作中应该常反思、常自励,总结对与错,成功与失败,吃一堑长一智,取他人之长补己之短,才能获得新的进步。

“不贪为宝”对每个官员及平民百姓来说,比什么都重要。贪婪乃人生的魔障,毁灭之根源。贪婪,使心胸变得狭窄,斤斤计较;贪婪,使心术不正,卑鄙龌龊;贪婪,使人寡鲜廉耻,骄奢淫逸;贪婪,损害别人,两败俱伤;贪婪,败坏党风民风,危害社会。

生活其实很简单,不像想象的那么庞杂和奢华。良田万顷,只不过一日三餐;广厦千间,也不过夜眠七尺。人只有做欲望的主宰,才能神清气爽。奢望多多,被奢望左右,再有攀比心理,就容易淡化初衷,忘掉本色。

有一位落马贪官在忏悔书中写道:“现在与过去形成的巨大心理反差,常令我感到无地自容,甚至引起内心的极度痛苦。比如,亲朋探监,犯人出入监区必须脱帽、立正,向当班干警大声‘报告’,批准后方可出入。这是监狱管理的基本要求,可对我来说却是难于启齿,一开始喊‘报告’就如骨鲠在喉,有一种说不出的味道。”

从领导干部职务犯罪的根源来看,有人说是制度缺陷,有人提出是教育管理不够,有人认为是心态失衡,有人强调是价值观扭曲,这些都很有道理,违法违纪者内在的普遍的原因,都有攀比心理(怕吃亏),都有侥幸心理,都有贪婪心理。

有的领导看着接触的人,一个个变成了“大腕”“大款”,盲目与他人比收入、比奢华,由羡慕到追求,忘记了一名党员干部应有的操守与品行,忘记了自己肩负的职责,私欲极度膨胀,奢靡占了上风,权力被熏染上了铜臭,从而异化和失控,利用手中的审批权换来货币收入,结果用权力的“双刃剑”砍倒自己。

古今中外许多事实已向人们昭示贪欲之害:贪小便宜吃大亏,世路无如贪欲险。贪婪最可怕。它似鸦片毒品,一旦沾上了,便会成瘾变魔,终日难逃。贪婪最可悲。为一时贪利而夺不义之财，拿别人血汗钱窃为己有，蝇营狗苟地生活，到头来还会进高墙铁窗。

"财富人所羡，但须问来源。"金钱在世间有魔力。正当地得到它，它是天使；谋取不义之财时，它是魔鬼。不义之财拿到手，开始觉得很幸运，但以后终会成为灾祸。

贪污腐败是个顽症，即使在康乾盛世，仍有索额图、明珠、和珅这样的大贪污犯。"对景伤前事，怀才误此身。"和珅在自缢前如是说，可惜他领悟得太迟了。

万事皆有度，不能有贪欲。中国哲学的鼻祖老子说："祸莫大于不知足，咎莫大于欲得。故知足之足，常足矣。"老庄宣扬清心寡欲，不无道理，令人深思。老子说："见素抱朴，少私寡欲。"老子认为，克服无止境的贪欲，就会避免羞辱。

对自己拥有的感到满足，没有奢望，就能保持精神上的愉快和情绪上的稳定。正如一首诗所言："心安茅屋稳，性定菜根香。世事静中见，人情淡此长。"经常感到知足，才能真正享受生活本身的幸福和快乐，才是真正富有的人。

（二）警钟长鸣防诱惑

"诱惑"一词出自《淮南子》，"诱"为先导的意思，"惑"则是给人以假象之意。诱惑就是要诱导别人离开自己的思维方式与行为准则，步入歧途。

应慎待诱惑，以不变应万变，切莫让某种东西在一瞬间左右你的思想，指挥你的行动，使你花了眼，昏了头。

战国初期，公仪休是鲁国的宰相，他非常廉洁、俭朴，坚持奉职循理，以德治国，从不妄取小惠，因为他看透了受贿的害处，而未受诱惑。

一天，有个人送来一筐鱼，知道他爱吃鱼，以为他会高兴的。公仪休却坚辞不受，那人不好意思地走了。别人问他："你不是好吃鱼吗，为什么不收下呢？"公仪休说："正因为我好吃鱼，我才不能收。他送鱼来不是因为喜欢我、爱护我，而是喜欢宰相手中的权，希望这个权能偏袒他们，要我为他办事的。收了礼就会被他牵着鼻子走，就会违反国家法纪，就会被罢官。不接受别人的鱼，才能正大光明、堂堂正正的办事，就不会受追究，也就能长远地吃到鱼了。"

诱惑的方式是多种多样的，它往往是以善良的面孔出现在人们的面前，以花言巧语等种种手段使你进入圈套。

投其所好是诱惑的一种手段。巴尔塔沙·葛拉西安说："你只要拿他最喜欢的东西去诱惑他，他就必定上钩无疑。”唐朝酷吏来俊臣相告：“人有所好，以好诱之无不取。”

厦门特大走私集团头目赖昌星曾心怀叵测地说：“不怕政府有法规，就怕领导没爱好。”他从研究领导的爱好入手，“投其所好”：你领导干部爱好书画古玩，他就不惜重金买来送到你的书桌上；你领导干部爱好游山玩水，他就不吝时间陪你周游列国；如果你有贪财好色这一“爱好”，那就更好，马上给你送上美女来。他出手非常大方，来“满足”一些领导干部的“爱好”并最终为其所用，使其手中的权力成了腐败分子疯狂掠取国家和人民财产的工具。

一些别有用心的人，用金钱、美色……迎合、满足某些掌权者的嗜好，使这些人在享乐中渐渐麻痹，失去理智，被别有用心的人所利用，成为不法之徒腐蚀的缺口。河北省阳原县委书记张某好搓麻将，人称“麻将书记”，一帮势利小人经常奉陪左右，且故意输钱，久而久之，这些“麻友”都被他委以重任，成了他的“麻将常委”。

随着职位的升迁，领导干部手中掌握的资源越来越多，面临的诱惑和考验也越来越大。倘若丢掉奋斗方向，扭曲价值取向，任物欲横流，被贪欲吞噬，面对金钱的诱惑而利令智昏，面对权力的诱惑而官瘾难捺，面对美色的诱惑而迷乱失态，就会守不住党纪国法的底线，染指中邪，走上歪路，一步步跌进诱惑的陷阱、腐败的深渊。

美人计是诱惑他人的一种惯用手法。《三国演义》中的著名战将吕布，可谓盖世英雄，然而，却没能经受住诱惑，为得到美女貂蝉，与义父董卓争风吃醋，反目为仇。吕布先迷于财，后惑于色，最后被曹操问斩。

袁世凯是个乱世枭雄，在晚清复杂的政治格局中，他善于投机，惯施两面派伎俩。袁世凯为了拉拢宋教仁，给他送去一个10万元的存折，宋教仁连看都不看一眼。袁世凯听说宋教仁的妻子是农村妇女，貌不出众，就要把他一个亲戚的姑娘嫁给宋教仁。宋教仁说：“我妻子虽然长得不好，可人十分贤惠，我们感情很好，我绝不能这样做。”袁世凯又碰了一鼻子灰。

市场经济，使领导干部有了“权与钱”交易的机会或现实可能，从而面临危险的诱惑和严峻的考验。“可能有这样一些共产党人，他们是不曾被拿枪的敌人征服过的，他们在这些敌人面前不愧英雄的称号；但是经不起人们用糖衣裹着的炮弹的攻击，他们在糖弹面前要打败仗。”这是毛泽东在七届二中全会报告中的语重心长的教诲，人们耳熟能详，如今重温起来，仍感到振聋发聩。

《天方夜谭》里有一则故事，说渔夫从水中捞起一个瓶子，开启后，恶魔从里面冒出来，威胁要杀他，渔夫费尽心机，才将其弄回瓶中。从某种角度上讲，人们灵魂深处也有一个装着“魔鬼”的瓶子。

贪婪、权欲、忌妒心一旦跑出来，轻则伤人害己，重则祸国殃民。一些犯罪人员由疯狂到毁灭的人生轨迹，其教训就是惨痛的。因此，要时时管住自己，经得起任何诱惑，对心中的“魔瓶”要拧紧瓶盖，贴好封条。

在诱惑面前，要保持清醒和警觉，特别是对那些提供“诱饵”的人，越要多加小心，警惕“黄鼠狼给鸡拜年”的“诱惑”，远离职务犯罪，避免滑向腐败深渊。对于形形色色的诱惑，包括虚情假意的恭维话、言不由衷的违心话、令人肉麻的阿谀奉承话，要特别当心和警觉，善于透过现象认清本质，区别真善美与假恶丑，防止上当受骗。

面对金钱的诱惑而利令智昏，让金钱牵着鼻子走，面对权力的诱惑而官瘾难捺，不择手段向上爬，面对美色的诱惑而心乱神迷，一味放纵自己，就必定一步步走入诱惑的陷阱，不能自拔，走向沉沦，在不知不觉中堕落进地狱之门。

只要我们牢记自己的身份，增强鉴别力、免疫力、抵抗力，慎重对待每一次诱惑，守得住原则底线，在思想上筑起一道抵御腐蚀的坚固堤坝，保全自己纯洁的本性，就能抵住诱惑，任何诱惑就会不攻自退。

(三)慎行严拒“第一次”

有的党员干部认为，违反点廉洁自律规定不算什么违纪，其实，违纪与违法之间并没有天然的鸿沟。贪官们并不是在人生之初就“恶贯满盈”，从其蜕化的轨迹看，都有一个从量变逐步到质变的渐进过程，经历了积小恶为大恶的演变。

第一次骄横撒泼，第一次贪占集体和他人的钱财，第一次收受贿赂……这无数个“第一次”，都是走上犯罪道路的第一步，当初可能性质并不严重，但祸根却扎在这里。从不敢收钱到默认，从敢收到疯狂敛财，基本上是始于无视党纪国法。一次两次可能别人发现不了，但做多了，无数个“第一次”的叠加和发展，贪欲的闸门一旦打开，就会如决堤的洪水不可阻挡，如同打开潘多拉魔盒，一发而不可收，无视高悬的法规制度之剑，不再顾惜自己的形象与前途，胆大妄为、胡作非为，逐步完成向“恶魔”的蜕变。

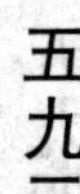

慎重对待“第一次”，是安身立命、保持幸福的护身符。一个人若不能自已而违背道

德，迈出第一步，容易走向堕落，出一系列问题。若拒绝第一次诱惑，也往往会拒绝第二次诱惑，可以腾出时间和精力去干好事业。

杨震（公元59~124年），东汉的名臣，被当时的读书人誉为“关西孔子”。杨震从小勤奋好学，潜心钻研儒家经典，从事教育事业30年，人送雅号“关西孔子”。良好的生活情趣陶冶了杨震的情操，也给了杨震以抵制诱惑的定力。郡长官多次征召他出来做官，都被他称病而拒，直到50岁时才开始出任郡、州官。

《后汉书·杨震传》载：东汉杨震任东莱太守，途经昌邑，县令王密求见。至晚，以十金奉杨曰：“暮夜无知者。”杨曰：“天知，地知，我知，子知。何谓无知者？”遂拒而不受。后人以“却金暮夜”言其为官清廉。杨震暮夜拒金的事迹千百年来广为传颂。

唐代周昙诗《杨震》：“为国推贤非惠私，十金为报邃相危。无言暗室无人见，咫尺斯须已四知。”杨震官至太常、太尉，耿直无私、洁身自好的品格未曾有过改变，成为人们推崇的廉洁自律的典范。

《国史镜鉴》载，魏惠王魏婴在范台宴请诸侯，请鲁共公举杯致祝酒词。鲁共公委婉地说：“从前，舜帝的女儿派仪狄造酒，把酒献给大禹。大禹喝了后感到味道甘美，于是疏远了仪狄，决心不再喝酒。说：‘后世一定会有因爱喝酒而亡国的。’齐桓公半夜厌食，他的幸臣易牙就煎炒烹炸，调和五味，做成菜肴进献给桓公。桓公吃饱了，睡到天亮以后才醒来。说：‘后世一定会有因为贪图美味而亡国的。’晋文公得到美女南之威，三天不理朝政。后来他就将南之威推到一边，并且从此疏远了她。说：‘后世一定会有因爱好女色而亡国的。’楚王登上强台（即章华台，在湖北潜江西南），远望崩山（即巫山），左边有长江，右边有洞庭湖，居高临下非常快乐，流连忘返，于是他发誓不再登临强台。说：‘后世一定会有因沉湎于高台水池之乐而亡国的。’现在，您同时占有这四种欢乐，能不加戒备吗？”魏惠王听了连声称好，有所收敛。

不少违法违纪行为的发生，与当初不慎的“第一次”有直接关系。有了第一次后，就会有第二次、第三次……接踵而至，与日俱增，铸成大错。所以，领导干部要慎重对待开始，防止“第一次”。不该去的地方不去，不该拿的东西不拿，把握好第一道关口；在不义之财面前，避免第一次放纵，守住第一道防线。

从政要慎重。在独立工作、无人监督的时候，小心谨慎、严于律己。慎权、慎初、慎微、慎独，是个很高的要求，但又是领导必备的。

“有官贫至无官日,去时荣于到任时。”有了以慎始为起点,把权力当作负担,兢兢业业、如履薄冰地工作,坚定地一步一个脚印地走下去,就会实现慎终之目的。

古人云:“勿轻小事,小隙沉舟;勿轻小物,小虫毒身。”可见不能轻视身边的小事。有些人经不起“小事”的诱惑,最终酿成“大案”。福建省公安厅原副厅长庄某在接受审讯时,坦陈自己抵抗得住那种赤裸裸的权钱交易,但“润物细无声”的方式抵抗不了。

一旦察觉自己私心膨胀、正走向贪欲之邪路的时候,要赶紧设法转到正路上来。必须把“第一次”“小意思”私利拒之千里,防微杜渐,不能搞“下不为例”勿使小节变大恶,坚决、彻底地把“贪”念扼杀在萌芽状态,这样才能转祸为福,起死回生,峰回路转,柳暗花明。

醉心玩乐、贪图享受,看似生活小节,却最容易消磨人的理想信念和进取精神,使人陷入精神空虚、意志消沉、思想颓废的状态,进而引发贪污受贿、权钱交易等违法乱纪行为。

“道自微而生,祸自微而成。”小事往往体现出品德的高低。生活情趣的雅俗与否,也是从每一个细小的环节反映的。千里之堤,溃于蚁穴。祸患积于忽微,小恶终成大疾。因此,要慎始、慎微,从一开始就不要助长不良念头,消除非分之想。“一念过差,足丧生平之善;终生检饬,难盖一事之愆。”致一念差错,就足以使一生的清名蒙辱;终生谨慎,也难以掩盖一件事上的罪责。

一些人为什么陷入人生败局,为什么犯严重错误以致违法犯罪?往往是从小节上、小事上自我放纵开始的,都是对发生的一些小的过错自我原谅而被打开缺口的。可见,小节并非无害,小节岂可随便,小节不可无度。在小节上过不了关,很难在大节上过得硬。小节失守,大节不保。

一个人思想品质的变化,都有一个量的积累和质的飞跃的过程。慢慢地腐蚀与安逸的环境往往容易使人沉溺其中,放松警惕,丧失斗志。

美国康奈尔大学的科学家做过一个“温水煮蛙”的实验:将一只青蛙丢进沸水中,青蛙奋力跳出锅中,安然逃生。科研人员又把这只青蛙放进装满冷水的锅里,然后慢慢加温。开始,青蛙在温暖惬意的水中悠然自得,待感到水烫得无法忍受时,再想跃出水面却已四肢无力,欲跳不能了,最终被活活煮死在热水中。

广西城建投资集团董事长高平,曾为自己设置一道“物理距离”:任何人不得靠近她

1.6米。然而,奸商通过精心布局,终于攻破了她的心理防线。她像一只被放进凉水锅中慢煮的青蛙,渐渐失去了跳跃的空间。2011年3月,高平因涉嫌受贿256.5万元,在南宁铁路运输中级人民法院受审。

湛江市公安局原刑警支队政委马东进,曾经获得过全国公安英模、广东省劳动模范等荣誉称号,他曾经热心救助一名遭遇车祸的孩子,在将孩子送到医院后悄然离去。马东进在功勋卓著、陶醉在胜利的喜悦之中时,身边人的一次次蛊惑,没能经受住金钱诱惑的马东进最终还是动心了。心里一旦滋生贪婪的种子,只要气候合适,就会在行动上结出罪恶的果实。后来他因犯徇私枉法罪、受贿罪,获有期徒刑11年。

"温水煮蛙"道出了从量变到质变的原理。说的是由于对渐变的适应性和习惯性,失去了戒备而招灾的道理,对党员领导干部具有很强的警示作用。

(四)君子之交淡如水

"友如作画须求淡,文似看山不喜平。"古人交友十分讲究一个淡字。庄周说:"君子之交淡若水,小人之交甘若醴。"淡,蕴涵着忌权势,"以势交者,势倾则绝";淡,意味着忌财利,"以财交者,财尽而交绝"。

季札是春秋时吴国国君寿梦的第四个儿子,以高尚美德"三让天下"。"白日青天一片心,岂因生死惜千金。"(司马光)季札出使鲁国时,途经徐国。徐君默视着季札端庄得体的仪容与着装,频频向他腰间祥光闪动的宝剑投去羡慕的目光,却不好意思表达出来。季札看在眼里,内心暗暗想道:这宝剑是使节的象征,暂时还无法相赠。

等到季札返回途中,徐君已撒手人寰。季札来到徐君的墓旁,内心有说不出来的悲戚和感伤。他望着苍凉的天空,解下心爱的宝剑,挂在徐君墓前树上,深情地说:"你喜欢的东西,我给你送来了。"他默默地对着墓碑躬身而拜。

随从人员疑惑地问他:"徐君已过世,你何必这样做呢?"季札说:"我既已心许,怎能因为朋友去世,就背弃初衷呢?"

唐代周昙称颂季札对朋友不以生死易心的真挚友谊:"宝剑徒称无价宝,行心更贵不欺心。"

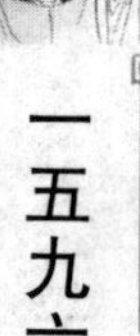

重视朋友之交是中华民族的传统。与君子交朋友是令人向往的,既可以避免势尽人疏、利尽人散的结局,同时也在平淡中见出真情。风雨人生路,他能为你挡风寒,为你分忧愁，为你解痛苦。当你失意时，朋友的仗义相助，使你东山再起，重振雄风；当你事业红火时，朋友的仗义相助，使你如虎添翼，令人刮目。这种真挚的友情，不需要铿锵的慷慨激昂，不需要华丽的辞藻堆砌，也不需要虚伪的信誓旦旦。"当你拥有了无数的得心应手的朋友，即便开始你貌不惊人、一文不值，你仍然可以鲤鱼跳龙门、麻雀上梧成凤凰。"

我们生活、工作在一个开放的社会，结交的朋友好与坏，对人的一生是非常重要的，对其品行影响极大。英国哲学家培根有句妙语："在智慧提供给整个人生的一切幸福之中，是以获得友谊为最重要的。"爱因斯坦曾经说过："世间最美好的东西，莫过于有几个头脑和心地都很正直的严正的朋友。"

曾国藩认为：交友之贤否，关系到一生之成败，不可不慎也。他告诫儿子："择交是第一要事，须择志趣远大者。"周恩来一生广交朋友，但其坚持"与有肝胆人相处"，即与为人忠诚、坚定、无私者交友。陈毅在交友问题上曾经说过，"难得是诤友，当面敢批评"，即要找能直言规劝的朋友。

有篇交友的文章认为，与人交往，必须谨慎，尤其是拥有人民给予权力的人。譬如与小人、恶人不可交往，否则日后肯定倒霉；与多嘴之人交往，日后绝无清净的时光；与好利之人交往，日后必受其累；与奸诈之人交往，日后肯定被其算计；与权欲之人交往，日后难免被其抛弃。所以，在人生路上交友一定要谨慎，要注重对方的品行，不要随随便便喜欢一个人，见一次面就视为知己，与其亲密交往。

党员领导干部也有情感，不能不结交朋友。问题的关键在于结交什么样的朋友，怎么交朋友。因为党员领导干部手中有权，寄托着人民群众的期望，交友绝对不是个人生活的小节问题，而是关系到廉政与贪腐的大是大非问题。哪些人该交，哪些人不该交，心中要有数，绝不能不讲原则，失控失度，滥交朋友！

习近平在 2013 年 3 月 8 日参加江苏代表团审议政府工作报告时说，现在的社会，诱惑太多，围绕权力的陷阱太多。面对纷繁的物质利益，要做到君子之交淡如水，"官""商"交往要有道，相敬如宾，而不要勾肩搭背、不分彼此，要划出公私分明的界限。

曾经受贿、贪污达数百万元的某工程局原党委书记、局长湛某在狱中忏悔道：由于思想把关不严，在我革命意志衰退时，因为缺乏政治免疫力和鉴别力，落进了"朋友"设下的陷阱，使我陷入罪恶泥潭不能自拔。所交之友中有心怀叵测的，为了达到自己的目的，对我百般讨好，久而久之，使我误以为他是我的"铁哥们儿""知己"。这样的朋友就如同病毒一样,侵蚀我的思想,腐蚀我的灵魂,最后把我推向犯罪的深渊。当我在位时,他信誓旦旦,像一只温驯的绵羊讨我欢心;一旦东窗事发,他就落井下石,像一条疯狗要置我于死地。只可惜,这一切我都明白得太晚了。

一位落马贪官在忏悔书上写道:"我是被下了几个套:老板下了套,我糊涂钻;部下下了套,我勇敢钻;女人下了套,我乐意钻;朋友下了套,我仗义钻……"

那些冲着你手中重权来的所谓"朋友",绝对不是真正的朋友。以利益关系而成为朋友的人,算不上真朋友。当你有钱有势之时,我是你的朋友,恭维你,利用你,花言巧语;当你下台败落之日,我就奚落你,冷漠你,不再理你。这样脆弱的交往,不是违背了"君子之交淡如水"之理吗?

如果你傍上了大款朋友,他们看重的是你手中的权力,而不是友情;吃了人家的嘴软,拿了人家的手短,只好被人牵着鼻子走。所以,有人进了监狱才深切体会到,是交友不慎造成的。在现实生活中,一些别有用心的人利用交友渠道而设下"陷阱"的事例比比皆是,因交友不慎而沦为违纪违法的人亦屡见不鲜。

领导干部手中有权力,交友不是个人交际范畴的小事,不能仅仅当作个人行为,而是一个导向,与谁交往反映出政治品质和道德底线,必须谨慎对待,切不可丧失政治警觉,无原则地滥交朋友。应当择其善者而交之,逢其不善者而远之,多交畏友、诤友,警惕那些其言如饴、以利相交的损友、佞友。

切莫被"哥们儿义气"遮住双眼,沦为被人利用的工具。必须把握好工作关系和私人关系的尺度,不被所谓的哥们儿牵着鼻子走,对于触及原则、触犯党纪国法的事情坚决不干。否则,所谓的"朋友"最有可能使你前功尽弃,身败名裂,甚至会把你送进监狱,那时可就悔之晚矣。

(五)黄金魔力常警觉

马克思说:"自从有可能把商品当作交换价值来保持,或把交换价值当作商品来保持以来,求金欲就产生了。"于是,天下熙熙,好多人为金钱来,天下攘攘,好多人为金钱往。正如莎士比亚在《雅典的泰门》中所说:"金子!……可以使黑的变成白的,丑的变成美的,错的变成对的,卑贱变成尊贵,老人变成少年,懦夫变成勇士……"自从金钱来世间,演出多少悲喜剧!

往事过去千百年。新旧中国之间并没有隔着一道万里长城。当今商品经济的存在离不开金钱这个媒介，这就容易诱发人们唯利是图和拜金主义思想和行为。在改革开放中，一些党员干部在没有硝烟的战场上，忘记了党旗下的旦旦誓言，情感趋向和奋斗方向发生了嬗变，对金钱的欲望就像宗教信徒崇拜宗教偶像那样，唯“孔方兄”马首是瞻，不惜冒着锒铛入狱的危险而捞取不义之财。这种拜金主义思潮恶浪如果泛滥起来而不坚决制止，不仅会倾斜和坍塌人们的道德水准和精神品格，而且会渐渐挖掉江山社稷的根基，后果将不堪设想。

抵御拜金主义思想的侵袭，吾以为并非要“挟泰山以超北海”。子日：“富与贵，人之所欲也，不以其道得之，不处也。”说的是不义之财君莫取。《元史》载：宋元之际，世道纷乱。有个学者许衡外出时，天气炎热，口渴难忍。路边正好有棵梨树，行人都去摘梨，唯独许衡不为所动。有人便问：“你何不摘梨解渴？”他回答：“不是自己的梨，岂能乱摘？”那人笑他迂腐：“世道这样乱，管它是谁的梨，解渴要紧。”许衡摆手道：“梨虽无主，而我心有主！”这位学者在世风日下年间将“我心有主”付诸于行，真称得上是“欲影正者端其表，欲下廉者先之身”的典范之一。“我心有主”、留清白在人间这样的人，自古以来绝不是寥若晨星。海瑞死的时候，家里搜罗个遍，不才几十两银子吗？

方志敏烈士在《清贫》一文结束时曾说：“清贫，洁白朴素的生活，正是我们革命者能够战胜许多困难的地方！”话不多，却思之拳拳，言之诤诤，耐人寻味！

联合国秘书长瓦尔德海姆在悼念周总理时说：“中国是个文明古国，她的金银财宝多得不计其数，她使用的人民币多得我们数不过来，可是她的总理周恩来在国际银行没有一分钱存款！”

他们这样做，尽管淡泊、清苦些，得到的却是坦坦荡荡处世，清清白白做人，获得的是奋斗求索的醇美，为人师表的欣慰，凝聚民心的力量！这才是中国共产党人的风范。

(六)居官戒贪手莫伸

在各种诱惑面前，一定要保持清醒头脑，认清贪占钱财、放纵享乐对人生来说，是危险的东西。虽然它没有牙齿，却可以吃掉你的理想；它没有双脚，但可以带你走向歧途。自觉地做到廉洁从政，永葆共产党人本色，抵御任何形式的“糖衣炮弹”的袭击，那么，你会活得很快乐，你会有幸福的一生。

君不见,太多的欲望是一头难以驾驭的猛兽,难以把握,不是不及,便是过之,于是便产生了徘徊、彷徨、烦恼。欲望太多,心绪不能平衡,对身体会有损害。当过分的欲望降伏了灵魂,就会方寸皆乱,难以割舍,只会让心灵疲惫痛苦,常常使辛苦得来的物质幸福黯然失色。违法违纪行为一旦被发现,轻则丢了名声,毁了前程,重则锒铛入狱,无颜见“江东父老”,连累父母妻儿,害莫大焉,下场不如一般人。

一名犯罪领导人员在忏悔书上写道:没钱的时候,总想有钱,可一旦有了钱,也就添上了心病。从贪污公款以后,我的心一直就没平静过,我就像一只惊弓之鸟,一天到晚总觉得紧张和不安。我见不得庄严的警徽,听不得尖利的警笛,就连电话铃一响都感到紧张不已。领导找我谈点什么事,我的第一反应首先是,是不是我的事儿犯了?但心存的侥幸心理,还是堵死了我的退路,使我在犯罪的深渊里越陷越深……

在看守所里等待判决的日子是难熬的。在冰冷的牢房中,我与一些大镣加身的死刑犯关押在一起。几乎每隔一段时间,我们中就有被拉出去再也回不来的,我知道,那是执行死刑了。我也知道自己贪污近百万,下场比他们肯定也好不到哪里去。我就是这样天天在悔恨和恐惧中度日如年地煎熬着。直到这时,我才感觉到没有钱的日子尽管不风光,但自己却还是个堂堂正正的人,而不义之财只会使人最终变得像我这样人不人鬼不鬼。

肮脏的金钱,昔日你像美女一样诱惑着我,今天又像魔鬼一样害得我家破人亡。这时,金钱在我眼中变成了毫无价值的符号。金钱能买来人格的尊严吗?能买来合家欢聚的幸福生活吗?能弥平亲人、朋友心中的伤痕吗?

宋代朱熹说得好:“世路无如贪欲险,几人到此误平生。”在世间走贪欲之路最危险,多少人都是因此而误了一生。贪欲发展到脱离社会道德准则,他就会遭到人们唾弃,千夫所指。“人心不足蛇吞象,世事到头螳捕蝉。”贪得无厌的人,好像一条蛇想吞下一头大象一样可笑。这种人往往利令智昏,一心图谋害别人,最后必然被别人暗算。

明代诗人唐寅《一世歌》云:“世上钱多赚不尽,朝里官多做不了。官大钱多心转忧,落得自家头白早。”面对炫目的金钱、妩媚的美色、迷人的权位,稍不警觉,就会被贪欲之绳拉向深渊。

古希腊一位名人说:“金钱和享乐的贪求,促使我们成为它们的奴隶,也可以说,把我们整个身心都投入深渊。”贪婪,使人心术不正,卑鄙龌龊;贪婪,使人寡廉鲜耻,骄奢淫逸。骄奢淫逸是事业成功的大敌,是惹事招祸的首因。凡是世间的恶事败行,几乎都与贪婪有所牵连。

一些贪官走进铁窗后的忏悔录,不是无病呻吟,而是事后反思才为自己把准了脉,看清了病灶所在,他们的教训极为深刻,必须认真吸取,切莫重蹈覆辙。

如果被非分欲望所左右,什么朋友都敢交,什么场合都敢去,什么事都敢做,以致目无法纪、为所欲为,就可能走不出以权纵欲、贪污腐化的怪圈。要从肩负特殊历史使命和增强执政能力来要求和衡量自己,带头纯洁生活圈、规范交往圈、控制娱乐圈,克服讲排场、比阔气、奢侈浪费等陈规陋习,不断提升精神境界。

(七)方志敏的清贫观

在中华民族伟大复兴的征程中,学习方志敏的清贫观,对于我们保持和发扬党的艰苦奋斗的优良传统和作风,具有重要意义。

方志敏身居高位,但与民同苦;生活清贫,但意志坚强。他的光辉名字受人敬仰。

方志敏在30岁前后,领导了弋阳、横峰农民起义,创建了江西红军独立第一团、工农红军第十军;31岁时,开创赣东北革命根据地,被毛泽东誉为"方志敏式的根据地""苏维埃模范省";35岁时,率领北上抗日先遣队深入敌人腹地,冒死掩护中央红军转移……

方志敏参加革命后,其家被烧杀抢劫十余次。母亲迫于无奈,向他要钱。他回答说:"姆妈,我是当主席,可当的是穷人的主席,哪里是官?饷银嘛,将来会发,现在没得发。苏维埃刚建立,革命才有个头,我们每人的饭钱才七分呢!"在公与私之间,在革命与亲情之间坚持以革命利益为重,表现了方志敏的高尚革命情操。

方志敏领导赣东北人民进行了十几年的革命,从来没有奢侈过。他担任省苏维埃主席兼省军区司令员,尽管职位很高,权力很大,但到各地巡视工作从来不准许招待,谁招待谁受批评。他为了节约,做报告、开会、讲话不喝茶,只喝白开水。他从不接受礼品,也不允许别人和红军部队、苏维埃机关接受任何礼品。

1935年1月,方志敏为侦察突围路线,来到怀玉山太阳坑的一棵千年古树旁,村里的雷妈妈招呼他们进屋休息。方志敏把手中的望远镜和一条红五星布袋子挂在树枝上,走进了雷妈妈家。已经饿了几天几夜的方志敏在这里吃上了热腾腾的玉米饭、咸菜汤。

告别雷妈妈时,方志敏深情地说道:"今天多亏了您,我们现在一分钱也没有,把望远镜和红五星布袋子送给您。等革命胜利后,您就带着这两样东西找我们。”得知方志敏遇难后,雷妈妈一家悲痛万分。为了缅怀方志敏烈士,人们便把此树命名为“清贫树”。

1935 年 1 月方志敏在江西德兴县陇首村与国民党军队作战时,不幸被捕。在国民党监狱中,方志敏拒绝了一切威逼利诱,大义凛然,抱定了为革命为人民事业献身的信念。他写下了 10 多万字的文稿和书信,如《可爱的中国》《清贫》等,一直到今天,依然熠熠闪光,为人传颂。

他在《清贫》中写道:“我从事革命斗争已经十余年了。在这长期的奋斗中,我一向是过着朴素的生活,从没有奢侈过。经手的款项,总在数百万元;但为革命而筹集的金钱,是一点一滴的用之于革命事业。这在国方的伟人们看来,颇似奇迹,或认为夸张;而矜持不苟,舍己为公,却是每个共产党员具备的美德。”

方志敏在《清贫》中,叙述了一件事。当两个国民党士兵在树林中搜捕到他时,满心希望从他身上搜出 1000 大洋或 800 大洋,或者一些金镯子、金戒指之类的东西,发一笔洋财。他们从方志敏的袄领捏到鞋底,只得到一只普通的怀表和一支自来水笔。

他们以为方志敏把钱藏了起来,凶相毕露,拽出一颗手榴弹,威吓说:“赶快把钱拿出来,不然就把你炸死!”

面对凶恶贪婪的敌人,方志敏冷冷地说:“哼!你不要做出那样难看的样子来吧!我确实一个铜板都没有,想从我这里发洋财,是想错了。”

“你骗谁!像你这样当大官的人会没有钱!”拿手榴弹的士兵当然不相信,依旧盯着方志敏,要他交出钱来。另一个士兵则再一遍地从衣角到裤脚仔细地捏,希望能有新发现。

“你们要相信我的话,不要瞎忙了!我不比你们国民党的官,个个都有钱,我确实是一个铜板都没有,我们革命不是为着发财!”方志敏再次向他们解释。

最后,这两名士兵终于相信了方志敏的话。他们商定,将怀表和自来水笔卖出钱后,两人平分。

方志敏在狱中写下的《死!——共产主义的殉道者的记述》中有这样一段话:“为着阶级和民族的解放,为着党的事业的成功,我毫不稀罕那华丽的大厦,却宁愿居住在卑陋潮湿的茅棚;不稀罕舒适柔软的钢丝床,宁愿睡在猪栏狗窠似的住所!……一切难于忍受的生活,我都能忍受下去!这些都不能丝毫动摇我的决心,相反地,是更加磨炼我的意志！我能舍弃一切，但是不能舍弃党，舍弃阶级，舍弃革命事业。”

难道他只愿饥饿，寒冷，危险，困难，屈辱，痛苦，而不愿过上幸福的生活吗？不是。他只是不想一个人过好日子，想让天下所有饥寒交迫的人都过上幸福的生活。

据方志敏纪念馆资料载，方志敏以其毕生的执着追求和艰苦奋斗，为中国革命立下了汗马功劳。方志敏的清贫观是“先天下之忧而忧，后天下之乐而乐”。“艰难困苦，玉汝于成”等民族传统美德的继承和发扬，是共产党人甘于清贫、矜持不苟高贵品质的生动写照。方志敏的清贫观蕴涵着严于律己、不徇私情的精神。

方志敏的清贫观，是革命的正气歌，是共产党人珍贵的精神食粮，体现着共产党人廉洁奉公、甘当公仆的好作风。胡锦涛指出，我们纪念和学习方志敏同志，就要像他那样，一身正气，清正廉洁，保持共产党人的政治本色和革命气节。方志敏的清贫观积淀了中华民族的道义、德行和民族尊严、不畏艰苦的精神，在培育共产党人的思想品德上，具有指导意义。代代人继承清贫观，从昨天到今天，从今天到永远！

（八）山涛封丝说开去

在漫长的历史长河中，廉洁曾与腐败进行了艰难的较量，腐败不断地侵袭、玷污廉洁，但廉洁以其顽强的生命力存在着、发展着，她出淤泥而不染，显示着自身的纯洁和高尚。

晋朝时候，有个人名叫山涛，心地纯正，器量宏放。年轻时候，他就经常和名士阮籍等人在竹林游玩，畅谈吟诗。他被提拔为吏部尚书（主管全国官吏任免、考核等事务）之后，遵儒家之教，恪尽职守，选人标准能以德才兼备为主，特别重视品行，而且知人善任，扬长避短，不拘一格选人才。

一个名叫袁毅的人在鬲县做县令，人品极差，贪图钱财，常常贿赂朝廷大官，以求美名和升官。有一次，袁毅来拜见山涛，送来一百斤丝绸。山涛看到如此谄媚之态，打心眼里烦，不想与当时的官场风气有染，又不想与当时的时风世俗不合群，就把丝绸放在阁楼上。后来袁毅的劣迹败露，山涛就把丝绸交给执法官吏。藏丝积年，落满尘埃，封印如故，检查的官吏很吃惊，都认为山涛的罪名不成立，还盛赞他为官清正廉洁。

隋朝时候，有一位叫房彦谦的人，是当时著名的学者，与朝野之间的才俊多有交往，为人厚道，品行端庄，从不随声附和，一生先后经历了东魏、北齐、北周和隋四个王朝的更替换代。18 岁时，他担任了家乡齐郡的主簿，一直在政府任职；40 岁时被郡守举荐进京，任监察御史，职责是“分察百僚，巡按郡县，纠视刑狱，肃整朝仪”。后迁为河南长葛县令。在全国官员考核中，因其清正廉洁，被评为“天下第一”。当他离职高升之时，地方百姓拦路挽留，并为其立碑颂德。

房彦谦官至司隶刺史，其职责是“统诸巡察京城之外官员”。他刚正不阿，为官清正，秉公办事，从不收取贿赂，凡经他举荐的官员均为人正派，一心为国。

他给百姓办了许多好事，深受民众拥戴。他为官多年所得俸禄，大多周济了亲友和困苦的百姓，以致家里竟弄得没有多余的钱财。虽然生活过得清贫，却很怡然自得，并乐此不疲。百姓们感谢他的勤政为民，称呼他为“慈父”。

房彦谦曾经对儿子房玄龄说过：“人皆因禄富，我独以官贫，所遗子孙，在于清白耳！”——别人都因为做官而发了财，我做官却还是一贫如洗。我所遗留给你们的唯有“清白”两个字啊！房玄龄对一身清白的父亲说：“孩儿不图父亲积下万贯家财，父亲的言传身教，足够孩儿受用终身。”

父亲的一席话影响了房玄龄一生。在父亲的培养下，房玄龄立下了治国安民的政治抱负，后来成为大唐重臣，一代名相，无处不体现着父亲的教诲。在 22 年宰相生涯中，通晓政务而又有文采，以赤诚之心忘我工作，从没纳过一个小妾，以看不见的手帮助李世民料理朝政、治理国家，他将贞观精英巧妙地纳入贞观的轨道上来，让他们各尽其才，各得其所。

无数事实表明，不是自己的东西不能拿，不是自己的果实不能摘，不是你的到手也白搭。做人清白，就无“半夜敲门”之惊和“东窗事发”之忧；就会赢来吉祥，兴家兴中华；谁能把贪纵踩在脚下，谁就是把正义扛在了肩上。

朱镕基说：“廉洁是第一位的，首先是廉政，其次才是勤政，没有这两点，就根本对不起人民。没有廉政，也就谈不上勤政、务实、高效。”勤政是实现廉政的最可靠基础，廉政是通向勤政最重要的保证。

领导干部一定要牢固树立正确的权力观、名利观、金钱观，不断提高拒腐防变能力。越是在自己管理的区域，越是在别人不知晓的情况下，越要严格要求自己，绝不把本来属于人民的权力看成是一种私人财产。

(九)寇准罢宴启心扉

寇准(公元961~1025年),北宋名相,有德才、有胆识的政治家,文武俱长,展现了一代名臣的风采。宋太宗曾赞叹说:"我有寇准,好比唐太宗有魏徵。"

寇准一生的两件功德:其一,敢说话,为赵宋朝廷出了不少好点子;其二,公元1004年,辽国军队大举进攻北宋,寇准不怕死,力主抵抗,并促使宋真宗过黄河亲征,打了个大胜仗,跟契丹人签订了《澶渊之盟》,此后一百年,宋辽两国相安无事。

清代杨潮观有篇《寇莱公思亲罢宴》的杂剧。剧情大意是:宋朝丞相寇准,官居一品,禄享千盅,每日笙歌曼舞,锦衣玉食。这一日正准备庆寿摆宴,年老的仆人刘婆不慎被流得遍地的烛油滑倒。她不觉老泪交流,失声痛哭,回忆起寇准幼年丧父,家庭贫寒,其母靠缝纫赚一点灯油来供给儿子"挑灯伴读落叶寒窗"的往事。寇准听了猛然悔悟,遂下令:次日罢宴,遣还寿礼。

寇准罢宴,我认为有两点难能可贵之处:一是对自己的过度奢侈,悔悟得快;二是措施有力,雷厉风行。

这个历史故事,是发人深省的。它提醒人们,应当牢记先辈创业之艰辛,切不可奢侈浪费。这几年,我们国家的经济发展较快,人民生活水平也有提高。但是,也出现了令人担忧的奢侈浪费现象和不好的风气,如大讲排场,攀比豪华,挥霍公款;生活讲究高档化,穿戴讲究名牌,消费的胃口吊得很高。

如果事事讲奢侈,形成奢侈之习,就会煽动并使贪欲膨胀,贪婪聚敛的财富又会在精神和物质两方面助长奢侈的泛滥,朝气锐气正气就会消损,甚至会由贪慕富贵、恣情挥霍而败家丧身。

贪污腐败、奢侈浪费,是事业成功的大敌,是惹事招祸的首因。荀悦《申鉴》认为,统治阶级自身的腐败是国家衰亡的又一致命根源。他把"私""奢"放在"四患"之首,认为"私坏法,法坏则世倾;奢败制,制败则欲肆"。他提出导致国家危亡有九种风气,其中"私政行"是致命的"亡国之风"。要扭转国家日趋衰落的局面,必须惩治腐败。

应当看到,我们国家这么大,各地发展不平衡,要建成中等发达的国家,还需要几十年的艰苦奋斗、勤俭节约。因此,绝不能丢掉艰苦奋斗、厉行节约这个中华民族的好传统,应当树立正确的消费观念,积极行动起来。既然贤明的古人能够杜绝奢侈浪费,我们当代共产党人,完全能够做得更好!

(十)岳飞赤诚为社稷

武穆金戈餐虏肉,岳侯妙计捣黄龙。岳飞是南宋抗金名将,杰出的民族英雄。岳飞戎马半生,纵横沙场,所向披靡,为南宋王朝浴血奋战了 20 个年头,壮怀激烈、精忠报国的爱国思想和坚贞不屈的民族气节,为历代人们所赞颂和景仰。

元代柯九思赞道:“勋成伊吕终方驾,算胜孙吴亦下风。”清代徐自华诗云:“半壁江山埋碧血,一生功业痛黄龙。”

岳飞为官不贪财、不好色,一向廉洁奉公,公私分明,一心只想着收复河山,所做的事都出于公心。岳飞曾经提出“文臣不爱钱,武将不惜死”,天下就太平了。

杨再兴原来是敌人的将领,还亲手杀死了岳飞的弟弟,后来被岳飞擒获。岳飞认为杨再兴是一个难得的将才,就没有计较杀弟之仇,把他收为部将,让他为国家效力。

傅庆和岳飞在年轻时是战友,两个人的感情很好。后来傅庆渐渐滋生了骄纵的习气,甚至为了争功求赏而违反军纪。岳飞不徇私情,按军法处决了他。

岳飞每次出征,都减少军队的花费,以减轻百姓的负担。每次收复失地后,他都组织士兵耕作,达到自给自足,减轻了国家和百姓的负担。

每当朝廷要褒奖、提升他时,他总是说:“为国效力是将士的本分,我有什么功劳而言呢?”朝廷给他的赏赐,岳飞从来不取一文,全数分给将士。他对部下论功行赏,不隐瞒任何人的功绩。有一次一名部将贪污赏银,立斩。

他的儿子岳云多次立下功勋,他却压住不上报。有人问他:“您这样做固然很廉洁,但是对岳云不公平啊!”他回答说:“父亲教育儿子,怎么能让他有急功近利的思想呢?况且我身为统兵大将,倘若不能严格约束自己的儿子,还怎么管理部下呢?”

岳云是一员能征善战的勇将,在对金兵的多次作战中,屡建大功,岳飞却隐瞒不报。后来,朝廷知道了,要给岳云以最优奖赏,岳飞力辞不受。皇上特旨提升岳云三级。岳飞又上表推辞。他认为士兵们在战场上冲锋陷阵、拼死杀敌才被提拔一级,而岳云如越级提升,何以服众!

由于岳飞的再三坚持,朝廷收回对岳云的封赏。还有一次,岳飞率领大军在外征战,他的部属刘康年私自向朝廷上书,要求朝廷加封岳飞的母亲和次子岳雷。他知道这件事后打了刘康年500马鞭，并两次向朝廷上书请罪，请求取消对母亲和儿子的封赏。

岳飞为官清廉，生活节俭，从不为自己置办田产，没有积蓄一点儿多余的财物。当时，贵族们都争先恐后地在西湖旁边建豪宅，生活上奢华挥霍，日日与歌女们饮酒高歌。可是岳飞仍住普通的房子，连朝廷封赐给他的土地也坚决不受。宋高宗曾要在杭州为岳飞建豪宅，岳飞辞谢说："北虏未灭，臣何以为家?"(敌人尚没消灭，我怎能为自己的家考虑这么多呢?)满朝君臣为之感动。

岳飞全家均穿粗布衣衫。有一次，妻子李氏穿了件绸衣，岳飞便道："皇后与众王妃在北方(靖康之难时被金兵俘虏)过着艰苦的生活，你既然与我同甘共苦，就不要穿这么好的衣服了。"自此李氏终生不着绫罗。

部队补给艰难时，岳飞"与士卒最下者同食"。有一次受地方官招待，吃到"酸馅"(一种类似包子的面食)时，惊叹道："竟然还有这么美味的食物。"便带回去与家人共享。

朝中许多大官员妻妾满堂，有的因酒色过度而死。岳飞同夫人始终相敬如宾，相濡以沫。有一次，一位吴姓官员买了一个官家出身的女子，置大量金银珠宝作为嫁妆，一并送给了岳飞。岳飞将这个美女退给吴姓官员。

岳飞被害之后，从他家里抄出的东西，除了宋高宗赏赐的少量物品外，只有3000匹麻布、5000斛粟麦、几千卷书而已，而且那些麻布和粟麦都是为了贴补军用。

(十一)廉吏当誉于成龙

有这样一位国之栋梁、世代楷模：他只有忠义之心，爱国家，爱人民，就是不爱钱；他为官多年，忠于职守，扶正压邪，勤政务实，造福百姓，义无反顾，而自己一贫如洗，家徒四壁。他，就是于成龙!

少有大志的于成龙，自幼过着耕读生活，受正统的儒家教育，性格端庄，不苟言笑，又才智过人，崇尚实干。他大器晚成，45岁时接受清廷委任，任广西罗城知县前，将祖遗田产文券交给大儿子，说："我做官不管你，你治家莫管我。"从此踏入仕途……

初到罗城，这里经过20多年的兵荒马乱，民生凋敝不堪，百姓无法生存，遍地荆棘，已处于"无官治"的状况。这里只有6家居民，草屋数间。官衙是两三间茅草屋，堆土石为几案，十分简陋，荒凉无比。夜晚无处安身，便寄居于关帝庙里，用大刀做枕头。随他来的几个仆人，有的水土不服，染病而死；有的不堪困苦，不告而别。于成龙以坚强的意志，迈开了仕宦生涯的第一步。

于成龙在罗城的作为，不仅受到百姓的爱戴，也受到了广西巡抚金光祖的器重。一次全省县官会集桂林，县官们都身着绫罗绸缎，对穿着破烂旧衣的于成龙颇有讥笑之意，就连金光祖也忍不住问起于成龙何以如此穿着？

于成龙说："罗城地瘠民贫，我身上的衣服就是罗城的写照。如果人民贫困而我今天穿着绫罗绸缎，岂不是欺世盗名？"一番话，说得满堂官员无言以对。金光祖大为赞赏。

于成龙治理罗城7年后，以"卓异"之政绩，被举为四川合州知州。罗城，是个磨炼意志、培养人才的地方。一个被人们长久称颂的旷世清官，一个胸怀浩然正气的大丈夫，在合州留下的诗中，蕴涵着对罗城的深深怀念："七载罗阳梅弄影，三冬蜀道柳含烟。"

几年之后，于成龙去往黄州（今湖北黄州市），任知府4年。他多以"微行"的方式，扮作田夫、旅客或乞丐，到村落、田野调查盗情，坐镇治盗。他排解许多重大疑案、悬案，错案得到平反，从而被百姓呼为"于青天"。蒲松龄的《聊斋志异》中，有篇《于中丞》，叙述了他的故事。

有一天，于成龙路过城郊，看见两个人用床板抬着病人，枕上露长发，盖着大被，有三四名大汉跟在一旁，时而伸手掖被。不一会儿，换两人抬着赶路，上肩似很沉重，起步踉跄……于成龙心中起疑，派人秘密查访。后来派精壮捕役，破获了这起杀人抢劫案。

人们极为佩服于成龙料事如神。于成龙笑着说："我只是观察细致、连贯思索而已。你看，哪有少妇躺在床上，肯让别人把手伸进被里的？不时地换肩抬，显出抬的东西很重；不停地拉被遮掩，说明床上必有物品矣。病妇至一村舍，必有妇人倚门相迎，却是两个男人迎之而入，而且连一句话都不问……所以断定他们必是强盗也。"

于成龙升湖广下江陆道道员期间，以糠代粮，把节余的口粮、薪俸用来救济灾民。因之百姓在歌谣中唱道："要得清廉分数足，唯学于公食糠粥。"公元1678年，于成龙升任福建按察使离湖北时，依然一捆行囊，两袖清风，买几石萝卜上船，说这个东西好，既压船，又可以当饭吃，沿途以萝卜为干粮。在福建做官的时候，有时没有钱，一天吃一顿。居住没有什么家具，只有两个竹筐，一筐放官服，一筐放粮食。图书、文件10来捆放在地上。

于成龙历任知州、知府、道台、巡抚、总督等职，其间几经坎坷，备尝艰辛。他以坚强意志为百姓奔走操劳，怜贫苦、治盗贼、编保甲、严连坐、除豪强、平冤狱、肃吏治，经常深入民间微服访察，凡有犯法者严惩不贷，在民间传为美谈。

于成龙在赴四川合州知州时，连路费都没有，当时百姓"追送数百里，哭而还"。

于成龙为官多年，深深遗憾自己没能奉养母亲。他在任江南、江西总督之前，母亲去世，他回乡葬母，然后赴任。按照清代制度，沿途地方有接待之责，但他自雇一辆骡车，悄然无声地到达任所。

于成龙年事已高时，仍俭朴如初，每餐粗米饭就青菜，很少吃鱼肉。江南人民给他起了个绰号——"于青菜"，以示亲切、敬仰。

于成龙说："埋头做去，不患不到圣贤地位。"他一生奔波，坦诚不渝，经历了多少凄风苦雨；拍案而起，整肃纲纪……为的是社稷，爱的是百姓，恨的是贪吏。于成龙只身走遍天涯，与结发妻阔别20年之后才得一见。别妻廿载倾热泪，难得一腔报国情！

康熙赞誉于成龙为"清官第一"。康熙皇帝后来谈到他说：于成龙督江南，有人说他生活作风可能会发生变化，因为江南是富庶之地，到他死后，方知他始终廉洁，为百姓称道，不由感叹："居官如成龙能有几人！"

（十二）盛世感言豆腐汤

康熙时代，汤斌官至江宁巡抚，保持清廉从政，为官一任，造福一方；生活上恪守清贫。汤斌喜欢吃豆腐，被人们亲切称为"豆腐汤"。

有一天，汤斌检查出入账簿，发现其中有一天买了鸡，便问仆从："这是谁买的鸡？"家仆回答说："是公子吩咐买的。"汤斌把公子叫来，令其跪在庭下，斥责道："你以为江苏鸡价如河南老家那样的便宜吗？你想吃鸡，就回老家去。没有读书人不吃菜根而能自立的。"

公元1687年，汤斌在京城官邸病逝，终年61岁，他所遗留的物品中，只有床头竹筒中的8两俸银。同朝尚书徐乾学赠送20两银子，他才得以入葬。

古代清官践行廉洁修身、奉公守法，作为工人阶级先锋队的共产党人，更应该将廉政作为自己的为政准则，以廉修身。

廉洁传承着民族的精神，廉洁凝结着慎独的品质，廉洁是官员干好工作的底线。十月革命后，列宁有句名言："我们的任务是要保护我们党的坚定性、彻底性和纯洁性。我们应当努力把党的称号和作用提高，提高。"

十月革命胜利之后，列宁针对党和国家的一些机关及其党员干部中存在铺张浪费、贪污受贿、搞特殊化等腐败现象，愤慨地指出，各种腐败现象在我们中间腐烂发臭，败坏空气，毒化我们的生活。1921 年 10 月 17 日，他在全俄政治教育委员会第二次代表大会明确指出，现在摆在每个党员面前的有三大敌人：（一）共产党员的狂妄自大，（二）文盲，（三）贪污受贿。在这种情况下甚至连搞政治的门径都没有，在这种情况下就无法搞政治，因为一切措施都会落空，不会产生任何结果。在容许贪污受贿和此风盛行的条件下，实施法律只会产生更坏的结果。

腐败削弱执政基础，降低执政能力，动摇执政地位，是侵蚀党的肌体的病毒。一些国家的政权兴衰更迭，一些执政党垮台，甚至走向毁灭，重要原因是不廉洁，堡垒从内部被攻破了。

建立人民政权达 70 多年的苏联垮于一旦，克里姆林宫上空飘扬了 70 多年的红旗悄然降落，从根本上说，是因为苏共的严重腐败，严重损害了人民的权力和尊严，蜕变为一个官僚特权阶层，其教训极为深刻。

对长期执政的党来说，只有保持清正廉洁，才能永葆先进性。解决好自身廉洁的问题，是为官的最起码要求，关系到社会的稳定、国家的安危、执政党的存亡，尤为紧要，尤为迫切。

习近平强调："近年来我们党内发生的严重违纪违法案件，性质非常恶劣，政治影响极坏，令人触目惊心。各级党委要旗帜鲜明地反对腐败，更加科学有效地防治腐败，做到干部清正、政府清廉、政治清明，永葆共产党人清正廉洁的政治本色。"（在十八届中共中央政治局第一次集体学习时的讲话）

习近平在十八届中央纪委第二次全会上发表重要讲话强调：反腐倡廉必须常抓不懈，拒腐防变必须警钟长鸣，关键就在"常""长"二字，一个是要经常抓，一个是要长期抓。

清正廉洁是为政之本、为官之宝、做人之纲，是思想纯洁、作风纯洁的重要体现，是保持党员干部纯洁性的本质要求，是党员干部必须具备的品格，是思想境界的"修习"，是精神家园的"保洁"，体现出共产党人的基本素质和修养高下。领导干部一身正气，廉洁从政，取信于民，才能敢于碰硬，增加威信，增加号召力，立于不败之地，成为有作为的领导。

共产党员没有自己的特殊利益和要求，本意就不图索取任何东西。领导干部既要珍惜名声，珍惜职位，更要保持共产党人的政治本色，不断提升精神境界，保持廉洁的心态，坚守廉洁的底线，珍视廉洁的操守，抵御任何形式的"糖衣炮弹"的袭击，坚持破世俗一尘不染，立高洁两袖清风，向党和人民交上满意的答卷。

（十三）恪守清廉古今谈

习近平指出："廉洁是对领导干部的一项基本要求，是官德的重要内容。对于领导干部而言，官德与廉洁高度一致。讲官德必然要求讲廉洁，不廉洁就不可能有官德，这是古今如一的道理。做共产党的'官'，就是要全心全意为人民服务，注定是不能发财的。因此，领导干部用权讲官德，就必须争当廉洁奉公的表率。"（《求是》杂志 2004 年第 19 期）

历朝历代，崇尚清廉，克制贪欲，是不争的共识。德行过关、廉政为民、清廉自奉，一直被视作从政者的主要行为规范，被视为赢得民心的重要法宝。

廉洁是立身之本，廉政是为官之基，这是古往今来为官的基本准则。我国不少为官者将"廉"置于突出的位置。在儒家的修身治国平天下的政治理念中，"廉洁""廉正""廉直""廉谨"是主要的道德准则。许多贤能圣哲、志士仁人，对"廉"有精辟的见解，给后人留下了许多宝贵箴言。

作为儒家之道德范畴的"廉"，最早出现在《周礼·天官·小宰》中："以听官府之六计，弊群利之治。一曰廉善，二曰廉能，三曰廉敬，四曰廉正，五曰廉法，六曰廉辨。"时刻以廉洁之德为本。做到"六事"，方可称得上是合格的官吏。

齐国政治家晏婴在谈及"廉政"时说："廉者，政之本也，民之惠也；贪者，政之腐也，民之贼也。"（《晏子春秋·内篇》）这已把"廉"提到了"政之本""民之惠"的高度。

管仲则有"礼义廉耻，国之四维，四维不张，国乃灭亡"的论述，把"廉"上升到了国之存亡的四纲之一。

宋代吕本中所著《官箴》，将"当官之法，唯有三事：曰清、曰慎、曰勤"，作为开篇之语，其中清廉居于其首。

北宋学者周敦颐为人清廉正直，襟怀淡泊，平生酷爱莲花。他的《爱莲说》中的名句"出淤泥而不染，濯清涟而不妖"，其寓意是在尘世中保持高洁，当个出淤泥而不染的君子。

康熙认为，"致治之道，首在惩戒贪蠹"，对贪污官吏应当先教训告诫，如果始终怙恶不悛，则依法惩治，决不姑息。同时对操守廉洁者应多加奖励，"尔等为官，以清廉为第一，为清官甚乐，不但一时百姓感仰，即离任之后，百姓追思，建祠尸祝，岂非盛事"。

康熙的“民为邦本，勤恤为先”的廉政思想，铸就了全国大一统的全盛局面，成为封建帝王中的佼佼者，被后人称之为“成之君，开创之主”。

清代张贤聪“民不畏我严，畏我廉，廉生威；民不服我能，服我公，公生明”，讲的是廉洁从政的基本道理。

中华民族讲廉洁，视廉洁如生命，有很多清正廉洁的故事。如杨震“畏四知而辞金”，羊续“悬鱼”拒贿，子罕“以德为宝”，包拯铁面无私，海瑞清洁刚正，于成龙俭朴如初。这些生动而传奇的故事，尽管是“俱往矣”，但仍在我们心中珍藏，为世人所称颂。

廉洁，是对作为“人民公仆”的领导干部的基本要求，也是权力的人民性和公共性本质的必然要求，是从政者最基本的伦理道德标准，构筑着镰刀斧头的本色，培育着“权为民所用”的道德修养。

廉洁是抵御诱惑的盾牌，是人心向背的“晴雨表”，是为政者官德优劣的分水岭。廉洁的人生光明磊落、正义浩然、问心无愧，廉洁之生命之旅如夏花般之绚烂，廉洁之品行可与日月同辉。

身葆廉风施正气，胸含霁月鉴清心。能否做到秉公用权、不以权谋私，依法用权、不徇私枉法，廉洁用权、不贪污腐败，体现出共产党人的基本素质和修养高下。

新中国成立后，刘少奇担任党和国家的要职，但仍然保持着艰苦奋斗的作风，带头清正廉洁。三年困难时期，他与群众同甘共苦，首先带头不吃肉、蛋。每次外出视察，他总是同身边工作人员约法三章：不请客，不迎送，不准向地方提任何要求和接受任何礼物。1960年，刘少奇率领代表团到苏联参加81个国家共产党、工人党会议，按规定得到5000卢布的零用钱。回国前，他一分不少地交给了我国驻苏联大使馆。对一些国家送的纪念品和礼物，刘少奇都要求工作人员造册登记，送到有关部门收存，个人和子女从不接受。

领导干部的言行举止对一个地方和部门的风气具有明显的示范引导作用。领导干部思想纯洁、行为廉洁，关乎个人素质，更关系到社会安定、人民福祉、国家兴旺。历史经验证明，廉洁与否决定着政权的兴衰成败。如果廉政上不过关，就没有先进性和纯洁性可言，就会丧失民心。汉代班固说：“吏不廉平，则治道衰。”

领导干部常修为政之德、常思贪欲之害、常怀律己之心，守洁如玉，清廉如水，取信于民，才能敢于碰硬，提高威信，产生凝聚力，增加号召力。你一身正气，廉洁从政，就敢于正视执法执纪人员，没有内疚和畏惧，你可以闲庭信步，坦荡无忧，谈笑风生，泰然自若。

一个人拥有不义之财,就无法感受到过去那种清正廉洁的踏实与美好。贪婪常常写就长恨歌。贪婪也可能让人暂时富有,但代价是心灵负疚;虽然贪婪也可能让人潇洒享受,但结局是悔泪长流。

华西村老书记吴仁宝始终做到“三不”:不拿全村最高工资,不拿全村最高奖金,不住全村最好的房子。如今华西村的村民们都住进了宽敞舒适的别墅,可他仍旧住在二层旧房子里。在华西村口的一块大牌子上,写着吴仁宝的名言:“家有黄金数吨,一天也只能吃三顿;豪华房子独占鳌头,一人也只占一个床位。”

吴仁宝曾说:我们华西搞的是“一村两制”,即村民可以搞集体,也可以搞个体。但干部不能搞“一家两制”“一人两制”。否则,丈夫在企业当厂长,妻子开饭馆,丈夫厂里经济交往的客户都引到这个饭馆吃饭,吃一百,付一千,甚至不吃也付钱,集体的“肥水”就不声不响地流进个人的“田”;父亲在厂里搞供销,儿子却搞个体加工,父亲联系到好的业务,很可能给儿子做,结果是“富了和尚穷了庙”。江泽民同志称赞我:“这是正确处理权与钱的关系!”

为官清廉,是官德中最为重要的基础,最为直观的伦理要求,是不可逾越的官德底线。清廉折射官德,官德体现清廉。

清廉而不贪,是生活对我们的磨炼,更是每个人的福分。廉者,从政之本也。领导干部恪守廉洁,是圆满完成工作任务、延续政治生命的前提条件。

(十四)用制度制约权力

邓小平曾深刻指出:“我们过去发生的各种错误,固然与某些领导人的思想、作风有关,但是组织制度、工作制度方面的问题更重要。这些方面的制度好可以使坏人无法任意横行,制度不好可以使好人无法充分做好事,甚至会走向反面。”好的制度约束有扬善抑恶的作用,在干部队伍官德建设中带有根本性、全局性、稳定性和长期性。

“制度”一词,古已有之。《商君书》有言:“凡将立国,制度必察。”制度是节制人们行为的尺度。制度从大的方面说,包括体制和机制;小的方面,是指规章制度。

人们常说权力是一把双刃剑,具有两重性:善加利用,能使人成功,使人神圣;稍有不慎,可能为权力所累,导致失败,使人腐朽。权力具有扩张性、垄断性、腐蚀性:既可以为人民谋利益,也可能被权力所腐蚀,使手中的权力异化变质,成为独享的资源、谋私的工具。

由于体制、机制不够完善，在市场利益驱动下，一些人为了达到规避公平竞争以获取非法利益的目的结交权贵，而一些心理失衡和私欲膨胀的领导干部，则趁机“权力寻租”、权钱交易、权色交易，把人民赋予的权力变成报恩、巴结、利益交换的利器，或是攫取不正当利益的工具。

合理有效的制度约束，是抑制权力副作用的根本之策。如果将权力比作老虎，将完善的体制比作笼，那么只有笼才能制约住老虎，而老虎一旦出了笼，或者放虎归山，权力便不受控制。我们现在的问题主要出在“笼”，而不在“虎”。

中国法院网有一篇文章介绍说，在过去的100年里，澳大利亚仅有昆士兰州的一名法官因腐败被撤职。反观我国的司法腐败现状，我们总不至于说我国法官素质普遍不如澳大利亚吧？很显然，一个重要的原因在于澳大利亚具有先进的司法体制，亦即缜密可靠的“笼”，促使法官乖乖在笼中按规则行使权力。

制度互相衔接不够，致使制度漏洞较多，导致制度形同虚设。有的制度大道理多，可操作具体措施少，或是有要求无措施，或是虽有措施，但与实际情况相去甚远，不能用以指导实践，在制度的落实过程中，缺乏严密的监督措施。要摒弃模糊语言，如“酌情处理”“有关部门”等，最大限度压缩自由裁量、“合理”解释的空间，明确规定应该怎么办、不能怎么办、违者如何处理，使滥用权力者“不能为”，无空可钻；建立事前监督与事后惩罚机制，使滥用权力者“不敢为”。

必须打造“关”得住权力的“制度铁笼”。习近平在十八届中央纪委第二次全会上发表重要讲话强调：“要加强对权力运行的制约和监督，把权力关进制度的笼子里，形成不敢腐的惩戒机制、不能腐的防范机制、不易腐的保障机制。”

要按照中央纪委的要求，对违反规定收送现金、有价证券和支付凭证的，按照组织程序一律先免职，再依据规定处理。“跑官要官”的，要批评教育，不能提拔重用，在重要岗位上的要予以调整，已得到提拔的要坚决撤下来；对“跑官要官”制止不力造成用人严重失察失误的，要严肃追究责任。放任、纵容配偶、子女及其配偶和身边工作人员利用领导干部职权和职务影响经商办企业或从事中介活动谋取非法利益的，要辞去现任职务或者由组织责令辞职，并按照规定给予纪律处分。利用婚丧嫁娶等事宜收钱敛财的，要严肃查处。参加赌博的应予以免职，再依据规定处理；到国(境)外赌博的，要从严惩处。

制定领导人员、管理人员的职业道德规范。逐级签订廉洁从业承诺责任书；建立业绩、诚信和廉洁情况的廉政档案。实行工程建设、物资采购招投标廉政双合同制度，并对廉政合同履行情况进行检查考核，定期予以通报。

实施责任追究应根据不同情况，给予纪律处分或批评教育、责令检查、通报批评等处理方式。责任追究更多地涉及领导和管理责任，免职、解聘等职务变动，可更直接有效地解决领导和管理问题。党风廉政建设责任制和"问责制"要有机结合，既要区别处理腐败、违纪、失职和管理等问题，又要营造廉洁自律、遵章守纪、强化管理、责任重于泰山的氛围。对领导人员的违纪违规行为，要实施组织处理、经济处罚、职位禁入及重大决策、用人失误追溯等制度。

要建立主体清晰、责任明确、权力配置科学的制度执行工作责任制，把制度执行的任务逐项落实到每个部门、每个单位、每个岗位，明确执行时限、要求和责任；并加强制度执行情况的监督检查。对制度执行不力造成后果的要追究有关责任，严肃查处违反制度的行为，以维护制度的权威性和严肃性。

（十五）监督制约需到位

党的十八大报告强调："反对腐败、建设廉洁政治，是党一贯坚持的鲜明政治立场，是人民关注的重大政治问题。这个问题解决不好，就会对党造成致命伤害，甚至亡党亡国。"干部清正、政府清廉、政治清明，是实现廉洁政治总目标的重要内容和必由之路。

一些领导干部原本很优秀，"出淤泥而不染"，后来却蜕变为贪官而失节落马，这些教训再一次向人们昭示：人的自律永远不可能代替制度的制约，更不能超脱于监督之外。一旦领导干部形成脱离监管或者互不相干的关系规则，就难保不会出问题。

北京明星区长周良洛说："权力这么大，自由度这么大，种下了祸根。"制度在他们那里不过是超越其上、用来规范其他人的"明规则"，而实际权力运行遵循的是"潜规则"。

原湛江市委书记陈同庆，以受贿罪被判处死缓。他利用手中的权力，或者对组织部门发号施令，或者大笔一挥，签字批示……什么组织原则，党性要求，国家法律，全部抛弃脑后。湛江人在谈起陈同庆的为官之道时，有这样的说法：找陈书记办事，不送钱不行，送少了也不行，他"吃水很深"。一些用钱买官、跑官的人，或为小单位谋取利益，或为亲朋好友安排工作，无一例外用重金作敲门砖，与陈同庆进行钱与权的肮脏交易。

河南省交通厅原厅长张昆桐上任时向省委领导表态:"我要记取前任厅长曾锦城腐败犯罪的教训,把高速公路修成廉政路。"他多次召开全厅干部会议,大讲廉政建设,然而一年之后,他不幸被"糖弹"击中。

安徽省原省委副书记王昭耀,出身贫寒,在奋斗中崛起,走上省级高位,终究没有走出贪腐的窠臼。2007年1月12日,王昭耀因受贿704万余元,另有649万余元的财产来源不明,被判死缓。前车之鉴,后事之师。纵观王昭耀的腐败轨迹,我们可以看到,他面对诱惑,滋生贪欲,"一个人说了算"是沦落为阶下囚的重要原因。在人事制度、人事安排上,王昭耀一个人说了不算,会从一个根正苗红的干部堕落为死刑犯吗?

当前反腐败的一个根本着力点,就是制约权力、制止特权。党的十八大强调:"任何组织或者个人都不得有超越宪法和法律的特权。"要教育党员干部摆正权与法、公与私的关系,坚决打击"以言代法、以权压法、徇私枉法"的行为。

不受约束的权力必定导致权力的滥用。"贿随权集",权力过于集中,贿必跟随。因此,最重要的是构建一个科学的权力监督和制衡机制,设计出把权力与利益分离开来的机制,制衡"一把手"的权力,使其不具体分管人、财、物,采取分权形式从制度上制约;"一把手"和其他领导之间的权力相互制衡,每个权力行使者都具有权力的行使者和权力的制约者的双重身份。权力的行使者不仅受到其他权力的约束,而且也同时约束着其他权力;自觉接受监督,促使自己对不该为的事情"不能为",防止乱用权。

要坚持民主集中制。十八大党章指出:"民主集中制是民主基础上的集中和集中指导下的民主相结合。它既是党的根本组织原则,也是群众路线在党的生活中的运用。"凡涉及重大决策、重要干部任免、重大项目安排和大额度资金的使用,必须经集体讨论决定,防止个人说了算和独断专行。历史和现实告诉我们,扩大党内民主,重大事项参与决策的人多,有利于减少腐败和决策失误。

要认真贯彻《中国共产党党内监督条例(试行)》,建立健全集体领导和分工负责制、重大事项报告制度、述职述廉、民主生活会、谈话和诫勉等党内监督制度;强化对各级领导机关、领导班子、特别是领导班子主要负责人的监督。

培养对腐败的"零容忍"态度,借鉴国内外行之有效的做法,用好举报这一反腐利器。据中国纪检监察报载,《联合国反腐败公约》规定,任何人有合理理由时,都有权向主管部门善意地报告违规行为。越南《反腐败法》要求各个单位的正副职负责人必须报告本部门发生的腐败行为,否则将被追究个人责任。

严格控制领导干部兼职数量,防止权力过于集中。各个部门之间、重要岗位之间、班子成员之间,既要各自负责,也要相互制约,加强对权力运行的规范监控,从客观环境上减少和避免干部犯错误的机会。

受言書屏

治民莫若愛民

養身莫若寡欲

王昭素

宋太祖

受言书屏①

【历史背景】

北宋初年,有个没做官的处士名叫王昭素。此人自小好学,有美德善行,特别有学问,博通"九经",兼研《庄子》《老子》,尤其精通《诗经》和《易经》,著有《易论》二十三篇。他的学生李穆在朝廷做官,向宋太祖推荐老师。宋太祖得知后,召王昭素入朝。太祖问王昭素:"先生过去为什么不求做官,以致我们相见这样晚?"王昭素回答说:"臣是草野愚笨之人,无补于圣化。"太祖赐他坐,令讲《易经》中的乾卦,还让宰相薛居正等人一同来听讲。讲到第五爻"飞龙在天",这是卜君之象。王昭素说:"此爻正当陛下今日之事。"接着,他向太祖讲论君道,援引古时帝王为证据,其中暗寓讽谏之意。太祖又问:"这种书难道可以让平常人看见吗?"王昭素说:"这书如果不是圣人出现,不能符合其中之象。"

太祖又向他询问民间的事情,王昭素所说都很诚实,没有欺瞒。见他如此忠直,太祖非常高兴,就问他治理天下与养身的道理。王昭素答以两句名言:"治世莫若爱民,养身莫若寡欲。"因为人民是国家的根本,根本稳固,国家才能安宁。所以说,治国之道,没有比爱民更重要的了。而"多欲"是害身的,"欲"少才身安,所以说,养身之道,没有比"寡欲"更为重要的了。

明代大政治家、大学士张居正引述了此事之后,说:"'寡欲'和'爱民',固然都是治理天下的纲要。但'寡欲'一句,又是'爱民'的根本。大凡自古以来,百姓不安,都是因为人主'多欲':或者喜欢大兴土木;或者放肆追求声色;或者荒诞随意地挑起边境战争;或者无休止地追求珍奇玩好,让地方进献;或者沉溺于到处游山玩水,跑马围猎的快乐之中等等。这些事都不免要百姓出钱、出力。上层索要的无穷无尽,下层百姓供给的难以相继,必然要,引起海内骚然,怨声载道,以至天下大乱,到那时就会造成君身不保了!由此可以知道:人主一定要爱身,才可以做到爱民。而安宁百姓,也是使人主自身安宁的前提啊!"

【原文】

太祖征处士[②]王昭素[③]为国子博士。召见便殿，年七十余矣。令讲乾卦[④]，至九五飞龙在天，昭素援引[⑤]证据，因示讽谏微旨。太祖大悦。问治世养身之术。对曰："治世，莫若爱民；养身，莫若寡欲。"太祖爱其言，书于屏几[⑥]。

【张居正解】

宋史上记：太祖之时，有个处士姓王名昭素。太祖素知他有学行，征聘他来做国子监博士。既至，召他进见于便殿。此时昭素年七十余岁矣。太祖命他讲《易》经的"乾"卦，至第五爻"飞龙在天"，乃是人君之象。昭素讲论君道，援引古时帝王以为证据，遂阴寓讽动劝谏之意。太祖见他忠直，大喜悦他，就问他治天下与养身的道理。昭素对说："治天下，莫如爱恤百姓；养身体，莫如寡少嗜欲。"盖民为邦本，本固则邦宁；故治国之道，莫如爱民也。欲，为身之害，少则身安；故养身之道，莫如寡欲也。太祖爱他说得有理，将这两句言语，书于屏风及几案上。欲时时警省，不致遗忘也。然寡欲爱民，固皆致治之要。而寡欲一言，又为爱民之本。

盖自古百姓不安，皆因人主多欲。或好兴土木，或恣意声色，或妄开边衅，或求珍奇玩好之奉，或耽驰骋游幸之娱。此等事，皆不免伤民之财，劳民之力。上之所需欲无穷，下之所需难继，以致海内骚然，百姓怨叛，而君身不可保矣！以是知人主必爱身，乃可以爱民。而安百姓，亦所以安其身也。

【注释】

①本则出自《续资治通鉴长编》。本文记述了宋太祖召见王昭素讲解《易》的故事。

②处士：未出仕或不肯出仕的读书人。

③王昭素：（公元904年~公元982年）宋代开封酸枣（今河南延津县）人，是当时很有名气的学者。通晓经书，兼老、庄之学。特别是精通《诗》《易》，著有《易论》二十三篇。宋太祖曾召见他并且向他请教《易经》及养生治世之道，后来被拜为国子博士。

④乾卦:象征天,元始、亨通、和谐、贞正。

⑤援:援引的意思。

⑥书于屏几:写在屏几上。

【译文】

太祖征用曾经不肯出仕的隐士王昭素为国子博士,在便殿召见他,那个时候他已经七十多岁了。太祖让他讲乾卦,讲到“九五飞龙在天”的时候,王昭素援引证据,其中暗示着对皇帝的讽谏之意。太祖对这样的方式很是欣赏,又向他请教治世养身的方法。王昭素回答说:“要想治理好国家,一定要首先爱惜百姓,没有比这个更重要的了;要养好身体,一定要首先减少嗜欲,没有什么比这一项更重要的了。”宋太祖听到王昭素讲的这两句话,很是欣赏,认为这些话很有道理,就命人将它写在屏风和几案上,想用这样的方式来时时提醒自己,永远都不要忘记。

【评议】

宋太祖让博士王昭素为自己讲解乾卦,在这个过程当中,王昭素在自己的话里渗透了讽谏意味。其中最具有道理的就是:想要治理好天下,就要爱护百姓;想要身体健康,就要寡欲。可以说这是帝王治理天下与延年益寿的最好方法了。英明的皇帝在这两个方面做得都很好,爱护百姓又能寡欲养生,才是修身治国的良策,做到这两点,何愁国家不得富强,身体不得康泰?而那些想要长生不老以享乐作为自己追求的君主们却往往在这两个方面都做得很失败,他们一味地服食丹药,又不肯放弃声色之乐,到最后丹毒发作而死;只会鱼肉百姓,作威作福,到最后被百姓推翻,成为亡国之君,就是这种帝王的下场。像这样的皇帝我国历史上比比皆是,商纣王、秦始皇、汉灵帝,不都是因为纵情声色犬马,而毁坏了身体,加上残暴地对待百姓而灭国的吗?

【镜鉴】

敬畏生命

(一)自爱,才能爱人

马克·吐温有句名言:"紫罗兰把它的香气留在那踩扁了它的脚踝上,这就是宽恕。"做人要学会宽恕,宽恕自己、包容他人。对自己太狠的人,便很难学会爱护别人。

明代宦官魏忠贤就是一个很典型的例子。

魏忠贤,原名李进忠,曾从继父姓改姓魏。在他十几岁的时候,家里就给他娶了老婆,后来还生了个女儿。但他却喜欢赌博,又赌运不佳,常常受到凌辱。为了过快乐的混混生活,魏忠贤抛弃了家庭,在他尚未成为太监之前,四处寻花问柳,城中的大小妓院,都留下了他的足迹,家里仅有的一点钱财,也被他用光用尽。被债主逼上门的魏忠贤走投无路,他竟然卖掉了自己的女儿还清赌债。

如果一个人,没有办法支撑起一个家庭的幸福,为什么要去娶妻生子?其实魏忠贤日后的种种滔天罪行,早在这个时候就已显露出来,他是一个缺乏自爱与爱人之心的狂徒!

卖掉女儿之后,他仍然没有改变这一恶习,继续欠债。因此,他迫切期望改变这一现状。而在当时,入宫当宦官一职十分抢手,每年的被阉者中只有十之一二能选入宫中,而其余的阉人只能在京城内游荡。这些人受到普通百姓的歧视,生活状况很惨。但也有一些人,自愿阉割要求成为宦官。按当时规定,这样的人事先必须得到官府的批准。如果私自阉割,一经发现,给以重治,邻居知而不报者,一并治罪。但是,即使是这样,也有人冒险而为之。

魏忠贤就是其中之一。在一次赌博欠下债务后,他再也没有出路。于是愤而净身,入宫当了宦官,这是在万历年间。他先在司礼太监孙暹名下,后在甲子库办事,有些油水,因而逐渐富裕了起来。

身体发肤受之父母，别说是自阉，即使是受到普通的一点伤害，普通人怕是都会很难受。因为他们懂得珍惜自己、爱护自己。然而魏忠贤就是这样一个对自己狠心的昔日赌徒，就连他自己也想不到，他正在逐渐成为中国历史上一个万夫所指的罪人。

逐渐得势后，他开始谋害与自己有芥蒂的人。首先是谋害情敌魏朝，之后又谋害顾命太监王安。王安是顾命太监，在移宫案中与外朝大臣合作，有相当的威望。但心狠的魏忠贤通过毒辣的手段派人把他杀害。之后，魏忠贤升为司礼秉笔太监。由于自己在朝野的野心逐渐显露，即使后宫的嫔妃也有所耳目。皇后暗指魏忠贤有赵高之心，遭到魏忠贤陷害以至流产，最终绝食而亡。而冯贵人劝熹宗罢内操，被责为诽谤，赐死。李成妃解救，被革封禁闭。

魏忠贤对自己狠毒，对别人就更不在话下了。如果说上述事情的发生还只是暗中陷害，那么魏忠贤对东林党的迫害，则可以说是明目张胆。

公元1624年，左都御史杨涟首先抨击魏忠贤，列举了他的二十四条大罪。接着，更多的东林党人对魏忠贤进行了口诛笔伐，连国子监的师生一千多人，也都上疏弹劾魏忠贤。

魏忠贤对此切齿痛恨，疯狂反扑。第二年，他就找了个借口，将人们尊称为“六君子”的六个著名的东林党人逮捕下狱，严刑拷打，逼他们承认根本不存在的罪行。“六君子”在狱中受尽酷刑。杨涟身上被压上沉重的麻袋，耳朵里钉进发锈的铁钉；左光斗全身被狱卒用烧得通红的烙铁熨烙，脸部被烧得焦烂，面目全非，左膝盖以下的筋骨，全都暴露出来……可想而知，这个对自己都下得去手的阉人，对待别人时会是怎样的残酷！不久之后，六君子就全都惨死狱中。此后，还有更多的东林党人被罢官，被下大狱，被充军，被杀害……

当然，恶有恶报。公元1627年崇祯皇帝继位。他命锦衣卫擒拿魏忠贤治罪。魏忠贤行至途中，接到密报。当夜，他听到外边有人唱道：“随行的是寒月影，吆喝的是马声嘶。似这般荒凉也，真个不如死。”想到昔日的荣华富贵，魏忠贤也感到生不如死，于是他上吊自杀了。

从自阉到自尽，一代宦官魏忠贤就这样结束了自己的悲惨人生。无论从心理来讲，还是从外表来看，都缺乏自爱的能力。这样一个心狠手辣的凶残角色，终究是用自己残忍的双手为自己掘墓。他所带给我们的是一个启示，督促我们要学会宽恕，爱人爱己。

对自己太狠的人，怎么会爱别人？这句话看起来好像是老生常谈，就是因为太多人说，听得多了，却很少去深刻地理解和把握它。

自爱就是对自己有清醒的认识，不自负亦不自怜，知道自己要什么，脚踏实地去努力，或者找到达到目标的捷径，并且心无愧疚地往前走。而魏忠贤虽然也同样清楚升官发财的“捷径”，却是歪门邪道，对自己和家人不珍爱，对别人也心狠手毒，俨然一种变态自虐的心理。

如果说自戕是一种变态，那么因为不自爱丢掉性命，则是一种悲剧。

2008 年 10 月 25 日《华西都市报》报道，喧闹一时的重庆垫江县永安镇副镇长张颖离奇摔死之谜终于真相大白，导致其意外身亡的原因是张与女性朋友王某在王的家中幽会时，恰遇王某的男朋友回家，张颖躲到窗外后因为雨天湿滑，不慎失足跌下身亡。

2009 年 5 月 12 日《长江商报》报道，湖北省巴东县野三关镇政府 3 名工作人员在该镇雄风宾馆梦幻城消费时，与一女服务员发生争执，该服务员用修脚刀将对方两人刺伤，其中一人被刺伤喉部，经抢救无效死亡。

官员死于娱乐场所的新闻，我们早已屡见不鲜。他们不惜冒着触犯法律，身败名裂的风险，也要去“风流快活”，这不仅是权力的疯狂，对法律的藐视，更是人生观、道德观、价值观的沦丧，是不敬畏生命的表现。

著名作家毕淑敏在《敬畏生命》一文中写道：“对生命敬畏的感觉是绝对的伦理。它使生命序列的保持和提升顺利运作。不论在什么情况下，毁灭和伤害生命都如同恶魔一样有罪。在实践中，我们真的被迫选择。我们经常必须武断地决定何种形式的生命，甚至何种特殊的人，我们应该挽救，何种我们应该毁灭。尽管如此，敬畏生命的原则仍然是完整的和毋庸置疑的。这种伦理并不因为人们的伦理观抵触现象而失效，农民在牧场割草喂牛割下了一千株花，可是他必须注意，在回家的路上，不要因为沉浸在消遣心情里而划掉路旁的花朵，因为这样做是不必要，是对生命犯下罪行。”

一个对生命没有敬畏之心的人，平时对自己、对别人也必定是缺乏爱心的。

自爱是由心理反射而出的，是表现于外的。从心理方面讲，表现为好好照顾自己，适当给自己以奖励，心情不好的时候出去散散心，听听优美的音乐，保持心理的轻松愉悦；从生活态度上来讲，表现为不晚睡、不折磨自己，戒烟戒酒，相信自己有与众不同的地方，不刻意为了迎合别人改变自己。

孟子说："爱人者，人恒爱之；敬人者，人恒敬之。"人生是一场修行，爱自己、爱别人，才能被人爱、被人敬，才能体验到被世界温柔相待的感觉和生活的无限美好。

（二）多少机关干部处于抱病或亚健康状况

在中国，官员的健康问题一直是讳莫如深的话题，越是位高权重的官员，健康问题就越是秘密。不过从我们能看到的几个有限的研究和采访来看，结果都显示，官员们尽管享受公费医疗、定期体检、干部病房等优厚的医疗条件，他们的健康状况却难如人意，在一些地方甚至呈现每况愈下的态势。

2009年发布的《中国公职人员健康白皮书》，是在收集调查了92320份问卷、综合统计结果的基础上完成的。调查结果显示，公职人群患痔疮、脂肪肝和高血压、血脂异常及高血糖三高疾病比例比普通脑力劳动者高，大城市公职人员发病率比小城市高，领导岗位的公职人员身体更差。

调查还发现，公职人员常见慢性疾病的分布比重分别为颈椎疾病34%、咽喉炎28%、痔疮24%、慢性肠炎20%、脂肪肝20%……居首的疾病与白领族群相近，仍是颈椎、腰椎、骨质增生等运动系统问题，肠胃、肝脏等消化系统也不是很好。令人关注的是，公职人员4个人中竟然有1个人患有痔疮，比例高于接受调查的其他人群。慈铭体检集团抽样报告数据显示，中国公职人员超重或肥胖40.7%，血脂增高28.7%，血压增高14.2%，血糖增高9.8%，谷丙转氨酶增高14.5%，心电图异常10.4%，胆囊疾患6.9%，前列腺疾患23.5%。

中国医师协会卫生维护组织委员韩小红博士分析，公职人员脂肪肝和"三高"问题患病率相对于普通脑力劳动者分别高出4.4%和3.2%，而痔疮比例竟然高出9.5%，但与历年数据相比，有下降好转趋势。究其原因，与问卷调查中显示的58%公职人员"每日久坐办公5~8小时"、25%公职人员"每日久坐办公8~12小时"，以及公职人员长期伏案工作、缺少体育锻炼等职业特性有关。

人民网、《健康时报》调查问卷数据显示，公职人员体检结果根据年龄、性别和职务不同存在着明显差异，主要表现为公职人员级别越高则健康状况越差，而男性体检的异常率要远远高于女性，结合慈铭体检集团300万电子档案中抽取税务、海关、工商等政府机构公职人员体检数据，与该次调查统计结果一致。

调查显示，领导岗位的公职人员身体不太好，体检异常率高达98.5%，其中血脂异常

37.8%、血压增高18.9%、血糖增高10.3%、脂肪肝36.9%,这些都比普通公职人员要高出5%~10%左右。据慈铭体检专家分析,公职人员之所以职务级别越高健康状况越差,与该群体年龄构成层次比普通公职人员高、男性比例更高等客观因素有关,但领导岗位责任压力、事业心理负荷与家庭冲突、职业特性导致饮食睡眠不规律等因素,才是损害健康的真正原因。男性公职人员比女性健康问题更严重,主要原因是男性吸烟饮酒和饮食作息等生活方式没有女性有规律,实际工作时间更长,工作更紧张,社会家庭责任更强,更关注社会舆论压力、升迁以及经济收入等因素。

2010年7月发表于《临床医学工程》杂志的《中山市干部群体高尿酸血症发病情况调查》中显示,2009年在该院体检的1566名处级以上干部中,695人患有俗称"痛风"的高尿酸血症,患病原因可能是他们日常饭局较多、饮酒过量。干部退休后应酬减少,患病率也因此降低。

从上面这些调查我们可以得出结论,有很大一批机关干部正处于抱病或亚健康状况。在中国特色的官场,官员们在权力与责任的重压下,一系列疾病也如影随形地伴随着他们。

在众多造成官员身体健康状况欠佳的原因中,领导干部接待任务重,应酬多、大量饮酒,可能是普遍患高血脂、脂肪肝等疾病的主要原因。

官员们的健康状况,与他们在中国享受到的医疗待遇情况,形成了耐人寻味的对比。公费医疗、定期体检、干部病房……和中国社会各阶层相比.各级官员群体都能享受到一般群众难以企及的良好医疗服务。

不过,良好的公费医疗并不能保证官员的身体健康。在官场的封闭体系中生存和竞争,只能顺从官场的游戏规则。对于他们而言,有些酒之所以难以抗拒,即使拼上性命也要喝。这关系到他们和领导、下级的关系,他们的处境、政绩和政治前途。

2007年,河南信阳市委下发红头文件,禁止公职人员工作日中午饮酒。半年后,市委书记王铁公布了一系列让人咋舌的数据:"全市今年上半年比去年上半年招待费节约了30%多,仅酒一项开支,信阳就节约了近4300万元。"酒喝少了,官员的健康状况却好了。2007年7月,信阳市处级以上干部进行了一次体检,有127人患有与酒有关的疾病,而2006年同期有252人患了与酒有关的病。

不良的健康状况,是否会影响官员们的公共决策和执政能力,这是一个无须回答的问题。但有一点可以肯定，领导的健康问题绝对会影响到其家庭的幸福，所以为了自己，官员们也该注意一下健康问题了。

（三）干部上岗的第一关就是“酒精考验?”

酒文化在传统的中国文化中有其独特的地位。绵长的酒文忆已经流进人类文明的长河中，流进人们的文化精神深处。但在某些领域，酒文化却呈现了畸形的发展态势，特别是官场上的不良饮酒之风可谓登峰造极。官场饮酒风气如此这般地畸形发展，并未使酒之文化气味愈来愈浓，反而使之与“文化”二字渐行渐远，与歪风邪气越走越近。如今在喝酒已成“重要工作”的某些官场，充斥其间的，是浓浓的腐败之味、乖戾之气、愚昧之态、谄谀之风。有酒桌歌谣为证：

能喝八两喝一斤，这样的同志可放心；

能喝一斤喝八两，这样的同志要培养；

能喝白酒喝啤酒，这样的同志要调走；

能喝啤酒喝饮料，这样的同志不能要。

喝酒像喝汤，此人是工商。

喝酒不用劝，工作在法院。

举杯一口干，必定是公安。

八两都不醉，这人是国税。

领导干部不喝酒，一个朋友也没有；

中层干部不喝酒，一点信息也没有；

基层干部不喝酒，一点希望也没有；

纪检干部不喝酒，一点线索也没有。

这些酒桌歌谣或许还带有些夸张，但不可否认的是，官场上不喝酒寸步难行已成为明显的事实，很多地方干部上岗的第一关就是“酒精考验”。以往干部选拔“久经考验”成了现在的“酒精考验”，早已成了官场“不能不说的秘密”。

“酒精考验”，造就了一批不干实事、不务正业的能喝能吹的干部队伍。由于杯中自有“生产力”，酒中自有“乌纱帽”，使得少数基层领导趋之若鹜，把陪领导喝酒作为联络感情的重要手段，不惜“喝坏党风喝坏胃。喝得单位没经费，喝得群众背靠背”，竭尽全力在酒场上营造气氛，以此表示对领导的忠诚、对朋友的义气。因为只要上级领导喝得高兴了，服务便彻底到位了，什么资金、项目，什么提拔、调动，或许在转瞬之间就可搞定，甚至拿着写好的报告让领导立马签字都是可能的。而那些久经考验、真抓实干、不善应酬的干部却有时受到冷落、排挤，甚至遭受逆淘汰。

一些上级领导喜欢三天两头往基层跑，名曰调研，在迎来送往、阿谀奉承、灯红酒绿之中飘飘然、熏熏然。在这样一种氛围下，会喝酒者当然要充分展示自己的“才华”，陪领导喝得昏天黑地、辨不清东南西北；不会喝酒者为了让领导加深印象，不得不打肿脸充胖子，拿身体乃至生命作赌注甚至“殉职”在酒桌上。这样的“杯中悲”比比皆是。

1994 年，云南泸西县信用社女职员赵丽琼陪酒醉死，事后得到了“因公逝世、流芳千古”的盖棺定论，成为媒体公开报道的“酒烈士”第一人。

2004 年，云南华宁县委组织部培养对象、由县直单位挂职锻炼的矣甫村村支书贾宏康，在留下一长串陪酒账单及 20 多万元“酒精考验”的投资后，亦成酒鬼抱憾而去……

2009 年 8 月 1 日《南方农村报》报道，年轻有为的广东省湛江市麻章区区长陆燕朋应徐闻县委书记的邀请饮酒后病情发作，经过 17 天抢救无效而去世。

2013 年 1 月 30 日《现代快报》报道，江苏省连云港市赣榆区驾校校长于关京和其他几位朋友参加欢墩镇建管所所长王一省为女儿通过驾照考试而举办的答谢宴时，不小心喝多了，7 人共喝了 4 斤白酒，导致了关京在回家路上不幸身亡。

……

对于一名官员而言，当然应该熟悉一些人际沟通的知识、社交礼仪，但这种学习不应该是刻意的、呆板的，甚至于为了学习而学习。至于酒桌文化，本来就不是一种能摆到台面上的潜规则，现在弄到课堂之上大肆宣扬，这本身就是不正常的一种现象。值得反思的是，这些不正常的交往规则往往能大行其道，明规则有时甚至比不过潜规则。

当口口相传“不会喝酒，前途没有；一喝九两，重点培养；只喝饮料，领导不要；能喝不输，领导秘书；一喝就倒，官位难保；长喝赚少，人才难找”“酒杯一端，政策放宽”等耳熟能详顺口溜时，不难看出这种官场酒文化的根深蒂固和积重难返，这也凸现“酒精考验”在干部任用中的神奇威力。

当喝酒成为一种必备技能、官员们都将其当成工作敲门砖的时候，喝酒从怡情养性的活动变成了一种恶性。不良酒风看似小恶，然小恶亦可酿成大祸。期盼广大领导干部深晓“酒杯、酒话、酒气、酒风”四害之恶，少端酒杯多争口碑，少说酒话多讲实话，少沾酒气多接地气，少要酒疯多护党风。

(四)让抑郁症走开，呵护自我心理健康

外界普遍认为公务员工作稳定、收入丰厚，是一份令人羡慕的职业。可实际上，公务员的心理压力却远大于常人，正成为心理问题的“高发人群”之一。各地不时发生官员因抑郁自杀等情况，显示出随着政坛生态的日渐复杂，官员群体中存在不少心理问题。

中国人力资源开发网的一份行业心理健康问题报告显示，我国公务员队伍中有29.3%的人存在心理问题。在心理疾病患者中，公务员约占10%，比其他职业群体都要多(《浙江日报》2011年2月24日)。目前，公务员经常出现的心理问题有心理失衡、人际困难、成功焦虑和工作倦怠等。

工作压力、家庭压力、人际压力、舆论压力，这每种因素都可能成为一位官员“弃世绝尘”的导火索，挥之不去的抑郁、焦虑、愤怒、厌倦等内心痛苦和不安，最终造成他们中的一些人精神崩溃。

网易财经根据公开资料盘点了2009~2011年自杀的官员们，据不完全统计，这三年间官员自杀事件多达46起。其中湖北公安县纪委官员谢业新死于办公室，身上共有11处严重刀伤，被网友称“史上最惨自杀”。

公务员缘何会有如此大的心理压力，甚至选择轻生这条路呢？《人民论坛》杂志对全国各地一百多名官员心理健康问题进行的调查显示，80%以上的官员，特别是基层官员表示普遍存在较大的“心理压力”。64.65%的受调查者认为，官员的压力源主要来自“官场潜规则对个人政治前途的压力”。

崔会玲等学者在《公务员心理困境产生的原因分析》一文中，把原因归纳为以下几点：

1.激烈的群体竞争加大公务员的心理压力。当今考公务员的热潮一波接一波，大批精英进驻政府部门，公务员的群体竞争越发激烈，给公务员带来巨大的压力，对权力地位的担心、对个人成就的焦虑、对未来的忧愁等等，纠结在心中，难以排解。

2.公共性的特殊职业要求与公务员自然本性的冲突。公务员行使公共权力，必然被要求摈弃私心。但现实中一个人不可能脱离他的个人利益而存在，几乎所有的公务员都

认为“自己在工作中遇到过在道德抉择上进退两难的难题”，由此导致的心理困境就不可避免。

3.理性的“官僚制”要求与公务员个性发展的冲突。公务员不仅代表自己，更代表政府和国家，一言一行都要更理性和谨慎，这阻碍了公务员个性、情感的发展。因此，公务员给人的印象是循规蹈矩、刻板、僵化、不近人情，而这并不是公务员所希望的自我印象。苦闷、压抑、抑郁等心理困境的存在，也就不为怪了。

4.重大公共责任与公务员有限的个人能力的冲突。公务员期望通过个人的能力，改变现状、为民众谋福，但个人的能力毕竟是有限的。公共责任的重大和个人能力有限的冲突，导致公务员苦闷、悲观、失望。

5.心理疏导渠道的缺乏加剧公务员心理困境。有了心理困境。就应当及时得到宣泄和疏导。然而，公务员的心理健康受到关注的程序很少，这方面的研究极端缺乏，关于公务员心理疏导渠道方面的指导就少之又少。

其实，人人都有不顺心的时候，只不过有的人乐观坚强，甚至以顽强的毅力对抗命运和自己开的玩笑，笑傲人生。如首届“中国达人秀”总冠军、无臂钢琴王子刘伟，不仅用双脚演奏出了惊艳世人的乐曲，还用脚趾敲打键盘把自己的苦难用幽默戏谑的方式写成《活着已值得庆祝——我的生存和生活》一书，激励了千千万万的时代青年。还有很多平凡的普通人，他们承担的心理和生活负担都非常人能想象，却依旧淡定从容、坚强活着。比如四川绵竹汉旺镇的舞蹈女老师廖智，5 年前在汶川地震中她失去了女儿、婆婆和赖以起舞的双腿，5 年后在雅安地震中，她又装着假肢，第一时间赶赴灾区，参与救援，被网民称为“最美断腿女教师”。

“人们总是焦虑自己没有的东西，然后把自己打败了。”敬畏生命的基本要求，就是珍爱自己的生命和健康，珍惜自己已经拥有的，而不是在盲目无度的攀比中自暴自弃。

因此，作为公务员，首先必须要明白的就是，敬畏生命，然后义不容辞地肩负起比大山还要沉重的责任。作为领导干部，要提高心理领导能力，掌握心理学知识，懂得基本的心理领导方法和领导艺术，经常与下属沟通，善于倾听下属的情绪宣泄。同时，要不断提高管理的科学性，使广大公务员能够在公平、合理的竞争环境中充分施展自己的才华。

(五)远离求神拜佛,敬畏科学信仰

在2012年的大年初一,云南省直机关的两辆车出现在了昆明盘龙寺,疑似官员公车上香。2月1日,云南省纪委工作人员证实。从两辆车车牌号的开头判断,基本可以肯定分别是省直机关单位的公车以及云南交警系统的公车。

2009年2月1日,红网论坛的时势广场爆出一帖《南京溧水无想寺风景区2009曝最雷人一幕》。帖中爆料,无想寺景区进山口显眼位置挂一横幅:"无想禅寺辞旧迎新撞钟法会,护佑各级领导官运亨通,万姓拥戴"。

……

如今的烧香早已不再"纯粹",而是掺杂了大量"私心杂念"。有求财的,有求偶的,有求健康的,也有求考高分的,但最引人注意的就是官员进香叩拜,求"升官发财"。据调查,我国某省有一半以上的公务员相信求签、相面、星座预测、周公解梦等。寺庙本是僧侣修行之地,为何却总与官员有着千丝万缕的关系?公车、盘龙寺、上香,显然点燃了公众情绪。而无想寺明目张胆地悬挂"护佑各级领导官运亨通"的字眼,则将寺庙活活演变为官员寻求放纵自我的心灵庇护所。公车出入寺院、为烧香一掷万金,硬是把单纯的宗教信仰行为变成了另一种腐败行径。

国际歌中有几句歌词是这样的:"从来就没有什么救世主,也不靠神仙皇帝。要创造人类的幸福,全靠我们自己!"作为无神论者的党员干部,为什么现在也"不问苍生问鬼神"、参与到烧香拜佛的行列中来呢?

俗话说:"不做亏心事,不怕鬼敲门。"烧香拜佛的领导干部恐怕更多的是有"亏心事",担心自己腐败行径被发现、被曝光而寻求心理安慰,因此不少腐败官员在落马前烧香拜佛"积极主动",寺庙已然成为一些领导干部放纵自我的心灵庇护所,甚至一些领导干部的家人也参与其中。

据网上报道,每年春节前后或一些"神灵"的"生日"到来之际,前往湖南南岳衡山烧香的领导干部的专车络绎不绝。新年的"第一炷香"已被炒至十多万元;山东某市的官太太们曾经有个相关的组织,每年共同到泰山进香,一年进香送的钱可达数十万元;某市一个处级干部每年都会带上数千块钱的香火钱,捐助于城外的大仙庙……

这在一定程度上暴露出一些地方的官场存在诸多不"确定"因素和"潜规则"。正当途径未必能实现个人升官发财之愿,信仰因此受到严重动摇。佛祖保佑就成为一些官员最后的精神依托。

领导干部应该是唯物主义者,应心胸坦荡,不信前生来世,更不应相信鬼神。佛教本意在于教育、感化众生,是心灵的净化,是慈悲为怀。而官员烧香背后求的不仅是心灵纯净,而是对不当作为的"心安理得",不仅是对科学信仰的背叛,也是对佛教教义的严重亵渎。

回过头来看,无想寺横幅的讽刺意义,就在于揭示了我们某些领导干部的看法已经达到了"官比神还神"的实质。尽管热衷于烧香拜佛的地方官员仍属少数,但基于他们的身份地位,这种"示范效应"却可能严重地影响到整个社会的文明进程。烧香拜佛演化成腐败的一种手段,不仅为党纪国法所难容,也是对宗教信仰的亵渎。正如网上某报道所言:"当这些官员们在正月初一的高香中许下来年发财升官的愿望时,他们忘了,其实他们的所作所为,不但为社会所不齿,也为宗教价值所鄙夷。"

有意思的是,无想寺横幅在"护佑各级领导官运亨通"时,没有忘记加上"万姓拥戴"。这意思很明白,也即归根结底还是需要"民佑"的。水能载舟亦能覆舟,因此再大的神灵,也无不是"万姓"的造就,领导干部自然需要百姓的支持。连寺庙都明白了需要民佑的现实,可惜我们有的领导干部却还是执迷不悟地"不问苍生问鬼神"。

我们可以想象,这些领导干部其实只是需要一个寄托,这个寄托可以承载他们的希望,也可以抚慰他们的痛苦,还可以给予他们继续下去的勇气。而宗教正是这么一个简单的信仰,能够轻易地完成心理上的这种寄托。可是,宗教的本义是教人行善,而不仅仅是宽恕过错。这些都是那些领导干部害怕东窗事发而去拜佛所忽略的。神佛本无根,关键还是靠自己的内心所向。还是奉劝那些把寺庙当成自己心灵庇护场所的领导干部:身正不怕影子斜,提升己素质,一心为民造福,才是缓解自己心头压力的不二选择。

(六)珍爱专业、兴趣、特长,不为权力折腰

帕斯卡尔说:"人是一根思想的芦苇。"人与其他动植物最显著的区别就是,人是一个个独立丰富的生命个体。敬畏生命的一个题中之义,就是珍爱自己的专业、兴趣、特长,不为权力、金钱等世俗追求去刻意为难自己的生命。

2008 年,在广东省政协召开的座谈会上,广东省教育厅党组副书记谭泽中透露,深圳一个处长职位,竟有40个教授来争,"学术与官位严重倒挂"。

国务院学位办透露:和以前博士毕业后九成以上存高校和科研院所工作不同,现在博士就业出现新动向,半数以上进入政府,当上了公务员。还有一些官员,连正式的大学毕业学历都没有,却能凭借手中所掌握的各种资源,在博士考试中"脱颖而出"。

高学历群体对公务员工作不约而同趋之若骛,真的都是怀抱从政志向吗?官员们纷纷潜心进修"博士帽",真的都是为了提升自我修养吗?联想到每年白热化的公务员报考热和官员晋升状况,相信多数读者的心中都会有明确的答案。

自古以来权力对人的巨大诱惑力,就不言而喻。放弃自己独特才华去挤仕途独木桥的例子,也不胜枚举。北魏的郦道元就是一个典型代表。他是我国古代著名的地理学家和文学家,好学博览,留心观察地理现象,撰有中国历史上最伟大的地理和文学巨著《水经注》。然而,《魏书》中却把他的名字赫然列在"酷吏"行列中。"酷吏"是指那些残忍暴虐、滥用刑罚的官吏,他们一般是不得人心的反面形象。郦道元作为一个大文人,形象真的有那么可怕吗?其实,说郦道元是"酷吏"是名不副实,反而在他当官时是个刚直不阿的忠义之臣。因为痛斩奸臣,后被人陷害,结果,他被遣为关右大使,并被杀害。作为一名朝官,除了这件事,史书也没有记载郦道元有什么其他突出的政绩,让后人记住他名字的还是那部《水经注》。因此,我们不禁想要假设,如果他不去从政,而是一心扑在学问上,以他的才华和能力,该能给我们留下多少精湛的学术论著和精美的文学作品,对历史、对国人又能做出多么巨大的贡献啊!

不可否认,从政有从政的好处。可是,与他们那被抛掷或扼杀的才能相比,那些政绩就显得微不足道了,特别是像郦道元这种专家型的人才,如果一心钻研学术,贡献不知会大几倍。假如鲁迅照着教育部佥事的路子走下去,那么中国现代文学史上就恐怕只有"周树人"而没有"鲁迅"这个名字了。像郦道元那样的官吏,在历史上多如牛毛,而《水经注》迄今却只有这一部。当他的那些政绩都被人们忘得一干二净的时候,《水经注》却仍旧像甘霖一样,滋润着世世代代人们的心田。

放弃兴趣与特长,对名利的追逐恐怕是一个相当重要的原因。"一年清知府,十万雪花银"。这份诱惑,怎能不使人怦然心动?还有灯红酒绿、倚红偎翠,都是人心理上的软肋。最主要的,还有那衣锦还乡、荣归故里的荣誉感,无不诱人趋之若骛。尤其到了当今这个浮躁的时代,这一点就表现得尤为显著。其实,放弃对权力的追求,从事自己所热爱

的事业，即使累一点、苦一点也很值得。

早在我国古代，先贤们就以身作则，表现出了不为权力折腰的高贵精神。其中陶渊明就是不愿放弃兴趣爱好为权力折腰的典型代表。陶渊明生活的时代，朝代更迭，社会动荡，人民生活非常困苦。公元405年秋天，陶渊明为了养家糊口，来到离家乡不远的彭泽当县令。然而，上任之后，他发现这并不是自己想要的生活。于是，马上写了一封辞职信，离开了只当了八十多天的县令职位，从此再也没有做过官，留下了“不为五斗米折腰”的美谈。从官场退隐后的陶渊明，在自己的家乡开荒种田，过起了自给自足的田园生活。在田园生活中，他找到了自己的归宿，写下了许多优美的田园诗歌。而直到今天，一提起陶渊明，人们想到的，首先就是他那些优美的诗歌，以及不为五斗米而折腰的高贵品质。

如今虽说是个性解放的时代，但能为坚持兴趣特长而不对自己人生“委曲求全”的人，依然鲜见。在2012年伦敦奥运会男子双向飞碟决赛落幕时，备受瞩目的人物除了打破自己创造的奥运纪录的美国选手文森特·汉考克，还有夺得铜牌的卡塔尔王子纳赛尔·阿尔·阿提亚。阿提亚的父亲曾经担任欧佩克（石油输出国组织）的主席，在卡塔尔掌控着全国的经济命脉，如今是卡塔尔副首相和卡特尔国能源与工业部部长，掌握着整个国家的石油。可这位“官二代”“富二代”王子却对从政、经商毫无兴趣，并且不顾父亲让他当医生或律师的强烈反对，毅然投身于体育竞赛当中，成了卡塔尔最出色的运动员。这种视权力、金钱如浮云而珍视自我真正价值的人生态度，非常值得当下浮躁的一些国人学习。

敬畏生命，珍爱自己的兴趣特长，才能体验到生命的珍贵和人生的美好。乔布斯留给世人的忠告之一就是：“我确信我热爱自己所做的事情，这就是这些年来支持我继续走下去的唯一理由。”坚定地保持自己的兴趣爱好，才可以感受到生活的绚丽和乐趣。生活犹如大海，有时波浪滔天，有时风平浪静；有时是阳光明媚的晴天，有时又是布满阴云的雨夜。在生命的旅途中，培养兴趣爱好，不放弃自己的特长，许多时候可以起到调剂精神的作用。做官也好，做研究也好，或者做其他任何工作，快乐与否、成就大小，关键都在于是否真正投入与喜欢。

（七）敬畏那支笔：赢得生前身后名

历史上有这么一则故事：宋太祖在皇宫后园弹捕鸟雀。有个臣子说有急事求见，宋太祖急忙召见。但这位臣子上奏的却是普通的事情。宋太祖生气了，责问他。臣子回答："臣以为这些事情比弹捕鸟雀还紧急。"宋太祖更加生气了，举起斧钺撞落了臣子的两颗牙齿，臣子慢慢弯下腰捡起了牙齿，放在怀里。太祖骂他说："你怀里揣着牙齿。想告我的状吗？"臣子回答说："臣没有资格状告陛下，然而自有负责记载历史的官员记录这件事。"宋太祖既害怕又高兴，赏赐了黄金和丝织品安慰犒劳他。

还有一事在《读书镜》中记载，宋太祖一日罢朝，俯首不言，久之，内侍王继恩问故。上曰："早来前殿指挥一事，偶有误失，史官必书之。故不乐也。"堂堂一位开国皇帝，"偶有误失"，竟然怕"史官书之"。

其实，宋太祖并不是怕史官这个人，而是怕史官手里那支据实而书的笔。

在古代，史官的职能主要是以书面的形式记录和反映有一定意义的现实事件，兼有舆论监督与记载历史的作用。上至天子宰相，下至黎民百姓，无不对自己的"身后名"非常看重，所以辛弃疾的名句"赢得生前身后名"流传千古。史官负责记载历史，他们的记载自然会包含帝王的所作所为并传之后世，作为九五之尊的皇帝，当然非常想有一个身后之美名，所以他们对史官也就特别客气，希望他们能给自己一个好的记载，也害怕他们给自己不好的记载。

那为何皇帝不直接干预史宫的记载呢？通过一则小故事，我们就可以看到史官们的坚持与操守。

晋灵公是个昏君，而正卿赵盾是个正直的大臣，经常谏劝晋灵公。晋灵公嫌赵盾碍手碍脚，派刺客去暗杀赵盾。赵盾只得出走，不过在尚未逃出晋国时，赵盾的族人赵穿便起兵杀了晋灵公。晋太史董狐在史书上写道："赵盾弑其君"，并且"示之于朝"。赵盾对董狐说："我并未弑君。"董狐说："你是正卿，没逃离出境，国君被杀了，你回来后又未法办弑君者，当然就等于是你弑君了。"赵盾毫无办法，只好叹口气，听任董狐写自己弑君了。后来孔子称董狐为"良史"；同时，孔子也认为，赵盾不干涉史宫秉笔直书的权力，也是"良大夫"。董狐不畏权势、坚持直书实录的史笔传统，自古以来，是史家以及一切世人的榜样。

文天祥在《正气歌》里，将"在齐太史简，在晋董狐笔"作为天地间正气的表现之一，高扬了一种誓死捍卫史官直书实录传统的精神。这种直书实录的传统，对国君、大臣来说，多少总要使他们有所顾忌——担心坏事被记载于史册，从而遗臭于后世，从而也就产

生了某种制约力量。

皇帝设史官，无疑是给自己套上了一个“紧箍咒”——所言所行包括过错、失误都会被记录在册，流传于世。而与孙悟空头上那个“紧箍咒”所不同的是，只要皇帝一句话，那些敢于做自己“反面文章”的史官便会丢去乌纱帽乃至人头。愿意的话，就连史官的编制也能立马就被撤销，“紧箍咒”，自然也就不复存在。但他们并没有这么做，而是让这个令自己头痛心烦、伤神劳心的“紧箍咒”像镜子那样照着自己，像鞭子那样抽打着自己。

人，尤其是手握重权的人，还是有所“怕”为好。常思法纪之威严，常想“群众的眼光”，常虑舆论监督的洞察力与穿透力，主动在自己的头顶上悬一把利剑，挥一支鞭子，套一个“紧箍咒”，便会多一分畏惧、去一分贪婪，多一点小心，少一些“欲望”。唯此，方可真正做到慎初、慎独、慎微，洁身自好，清正廉明，拒腐蚀、永不沾。

被称为“铁笔御史”的史官，现代社会已经没有这样的官职，但却有了新的舆论监督工具——报纸。历史上许多事件都是因为报纸揭发而真相大白的。如美国前总统尼克松因为“水门事件”被报纸揭发而被迫下台；日本前首相田中角荣因为“手脚不干净”被报纸揭发，不但被迫下台，还要接受法院审判，险些坐牢，后来缴纳了巨额款项才获保释。

20 世纪上半叶的中国，对新闻人才的要求，除了“通才”的标准之外，便是以“史家”的素质来衡量的，尤其是史家的道德精神被看作是记者不可或缺的条件。1912 年，著名报人章太炎在《新纪元报发刊词》中说：“日报之录，近承乎邸钞，远乃与史官编年系日者等”，“今史官既废不行，代有日报”。就是说，古代史官的职责，今天完全由日报来承担了。童太炎认为，记者要完成“匡国政而为史官所取材”的神圣职责，就应该做到“事不可诬，论不可宕，近妇言者而不可听，长乱略者不可从，毋以肤表形相而昧内情，毋以法理虚言而蔽事实，毋以众情涌动而失鉴裁”。

作为官员，要时刻记住，有人在记录你的一举一动，当思克己。俗话说：“金杯银杯不如老姓的口碑，金奖银奖比不上老百姓的夸奖”，钱财乃身外之物，名声却能千秋传颂。相比之下，孰轻孰重？

戒主衣翠
宋太祖
永寧公主

戒主衣翠①

【历史背景】

宋太祖赵匡胤吸收了各代亡国君主的教训，也借鉴了历史上明君的经验，在生活上很注意节俭。他穿的衣服通常都是洗过多次，还是不扔掉，继续在穿，乘坐的车子也以素雅为主，从来都没有什么装饰。

还有一次，太祖与皇后、公主在一起聊家常。皇后劝太祖说："你已经做了天子了，就要长期使用轿子，难道用黄金装饰一下有什么不可以的吗?"太祖听了之后只是笑道："我身为天子，当然也就拥有天下所有的财富了，不要说用黄金装饰一下自己的轿子，就是将整个宫殿用金子来做装饰，也不是办不到的啊。但我既然是整个天下的主人，就应该守得住天下的财富啊，怎么能自己胡乱地任意使用呢！古人经常说的一句话就是'以一人治天下，不可以天下奉一人'。如果我要是用天下来供给我一人的话，那么天下的人可就要真的背离我了，而且亡国的日子也就不远了！"皇后、公主听了之后都点头称赞皇帝圣明。

宋太祖的第三个女儿被封为永庆公主，嫁给了右卫将军魏咸信。她曾经因为穿着那个翠鸟羽毛装饰的衣服来到宫中，被太祖训斥了一番。宋太祖的意思并不是只在于不要"残害物命"这一点，实际上他是为宋朝的长治久安打算的。不过，他能从宫中做起，从自己做起，这种想法和做法，对稳定天下确实有很大的作用。反之，如果他和他的亲属不注意这一点，大肆豪华铺张，任意奢侈浪费，那么，他的王朝就会同其他短命王朝一样，必然很快就被倾覆。

【原文】

宋史纪：永宁[庆]公主②尝衣贴绣铺翠襦入宫中③。太祖谓曰："汝当以此与我，自今勿复为此饰。”公主笑曰：“此所用翠羽[4]几何？”太祖曰：“不然。主家服此，宫闱戚里必相效。京城翠羽价高，小民逐利，辗转贩易，伤生浸广，实汝之由。汝生长富贵，当念惜福，岂可造此恶业之端？”公主惭谢。

【张居正解】

宋史上记，太祖的女永宁［庆］公主，曾穿一领贴金铺翠的襦（襦，短衣也。）入宫中。太祖嫌其奢侈，向公主说道，汝可解此襦与我。自今以后，再不要如此装饰。公主笑说，此襦所用翠羽几多，而官家以为过费。太祖说道：我之意非专为汝一襦而惜也。主家既穿此衣，宫中妃嫔，及皇亲贵戚每看见，必都相仿效，所用翠羽必多。京城中翠羽之价必贵。百姓每逐利，见此物可以取利，必然都去捕捉那翠鸟，辗转贩卖，杀生害命，皆汝此衣有以致之。其罪过多矣。汝生长富贵，不知艰苦，须当思爱惜受用，以图长久。岂可造此恶业之端，自损己福耶！公主见太祖说得激切，乃惶恐谢罪。

夫宫闱之好尚，系四方之观法，古语说道：“宫中好高髻，四方高一尺；宫中好广眉，四方且半额；宫中好大袖，四方至匹帛。”言好尚之不可不慎也。若宫闱之中，服饰华丽，用度奢侈，则天下化之，渐以成风，坏风俗，耗财用，折福损寿，其害有不可胜言者矣，岂但如宋祖所谓戕害物命而已哉！大抵创业之君，阅历艰辛，唯恐享用太过。后世子孙，且有鄙而笑之者矣！吁！可不戒哉！

【注释】

①此篇出自《续资治通鉴长编》卷13，太祖、开宝五年秋七月。记述宋太祖指责公主，勿复穿翠羽衣襦的故事。

②永庆公主：宋太祖陈国大长公主，开宝五年封永庆公主，下嫁右卫将军、驸马都尉魏咸信。

③翠襦：翠，鸟名，青绿色。襦，自膝以上短衣。

④翠羽：翡翠之羽。翡翠是动物名，翠鸟。青绿色鸟羽。

【译文】

宋代史书上记载:永庆公主曾穿着贴绣铺翠的上衣进入宫中。太祖对她说:"你应当把这件衣服给我,从今以后不要再这样装饰。"公主笑道:"这件衣服所用的翠羽才有多少?"太祖说:"不然!主家穿这样的衣服,宫廷贵戚之间必定互相效仿,京城青色鸟羽价格就要提高,小百姓追逐私利,辗转贩卖,伤害生灵的事就逐渐扩大,实际是由你带的头。你生长于富贵环境,应该珍惜幸福,怎么能造成这种坏事的起端呢?"公主惭愧谢罪。

【评议】

宋太祖曾经独身一人闯荡天下,所以对百姓的疾苦感触很深。在他做了皇帝以后,始终没有忘记节俭的品德,就连自己过生日,也规定文武百官不得进献贺礼。他是在以自己的实际行动来告诫群臣不要奢侈铺张,一定要注意节俭。还有一次,他的弟弟也就是后来的宋太宗,看到哥哥在做了皇帝以后还是那么简朴就劝哥哥不要太过简朴,太祖就提醒他说:"不要忘记了咱们家在洛阳夹马营过的日子啊!"从这个回答我们就会看到了太祖虽然做了皇帝,拥有了天下的财富,但是仍然没有忘记自己曾经的苦日子,并且一直记着,就是要警诫自己不要铺张奢靡。可以说在中国的历代皇帝里,宋太祖是可以称得上是节俭的楷模的。那么,思考一下我们自己吧,虽然我们今天的时代富裕了,但是我还是要节俭啊。一代天子在节俭的问题上尚且那么注意要求自己,而我们作为普通的百姓是否也以这样的美德要求过自己呢?

【镜鉴】

一、领导干部要管好配偶、子女

从现实情况看,多数领导干部能够管好自己的配偶、子女,即使配偶、子女在自己管辖的业务范围内个人经商办企业,只要领导干部本人坚持原则,公私分明,也是不难管好的。

近几年来，一些领导干部，包括少数高、中级干部犯错误甚至违法犯罪，其中不少都与其配偶、子女有关。这些领导干部置中央的有关规定于不顾，对其配偶、子女利用自己的职权和职务上的影响经商办企业，非法敛财，违纪违法，或不闻不问，或暗中支持，有的甚至直接参与其中，出了问题又袒护包庇，严重败坏了党风，影响极为恶劣，群众非常不满。一些领导干部因此受到党纪国法的制裁，身败名裂，教训是十分深刻的。

为了防止领导干部在其配偶、子女问题上犯错误，今年中央明确提出省(部)、地(厅)级领导干部的配偶、子女不准在该领导干部管辖的业务范围内个人从事可能与公共利益发生冲突的经商办企业活动。这是非常必要的，是从严治党的一项重要措施，是贯彻"三个代表"重要思想的具体体现，也是着眼于防范、具有回避性质的一项重要规定，是对领导干部的保护和爱护。从现实情况看，多数领导干部能够管好自己的配偶、子女，即使配偶、子女在自己管辖的业务范围内个人经商办企业，只要领导干部本人坚持原则，公私分明，也是不难管好的。但是，确实有少数领导干部在这方面出了问题。一些本来表现不错的领导干部，因为配偶、子女在一些敏感的行业经商办企业，招致种种议论和猜测，工作陷入被动。因此，中央在领导干部配偶、子女问题上做出硬性规定，着眼点是保护领导干部，有利于领导干部更主动地开展工作。

在发展社会主义市场经济条件下，我们国家坚持以公有制为主体，同时提倡发展多种所有制经济，包括个人经商。领导干部的配偶、子女同其他公民一样，个人从事经商活动在法律上是允许的，但是我们又不能不加分析地允许领导干部的配偶、子女可以个人任意经商。这就有一个政策界限的问题，中央的规定对此做了一定限制，就是不准在该领导干部管辖的业务范围内从事可能与公共利益发生冲突的经商办企业活动。一个是该领导干部管辖的业务范围，一个是与公共利益发生冲突。但这样规定还是比较原则，需要进一步具体化。落实好这项工作，各地各部门还要拿出实施的具体意见和方案。中央纪委下发了领导干部配偶、子女从业情况登记表，这个表必须由领导干部本人填写，有的同志的配偶、子女没有经商办企业的，填"没有"就行。但是"没有"这两个字必须领导干部自己写，必须有签名，这是将来开展清理工作的依据，也是出了问题追究责任的依据。现在的问题是，对有的领导干部的配偶、子女个人已经从事经商办企业活动的怎么办？需要进一步明确一些政策界限，把领导干部配偶、子女的个人经商活动同领导干部主管的业务有没有利害冲突具体化。这样才能把中央的规定很好地贯彻下去，落到实处。

研究制定领导干部配偶、子女个人经商问题的具体政策界限，总的指导思想是先把限制的范围搞窄一点、严一点，但一定要搞准，定下来后就坚决执行。限制的范围搞宽了，看起来很全面，实际上难以办到，容易落空。我们要求各地区和各行业主管机关，都要针对各自的实际情况和行业特点，对省（部）、地（厅）级领导干部可能利用手中掌握的行政审批权，或者施加职务上的重要影响，为自己的配偶、子女在其管辖的业务范围内个人经商办企业谋取非法利益，妨碍市场公平竞争，引起群众强烈不满的问题，提出几条明确具体、便于操作的政策规定。要明确规定哪些领导干部的配偶、子女在什么情况下个人经商是坚决不允许的。如违反了，按照中央的规定处理，要么配偶、子女改变职业，要么领导干部本人改变职务。制定这个政策规定，要对领导干部的配偶、子女个人经商办企业的性质、业务、范围，同领导干部的职权和职务上的影响有什么联系进行具体分析，一个人一个人、一件事一件事地分析，做出合情合理的判断，然后经过归纳整理，提出具体的政策界限。这样形成的政策才是可行的。要对不同地区、不同领域、不同部门、不同行业、不同层次的干部做出不同的、有针对性的政策规定。比如，公安局长的配偶、子女就不能在所管辖的地区经营娱乐业和特种行业，包括卡拉OK厅、舞厅、洗浴中心等，海关关长的配偶、子女就不能去搞报关等业务，法院院长的配偶、子女就不能开办律师事务所，石油公司总经理的配偶、子女就不能经营石油，等等。否则，要么你不再担任公安局长、海关关长、法院院长、石油公司总经理，要么你的配偶、子女离开这个行业，绝不能有丝毫迁就。书记、市长怎么办？他们是管全面工作的，他们的配偶、子女也得就业，不能说一律不准他们个人经商。这可以用另外的办法来解决，不能用一种办法解决所有问题。但是对他所管辖地区的比较敏感的行业，也是需要有所限制的。比如在云南，烟是相当敏感的问题，群众对领导干部的配偶、子女利用领导干部的权力和职务影响倒买倒卖香烟议论是最多的。云南省规定领导干部的配偶、子女不准经营烤烟和卷烟，是很有道理的。总的要求是要分门别类，做出看得见、摸得着的硬性规定，有的由中央定，有的由地方定。先把几个看准了的问题解决好，做出大家都认可的合情合理的规定，将来如果发现还有一些行业必须作限制的，再做出规定。

对领导干部的配偶、子女个人经商办企业，即使不在领导干部管辖的业务范围内活动，领导干部也不准为他们提供任何形式的方便条件。对此，廉政准则中早有规定，对领导干部的配偶、子女利用领导干部的权力和职务上的影响个人经商办企业谋取非法利益,不管不问、听之任之的,尽管领导干部本人没有参与,也要按照党风廉政建设责任制的规定追究领导干部的责任。

今年的规定尽管还不完善,还需要继续充实,但一定要把当前大家都认为需要做出限制的先规定下来、执行起来并抓好落实。解决领导干部配偶、子女个人经商办企业问题很复杂,政策性很强,不可能一下子靠几条规定就把所有问题都解决了,但要定出能够办到的有限目标,稳扎稳打,把工作一步一步向前推进,不得利用职权和职务影响为本人或特定关系人谋取不正当利益。

第三,加强对公务员的教育和管理。深入开展理想信念教育、廉洁从政教育、优良传统教育、法制教育。完善政府机关工作规则,健全公务员行为规范。对公务员执行廉洁从政规定的情况要经常监督检查,做到防微杜渐,警钟长鸣。全体公务员都要牢记全心全意为人民服务的根本宗旨,恪尽职守,勤勉尽责,秉公用权,廉洁自律,清清白白做人,干干净净办事,做人民满意的公务员。

第四,加强机关作风建设。各级政府及其工作人员要坚持全心全意为人民服务,坚持群众路线,真诚倾听群众呼声,真实反映群众愿望,真情关心群众疾苦,多为群众办好事、办实事,做到权为民所用,情为民所系,利为民所谋,以求真务实的作风推动各项工作。加强调查研究,改进学风和文风,精简会议和文件,反对形式主义、官僚主义,反对弄虚作假。弘扬艰苦奋斗、勤俭办一切事业的优良传统,反对奢侈浪费,节约行政成本,提高行政效率,建设节约型机关。要严肃财经纪律,使用财政资金要严格把关,精打细算。规范公务接待,不得用公款相互送礼和宴请,不得接受下级送礼和宴请。这方面,中央已有明确规定,要严格执行。2008 年要对公款出国出境旅游等问题进行专项治理。继续清理违规建设高档楼堂馆所等铺张浪费行为。

第五,健全监督机制。各级政府要自觉接受人大的监督,接受政协的民主监督,按照有关法律的规定接受司法机关实施的监督,接受社会舆论和人民群众的监督。同时要支持、保证监察、审计部门依法履行职责,实施专项监督。监察部门要紧贴政府工作,加强廉政监察、执法监察和效能监察,保证政令畅通,改善行政管理,促进政府廉洁高效。审计部门要加强对财政收支和预算执行情况、政府投资和国有资产的监管。要建立预防腐败工作的协调机制。2007 年,我们成立了国家预防腐败局,一个重要目的是强化预防腐败的统筹规划和组织协调。国家预防腐败局要积极发挥职能作用,与最高人民检察院、发展改革委、财政部、人民银行、审计署等有关方面通力合作,以改革创新精神切实做好预防腐败的各项工作,督促有关部门及时完善制度,加强监管。

第六,确保政令畅通。近年来,中央密切关注和把握国内外发展动态。

二、如何反省自己

反省自己,确是一件痛苦而不是一件容易的事。但我以为,同时又是一件人生最快乐的事。痛苦的是,因为要反省自己必经苦思,特别对于长期积累下来的错误与习惯,不经过顽强持久的斗争,是不易克服的。快乐的是,当诊断出自己所染的是什么病的时候,便可对症下药,接近治好了。

要充分了解和掌握文件精神,必须经过实践、认识、再实践、再认识的过程。而检查工作,特别是反省自己,是在实践基础上认识真理的一个重要环节。

近来遇到许多同志(主要是青年知识分子),他们觉得最感困难与痛苦的一件事,就是反省自己。我想这是必然的。因为反省自己,就是要认识,抛弃自己错误的东西。只有经过反复地深思熟虑之后,才能正确地反省自己。而苦思又是接近反省自己的必经阶段,所以,要真正反省自己,的确不是一件容易的事。但只要自己能够决心去反省自己时,亦并不是十分困难的事。

关于如何反省的问题,仅提出以下几点意见,以供参考:

一、精读每个重要文件,了解文件的精神与实质。掌握文件是第一步,紧接着应该开始第二步——即根据文件的精神去检查工作,反省自己。只停止在讨论文件上,而不去反省自己是不对的;而离开文件去乱"联系"乱"反省"一通,亦是不对的。因为前者会使理论与实际、所学与所用脱节。后者则会脱离方向的指导,盲目地乱反省。因此,这两者缺一不可,否则是不可能真正掌握文件、反省自己的。

二、有些同志,他不从实际的事实出发去反省自己,而是从文件的条文字句出发去反省自己。例如他读了《改造我们的学习》的报告中"中国共产党的二十年,就是马克思列宁主义的普遍真理和中国革命的具体实践日益结合的二十年"的一句话后,即开始以自己的二十年来对比联系,并逐句逐件地与自己强联。

这种不从具体的事实出发,而机械地以文件的字句条文去勉强地套事实,去反省自己，就会犯教条主义的错误。

三、在反省自己时，对于自己的错误缺点，必须作正确与恰当的估计，有多少就说多少，既不容许隐瞒与掩盖错误事实，亦不容许夸大错误事实。有同志对自己过去的缺点错误，以慷慨激昂的姿态，作过分地夸大，甚至为了批评“尖锐”，为了提高到“原则”，只有八寸的错误，硬把它说成一尺，这种违反实事求是的态度，不是正确的自我批评，而是自杀的批评。

我们要积极地揭露错误，承认错误，改正错误，这勇气是对的，但反省自己，绝不是单纯的与消极的忏悔。“脱裤子”亦不仅是揭露自己的缺点错误，同时还必须首先巩固自己的成绩，发扬自己的优点与长处，特别应该提出自己今后应该努力的方向。

那种只讲错误，夸大错误，否定自己过去一切的“痛快淋漓”的反省，既不合乎事实，颇有“哗众取宠”之心。因为事实上，一个同志总会有他的长处与短处，成绩与缺点的两方面（当然有主要方面与次要方面）。如果抹杀长处优点，只指责缺点错误，这会使自己丧失信心，而走到消极与悲观。

四、要反省自己的全部历史是必要的，但这并不是说不要作局部的反省。相反的，要反省自己全部的历史，必须先由部分的反省，走到全部的反省；由初步的低级的反省，走到更完全的彻底的反省。因为如果没有部分的反省，亦不可能有全部的历史的反省。因此，反省应该是渐进的。在精读每个重要文件时，就应开始反省，决不应该等待全部文件读完了之后，才开始做反省工作。

五、要全部反省自己、改造自己，亦应该认识这是一个较长期的思想教育与行动实践的问题，绝不是一下子或用“暴力”的方法所能成功的。

因为在我们队伍中，有阶级出身的不同，过去犯错误大小的不同，工作经历与社会经验多少不同，加入党与参加团体生活历史长短的不同，政治文化水准高低的不同，所以，反省自己有迟早，快慢、深浅的差别。我们必须按不同的对象去要求他们不同的反省程度。有多少就反省多少，能够体会与接受多少就反省多少，不应操之过急，平均看待。只要他或自己已在开始反省，就是好的。即使只有微弱的反省与细小的改进，亦应欢迎和鼓励他继续反省。

有同志想一下子就把自己的一切错误都去掉，搞得干干净净，这种想法，其心虽好，但恐怕难以办到。因为人的认识是有限制的，尤其对于小资产阶级出身的同志，认识错误,改造意识,不是采用“快刀斩乱麻”的办法所能实现的。因此,那种不愿一点一滴地去反省自己,逐渐地去改造自己,而企图一下子就把一切改好,乃是一种急性病,是一种不老实的态度。更有同志以为,从看了毛主席的报告之后,对于自己过去的一切污浊物都洗净了,已反省清楚了,从此以后完全是一个新的人了,这也是一种自欺欺人的想法。而事实是不会如此容易的。

六、反省自己,主要依靠自己是对的。强迫或等待别人来说才反省是不对的,因为这是不自觉的。但同时,别人,特别是与自己相处较长的同志,给以帮助,亦是必要的。因为常常自己的认识较为狭小、片面,所谓“旁观者清,当事者迷”。因此,除了自己应努力反省之外,应欢迎别人对自己的批评和帮助,所谓“一个好汉三人帮,一个篱笆三个桩”,并应诚恳地征求别人对自己的意见。

七、反省自己,“脱裤子”“割尾巴”的工作,确是一件痛苦而不是一件容易的事。但我以为,同时又是一件人生最快乐的事。痛苦的是,因为要反省自己必经苦思,特别对于长期积累下来的错误与习惯,不经过顽强持久的斗争,是不易克服的。快乐的是,当诊断出自己所染的是什么病的时候,便可对症下药,接近治好了。特别是找到了自己病根和治疗方案时,也就是明确了自己今后的努力方向时,应该是一件最快乐的事。因为这可以使自己恢复健康,加速进步。而整风的目的,亦正是为了“惩前毖后、治病救人”。

三、皇帝的自我批评

《左传·庄公十一年》上说:“禹汤罪己,其兴也勃焉。”意思是大禹和商汤有了错便做自我批评,所以使国家兴旺起来。

二十多年前,我在报社图书馆积满灰尘的书架上,翻到了一本路工先生编的《明代歌曲选》,其中有一首小曲《玉抱肚·官悟》,引起了我很大兴趣,特别是最后几句,至今还记得:

一边是富贵荣华,一边是地网天罗。忠臣义士待如何?自古君王不认错!

这几句小曲,大概是作者在替谏官发牢骚,同时也表达了作者本人对君王的看法。最后一句“自古君王不认错”,给我的印象最深,多年来总是盘桓在我的脑际,我仿佛听到小曲作者在告诉世人:自古以来,那些进谏的“忠臣义士”(谏官),纵然怎样披肝沥胆地劝谏,君王也不会认错,不会做一点自我批评。默念着这句曲词,我总是在想:口含天宪,

乾纲独断的天子，哪会知道自己有什么错？又何须认什么错？

"自古君王不认错"，这句断语，应该说大体是正确的。但细究起来，却并不那么全面。诚然，君王一般来说是不肯认错的，这是君王的常态，这样的事例也一抓一大把，数不胜数；但也确有不少君王曾做过一点自我批评或是下过罪己诏，或是口头认过错，这也是实情，而这些文字的、口头的自我批评，又并非都是虚伪的。

《北京晚报》2007 年 1 月 11 日刊登了一篇胡天培先生写的忆旧文章《俞平伯的风骨》，其中提到皇帝做自我批评的事，值得抄录下来：

1975 年夏，社科院（当时称学部）文研所的工作人员在农场劳动之余，到京南团河宫参观。我陪同前往。俞先生因年高体弱，在整个参观过程中情绪不高。当来到乾隆皇帝罪己碑前，听介绍说该碑是根据乾隆皇帝为修建团河宫耗资过大而下的罪己诏刻制而成，先生顿时精神一振，挤过人群，走到碑前，仔仔细细看完了整个碑文，很感慨地说了一句："连封建皇帝都知道做个自我批评。"立时全场肃然。在当时的背景下，只有俞先生这样学识渊博的长者，才能机智、委婉而入木三分地说出这句话。

当时为什么全场肃然，作者又为什么说俞平伯有风骨，经历过那个时代的人们自然都清楚，这里就不去说它了。只说一下俞先生发的那句感慨——"连封建皇帝都知道做个自我批评"。

俞先生这句话，与"自古君王不认错"的意思显然不同，但俞先生说的并没有错。俞先生的感慨，虽然是由看了乾隆的罪己碑而引起的，但却概括了一类历史现象，即不少皇帝曾下过罪己诏或做过口头自我批评。乾隆正是这些皇帝中的一个。

关于皇帝做自我批评，除了乾隆，我从手边的资料中又找到了下面几个例子。

汉武帝是个好大喜功的皇帝，但也是一个勇于认错改过的皇帝。大臣桑弘羊在奏议中指陈朝政之弊，他便下罪己诏，深悔自己的过失；受了方士的蒙骗以后，他又面对群臣"自叹愚惑"。一个雄才大略的皇帝，能这样自责，委实不容易。

明初建文帝是个没坐稳皇位的皇帝，但他勤于政事，也有认错的雅量。有一次，他上朝晚了，御史上书进谏，话说得很不客气，但建文帝非但没有发怒，反而大度地把御史劝谏自己的事宣示天下，让全国百姓都知道自己的过失。建文帝当时在民间的印象，是个仁厚的皇帝，这或许与他知道认错有关。

明成祖是个暴虐之君，但也知道有错自责。对于自己处理过的奏章，他规定必须由六科复查,发现不当,便改正过来,通政司的官员劝他说,这样会损害天子威信,明成祖却说:"改而当,何失也?"意思是把错误改成正确,又会失去什么呢?明成祖虽然暴虐,但建立过很大的历史功绩,寻其原因,能够有错自责,恐怕是其中之一。

正德皇帝是明朝的一个花皇帝,荒淫得很,但临死前也有自悔之词。他向守在病榻旁的司礼太监说;"我的病已无药可医了,请转告太后,还是国事重要,多和阁臣们商量吧。过去的事,都是我一个人的错,与你们这些太监无关。"这个荒淫了一辈子的皇帝,临死前总算承认了自己有过错。

清朝,除了乾隆皇帝下过罪己诏,还有好几个皇帝也下过罪己诏,或是以其他方式自责过。

顺治临终前,下过一个长篇的罪己诏,检讨自己亲政十年的过错,诏文从"朕罪之一",一直检讨到"朕罪之十四",严肃自责,情词恳切,被史家认为是一篇奇文。写作时,先是由翰林起草,每写完一部分,立即呈送,一天一夜,三次进览。于此可见顺治的自责心之切。

嘉庆皇帝是个平庸天子,扮演了清朝从极盛而转衰的皇帝角色。白莲教纵横数省,天下扰攘,为此他自责道:"官逼民反之语,信非谬也。""予受玺临轩,适逢此患,实予不德所致。"嘉庆虽然平庸,但自责之语却还算有些见识。

咸丰皇帝失政失民,引发了太平天国战事。太平军建都南京后,咸丰下罪己诏说,由于自己"不能察吏安民",致成祸乱,对此,自己"寝馈难安","再三引咎自责"。虽然他已经知道自己的统治酿成了大祸,但为时晚矣,已然是河溃鱼烂,自责又有什么用处?

上面所举的,只是手边见到的几个例子。实际上,中国历史上肯定不会只有这几个皇帝认过错,做过自我批评。我虽然没有能力把中国历史上好几百名皇帝是否做过自我批评都一一统计出来,但我相信,曾经认过错的皇帝,肯定不会只有上面这几个。

皇帝认错,当然不是常态,而且,认错的皇帝,有的可能是出于真心悔恨,有的则是为了敷衍群臣和百姓,收买人心,还有的可能是迫于某种压力;那些临死前才认错的皇帝,大概像是俗语所说的"人之将死,其言也善",临死前有了些良心发现吧。但不管怎么说,这些皇帝毕竟认错了,毕竟没有死不认账,死不认错。作为一个口含天宪、乾纲独断的皇帝来说,这也算是难能可贵了。尽管他们在罪己诏里或在口头上说的许多话,都应该指摘,应该批驳。

中国的君王，最早下罪己诏的，大概是大禹和商汤。《左传·庄公十一年》上说："禹汤罪己，其兴也勃焉。"意思是大禹和商汤有了错便做自我批评，所以使国家兴旺起来。中国历代的皇帝都是讲敬天法祖，效法先王的，所以，禹汤罪己的举动，成了后世皇帝效法的一个榜样，而且居然还渐渐形成了一个罪己的传统。这个传统当然是软性的，稀松的，罪不罪己全要看时局的需要和外界的压力，更要看皇帝个人的"觉悟"和意愿。但不管怎么说，不管这个传统多么软性和稀松，有它总比没它要好，因为它毕竟多少促进了一点皇帝的自我约束。

最后，再说几句关于"自古君王不认错"的话。这句曲词，虽然看似不尽合史实，实际上却有很大的客观真理性，更蕴含着批判专制独裁的意味，因而具有历史批判的力量。这是一条"资治通鉴式"的历史教训。俞先生的感叹，从表面看，与这句曲词似不相同，实则与之有着同样的意味。

四、常怀律己之心

常怀律己之心，一要慎独。"若要人不知，除非己莫为。"无论是在公务活动还是个人生活中，都应当严于律己，切不可产生侥幸心理，得了一时便宜，最终害了自己。二要慎始。"千里之堤，溃于蚁穴。"干部犯错误都有一个从量变到质变的过程，一旦有了第一次，就可能有第二次、第三次。三要慎微。"小洞不补，大洞受苦。"如果在"小事""小节"上不注意，思想上放松警惕，就可能不自觉地放纵自己，终将酿成大错。

对领导干部来说，常修为政之德、常思贪欲之害、常怀律己之心，既是党性原则，也是修养方法。这三者是一个有机整体，相辅相成、缺一不可。无论是修为政之德还是思贪欲之害，最终都应当体现在认真、严格的"律己"上。

所谓"律己"，就是用法律、规则和纪律、要求自觉约束自己。严于律己是一种美德。古往今来，一切有志有识有为之士，都能够把握自己，以沉湎于权力、金钱和美色为戒。相反，一个不懂得律己的人，不可能成为一个道德高尚、有益于社会的人；一个不注意律己的领导者，不可能成为一个真正称职、受到拥戴的领导者。

在新的历史条件下，我们党要求各级领导干部"常怀律己之心"，具有鲜明的时代特征和很强的现实针对性。首先，这是深入开展党风廉政建设和反腐败工作的需要。近年来，尽管反腐败工作的力度不断加强，但仍有不少领导干部陷入深渊，给党和人民的事业造成极大危害。究其原因，既有制度不健全、监督不到位等外在因素，也有领导干部自身忽视思想道德修养、缺乏严格自律等内在因素。毫无疑问，外因只是变化的条件，内因才是变化的根据。那些在糖弹面前败下阵来的领导干部，往往是从律己不严开始的。只有常怀律己之心，才可能做到"拒腐蚀，永不沾"。

其次，这是正确应对国内外复杂环境的需要。随着改革开放的深入和社会主义市场经济的发展，领导干部面对着更加复杂的国内外环境。从外部看，各种思想文化相互激荡，敌对势力对我国实施西化、分化的图谋没有改变，资产阶级腐朽思想的侵蚀不会停止。从内部看，我国改革发展正处在关键时期，各种深层次矛盾逐渐凸显，社会利益关系更为复杂，新情况新问题层出不穷，人们思想活动的独立性、选择性、多变性、差异性明显增强。所有这些，都会反映到领导干部的思想、工作和生活中来。领导干部如果失去了律己之心，随波逐流，甚至放纵自己，就会迷失方向，混淆是非，走到邪路上去。

第三，这是不断提高党的领导水平和执政水平的需要。作为党和人民事业的组织者、推动者和实践者，领导干部仅仅做到不贪不占、守好摊子是不够的，还必须具有促进发展、开拓创新的能力。各级领导干部只有常怀律己之心，耐得住寂寞，抗得住诱惑，才能把时间和心思用在提高素质和能力上，才能不断提高领导水平和执政能力。

常怀律己之心，贵在自觉、贵在经常、贵在全面。所谓自觉，就是把律己作为加强党性修养的重要内容，融入自己的学习、工作、生活中，化为自觉的行动，而不是当作外在的负担。所谓经常，就是把律己作为经常性的要求，不断对照检查，而不是当作一时的摆设和点缀。所谓全面，就是把律己贯穿于做人做事的各个方面，既管工作又管生活，既管思想又管作风，而不是"不拘小节"。

常怀律己之心，一要慎独。"若要人不知，除非己莫为。"无论是在公务活动还是个人生活中，都应当严于律己，切不可产生侥幸心理，得了一时便宜，最终害了自己。二要慎始。"千里之堤，溃于蚁穴。"干部犯错误都有一个从量变到质变的过程，一旦有了第一次，就可能有第二次、第三次。三要慎微。"小洞不补，大洞受苦。"如果在"小事""小节"上不注意，思想上放松警惕，就可能不自觉地放纵自己，终将酿成大错。

常怀律己之心，归根结底，就是要用"三个代表"重要思想武装头脑，树立马克思主义的世界观、人生观、价值观和正确的权力观、地位观、利益观，做到自重、自省、自警、自励。

宋琪
竟日觀書
宋太宗

竟日[1]观书[2]

【历史背景】

宋太宗赵光义本名匡义，后来因为要避哥哥宋太祖的讳就改名为光义，等到自己即位后改名炅。在赵家兄弟中，太宗排行居中，比太祖小十二岁。在他二十二岁的时候，参与陈桥兵变，拥立自己的哥哥赵匡胤为皇帝，帮助太祖统一天下，并建立伟业。太祖驾崩之后，当时三十八岁的赵光义登基做了皇帝，在位共二十一年，是宋朝的第二个皇帝。后周周世宗以来一直进行的统一大业，在他手中完成，他鼓励农耕，发展农业，强化科举取士的作用，下令编修大型类书，设立考课院、审官院，重视对官员的考察与选拔，又进一步限制地方的军事权力，努力确立文官主政的政治格局。这些措施是顺应历史潮流、促进社会发展的，宋朝因此稳定地发展起来。太宗秉承了哥哥的志向，为了治理好国家，懂得更多治国道理，他勤于读书，每天从巳时起看书，直到申时，才放下书卷。太平兴国二年三月，宋太祖命翰林学士李昉等十四人，采辑古今事迹，编成类书一千卷，小说五百卷。

那时，朝廷的三馆藏书极为丰富。还是在太祖建隆初年，三馆藏书仅一万二千余卷，等到削平诸国，诸国的图书都收到京师。最多的是蜀和江南，得蜀书一万三千卷，江南书二万余卷。又下诏开献书之路，于是三馆图书很齐备。太平兴国三年春正月，太宗来到三馆，见其低下狭小，很是不满，对左右说："这地方难道能储藏天下图书，招来四方贤俊吗?"于是他立即下令有关部门在左升龙门东北另建三馆，并亲自规划其建置，比宫禁以内房屋还要壮丽。建成后，太宗为其赐名为崇文院，将旧馆的图书全部迁至新馆，经统计，当时崇文院有图书正副本共八万卷。

李昉等十四人接到编书任务后，在北齐人所辑《修文殿御览》、唐人所辑《文思博要》以及其他类书的基础上编撰，历时七年，即到了太平兴国八年，才将类书编成，共一千卷，分五十五门。这部书引用了一千六百九十种书，征引极为浩博。可见，宋太宗是极为好学之君。

明代大政治家、大学士张居正在引述以上故事后，解说道："自古以来，那些圣人虽然天赋聪明，但没有不靠学问以成就大德的。大体说来，古今治乱兴衰，天下民情物理，必须博览经史，才可以知道得多。"

【原文】

宋史纪：太宗勤于读书，自巳至申[3]然后释[4]卷。诏[5]史馆修《太平御览》一千卷，日进[6]三卷。宋琪以劳瘁为谏[7]帝曰："开卷有益，不为劳也。朕欲周岁读遍是书耳[8]。"每暇[9]日，则问侍读吕文仲以经义，侍书王著以笔法，葛湍以字学。[10]

【张居正解】

宋史上记：太宗勤于读书，每日从巳时看书起，直到申时，然后放下书卷。诏史馆儒臣，采辑古今事迹，纂修成一书，叫作《太平御览》，共有一千卷。每日进三卷。太宗观览，日日如此。其臣宋琪以看书勤苦，恐劳圣体为劝。太宗说："天下古今义理，尽载书卷中，但开卷观看，就使人启发聪明，增长识见，极有进益。虽每日读书，自是心里喜好，不为劳苦也。朕要一年之内，读完这一千卷书，故须一日三卷，乃可读完耳。"每遇闲暇无事日还不肯错过，就召翰林侍读吕文仲，问他以经书上的义理，召侍书王著问他以写字的笔法，召葛湍问他以字学训解。

夫自古圣人虽聪明出于天赋，莫不资学问以成德。盖古今治乱兴衰，天下民情物理，必博观经史，乃可周知；必勤于访问，乃能通晓。故明君以务学为急，正为此也。观宋太宗勤学好问，不以为劳，若此，其能为太平令主，而弘开文运之盛，有由然哉！

【注释】

①竟日：终日，整天的。

②本则出自《宋史·李防传》。本文记述了宋太宗勤于读书，命人编纂书籍的故事。

③自巳至申：从巳时一直到申时，大概相当于从上午到下午。

④释：放下。

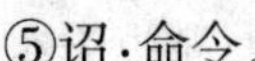

⑤诏:命令。

⑥进:进献。

⑦宋琪以劳瘁为谏:宋琪担心会累坏了皇帝,就以劳累为由进谏。

⑧朕欲周岁读遍是书耳:朕要在一年的时间里尽快读完这部书。

⑨暇:空闲,有时间。

⑩字学:文字学。

【译文】

宋太宗对于读书这件事情可以说是勤奋积极,每天都是从上午巳时一直读到下午申时,才放下书本。下令史馆的学士编纂共一千卷的《太平御览》,每天要求向他进献三卷。宰相宋琪等人担心太宗这样辛勤而不知疲倦地看书会由于过度劳累而伤害到身体,就以劳累为由进谏,但是太宗回答说:“开卷有益,就不觉得劳累了。朕要在一年的时间里读完这部书。”每有闲暇的时间,宋太宗还要召见翰林侍读吕文仲,向其请教有关所读经书上的义理;召见侍书王著,请教他有关书法方面的事情;召见葛湍,向他请教字学训解的事情。

【评议】

《太平御览》是我国宋代一部著名的类书,是北宋李昉、李穆、徐铉等学者编纂的,全书以天、地、人、事、物为序,分成五十五部,“备天地万物之理,政教法度之原,理乱废兴之由,道德性命之奥”,书中的内容涉及的范围极其广泛。书中仅引用的古书就有一千多种,保存了大量宋以前的文献资料,可惜的是书中的大部分内容都已经散佚。宋太宗在位的时候支持编写了大量的书籍,为中国的传统文化保存了大量的文献资料。皇家大修书籍,在宋之后,多次发生,是对之前文化的整理和汇总,对文化的传承发展起到了重大作用。

这则故事对我们现在的生活尤其有教育意义,“开卷有益”,勤于读书是我们丰富精神世界,提高自我修养的重要途径。大量阅读好的书籍,不仅可以帮助我们了解很多知识,更可以改变我们看待事物的态度,毕竟“读一本好书,就是与很多有智慧的人谈话”。

【拓展阅读】

宋太宗

赵匡义即位后，于太平兴国三年收吴越，次年灭北汉。对内实行封建专制中央集权，对外采取守内虚外政策。重视文化建设，关心图书事业。建有藏书楼“尊经阁”“太清楼”“玉宸殿”等，每处藏书都在万卷以上。对北宋藏书建设颇有贡献。

赵匡义劝谏

赵匡义，又名赵光义，即位后改名赵炅。他曾参与陈桥兵变，拥立其兄太祖为帝，并为殿前都虞侯，领睦州（今浙江省建德市东）防御使。后加中书令，封为晋王。时太祖宠幸金城夫人。赵匡义屡次劝谏太祖要远女色，重国事，太祖不听。有一天，太祖在后苑召赵匡义陪宴，并边饮酒边射猎。太祖拿了一大杯酒一再劝赵匡义喝下，他推辞不了，就指着庭下花丛中的一朵鲜花说：“如果金城夫人亲手去将这朵花折来，我就喝。”太祖就命金城夫人去把那花折来。这时赵匡义拉足弓弦似欲射猎他物，忽然转身一箭射死了金城夫人，然后扔弓哭拜在地，抱着太祖的脚说：“陛下刚刚得到天下，应该以国事为重啊！”太祖见他忠心，又是自己的亲兄弟，就没有怪罪。太祖于公元 976 年十月在“烛影斧声”中死去，他于同月继位，改年号为“太平兴国”。

用兵之策

赵匡义在位期间，继续推行统一全国的政策，迫使吴越王钱椒纳土归宋，出兵攻灭北汉，又数次大举北攻辽国，试图收复燕云十六州，但因准备不周，均遭大败，与辽国的关系也转为被动。他又继续加强中央集权，用文人执政，使儒学渐渐抬头。他注重农田水利，继续鼓励垦荒，使社会生产有所发展，社会秩序比较安定，但对百姓的盘剥颇重。晚年，他血腥镇压了四川地区的王小波、李顺起义。公元 979 年，赵匡义在高粱河（今北京市大兴区东）被辽军击败，全军溃逃。辽兵紧迫，御用器物和妃嫔都被夺去，他脱身逃走，大腿上中了二箭，此后箭伤每年都要复发。公元 996 年秋，赵匡义箭伤又复发。同年八月，立

三子赵元侃为太子,命李沆、李至为太子宾客,负教育之责。公元997年三月癸巳日,赵匡义病死于汴京万寿殿西阶。太子遵遗命在灵柩前继位。赵匡义生前宠养的桃花犬,赵匡义病倒,它就拒绝进食。赵匡义死,它大声哭号,陡然瘦了下去。时人都称它为忠犬。

【镜鉴】

学习可以改变命运

(一)进取心是内在驱动力

人生,就是一个不断努力和前进的过程。对于自己渴望的东西或想要完成的目标,总会竭尽全力去争取。不论是谁,在自己想要做的事情上,就算花再多的时间和精力,都是心甘情愿的,不过,很多人在取得一定的成就后,就开始有了一种"守成"的观念,渐渐地开始满足现状,停止了前进的脚步。

据统计,有些获得诺贝尔奖的人在其后半生里一直碌碌无为,这是因为他们的内心被既有的成就占满了,已经没有多余的精力去思考其他的事情了,他们就像一个饱腹的人,没有去为自己寻找新食物的紧迫感。所以,要想取得更大的成就,就必须学会忘记曾经取得的成绩,让自己时刻保持对成功的饥饿感。

进取不一定成功,但是成功一定需要进取。进取是一种精神,一种能够成就一个人、成就一个企业、成就一个社会的精神。一个努力进取的人,必定是积极主动、充满热情、灵活自信的人。有进取心的人不用别人告诉他应该做什么,他就会主动去了解自己要做什么,然后全力以赴地去完成它。每个人都需要进取,在机遇和挑战面前,进取的人更能够把握好自我的角色和定位。

进取是一种境界,是一种与时俱进的时代精神。进取心让你打破墨守成规、安于现状、小富即安的观念,快速地走在前进的路上。

要保持进取心,就要为自己定一个远大的目标。这个目标不能过低,必须高于你现有的能力。目标过低,实现的概率就过大,太容易让人产生满足感。只有拥有远大的目标，才能激励和提醒自己：我必须前进，充实自己，为实现目标而努力奋斗。

人不能满足现状，永远在原地踏步。不断进取才能取得更大的成就，远大的目标能督促人不断进步。

我们来看这样一则故事：

美国某铁路公司总经理，年轻时在铁路沿线做三等列车上管制动机的工人，周薪只有12美元。有一位资深的工人对他说："你不要以为做了管制动机的工人便趾高气扬。我告诉你，起码要在四五年后，你才会升做车长呢。而且，那时你还得小心翼翼，以免被开除，如此才能安度周薪100美元的一生。"

可是他却冷冷地答道："你以为我做了车长，就满足了吗？我还准备做铁路公司的总经理呢。"

这个人最终获得了成功，成了这家铁路公司的总经理。可见，对自身的不满足，是一个人取得更大成功的关键。

真正能成大事的人，他们的内心必然会有一种强烈的进取意识，他们不满足于现在的成绩，眼光更加长远，他们一步步地规划着自己的人生，他们的生活始终有一个高远的目标引领着，让他们的目标明确、定位清晰，最后，他们才能完成自己的目标，到达一个旁人无法企及的高度。他们会对自己的生活进行评估，会时刻督促自己走在上坡路上，不断向上攀登。当然，在前进的途中必定会有许多艰难险阻，会有阻碍和困难，但是，他们的内心充满力量，不退缩，不畏惧，想尽一切办法去战胜和克服所有困难，凭借自己的聪明才智和顽强不屈的意志取胜。对他们来说，生活的宗旨就是不断进取，强烈的进取心使他们获得了一种源源不断的内在驱动力，从而大步地走向成功。

（二）改变命运靠学习

学习，是我们每个人必须具备的一种能力，学习让人进步，让人认识和了解外面的世界，并不断完善和发展自我。一个人只有不断学习，才能保持进步，获得新知，增长才干，才能跟得上时代的进步。

学习使人聪慧，使人全面发展。一个拥有学习能力的人，就能够一直保持奋进的状态，不断走向卓越。学习应该是人们生活中一个永恒的主题，只有学习，才能让自己的心智更加成熟和健全。

有这样两则故事：

“人要有自己的东西!”这是张艺谋的座右铭。他以自己富有幻想、大胆创造的精神，在艺术的道路上苦苦摸索。长时间的下乡生活使他意识到，要弥补自己身上文化的不足，要通过知识和技能改变自己的生活，这是他唯一的出路和救命稻草。所以，他对绘画、书法、文学、表演、摄影，几乎样样涉足，什么都要尝试，什么都争取自己有“两把刷子”。白天构图取景，夜晚冲洗剪裁，参加各类活动，一直忙到深夜，他依然乐此不疲。光阴似箭，年复一年。而张艺谋也终于成为一名佼佼者，集摄、演、导于一身，被誉为“影坛奇才”。

张立勇，清华大学临时工，在清华大学食堂打工8年，托福考试630分，英语考试通过四级、六级，获得北京大学本科文凭，被团中央树为全国十大杰出学习青年之一，成为航空工业出版社《3导自考丛书》代言人。张立勇因为家境贫穷，放弃了自己的大学梦，高中辍学成为千万农民工中的一员，踏上漫漫的自学成才之路。因为理想，他坚守初衷、忍受寂寞，坚持自学英语10年，通过国家等级考试、获得托福高分，做了很多大学生都做不到的事情。“我愿意用我刻苦自学的形象鼓励更多的青年人坚持学习，在全社会掀起学习的风尚，提倡学习改变命运，奋斗成就人生，知识就是力量!”这就是张立勇愿意成为《3导自考丛书》形象代言人的初衷。

知识就是力量，知识的获取靠的是学习，靠的是平时的积累！现在已经进入了知识经济时代，命运的改变靠的是知识，一个有知识的人，才能掌握自己的命运。知识在个人成长过程中所占据的地位越来越重要，成为彻底改变个人命运的第一推动力。

学习是一个不能间断的过程，它就像逆水行舟，不进则退，不会给你原地踏步的机会。人不谋求进步，就会后退，而且，知识的折旧率很高，一个人不进步，就会面临被淘汰的风险，因为现代社会的更新发展极快，不学习的人就会处于劣势，被踢出局的概率很高。一个人要想成长得更快，就一定要喜欢学习、善于学习、经常学习。

犹太人说：“没有知识就不能成为真正的商人。”毛泽东说：“没有文化的军队是愚蠢的军队。”你能得到多少，往往取决于你能知道多少。因此，知识能改变命运。

慎记学习改变命运，奋斗成就人生。

有这样一则故事：

这是美国东部一所大学期末考试的最后一天。在教学楼的台阶上，一群工程学高年级的学生挤在一起,正在讨论几分钟后就要开始的考试,他们的脸上充满了自信。这是他们参加毕业典礼和工作之前的最后一次测验了。

一些人在谈论他们现在已经找到的工作;另一些人则谈论他们将会得到的工作。带着4年的大学学习所获得的自信,他们感觉自己已经准备好了,并且能够征服整个世界。他们知道,这场即将到来的测验将会很快结束,因为教授说过,他们可以带他们想带的任何书或笔记,但要求只有一个,就是他们不能在测验的时候交头接耳。

他们兴高采烈地冲进教室。教授把试卷分发下去。当学生注意到只有5道评论类型的问题时,脸上的笑容更加得意了。3个小时过去了,教授开始收试卷。学生看起来不再自信了,他们的脸上是一种恐惧的表情。没有一个人说话。教授手里拿着试卷,面对着整个班级。他俯视着眼前那一张张焦虑的面孔,问道:"完成5道题目的有多少人?"没有一只手举起来。"完成4道题的有多少?"仍然没有人举手。"3道题?"学生们开始有些不安,在座位上扭来扭去。"那1道题呢?"教授问。

但是整个教室仍然很沉默。

"这正是我期望得到的结果。"教授说,"我只想给你们留下一个深刻的印象,即使你们已经完成了4年的工程学习,关于这门课程仍然有很多的东西是你们不知道的。这些你们不能回答的问题是与每天的普通生活实践相联系的。"然后他微笑着补充道:"你们都会通过这个课程的,但是记住——即使你们现在已是大学毕业生了,你们的学习仍然还只是刚刚开始。"随着时间的流逝,教授的名字已经被遗忘了,但是他教的这堂课却没有被遗忘。

一般来说,能够有所成就的人都是能自主学习的,他们会找出一切时间去看书学习。只有保持不断学习的人,才能把握时代的命脉,不会被前进的激流击退。

有这样一则故事:

汽车大王福特年少时,曾在一家机械商店当店员,周薪只有2.05美元,但他却每周都要花2.03美元来买机械方面的书。当他结婚时,除了一大堆五花八门的机械杂志和书籍,其他值钱的东西一无所有。就是这些书籍,使福特迈进了他向往已久的机械世界,开创出一番大事业。功成名就之后,福特曾说道:"对年轻人而言,学得将来赚钱所必需的知识与技能,远比积蓄财富来得重要。"

事实已经证明,受教育最成功的人,往往是自学成功者或自我教育的人。而自我教育不足,对个人的成长是不利的。发表过《进化论》的达尔文就说过:“我的学问最有价值的全是自己苦读学来的。”

学,可以立志;学,可以成才;学,永远不能停止。

(三)找到榜样的力量

每个人成功的背后,总会有一个激励他的榜样,而他自己的成功,同样也会成为他人学习的榜样。对每个人来说,成功的人就是一本值得我们细读的书。

有这样一则故事:

美国一位名叫阿瑟·华卡的著名银行家,他的成功,得益于他少年时的一次经历。

一天,阿瑟·华卡在杂志上读到大实业家威廉·亚斯达的故事,他非常希望见到他,并希望成为像他那样的人。终于有一天,阿瑟·华卡见到了威廉·亚斯达。当阿瑟·华卡问其成功的秘诀时,威廉·亚斯达对阿瑟·华卡说:“只要多结交比自己更优秀的人,你就有成功的那一天。”此后,阿瑟·华卡一直实践着这一基本信条,不到5年的时间里,终于如愿以偿地实现了自己的梦想,成为银行家。后来,有年轻人向华卡讨教经验,阿瑟·华卡说:“我希望你常向比你优秀的人学习,这对做学问或做人都是有益的。”

所以说,每一个成功的人士,都有一个成功的榜样。

跟优秀的人在一起,你能感受到他们身上散发出的力量,学习到他们的思维和思考方式,借鉴其优秀的经验,就犹如一本优秀的书,它不仅能成为我们的益友,而且很可能成为指引我们走向成功的良师。与优秀者为伍,就能得到激励和帮助,获得一些成功的启示。拿优秀的人做参照物,能够对自己有一个全面的了解和认识,看清楚自己的长处和短处,从而做到扬长避短,完善自我,创新发展。

世上没有全能的人,就算你再成功,总会在某一方面有所不足,所以,我们要永远保持一颗谦虚的心,善于向优秀者学习。敢于并甘心做学生的人,才能不断进步,不断地去攀登一个个的高峰。“近朱者赤,近墨者黑”,说的就是人与人之间的相互影响。其实人与人之间虽然没有“朱”与“墨”这么绝对,但是人与人之间的互相影响是的的确确存在的。不可否认的是,优秀的人能让你更优秀,即使是一个再普通不过的人,他的身上也会有你可以学习的某种优秀品质。

在我们的生活中,你周围的人对你起着很重要的作用,甚至能改变你人生的方向,决

定你的人生成败。你跟什么样的人在一起，就会有什么样的人生：和勤奋的人在一起，你就远离懒惰；和积极的人在一起，你就不会消沉；与智者同行，你会不同凡响；与高人为伍，你就能登上巅峰。

如果你想跟雄鹰一样振翅翱翔，那你就要和群鹰一起飞翔，而不要与燕子为伍；如果你想像野狼一样驰骋大地，那你就要和狼群一起奔跑，而不能与鹿羊同行。正所谓："画眉麻雀不同嗓，金鸡乌鸦不同窝。"这也许就是潜移默化的力量和耳濡目染的作用吧。

每个人都是处在这样的互相联系和影响中的。一个人若是能善于发现别人的优点，就能把这些优点转化为自己的长处，从而成为一个睿智的人。优秀卓越的人，都能善于把握人生机遇，并加以利用，最终成就自己的梦想。只要你不断吸取别人的长处，就能不断完善自己；吸收的智慧，也能成就自己，这是一条有效可行的成功之道。假如你要想收获精彩的人生，就和优秀的人在一起，让榜样成为你前进的助力吧。

（四）如何从你讨厌的人身上学习

在我们的周围，总会有一些让我们生厌的人，但我们又拿他们没办法，总不能因为个人的情绪让别人消失吧？既然讨厌的人赶不走、逃不掉，那么，我们不妨放平心态去接受，不妨把讨厌模式转化为学习模式，向他们学习吧。就算是你再讨厌的一个人，他的身上也会有你可以学习的地方，有某些特长和闪光点，能够从自己讨厌的人身上学习，你将会进步得更大更快。

"讨厌"这种情绪每个人都会有，并且存在于我们生活中的方方面面。人有不同的个性、处世方式和行为方法，因此，在交往活动中，难免会有碰撞和摩擦，面对别人与自己不同的东西、性格、为人处世的方式等，就会滋生出一种讨厌的情绪。不过，很多时候，或许这种分歧暗示了我们进步的空间，有时候，我们所讨厌的东西，往往是我们自己最需要的。

有这样一则故事：

传播学巨擘麦克·卢汉坦承，他曾受到讨厌的困扰："有许多年，直到我写《机械新娘》时，我对一切新环境都抱着极端的道德判断的态度。我讨厌机器，厌恶城市，把工业革命与原罪画上等号，把大众传媒与堕落画上等号。简而言之，我几乎拒斥现代生活的一切。"但后来，他将这种负面情绪转化为学术研究的动力，他说："但是我逐渐感觉到这

种态度是多么的无益无用。”他开始意识到20世纪的艺术家——济慈、庞德、乔伊斯、艾略特等人——发现了一种迥然不同的方法，这种方法建立在认识过程和创造过程合二为一的基础上。他意识到，艺术创作是普通经验的回放——从垃圾到宝贝。

“我不再担任卫道士，而是成了小学生。”麦克·卢汉最后说。

刘索拉有一本书叫《活着就是为了寻找同类》，这是艺术家的表达方式。但是活着绝不是为了讨厌异己，罗素说：“参差多态是幸福的本源。”有评论家说：“最讨厌的人是世界的另一个我。”这说明，每个令你讨厌的人身上，总有有待你去发现的优点。

有个著名的关于苏东坡和佛印禅师的禅宗公案。

苏东坡问佛印禅师看他像谁，佛印说看他像佛，苏东坡讥笑道：“我看你像一堆牛粪。”佛印不语。苏东坡高兴地回家说给苏小妹听，苏小妹说：“哥哥，你这次又输了，你看别人是什么，你自己就是什么，你的看法是你内心的投射。”

讨厌是一种感性的情绪，如果我们理智地去分析，就能从讨厌的人身上发现很多值得学习的地方。

一般来说，人们有一个普遍的应激反应，就是同情弱者、讨厌强者。强大者必有讨厌之处，最讨厌的对象往往是因为强大而“获罪”的。美国哲人爱默生讲了一句话，他说：“所有的英雄最后都令人讨厌。”人们用讨厌的模式来取得某种平衡和平等，从而适应“强者生存”的达尔文生态环境。

一个明智的人能从讨厌模式切换到学习模式，从而让自己在各种情形中都能应付自如。

没有人能十全十美，让所有人都喜欢，也没有人只有令人讨厌的缺点，无论怎样，也还是有优点存在的。记住一句有用的话：“请你最讨厌的人吃饭，而不是请你最喜欢的人。”

（五）拥有挑战权威的自信

在我们的生活中，有不计其数的权威。权威是人类发展与进步的保证，所以我们需要权威，更要敬重权威。从某种程度上说，敬重权威就是尊重科学、尊重知识。然而，权威也并不是绝对的，任何权威，无论是学术权威、技术权威还是管理权威、领导权威，都有一定的知识局限，也都要受到一定的时间限制。所以，在敬重权威的同时，我们不能盲目、迷信，在自己经过论证和辨析后，要敢于向其发出挑战。无数事实表明，只要我们敢于挑战权威，就必定能够实现创新、推动事业发展。诺贝尔经济学奖获得者萨缪尔森有一句名言："科学是通过一次又一次的葬礼而前进的。"当你对某种权威形成挑战后，权威势力如若守旧，必然会向你大加挞伐。此时，你必须坚定信念、克服困难、勇往直前！

有这样一则故事：

伽利略17岁那年，考进了比萨大学医科专业。他喜欢提问题，不问个水落石出决不罢休。

有一次上课，比罗教授讲胚胎学。他讲道："母亲生男孩还是生女孩，是由父亲身体的强弱决定的。父亲身体强壮，母亲就生男孩；父亲身体衰弱，母亲就生女孩。"

比罗教授的话音刚落，伽利略就举手说道："老师，我有疑问。"

比罗教授不高兴地说："你提的问题太多了！你是个学生，上课时应该认真听老师讲，多记笔记，不要胡思乱想，动不动就提问题，影响同学们学习！"

"这不是胡思乱想，也不是动不动就提问题。我的邻居，男的身体非常强壮，可他的妻子却一连生了5个女儿。这与老师讲的正好相反，这该怎么解释？"伽利略没有被比罗教授吓倒，继续反问。

"我是根据古希腊著名学者亚里士多德的观点讲的，不会错！"比罗教授搬出了理论根据，想压服他。

伽利略继续说："难道亚里士多德讲的不符合事实，也要硬说是对的吗？科学一定要与事实符合，否则就不是真正的科学。"比罗教授被问倒了，下不了台。

后来，伽利略受到了校方的批评，但是他勇于坚持、好学善问、追求真理的精神却丝毫没有改变。正因为这样，他最终成为一代科学巨匠。

伽利略之所以能取得如此大的成就，是因为他拥有向权威挑战的精神。每个能够有大作为的人，都有一份挑战权威的自信，有一种必成的魄力。

想要超越自己的梦想，就要有敢于向权威挑战的勇气，有一种成大事的"野心"。这种勇气、这种"野心"并非与生俱来，也并非鲁莽草率。对我们来说，与其在权威面前畏惧，不如立足于自己有实力挑战的基础上，抱着超越的"野心"去实现。这样，总有一天你会创造一番属于自己的成就。

有了挑战权威的这份勇气，你就迈向了成功的第一步，给自己的理想与抱负插上了一对有力的翅膀。人生需要奋进,奋进需要有向权威挑战的勇气,只有在不断突围的过程中,我们的生活才能呈现它的灿烂与美丽,我们才能尝到酸甜苦辣各种滋味。少了这份勇气,人生便会失去光泽,变得黯淡和乏味。

人人都向往成功的人生,成功需要突围。当我们多了一份挑战权威的勇气时,就能自信昂扬地大步向前!

(六)好问是走向成功的阶梯

好问,是自古崇尚的一种美德。成语"不耻下问""刨根问底""好问决疑""好问则裕"等,都是对好问精神的一种褒扬。

面对大千世界,我们要保持一颗敏感好问的心,在问与答的思维碰撞过程中,提升自己的智慧和心智。所以,好问是每个人都需要具备的一种习惯和行为,好问是一种宝贵的品质,它让我们找到了存在的意义,实现自我发展和个人成长。也许不是每个问题都能有答案,有时问的最终目的并非是要获取答案,问的本身就具有意义。

有这样一则故事:

爱迪生的父亲是迈兰的一个小农场场主,拥有一个果园,家境还算比较富裕。

爱迪生年少时常常一个人出神。他会久久地盯着一件东西,一动不动,在心里琢磨这件东西是怎么回事。他会久久地盯着天空慢慢浮动、不断变换形状的白云,他会久久地盯着雨后天际那七色弯弯的彩虹,他会久久地盯着炉灶中晃动闪耀的火苗,他会久久地盯着在树梢间蹦来蹦去的小鸟……

有时候,天空忽然乌云密布,狂风骤起,雷声越来越低,闪电也越来越密。正在一起玩耍的小朋友们会四散奔去,赶紧跑回家,家人们也忙着关拢鸡鸭,收拾屋外的东西,关好窗户。而爱迪生却盯着划破天幕的闪电,谛听那滚滚而来的雷声,好奇地问着:"这是怎么回事呢?为什么下雨之前就会打雷、打闪呢?这雷的声音和这闪电的亮光是怎么出来的呢?"

正是因为爱迪生的勤学好问,才使他成为伟大的"发明大王"。

学习贯穿我们的整个生活,而提问是学习的一个重要途径,是我们每个人都离不开的。孔子之所以成为一代圣人,固然有许多因素,但是好问是其中很重要的一个原因,所以他说:"敏而好学,不耻下问。"世界著名天文学家哥白尼也是一个好问的人,他对周围的世界充满了好奇,经常缠着爸爸妈妈问很多问题:“太阳为什么总是从东方升起,从西边落下?晴朗的夜空有那么多星星,为什么到了白天却无影无踪了?”这些旁人看起来稀奇古怪的“为什么”,正是哥白尼探求科学奥秘的起点。学问学问,非学无以致疑,非问无以广识。在学中问,在问中学,古人所谓“好学而不勤问,非能好学者也”,讲的就是这个道理。

勤学与好问在我们的学习生活中同等重要。勤学而不好问者,就如一头只会埋头苦干的“牛”,是愚笨的人;好问而不勤学,就好像一只只会打鸣而不下蛋的“公鸡”,是懒惰者。

勤学不仅仅是刻苦学习,还要勤奋思考。思考的过程,就是一个不断发现问题并解决问题的过程。疑问是伴随思考产生的,学与问是紧紧相连的。古人曾说“好问则裕”,这是一个朴素的真理。

在学习求知的过程中,我们还要善于把勤学好问和观察思考结合起来。学与问是相辅相成的,只有把这二者紧紧地联系在一起,才能求得真知。有了勤学好问的习惯,你就有了两只展翅高飞的翅膀,在知识的天空中任意翱翔,你将成为学习的主人。

放眼四周,那些走在成功道路上的人,都是有着勤学好问的好习惯的,这个好习惯,是他们前进的动力,也是他们成功的保证。

如果你是有理想、有目标的人,那就养成勤学好问的习惯吧!

(七)书是人类最好的精神食粮

韩愈曾说过:“读书勤乃有,不勤腹空虚。”这告诉我们,读书是成才的一个必经途径,是现代生活中不可缺少的内容,读书在我们的日常生活中正起着越来越重要的作用。读书使人睿智,让人始终保持头脑的清醒,不被高速发展的时代所淘汰。只有读书学习,才能去探索未知的领域,征服整个世界。

有这样一则故事:

侯晶晶是南京师范大学教育科学学院教师。11岁时的一次误诊让她不幸双腿瘫痪。在短暂的痛苦与绝望之后,侯晶晶重新拿起了书本,渐渐地她从书中找到了动力。她凭着坚强的毅力,在生理、心理、学业的三重考验下,自学初中、高中的课程,并先后完成了英语专业大专、本科的自学考试课程。1998年,侯晶晶考取南京师范大学外语学院翻译

学专业的硕士研究生。三年之后,侯晶晶又以研究方向总分第一的成绩考取国家级重点学科南京师范大学教育学专业的博士研究生。2004年,完成博士学位的侯晶晶在南京师范大学留校任教。

侯晶晶取得了正常人都难以取得的成就,是因为她通过读书让自己的精神世界一直保持着新鲜和富足。读书让人乐于迎接挑战,拥有坚强的意志。"读书过程所积累的文化资本也是读书人服务社会的重要资源。"她这样解释自己执着的求学历程。可见,善于读书的人能使自己的生命不断成长、丰盈,更加有质感,读书能充实和丰富一个人的灵魂。

近代著名学者余秋雨先生在《文化苦旅》中说:"将近四十年的读书生涯,使我感到多读书读好书的快乐和幸福。读书成了我生命中第一需要。读书使我认识了生命的价值,饱尝人生的各种滋味,丰富了人生的内容,提高了生活生命的质量,使我无论干什么工作:当团干部、图书管理员、班主任、教导员、教历史、教语文都觉得是一种不可多得的体验,从而全身心地投入,在工作中得到了丰富的收获,使生命自信而充实。"

读书是创造的基础。

索尼刚开始是日本的一家小公司,经过一番努力,一跃成为全日本屈指可数的大公司之一。这其中的原因,除了雄厚的科技实力外,还有一个是他们善于学习。他们学习了中国《孙子兵法》,并把它运用到商业领域中,由此打开产品的销路。《孙子兵法》由军事领域推广到商业领域,不能不说是一个创举。但这个创举又是以读书为基础的。如果不读书,就根本不知道有这本书的存在,就不可能了解其内容,更谈不上由此而进行的创举了。

书是人类最好的伙伴,也是最好的精神食粮。读书让我们的生活更加丰富,给我们有限的生活增添了无限的活力,还能让我们集众人的智慧,避免走前人的弯路,活得更加充实、更加有意义。书,能给人带来源源不断的幸福和快乐。

高尔基曾说过:"书,要算是人类在走向未来幸福的道路上创造的一切奇迹中最复杂最伟大的奇迹。"中国的古话说:"书中自有颜如玉,书中自有黄金屋。"书能让人愉悦,能让贫瘠和穷困潦倒的人重新燃起对生活的信心,书是我们生活的充实剂。读书能改善自己的生活,是成才的重要途径。

读书的人更明事理,使我们的人生变得更豁达、更有目标。"人生如书,书如人生。"

离开了书,我们的生活就失去一股强有力的支撑力量。

我们要想成功,就应该把读书当成一种习惯,在读书中积累知识、积累成功的养料。在人生这个漫长的旅途中,只有与书结伴、与书为友,并从中找到人生的真理,才能最终走向成功。

读书能陶冶人的性情,这是一个不容置疑的真理。人的一生都不能远离书本,都要在读书中进步,在自学中成长。

让我们都去读智慧之书,去创造一份属于自己的幸福生活吧!

(八)在总结经验中提高自己

一个人要想进步就得反思自己,进行自我完善。

有人问一位年轻有为的成功人士的成功秘诀,他提出了一个简单的方法:善于总结。他说,人们常说失败是成功之母,那么,总结就是成功之父。一个人只有不断地从过去的经历中吸取教训,不断地超越自己,才能成为一个成功的人。一个不会总结的人,就不能从自己过去的经历中吸取教训并不断超越。

人贵在思考,贵在有自己的思维,认真思考的人能走得更高更远。做任何事都要认真地计划和总结,这样才能做到心中有数,对任何状况都能应付自如。总结自己的经验教训,才能不重复曾经犯过的错误,才能取其精华、去其糟粕,提高自己的处事能力。

毛泽东曾经向人们透露:“我是靠总结经验吃饭的。”邓小平也曾指出,“我们说的做的究竟能不能解决问题,问题解决的是不是正确,关键在于我们是否能够理论联系实际,是否善于总结经验。”

善于总结经验,是做好所有事的关键。古人云,“吾日三省吾身。”人就是在不断地反思和总结经验中逐渐成熟起来的。

毛泽东一生重视总结经验,善于从历史和各种实践活动中汲取智慧。他曾说,“人类总得不断地总结经验,有所发现,有所发明,有所创造,有所前进。”

李嘉诚也特别善于总结经验,他得出了自己商业王国的做事准则:低调做事、好谋而成、分段治事、不疾而速。

思之愈深,得之愈丰。无论是成功的经验,还是错误和失败的教训,都是一种宝贵的财富。我们既要总结正面的经验,也要总结反面的教训,让自己在总结中变得聪明起来。

善于总结经验，是走向成功的基石。下面的两个经典故事充分证明了这一点。

相声语言大师侯宝林只上过三年小学，由于他勤奋好学，使他的艺术水平达到了炉火纯青的程度，成为有名的语言专家。有一次，他为了买到自己想买的一部明代笑话书《谑浪》，跑遍了北京城所有的书店也未能如愿。后来，他得知北京图书馆有这部书，就决定把书抄回来。时值冬日，他顶着狂风，冒着大雪，一连18天都跑到图书馆里去抄书，一部10多万字的书，终于被他抄录到手。

数学家张广厚有一次看到了一篇关于亏值的论文，觉得对自己的研究工作有用处，就一遍又一遍地反复阅读。这篇论文共20多页，他反反复复地念了半年多。因为他经常反复翻看，洁白的书页上留下一条明显的黑印。他的妻子对他开玩笑说，这哪儿叫念书啊，简直是吃书。

这些例子告诉我们，凡是有所作为的人都是善于总结或借鉴经验的，只有能够及时而认真地总结自己工作、学习、生活中的各种经验与教训的人，才能少走弯路，尽快达到成功。

人的学识的增长依赖于实践和学习，而经验是学习的一个重要内容，只有借鉴各种经验，才能快速成长。

（九）培养自己的逆向思维

逆向思维是一种求异思维，即打破人们思维定式而采取的反向思维方式。在日常生活中，我们需要用逆向思维来走出思维定式的误区，得出全新的思维方法，从而达到推陈出新、出奇制胜的效果。善于运用逆向思维的人，能够不断拓宽和启发自己的思路，走出绊住自己思维的死角，最终让自己的思路豁然开朗。

有些时候，一些常规思维难以解决的问题，通过逆向思维却可能轻松破解。

沙克是一个具有犹太血统的老人，退休后，在学校附近买了一间简陋的房子。住下的前几个星期还很安静，不久有三个年轻人开始在附近踢垃圾桶闹着玩。老人受不了这些噪声，出去跟年轻人谈判。

"你们玩得真开心。"他说，"我喜欢看你们玩得这样高兴。如果你们每天都来踢垃圾桶，我将每天给你们每人1元钱。"

三个年轻人很高兴，更加卖力地表演"足下功夫"。不料三天后，老人忧愁地说："通货膨胀减少了我的收入,从明天起,只能给你们每人五角钱了。”

三个年轻人都显得很不开心,但还是有一位接受了老人的条件。他每天继续去踢垃圾桶。一周后,老人又对他说:“最近没有收到养老金支票,对不起,每天只能给两角钱了。”

“两角钱?”这个年轻人脸色发青,“我们才不会为了区区两角钱浪费宝贵的时间在这里表演呢,不干了!”

从此以后,老人又过上了安静的日子。

逆向思维还能让我们发现暗藏的玄机。

有两个人一起出差,其中一个人逛街时看到大街上有一位老妇人在卖一只黑色的铁猫。这只铁猫的眼睛很漂亮,经仔细观察,他发现铁猫的眼睛是宝石做的。于是他不动声色地对老妇人说:“能不能只卖一双眼珠。”老妇人起初不同意,但他愿意付整只铁猫的价格。老妇人便把猫的眼珠取出来卖给了他。

回到旅馆,他欣喜若狂地对同伴说,我捡了一个大便宜,用了很少的钱买了两颗宝石。同伴问了前因后果,问他那个卖铁猫的老妇人还在不在?他说那个老妇人正等着有人买她的那只少了眼珠的铁猫。

同伴便取了钱去寻找那个老妇人,不一会儿,他把铁猫抱了回来。他分析这只铁猫肯定价值不菲,于是用锤子往铁猫身上敲。铁屑掉落后,他们发现铁猫竟然是用黄金铸成的。

那个买铁猫宝石眼的人,采用的是常规的思维模式:铁猫的宝石眼很值钱,就想办法得到。但他的同伴却通过逆向思维断定:既然猫的眼睛是宝石做的,那么它的身体肯定不会是铁。在这种逆向思维的指引下,他的同伴通过铁猫的表象,发现了黄金的实质。这就是逆向思维给我们带来的收获。

生活中处处潜藏着看似不可能而实际是可能的机遇,只要我们善于运用逆向思维,就能思考到别人忽视的一面,从而取得成功。有时,一些看似“山重水复疑无路”的境况,只要运用逆向思维稍稍把事情往前推一步,立马就会在我们眼前展现出“柳暗花明又一村”的景象。

创新和成功需要逆向思维,我们要在平常的生活中注意培养和激发自己的逆向思维,培养自己追根究底的能力,尽可能地去发挥自己的想象力,激活自己的全部潜力。这样，生活就会不断地开拓创新。

（十）学会循序渐进

学习是一个漫长的过程，俗话说，活到老、学到老，就是说学习应该贯穿我们生命的始终。那么，既然学习是一个漫长的旅程，我们就要放平心态，循序渐进地去学，尽量不要让自己"消化不良"。

我国宋代的大学问家朱熹就十分推崇循序渐进这种学习方法。他提出，读书要选定一个目标由浅入深，从最基本的书读起，读通一本再读另一本，读通一节再读另一节，而不能不分主次先后，杂乱无章地乱读一气。朱熹在《同学录》中还写道："读书之法，谓持初一书费十分工夫，后一书费六分，后则费四五分矣！此即所谓势如破竹，数节之后，迎刃而解。"这是治学的规律。

刚开始读书，由于自己的知识底子薄弱，必须先打好基础。打基础就得一板一眼实实在在，宁肯多花点时间、多使些力气。基础打牢了，在上面盖房子就快了。如果一味贪快，基础打得不牢固，到头来还要返工，那就得不偿失了。

究竟怎样读书呢？朱熹的方法是："字求其训，句索其旨，未得乎前，则不敢求其后，未通乎此则不敢志乎彼，如是循序渐进，则意志理明，而无疏易凌躐之患矣。"也就是说，要一个字一个字地弄明白它们的含义，一句话一句话地搞清楚它们的道理。前面还没搞懂，就不要急着看后面的。这样就不会有疏漏错误了。他还说："学者观书，病在只要向前，不肯退步，看愈抽前愈看得不分晓，不若退步，却看得审。"就是说，读书要扎扎实实，由浅入深，循序渐进，有时还要频频回顾，以暂时的退步求得扎实的学问。

我国著名数学家华罗庚就是这方面的楷模。为了提高读书的效率，他先用慢工夫打基础，然后再逐步加快进度，因此收到了很好的效果。

华罗庚刚开始自学时常犯急躁病，一个劲儿地加速，结果所学的知识成了"夹生饭"。这个教训使他领悟到：片面求快不符合读书的辩证法。后来，他就比在学校里学得慢些，练习做得多些，用五六年时间才学完了高中课程。看起来，高中课程学得慢了一些，但因为学得扎实，所以给后面学习大学课程带来了方便。到清华大学没多久，他就听起了研究生课程。这就是循序渐进的好处。

我们的生活也一样，也讲究循序渐进。

一位计算机博士在美国找工作，他奔波多日却一无所获。万般无奈，他来到一家职业介绍所，没出示任何学位证件，以最低的身份做了登记。很快，他被一家公司录用了，职位是程序输入员。不久，老板发现这个小伙子的能力非一般程序输入员可比。此时，他亮出了学士证书，老板给他换了相应的职位。又过了一段时间，老板发觉这个小伙子能提出许多有独特见解的建议，其本领远比一般大学生高明。此时，他亮出了硕士证书，老板立刻提拔了他。又过了半年，老板发觉他能解决实际工作中遇到的所有技术难题。在老板再三盘问下，他才承认自己是计算机博士，因为工作难找，就把博士学历隐瞒了下来。第二天一上班，他还没来得及出示博士证书，老板就已宣布他任公司副总裁。

由此可见，循序渐进不仅仅是一种有效的学习方法，也是一种有用的生活智慧。

任凭时代怎么发展，循序渐进都是在学习和生活中必须遵循的重要原则。只有遵循循序渐进的规律，才能找到适合自己认知发展的学习方法，提高学习的兴趣和效率。循序渐进法体现了“序”和“进”的统一，学习必须保持“序”和“进”的相对统一，即按照科学知识的逻辑体系和人的认识过程与认知能力的规律进行。

生活中，循序渐进表达的是一种迂回的哲学，它告诉我们在没有机遇时要善于储蓄智慧，万万不可眼界高高在上。例中的这位博士就是遵循了循序渐进的人生哲学，该退时退，该进时进，在适当的时候做合适的事情，善于保存生命价值，这就是他成功的原因。假若我们做任何事都只凭一时的勇气来展示自己，很有可能就会透支了生命，把整个生命都输进去。

会学习、懂得循序渐进的人才具有长久的生命力。我们的学习和生活，都应该如此，迂回地渐进，是一种大境界、大智慧。

引衣容直
殿
宋太宗
寇准

引衣容直①

【历史背景】

寇准是我国古代著名的政治家。宋太宗太平兴国年间19岁的寇准考中进士。寇准为人刚直,因多次直谏为宋太宗所重用,擢枢密院直学士,判吏部铨,参决政事。

宋太宗不仅喜欢寇准直言纳谏,还多次鼓励臣下直言,并将左右补缺改为左右司谏,左右拾遗改为左右正言。立此"新名","使各修其职业",从制度上增强谏官的监察机制。宋太宗的英明为后来的皇帝留下了很多名臣。

【原文】

宋史纪:寇准②为枢密直学士③,尝奏事殿中,语不合,太宗怒起。准辄引帝衣,请复坐,事决乃退。太宗嘉之曰:朕得寇准,犹文皇之得魏征也。

【张居正解】

宋史上记,宋太宗以寇准为枢密院直学士。寇准为人忠直敢言。一日奏事殿上,不合太宗的意思,太宗发怒起去,欲罢朝回宫。寇准即上去扯住太宗的袍服,请太宗复还御座,决断其事,务要听其言才罢!太宗见他这般耿直,反嘉美他说道:朕得寇准,如唐太宗之得魏征也。

夫人臣奏事忤旨,至于牵引上衣,以尽其说。为君者若不谅他忠直之心,必以为不敬而怒斥之矣!今太宗不惟不斥,且叹美之。其容人之度如此,所以能使臣下尽言,政事少过,而为宋之贤君也。如太宗者,真无愧于文皇矣!

【注释】

①此篇出自《宋史·寇准传》。记述寇准挽衣留谏,太宗容直嘉美的故事。

②寇准(961~1023):北宋政治家。字平仲,华州下邽(今陕西渭南东北)人。太宗时任枢密院直学士,宋真宗时任宰相,请帝御驾亲征,往澶州(今河南濮阳)督战迫辽订澶渊之盟,封莱国公。著有《寇忠愍公诗集》。

③枢密直学士:后唐始置,宋代沿置。掌侍从,备顾问应对,地位次于翰林学士。

【译文】

宋代史书上记载:寇准任枢密直学士时,曾在殿廷奏事中,言语不合,太宗愤怒起身就走,寇准即上前拉住太宗的衣服,请他仍回座上,直到事情定下来才回去。太宗嘉奖他,说:我得到寇准,犹如唐太宗之得到魏征啊。

【评议】

史载,寇准为枢密学士的时候,在朝廷奏事中曾以直言触怒太宗,太宗愤起就走,准备罢朝。寇准见状,快步上前拉住太宗的朝服,一再请他坐回御座上去,并且一定要听他奏完,给个决断才可。太宗见寇准如此执着,就赞许他说:“我得到寇准这样的人才,好比唐太宗得到魏徵啊。”

皋陶言:“人君为治之道,在知人,在安民。”说的是帝王之道无非两件事,一件是用人得当,一件是安抚黎民。前后是因果关系,只有用人得当才能做到抚恤百姓。宋太宗对寇准为进言而拉扯冒犯自己的行为不但不予斥责,反而嘉奖,又以唐太宗和魏徵作比,这是帝王知人善任的典范。

【镜鉴】

一、涵养于怒气之先

——控制情绪

发脾气时气促心跳，样子难看，自己吃亏，自损尊严，自讨其辱。爱发脾气的人缺少自我监督，思想不砥砺，人性不修炼，忍耐不到位，容易忘记身份，情绪化处事，“雨过天晴”又常常后悔。

一个人的成功，智力因素当然很重要，而情感因素，如情绪、意志、性格、热情等也不可忽视，往往起着决定作用。因此，领导者需要具备高智商，运用良好的思维能力，及时采取正确决策，同时还要具有高情商，即有把握自己心态的能力，有效控制“喜”“怒”“忧”“思”“悲”“恐”“惊”等情绪，树立积极乐观向上的情感，尤其是要在工作中寻找快乐，达到工作着并快乐着。

三国时魏国人王思任司农官，性子也急。有一次正拿笔写字，一只苍蝇飞来停在笔端，赶走它又来。王思大怒，站起来赶苍蝇，还赶不走，于是把笔扔在地上踩坏，拔出宝剑来赶苍蝇。

晋人王述是扬州刺史，性子急躁。有一次吃鸡蛋用筷子夹不住，便大怒，拿起鸡蛋摔在地上，鸡蛋却在地上转个不停。他又用脚去踩蛋，还没有踩住。他气极了，捡起来放在嘴里，嚼烂了吐在地上。

《郁离子》载，有一个人性情暴躁。他射靶子，射不中靶心，就把靶子的中心捣碎；下围棋败了就把棋子儿咬碎。人们劝说：“这不是靶心和棋子的过错，你为什么不认真地想一想，问题到底出在哪里呢？”他听不进去，最后因脾气急躁，得病而亡。

唐朝人皇甫嵩，元和年间做判官，脾气急躁。有一天，他命儿子抄诗，抄错一个字，他就叫人拿棍子来打儿子。棍子还没送来，他就急不可待地狠咬儿子的胳膊，以至咬出了血。

气血之怒不可有，理义之怒不可无。阿根廷路易斯·豪尔赫说得好：“愤怒有两种：一种是气愤，一种是义愤——一个人不应当有无端的气愤，却应当有鲜明的义愤。”不应

当凭个人意气发火，但为真理、正义动怒却是理所当然、必不可少的。在原则问题上、事关重大的紧迫问题上、部属失职渎职等问题上，领导者发怒、震怒，对当事人具有刺激性和震撼力，对旁观者也有警诫作用。

有的人心胸海洋宽，能容天下事，往往脾气小，很少发怒。有的人受到别人攻击、辱骂、诽谤，表示愤怒；有时工作任务的繁重，工作的单调枯燥、生活的不如意等，会导致情绪失控，爱发脾气；有的人高估自己，刚愎自用，不把别人看在眼里，常常发脾气；对他人的看法尖刻，容易急躁，咄咄逼人、盛气凌人；自己所持的意见、立场不容他人辩驳，稍不如意就暴跳如雷；有的人不拘小节，或文化素质不高，也爱发脾气。

在《史记·高祖本记》中有不少处刘邦骂人的情况。就连他病危之际，吕后给他请来医生，说他的病"可治"，他也要骂之。

台湾学者南怀瑾《论语别裁》从脾气角度来品评人物：上等人有本事没脾气，中等人少本事有脾气，下等人没本事有脾气。这恐怕也不绝对，与修养、涵养有关吧。不发脾气，不仅是性格好，常常是心性修养到家的体现。

心态属于"情商"的范围。有的人没当干部时，还比较谦和平易，一旦戴上"乌纱帽"，心态在发生变化，脾气大了起来。

《聊斋志异》中讲过一个故事：一位中国商人来到夜叉国，小夜叉好奇地问什么是"官"。商人说："出则舆马，入则高堂，上一呼而下百诺，见者侧目视，侧足立，此名为'官'。"

爱发脾气，动辄恼怒，与固执有关。固执的人自尊心过强，自我评价过高，易冲动和诡辩；若用执拗、顶撞、攻击、无理申辩等方式，来满足自己的固执，必然与他人产生"心理对抗"。自制远比自尊更有价值。

发脾气时气促心跳，样子难看，自己吃亏，自损尊严，自讨其辱。美学家朱光潜曾说："世界对爱动感情的人，是个悲剧；对爱思考的人，是个喜剧。"《阳光心态》作者吴维库说："什么是天堂？我把良好的心态定义成天堂，把糟糕的心境定义成地狱，有良好心境的人更感觉幸福。"

爱发起脾气的人缺少自我监督，思想不砥砺，人性不修炼，忍耐不到位，容易忘记身份，情绪化处事，"雨过天晴"又常常后悔。英国狄更斯说："在任何交往中都不要伤害任何人，永远不要粗暴对待你手下的人。"

脾气、愤怒、恐惧、快乐都是不同情绪的表现。情绪并不是一种持续拥有的东西,而是一种动态的状况。下决心抛开不好的情绪吧,才能给好的情绪腾出地方。

人在世间,难免会遇到不如意的事,如果没有及时忘却或清除,而是在心中停留太久太多,"垃圾"信息不及时清除,就会给自己带来麻烦或痛苦。那些专门记别人过失的人,其心就如同垃圾箱,专门收集别人的脏东西。假如自己又没有能力去净化处理,那不就是"用别人的过失来折磨自己"吗?怎么能达到自我与自我的和谐呢?

苏东坡有句妙语:"匹夫见辱,拔剑而起,挺身而斗,此不足为勇也。天下有大勇者,猝然临之而不惊,无故加之而不怒。"——突然面临一件件的事情,神色不变,并不惊慌失措;别人无缘无故把一个罪名加在你身上也不生气,这才是君子之勇,大丈夫之勇!处危难而性情闲畅,闻毁誉而颜色不变,此乃君子也。

诸葛亮在《便宜·喜怒》中说:"君子威而不猛,忿而不怒,忧而不惧,喜而不悦。"儒家、佛家理论不同,然而都主张戒怒、节制血气。古圣贤认为,去欲,乃降龙;戒怒,乃伏虎;降龙养心,伏虎养肝。

发怒的动因之一,是自己受到轻蔑和名誉受到损害。孔子说:"一时发起怒来,不顾自身和亲戚。"多数情况,发脾气、气恼、愤怒,不顾别人的尊严,伤害别人的面子,给对方造成心灵创伤,加深对方的怨恨,授人以柄。如果不良情绪与行使权力搅拌在一起,就可能干出有悖情理的蠢事,导致人心所背,会给自己今后的发展带来负面影响。

石火光中莫争长短,蜗牛角上休较雌雄。人一旦发怒,放任自己暴躁的坏脾气,往往失去理智,做出的决定很难保证正确,而且会伤害对方的感情,破坏和谐气氛,产生可怕后果。

《孙子兵法》一开篇就讲:"兵者,国之大事,死生之地,存亡之道,不可不察也。"为此,孙武特别指出:"主人可怒而兴师,将不可愠而致战。"这意思是说,在战争决策的重大问题上,将帅要慎重考察研究,一定要防止主观随意性,万不可因一时气怒而燃起的感情之火,烧毁理智的思维模型。英国培根说:"无论你怎样怒火中烧,暴跳如雷,也不要做出任何无法挽回的蠢事来。"不可因一时愤怒而做出错误决策。

楚汉战争时,项羽让大将曹咎守位成皋,不要出战。刘邦抓住曹咎性情暴躁的弱点,派士兵到城边叫骂,嘲笑曹咎胆小如鼠,曹咎大怒,下令楚军出城作战,结果中计,身亡城失。

蜀国在三国中本不算强大，加上关羽新败，损兵折将，丢失要地，形势很不利。刘备刚刚当了皇帝，可心里并不怎么高兴，一想起关羽死在东吴孙权手里，新仇旧恨，他就气得咬牙切齿，恨不得立刻生吞了孙权。为此，刘备决心亲自“起倾国之兵”，讨伐孙权，为关羽报仇雪恨。

对刘备这一鲁莽的行动，许多大臣都劝刘备冷静、清醒：当前主要的敌人是曹丕，不是孙权，应当利用曹丕篡权的机会，扩大反曹联盟，占领关中，控制黄河、渭水的上游，进攻曹丕。

诸葛亮曾引群臣向刘备进谏。赵子龙指出：“汉贼之仇，公也；兄弟之仇，私也。愿以天下为公。”后来，东吴使者诸葛瑾又前来陈言：“陛下乃汉朝皇叔，今汉帝已被曹丕篡守，不思剿除，却为异姓之亲，而屈万乘之尊，是舍大义而就小义也。”学士秦宓也出来强谏。

刘备非但不听而且要杀了他。诸葛亮听到消息，上表规劝不要讨伐东吴，并救秦宓，说应该“纳秦宓金玉之言，抑卞庄刺虎之勇，以养士卒之力，别作良图”。刘备看了诸葛亮的表，扔在地上，说：“朕意已决，再谏者插剑为令！”

好感情用事的刘备，出于一时的愤怒，为报夺二弟关羽之仇，竟然置蜀国之前途于不顾，沉溺于家恨私仇，不听诸葛亮、赵云等人的苦苦劝阻，在主客观条件都不成熟的情况下贸然负气，率领 75 万大军东进伐吴，把蜀军摆在沿江 700 余里地段上，兵力分散，战线过长，首尾难以相顾，于山林处安营，犯了兵家之忌！

这天晚上，刮起东南风，年轻的东吴将领陆逊派徐盛等人，带一万多士兵火烧连营 700 里，烧得蜀军呼天喊地，纷纷逃命。幸好赵云赶来接应，才使刘备狼狈逃至白帝城。刘备后悔不已，一病不起，无颜回成都见诸葛亮和文武百官，于第二年含恨病逝。刘备怒而兴师，发动伐吴之战，盲目长驱直入，结果成了强弩之末，结局悲惨兮！

东晋王逊派部将姚崇追击李骧，姚崇认为道路遥远，穷寇莫追。王逊认为姚崇不愿接受任务，十分震怒，鞭打姚崇进行发泄。但是当晚王逊便气绝身亡。

清代丁福保《少年进德录》说：“急躁的人应该时时刻刻想到和缓两个字；轻佻的人应该时时刻刻想到宁静两个字；浅薄显露的人应该时时刻刻想到缜密两个字；懈怠懒惰的人应该时时刻刻想到勤敏两个字。而且不只是心中时时刻刻想，嘴里也应该时时刻刻叨念。时间长了就成为习惯了，这就是改变气质的功夫啊。”“在怒者岂不知此，无如其量最狭，其气最浊。既不能领取宽和之味，复不能消受平安之福。”凡事不能按捺浮躁之心，动

辄发火发怒,表现了智能之不足,会产生诸多不良后果啊!

不良情绪有害于身体健康,即道家所说的"喜伤心、怒伤肝、忧伤肺、思伤脾、悲伤五脏,恐伤肾,惊伤大脑。"古医书讲:"喜怒不节则伤藏(脏),藏伤则病起于阴也。"

发怒的特点在于短暂。气头过后,矛盾就易解决。与对方争吵时,说理是毫无用处的,莫不如压住性子,免开尊口,倾听对方说了些什么话及其真正的含义,让他把话说完,使对方意识到你对他的观点感兴趣,可消除和避开对方的气头,此谓让一让,风平浪静,海阔天空。

当你心中生起怒火时,首先强忍下来,不做任何反应,等过了一段时间以后,再回过头来考虑和处理这起事件。这个时候,说不定事情并没有当时想得那么糟糕,说不定找到了比较好的解决办法。

古罗马哲学家西尼卡认为:"拖延是平息怒火的好办法。"英国作家悉尼也认为,拖延对熄灭怒火的功效极大,他以自己的经验为证:"在事情未明朗之前,不要乱下判断和鲁莽行动。因为我发现只是24小时之差,看法就有天渊之别"!

中国传统的养生之道,讲究"静以养生",认为保持精神状态的宁静祥和,是维护身体健康之要素。

据《现代健康报》载,现代医学已将悲伤列为心脏病发作的诱因之一。美国心脏病学的领军人物米米·嘉妮丽博士指出,现代医学的最大悲哀之一,就是将心脏视为一个简单的机械压泵,而忽视了它的情感需求。这是现代人心脏日益脆弱的根源!实际上,有50%的冠心病并不是肥胖、高胆固醇、高血压、高血脂等造成的,其罪魁祸首是不良情绪!

心理压力对心脏有影响:体内会分泌出更多的压力荷尔蒙,如肾上腺素。肾上腺素使血压和心跳都急剧升高,导致动脉更为狭窄,并且使血小板变得黏稠,血液的胆固醇水平提高。心理压力过大时,体内的IL-6蛋白质值升高,这种蛋白质使得人的情绪激奋,最终会导致动脉血管壁增厚,成为心血管疾病的诱因。因此,一个人心脏监测的指标都很正常,但心理压力过大时,他也可能突发心脏病。

如果你发了火,就要及时向对方道歉;如果你和对方都情绪失控,你应换位思考,不要说类似"你冷静点"的话,少用"但是",要对事不对人。不管你喜欢不喜欢情绪失控的对方,你都要认真听他发脾气时所传达的信息、所描述的事实、所讲的道理,而不是一两句让你生气的话。

日常工作千头万绪,有时焦头烂额,难免产生急躁情绪。学会"每临大事有静气",保持从容镇定,心境平和,举重若轻。

学会心理调适,经得起各种压力、困难和矛盾的考验。遇有不公正待遇,学会耐心等待;遇有别人晋升,正确对待。切不可轻浮骄躁,像魏延烧绝栈道那样,使毕生功名毁于一念之间。

二、无容人之雅量,难成大器

俗话说"宰相肚里能撑船",我们或许不是老板,或许不是首席运营官这个"企业的宰相",但就算是最普通的管理者,也一定要让自己具备容忍的雅量。要知道,"顺我者昌,逆我者亡"是霸者的思维模式,而用霸者的思维去做管理,注定无法长治久安。

(一)管理者要有容人的雅量

美国某公司的一位高级主管由于一时大意给公司造成了高达600万美元的经济损失。为此,他内心感到十分紧张害怕,担心自己会因此被公司辞退并惹上官司,第二天,公司董事长把这位主管叫到了办公室,通知他被调任到其他同等重要的新职位上。

对于董事长的这个安排,这位主管感到十分意外,于是忍不住地问:"我犯了这么大的错误,您为什么不把我开除或者是降职呢?"董事长听完以后,笑了笑说:"如果我那样做,岂不是在你身上白花了那600万美元的学费吗?!"这句出人意料的话,让这位主管产生了巨大的动力,于是他下定决心一定要努力工作,为公司贡献自己的所有力量。

后来,这位主管果然用自己惊人的毅力和过人的智慧为该公司创造了巨大的利益。

人非圣贤,孰能无过?面对下属犯下的错误,领导者是坦然面对、一笑了之,还是大发脾气、将他炒鱿鱼,是区分一个领导者优秀与否的重要标准之一。很多时候,前者都能给下属一个改正自身错误的机会,让下属知道自己究竟错在什么地方了,以便以后引以为戒。

宋太宗时期,有一位名叫孔守正的人因对朝廷立有大功,因而被封为殿前都虞候。一天,他和同为武将的王荣一起在北陪园侍奉宋太宗酒宴。由于二人都是性格豪爽之人,在酒宴上你一杯我一杯,大声谈论着彼此战场上的英雄事迹。

没过多久,孔守正就喝得醉醺醺的了,于是就和王荣在宋太宗面前争论起各自的功劳大小。两个人越吵越生气,越吵越大声,甚至毫不顾忌在场的宋太宗,完全忘记了作为臣子的礼节和本分。这种情况下,侍臣就奏请太宗将二人抓起来送到吏部治罪。太宗没有同意,只是下令将二人送回府去。第二天,二人酒醒了以后,回想到自己在太宗面前的失礼,惊慌不已,便赶忙前往大殿向宋太宗请罪,宋太宗笑着说:"朕昨天也喝醉了,完全想不起来还有这些事情了。"二人顿时感激万分,发誓以后会更加努力地为朝廷效力。文武百官听闻此事以后,也纷纷佩服并感念宋太宗的宽容之心。

很显然,作为一个国家的最高统治者,宋太宗在面对两个臣子酒醉之后在自己面前争功的事情,心里肯定会不高兴,但是当二人酒醒以后跑来请罪时又假意说自己也喝醉了。宋太宗的这个做法就很高明,不仅保住了朝廷的体面,同时也让二人得到了警醒,可谓一举两得。

另外,通过这个故事我们还可以得出一个结论:当好一个明君实非易事,要想成功地驾驭文武百官,没有过人的度量是无法控制整个局面,获得成功的。同样的道理,一个优秀的领导者只有具备了这样的胸怀,才能担当起权衡整个大局的责任。

邓小平曾经说过这么一句话:"事情成败的关键就是能不能发现人才,能不能用人才。"一个企业的领导如果能做到容人容事,那么对于被"包容"的人来说,就会产生出一种被尊重感,也容易激发出"不干出一番成绩就难以报答"的想法。

作为一个领导者,只有全面、客观地去看待一个人,宽容下属的缺点,善于发挥下属的优点,才能最大限度地调动下属的工作积极性,从而激发他们的创造力,为公司的发展做出努力。

天空收容每一片云彩,不管它们的美丑,所以天空广阔无比;高山收容每一块石头,不管它们的大小形态,所以高山无限壮观;大海收容每一滴水滴,不管是否清浊,所以大海一望无际。这些就是对"包容"一词最有力、最好的解释。包容不仅是一种境界,更是一种精神,是需要一定的底蕴。如果说领导者的工作是一门艺术的话,那么容人容事的雅量就是打开这扇艺术大门的万能钥匙。

(二)让比你强的人为你所用

一次董事会上,奥格尔维给每一位董事发了一个玩具娃娃,并十分严肃地对大家说:

"请各位打开看一看,这个玩具就代表着你们自己。"当董事们纷纷打开自己的玩具娃娃时,非常惊奇地发现里面还有一个小一号的玩具娃娃;打开这个小的,发现里面还有一个更小的……最后一个玩具娃娃上面放着奥格尔维写的一张字条:"如果你一直都只是任用比你水平低的人,那么我们的公司将会沦为一个侏儒公司。相反,如果你任用比你水平高的人,那么我们的公司将会成长为一个巨人公司。"

后来,奥格尔维就将这句话作为自己的座右铭,并时时用来激励着自己和下属们。

在职场上,我们时常会发现这样一种现象:一些有才能的人都比较恃才傲物,让管理者感到费心费力。同时,那些有才能的人又会让有些管理者感到自身地位的岌岌可危。这个时候,作为一名管理者,就一定要具有能容得下比自己能力强的下属的心胸。

作为企业的管理者,就算你的下属能力比你强,你也要有勇气去承认和接受这个事实。因为,说不定哪一天他就会成为你的领导。可是当他还是你的下属时,你就应该明白该如何去利用和发挥他的能力。另外,那些有能力的人之所以还是下属,就说明他们自身还有所欠缺,或者只是单方面的能力比较强,综合能力还有待提高,等等。既然如此,一个精明的领导就应该懂得如何去充分利用能力比自己强的下属。

李经理正在办公室里阅读下属们提交的提案,看完过后心里感到很不是滋味。"为什么自己就做不出如此好的提案呢?"他反复地问着自己。这原本只是再非常普通不过的事情了,可是李经理难以释怀,甚至还在心中幻想自己的位置会被下属所取代。在这种心理的作祟下,他把下属这个非常好的提案给否决了。

其实,像李经理的这种做法在现实生活中并不少见。这种由于忌妒而产生的破坏性行为,其实是自我信心不足和心胸狭隘的一种表现。如果长此以往,事情必定会走向一个恶性循环。而心胸开阔地去接受别人的成功,是作为一个管理者首先应该具备的素质。这个世上,没有人能够做到什么事情都比别人强,能让能力比你强的人为你所用,岂不是更为高明的人吗?

楚汉相争,楚霸王项羽的兵力要远远多于刘邦,可最终却是刘邦统一了天下。之后,刘邦在洛阳大摆庆功宴,他在宴席上曾说过这样一句话:"夫运筹于帷幄之中,决胜于千里之外,吾不如子房;镇国家、抚百姓、给馈饷、不绝粮道,吾不如萧何;连百万之军,战必胜,攻必取,吾不如韩信。此三者,皆大杰也。吾能用之,此所以取天下也。项羽有一范增而不能用,此所以为我所擒也。"

从这段话中，我们可以看出，刘邦在管理及用人方面所表现出来的大智慧，他深知自己在很多方面都比不上自己的下级。他之所以可以打败强大的楚霸王项羽而一统天下，就是因为他懂得重用一些在某方面能力比自己更强的人，而刚好是这一点，刘邦表现出了一个领导者最值得他人称颂的品格和能力。

其实，在企业中，管理者承认自己的下属比自己能力强并不是一件丢人的事情，因为发现和培养人才是管理力度的一个重要表现。作为一个管理者，你可以不必事事都懂，只要你懂得管理技巧，让各方面能力强的下属来帮你完成工作，那么你就是成功的。但是，要想做到这点，你还须注意以下几点：

首先，作为企业的管理者，可以给那些能力比较强的下属多安排一些极富挑战性的工作，这样一来，就能充分调动他们的工作积极性，并在最大程度上发挥他们的潜力。

其次，当管理者遇到一些能力强但喜欢自作主张的下属，可以多制定一些制度去约束他们，多和他们保持沟通交流，以达成某些工作上的共识。

最后，如果管理者遇到一些下属因为能力强而过分张扬，从而遭到其他下属反感的情况时，不妨采用鼓励培养的方法，善意巧妙地去帮助他们改正自身的这个缺点，使团队形成团结合作、积极进取的良好氛围，如此才能培养出更多优秀的人才。

懂得用欣赏的眼光去看待能力强的下属，并允许下属偶尔犯些错误的管理者，才能让企业更富有创造力和吸引力，并最终达到成功的顶峰。

（三）就算是“一山”，也要能容得下“二虎”

相传在日本的北海道生活着一种名叫鳗鱼的珍贵鱼种。这种鱼之所以极其珍贵，是因为它们的数量少，并且很难存活。一旦离开海洋，无论你用什么样的方式去饲养，它们都会在半天内死亡。但是人们还是想要购买活鳗鱼，哪怕活鳗鱼的价格要远远高于死鳗鱼。

在这种情况下，渔人终于想出了一个很好的应对办法，就是在捕捉到鳗鱼的时候，同时再捕捉几条它们的死敌——一种被当地人称为“狗鱼”的鱼种，并把它们和鳗鱼放在同一个鱼舱里面。结果令人惊奇的是，原本毫无生气的鳗鱼，因为“狗鱼”的出现顿时变得活跃了起来。在这种无形的竞争当中，鳗鱼离开大海后的寿命也得到了延长。

这个小故事告诉我们，在残酷的食物链世界里，鳗鱼和狗鱼就相当于“二虎”。可是

在同一个鱼舱的“一山”之下，它们并没有两败俱伤，反而产生了“双赢”的局面。

不是一直说一山容不下二虎吗？不是说同行之间就是冤家吗？其实道理很简单，就像一句经典的话所说的那样：一个人想要走过一片广阔的草原是很艰难的，可是如果是两个人结伴，哪怕是彼此关系恶劣的两个人一起搀扶着走完大草原，也会容易简单许多。

日常生活中，我们常常会看到很多类似于这样的现象，例如，饮料行业的可口可乐和百事可乐之间；鞋业的阿迪达斯和耐克之间；化妆品行业的联合利华和宝洁之间；家用电器行业的海信和海尔之间，等等。这些品牌之间不仅彼此激烈竞争着，同时还相互依存着，就如同一枚硬币的正反面一样，对立统一，缺一不可。

但是在现实中，有的企业的领导似乎无法容忍下属的威望和能力超过自己，这些“小气”的领导们认为“一山不能容二虎”。他们会认为有这样的下属存在是对他们的领导权威和职位的一种挑战和威胁，所以就会把对方当成是敌人进行排挤和对立。结果可想而知，不是有一方要离开，就是落得个各自惨败的结局，严重的还会导致整个团队的人心涣散，自己的声誉受损。

其实，作为一个企业的领导，他的最终目标是要带领整个团队走向成功，而他所应该做的事情实际上是确定工作方向，并帮助下属做好他们相对应的工作，然后再给予下属们一定的支持。只有下属把工作顺利地完成了，领导才能算是成功了。由此可见，领导不仅不应该随意地发号施令，反而需要得到下属们的帮助。

法国足球队曾经矛盾不断。其中，前锋球员亨利和中场球员齐达内之间的矛盾最为激烈。正所谓“一山容不下二虎”，每当这两个人同时在球场上出现时，其他的球员就会感到十分为难。虽然表面上亨利还是十分尊敬齐达内这个前辈，但在心里，他却根本看不起齐达内。亨利认为齐达内根本没有能力担任法国足球队的领袖，还称法国队之所以表现不好就是因为齐达内的低迷状态。

对于球场上存在两个核心人物，亨利觉得非常不满：“我和齐达内的位置根本不冲突，可是我也不得不承认，只要他在场，我就会被迫地过分靠前，这样就会限制我的发挥。”经过统计，亨利在国家队的进球，基本上都和齐达内没有任何关系。对于这样的情况，齐达内也深知自己的尴尬处境。

2006年，亨利在接受媒体访问的时候曾经说过：“我们现在面临着世界杯预选赛的重要任务，这个时候一定要有一个真正靠得住的领袖才行。”亨利所说的“靠得住的领袖”其实说的就是自己。他很早就想让整个球队去围绕他设置战术,而不再是去围绕齐达内。

然而,就在2006年的世界杯赛场上,正当所有人都认为矛盾不断的法国足球队根本走不了多远的时候,奇迹出现了,法国队成功战胜了巴西队。而制胜的关键,就是齐达内妙传和亨利射门之间的完美配合。用解说员的话:"他们俩太了解对方了!"进球之后的亨利激动地跑向了齐达内,两个人紧紧地拥抱在一起。

更令人感到神奇的是,在接下来的法国对葡萄牙大战中,亨利和齐达内之间又有了一次合作。亨利为法国队获得了点球,而站在罚球点上的正是齐达内。很明显,亨利和齐达内之间的矛盾已经成功化解了。最后,齐达内成功地射入了点球。

亨利和齐达内之间的巧妙配合,让法国队再次走向了巅峰时期。谁说一山容不下二虎?这不,齐达内和亨利就向所有人做出了一个很好的模范。

事实上,这个道理在商业世界中也是一样的,只有强强联合,才能把事情做得更好。不仅如此,作为一个领导还要学会把目光放得长远一些,就算是"一山",也要容得下"二虎",甚至是更多。只要能够管理好这些能力强的下属并实现强强联手的合作,就一定能够带领整个企业走向更好的发展道路。

(四)饶恕下属的无理冒犯

有一位禅师非常喜欢养兰花,对自己精心栽种的一架子兰花简直到了痴迷的态度。有一天,这位禅师要外出一段时间,临走前叮嘱弟子们要小心照看这些兰花,可是其中一名弟子无意中踢翻了禅师的一架兰花,这下整个寺院的人都吓坏了,大家都非常害怕禅师回来以后会大发怒火。后来,禅师回到寺院,发现自己心爱的兰花都被摔坏了。一旁的弟子们以为禅师肯定会惩罚他们,可是,禅师不但没有生气,反而和颜悦色地告诉弟子:"我种这些兰花,是为了修身养性,而不是为了生气才去种植的啊!"

禅师的这番话令人深思,很有饶恕的艺术。生活中,如果为了一些小事情便生气动怒,实在是得不偿失。更何况,饶恕不应该只是一时的行为,而应该当成是一种永久的习惯、一种人生的态度。只有懂得了饶恕别人,才会获得真正的快乐。

我们可以再来看另外一个经典小故事。

三国时期的蜀国,在诸葛亮去世以后就把国家朝政交给蒋琬去主持。蒋琬有一位名叫杨戏的下属,性格十分孤僻,不喜与人交谈。每次蒋琬在和他说话的时候,他也只是回应一声。其他人看不惯杨戏的这种态度,就去蒋琬面前告状:“杨戏这个人居然敢对您如此怠慢,实在是太过分了!”

蒋琬听过后只是坦然一笑,说:“这个世人的每个人都有自己的脾气,如果让杨戏当我的面说一些夸赞我的话,那并非是他的性格;如果让他当着众人的面说一些有损我的话,那他也会觉得我面子上过不去。所以,他就只好只应不答了。其实,这也正是他难能可贵的优点啊。”

后来,就有人称赞蒋琬的度量是“宰相肚里能撑船”。

其实在很多企业中,我们常常会看到一些刚刚走进社会、年轻气盛的下属们,他们总会有意无意地冲撞到自己的领导。有的领导在被下属冲撞以后会大发脾气,甚至还会故意给对方“穿小鞋”,度量如此小的人,又如何能掌握好自己的下属们,笼络他们的人心呢?

作为一个领导,如果下属无意中做错了某件违背你意思的事情,或者是打乱了你的工作计划,如果你不懂得妥善地去处理,无法容忍别人无心的过错,只会一味地发火,那么就只会让对方的负面情绪加剧,从而导致整个局面变得越来越糟糕,再不然就是对方为此怀恨在心,为以后的相处埋下了隐患。

当然,饶恕也是一门讲究艺术的学问。历史上的明君,大多都深知这其中的道理,他们要么礼贤下士,积极听取别人的建议,要么勇于听取他人的批评,不会因此对他们加以惩罚。如果遇到破坏自己心情的事情,即便会有所不快,可想到大局,考虑到应该以事业为重的时候,就会把心中暂时的不快给丢弃。然而,饶恕下属的冒犯有的时候却是说起来容易,做起来难,不弄明白饶恕的艺术学问,还真的不行。

汉文帝时,袁盎曾经担任过吴王刘濞的丞相一职,他门下的一个从史和他的侍妾私通。袁盎知道了以后,并没有对外宣扬,而是假装并不知道这件事。可是有人却用这件事恐吓那个从史,从史惊恐之余就跑了。袁盎得知这个消息以后,不但亲自带人把他给追了回来,同时还把那名侍妾赐给了他,并且还如同往常一样待他。

汉景帝时,袁盎被封为太常,并奉命出使吴国。这个时候,吴王正在策划叛国事宜,想要趁机把袁盎杀掉。于是,就派了上百个人包围了袁盎的住所,袁盎对这件事没有丝毫察觉。刚好那个从史在围守袁盎的军队中担任校尉司马,所以就买了很多好酒好菜,将这些围守的士兵给全部灌醉了。从史趁机进入袁盎的房间,把他喊醒,并让他赶紧逃走。袁盎非常好奇来人的行为，于是就问道："你为什么要冒着生命危险来救我呢?"从史回答："我就是之前那个和你侍妾私通，被你饶恕的从史啊!"袁盎恍然大悟，连夜逃离了吴国。

其实，救了袁盎的不是别人，正是他自己当年的"饶恕"呀!

但是，需要注意的一点是，在职场中，领导对下属不能没有宽容和忍让之心，但也不能一味地去宽容和忍让，不去给予一定的惩罚和警示。作为一名领导，要在该说道理的时候说道理，要在该严肃批评的时候给予批评，而不应该用宽容和忍耐作为借口，纵容自己下属的行为，否则就会像东郭先生一样，有可能会被自己救下来的狼给伤害，只有如此，才能成为一个优秀的领导者。

（五）善待下属的谎言

1961年的一天，贝克和许多情绪激动的记者一起在大厅里要求政府做出参议员活动的有关解释。这个时候，约翰逊忽然拉住贝克的手臂将他带到了自己的办公室。"我一直在找你，你一定是最了解这里情况的记者，如果不是我，肯尼迪是不可能在这里通过'十诫'立法案的……"在之后的谈话中，约翰逊表示自己是贝克的忠实读者。

约翰逊一边和贝克说话，一边在一张纸条上写着什么，并且还喊来了秘书，把纸条递给了他。秘书出去没多久，就又回来把纸条交给约翰逊。在接下来的一段时间里，约翰逊对贝克进行了大量的赞扬，让贝克感到十分意外。

后来，贝克才了解到，这位副总统交给秘书的纸条上面写着："我是在和谁说话?"再后来，贝克成了约翰逊总统竞选中的最得力助手。

约翰逊用一个谎言就解决了彼此的矛盾，甚至还成了工作上的亲密伙伴。如果说撒谎是一种管理手段的话，那么这种管理手段在我国古代的经典管理案例中可以说是数之不尽，例如曹操、刘备都是善于说谎的高手。优秀的管理者要善于处理下属所说出来的谎言。

当管理者在面临下属说出来的谎言时，首先要弄清楚这个谎言的缘由和造成的结果，很多时候，下属撒谎很有可能是有一些工作中的难言之隐。所谓"觉人之诈而不行于色者，其乐无穷"。善待下属的一些谎言，也是管理者所要具备的能力之一，允许下属在一些无害的情况下说谎，其实也体现了一个管理者的度量。

有人曾经问过淘金工，要如何才能获得金子？淘金工回答："金子就在那里，只要你把沙子去掉，剩下的就全都是金子。"这个回答很有些"禅"的意味，它向我们说明了在日常生活中求真求善的最佳方法和途径。

有这么一句西方谚语："当真理还在穿鞋的时候，谎言早就已经跑得很远了。"

在企业中，一个成熟而又理性的管理者会用一种平常的心态去看待下属的谎言，不管对方是为了什么目的说出来的，他都知道，所有的谎言在说出来的时候都是有原因的。当一个人在特殊的情境里说谎，那也是情有可原的。因而，他会去坦然面对这一切，并且还会保持一颗清醒的大脑，不被谎言所迷惑。

我们不妨先来看一个故事。

一天，老洛克菲勒先生在家中和小孙子玩得非常开心，小孙子兴奋地跑来跑去。老洛克菲勒把小孙子抱到了窗台上面，然后鼓励小孙子从窗台往下跳，当孩子跳下来的时候，老洛克菲勒接住了他，然后就又一次把小孙子抱到了窗台上，并再次鼓励他往下跳，还仍然伸手做出了接住他的举动。小孙子有了上次的经验，觉得爷爷会在下面接，就跳了下来。可是这一次，老洛克菲勒却突然缩回了双手，小孙子毫无意外地摔在了地板上面，痛得大哭了起来。

这个时候，一位客人刚好从一旁路过，看到了这个情形，非常惊讶，就走向前去询问老洛克菲勒为什么要这样对待自己的小孙子。

老洛克菲勒笑了笑说："我就是要让他从小就明白，任何人的话都不可以轻易去相信，哪怕是他的爷爷。"

老洛克菲勒先生把自己纵横商家所得出的为人处世之道用这种方法表达出来，实在是令人既惊讶又佩服。

很多时候，能够把谎言当成是日常生活中的一个重要组成部分去正视它，可能还会在一定程度上给予我们自身保护。作为一名管理者，明知下属在说谎，也要先弄清楚对方究竟是在什么样的情境下才去说这个谎，并用一颗包容的心去对待和处理这些或有意或无意的谎言。但是，对于那些恶意的谎言，一定要及时地加以制止，否则，就会给企业带去难以估计的损失。

（六）得理而饶人更易征服下属

清朝康熙年间，宰相张英和一位姓吴的侍郎都是安徽桐城人。两家是公用一道墙的邻居，都打算修建府第，可是吴家先把两家公用的一面墙给拆了去，并且还侵占了张家的宅基地一尺，张家自然不肯吃亏，争吵在所难免。

为此，张老夫人就急忙写信给远在京城的张英，要求他出面给自家解决。张英收到信后，提笔在信中作了一首诗："千里家书只为墙，让他三尺又何妨？万里长城今犹在，不见当年秦始皇。"张老夫人收到回信，明白了其中的道理，于是就主动将自家的院墙向后撤了3尺，吴家羞愧难当，也将自家院墙向后撤了3尺。

这样一来，张家和吴家之间的院墙之间就形成了一道6尺宽的巷道。成了有名的"六尺巷"。本来各不相让的两家，转眼间你敬我让，从而成就了一段千古美谈。

俗话说，冤冤相报何时了，得饶人处且饶人。这是一种宽容，一种博大的胸怀，一种不拘小节的潇洒，一种伟大的仁慈。从古至今，宽容被人们奉为做人的重要准则和信念，甚至还成了中华民族传统美德的一部分。

然而在现实生活中，总有那么一些人常常会为了一些芝麻大的小事争得你死我活，谁都不肯示弱，以致大打出手，造成了很坏的后果，从而导致无法收场。等到事后彼此冷静下来回想一番，才发现如果自己当时能够稍微忍让一下，彼此也就会相安无事了。实际上，有理的人越是表现得谦让有礼，就越能显示出他胸襟坦荡、令人钦佩。

实际工作中，当领导者在和下属之间发生争论已经到了一触即发的时候，占理的领导者应该有"得饶人处且饶人"的气度，千万不要穷追猛打，把下属逼人死角。因为如此一来，反而会将彼此的矛盾冲突进一步扩大。当然，饶人也是要讲究语言艺术的，这就是在顾全彼此颜面和尊严的情况下达成妥协的局面。

美国著名的钢铁大王查尔斯·史考勃在一次午休时间路过自己钢铁厂的一个角落时，发现有几个工人在抽烟，而就在他们旁边竖立着一块写有"禁止吸烟"的大牌子。史考勃想了一下，就面带微笑地朝着吸烟者们走了过去，并十分友好地分发给他们几根雪茄，然后幽默地说："各位先生，如果你们可以在外面把这些雪茄抽掉，那我将会感激不尽。"转眼间，几名吸烟的工人就把烟火给掐灭了，并一脸歉疚地对史考勃表示感谢。

你看，当史考勃发现自己的工人在严禁吸烟的地方吸烟，并没有对他们采取责骂或

者惩罚的方式,而是运用了充满人情味的方法让他的下属乐于接受自己的批评。在这个小故事中,钢铁大王史考勃可以说是占住了一个理字,可是他不仅没有得理不饶人,反而做出了让步,结果就是他的工人不但主动改正了自己的错误而且还对他感激涕零。

在我们的日常工作中,常常可以看到有些领导者在批评下属的时候很有些"得理不饶人"的感觉,好像不把对方说得连连认错就不肯放手,结果就导致受到批评的下属不是不当一回事,就是口服心不服,满脸不开心,把心中的怨气带到工作中。

就算是在下属做错事的情况下,领导者也要懂得给对方留一点儿余地,给对方一个台阶下,如此一来,下属就会因你的宽容大度而感动。

那么,作为一个领导者应该怎样才能做到得理饶人呢?

首先,要有一颗宽容的心。每个人都喜欢和心胸宽广的人交往,讨厌和心胸狭窄的人为伍。得理不饶人的领导者在和别人交往的时候非常喜欢斤斤计较,就算是一件很小的事情,他也会说个没完没了。这样的领导也许会让下属感到害怕,但难免会受到下属们背地里的责骂。

其次,要给予一定的理解。懂得理解别人的领导者在人际交往中往往更具有人格魅力,下属都喜欢和这类人交往,而不愿意和那些胡搅蛮缠的领导者打交道。

最后,要学会点到为止。如果下属不小心犯了错误,领导在进行批评和惩罚的时候一定要讲究方式方法,懂得适可而止。如果领导者一直不依不饶,没完没了,完全不顾及下属的颜面和尊严,就很容易引起大家的公愤。就算领导者很得理,也要懂得适可而止。

总的来说,得理不饶人的人常常会给人留下一种没有度量、胡搅蛮缠的坏印象,严重的还有可能会引起大家的公愤,从而遭到大家的排挤。相反,懂得得理饶人不仅可以体现出一种宽容的美德,同时还能体现出宽广的心胸和良好的涵养。所以说,领导者在和下属交往的时候一定要懂得宽容和理解,把握好尺度,从而获得下属的尊敬和拥戴。

(七)给犯错的员工一个改过的机会

报纸上有这么一篇报道:某超市的一名员工,因为在上班时间吃了超市一个价值一元钱的鸡蛋,就被所在的超市给开除了,另外还被罚款1000元。

看到这样的报道,我们不禁愕然,这样的惩罚会不会太过严厉了点儿?不就是一块钱的鸡蛋吗?有必要做出如此大的惩罚吗?人非圣贤,孰能无过?可能在超市看来,今天敢偷鸡蛋,明天不知道还会偷些什么。开除、罚款只是为了杀鸡做猴。的确,这其中并非没有道理。

但是,如果超市能够做到宽容对待这件事,那么,偷吃者在感到羞愧之外,更多的必将是感激和反省。惩罚是可以让其他人感到畏惧的,但是不一定就会让人心服口服。另外,在惩罚的前提下,如果还有其他员工再犯下错误时,必定会死不认账。如此一来,不但没有起到以儆效尤的作用,反而给管理带来诸多不便。

有一次,著名的发明大王爱迪生和他的助手们在实验室里连续工作了24个小时,最终制作出了一个电灯泡。

紧接着,爱迪生就让一名年轻的学徒把这个电灯泡拿到楼上的另外一个实验室里。这名学徒拿着灯泡,十分小心地走在楼梯上,就怕一不小心将这个新发明给摔坏了。可他越是这样去想,心里就越是紧张,手也开始忍不住地哆嗦了起来,当他快要走完楼梯的时候,电灯泡还是被摔在了地上。

对此,爱迪生并没有对他加以责怪。没过几天,爱迪生和他的助手们又花了24个小时制作出一个电灯泡。制作出来以后,爱迪生不假思索地将把它交给了之前把灯泡摔坏的那名学徒手中,让他仍然送到楼上的实验室里。这一次,这个学徒成功地完成了爱迪生交给他的任务。

后来,就有人问爱迪生:“原谅他就可以了,为什么还要把灯泡交给他呢?万一他又摔坏了怎么办?”爱迪生笑了笑说:“每个人都有犯错的时候,我们要给他加以改正的机会。”

同样的道理,作为一个领导者如果可以适时地宽容下属犯下的过错,并激励他们加以改正,那么就会激发他们对企业的忠诚和创造力。

其实,当领导者在面临下属犯下的一些错误和失误时,如果只是采取惩罚的手段,不仅解决不了问题,反而会让问题变得更加严重,不如采取宽容的态度去面对下属犯下的错误,如此才是领导者管理的上上策。

春秋时期,楚国国内大乱。战乱平息以后,楚庄王设宴庆祝,楚庄王最为宠幸的许姬也参加了这场宴会。宴会进行到一半的时候,忽然刮起了一场大风,吹灭了所有的蜡烛。这个时候,许姬突然感到在黑暗中有人在拉扯她的衣服,就一把将那个人头盔上的璎珞给扯了下来,然后对楚庄王说:“大王,刚刚有人想趁乱非礼臣妾,等重新点亮蜡烛就知道是谁了。"楚庄王小声地说:"酒后失礼只是一时冲动,今天的庆功宴会怎么能因此扫兴呢?你不要把这件事放在心上。"紧接着又大声地宣布:"今天晚上各位一定要尽兴而归,现在请大家把头盔上的璎珞都拔掉。"

3 年之后,晋国侵犯楚国,楚军中出现了一位英勇无敌的将领,他带领百名士兵把楚庄王从乱军中给救了出来,同时恳请出任先锋一职,带领士兵英勇杀敌,致使晋国大败。这名年轻的将领就是当年宴会上轻薄许姬而差点儿被杀的人——唐狡。

那位将军一时酒后冲动,一旦楚庄王加以追究的话,将军一定会因此受到惩罚。这样一来,不仅会让宴会变得一团糟,而且还会令众将士寒心。楚庄王只是把责任归结到客观因素上面,从而保全了将军的颜面以及性命,并用宽容的态度激发了将军戴罪立功的心,后来不顾自身性命立下大功。

人生在世,不可能不犯错误。当下属犯下错误的时候,是坦然以对还是大发怒火,是区分领导者优秀和平庸的一个重要的标志。前者大多会以博大的胸怀宽容下属的错误,并给予他们进行改正的机会。

只有宽容下属无意犯下的错误,才可以达到解决问题的真正目的。给予下属宽容的态度,不但可以让下属的心灵得到安慰,更为重要的就是可以让下属从中汲取到经验教训;如果只是一味地加以训斥和惩罚,反而会让下属感到恐惧,甚至还会产生出抗拒逆反的心理。

宽容和安慰下属犯下的过错,是拉近彼此距离的最有效办法,可以赢得下属的尊敬和拥护。宽容,不仅可以有效地调动下属的积极性,挖掘他们的潜能,同时还可以增强下属们的凝聚力。当然,宽容并不等同于纵容,宽容是用一种善意的方式去改正别人的错误,并用一颗真诚的心去帮助他们发展,而纵容却是一种不负责任的放任行为。懂得用一颗宽容的心态去面对下属,是一种睿智的表现,这种度量必将会赢得事业的蓬勃发展。

总之,管理者在面对下属的错误时,不妨采取人性化的管理,给犯错者一个改过自新的机会。毕竟,知错能改,善莫大焉。

(八)没有必要抓住下属的小辫子不放

《郁离子》中记载着这样一个故事:赵国有个人家中老鼠众多。给生活带去了很多麻烦,于是这个人就到中山国要了一只猫回来。这只从中山国要回来的猫非常会捉老鼠,可是也非常喜欢咬鸡,一段时间以后,赵国人家中的老鼠被捉完了,但家中的鸡也同时被那只猫给全咬死了。

赵国人的儿子见此就跑去问他的父亲:“我们为什么不把这只猫给赶走呢?”言下之意就是这只猫虽然消灭了家中的老鼠但也让家中蒙受了损失。赵国人回答说:“这你就不明白了,我们家最大的麻烦是老鼠,而不是有没有鸡。有了老鼠,它们就会偷吃我们的粮食、咬坏我们的衣物、毁坏我们的生活用具,如此一来,我们就会没有东西吃,没有衣服穿,没有地方住,不消灭这些老鼠怎么行呢?没有鸡顶多没有鸡肉吃,可是要是赶走了猫,就会给我们带来很多麻烦,所以,我们怎么可以把猫赶走呢?”

通过这个故事,我们了解到这样一个道理:任何事情都会有它好的和不好的一面,但是我们应该去看事情积极的一面。赵国人深知猫的作用要大于猫所造成的损失,所以不会把猫赶走。同样的道理,日常生活中也会有像赵国人的猫那样的人,他们所做出的贡献远比他们身上的缺点和所做的错事多得多。如果只是一味地去抓着别人的缺点和问题不放,那又如何能发挥出人才的主动积极性呢?

古人把不拘泥小节看作是一个人能否成就大事的关键,他们提倡的是要胸怀大局,不纠缠于一些小细节,注重人的才能,并非是他的缺点。能够宽容别人的缺点和过错,不因为人才有哪一方面的缺点就弃用。《列子·杨朱》就曾讲道:“要办大事的人不计较小事;成大功业的人,不追究琐事。”

同样在处理事情的时候,如果只是一味地去强调小细节,不懂得抓住问题的关键去处理工作,不明白从哪里下手去做才是正确的就不能妥善地解决问题。所以不管是在用人方面还是做事方面,都应该抓住重点,不要为了一点小事情而妨碍到整个全局的发展。要懂得“金无足赤,人无完人”的道理,既然要用的是一个人的才能,而非是他的过失,那么干嘛还要总是抓着别人的小辫子不放呢?

安德鲁·卡内基刚从英格兰来到美国的时候,只是一名临时工,但是他后来却成了美国最大的钢铁制造商。曾经有一段时间,有43位百万富翁为他努力地工作。在那个年代,100万美元可是一笔巨大的财富,就算是在今天也是很大一笔钱。

对此,有人曾问卡内基,他究竟是如何待人的?

卡内基回答:“待人就像是挖金子,如果你想要挖出一盎司的金子,就要先挖出成吨的泥土。然而你要找的并不是泥土,而是金子。”他关注的重点其实只有金子。

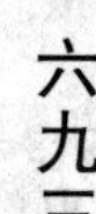

“如果你打算在人和事中寻找缺点和错误，你会找到很多。可是我们要找的是金子，所以要找出每一个人积极的一面。”

同样的道理，作为企业的领导，要能做到宰相肚里能撑船，要学会容忍下属的过错。因为任何人都会有犯错的时候，不应该总是抓着下属的小辫子不放，抓得多了，难免会伤害到下属的自尊心，不利于公司的团结。

下属如果有错，当领导的批评一下就可以了，要适时地给对方一个台阶下，千万不要做得过分，失去了对方的信任。下属和领导之间想要达成共识，就必须坦诚以对，齐心才能做到齐力。但是领导要是一直抓着下属的小辫子不放，就很容易激怒下属，并给企业造成一定的损失。

改容聽講
宋仁宗
孫奭
馮元
王曾

改容听讲[①]

【历史背景】

宋仁宗赵祯12岁登基，宰相王曾认为仁宗刚刚即位，应该亲近儒师，勤读书，以涵养圣德。于是请皇上临御崇政殿西阁，召侍讲学士孙奭、直学士冯元为仁宗讲解《论语》。开始的时候仁宗和他们约定，在双日进殿讲学，后来仁宗考虑到做学问不能间断，于是每天都召侍臣为其讲读。

【原文】

宋史纪：仁宗[②]初年，宰相王曾[③]，以帝初即位，宜近师儒，乃请御崇政殿西阁，召侍讲学士孙奭[④]、直学士冯元[⑤]讲《论语》。初诏双日御经筵。自是虽只日，亦召侍臣讲读。帝在经筵，或左右瞻瞩，及容体不正，奭即拱立不讲。帝为竦然改听。

【张居正解】

宋史上记，仁宗初年，宰相王曾以帝新即位，当亲近师儒之官，读书勤学，以涵养圣德。乃请临御崇政殿西阁，召侍讲学士孙奭、直学士冯元进讲《论语》。起初，定以双日御筵，后来以学问不宜间断，虽是单日也召侍臣讲读。帝在经筵讲读时，或偶然左右观看别处，或容体少有不端，孙奭即端拱而立，停住不讲。盖恐帝心不在书上，虽讲无益也。仁宗见爽这等诚恳，那怠惰的意思，即时收敛，为之悚然改听。

夫仁宗天资本是粹美，又有贤宰相辅导向学，当时讲官复尽心开发，一些不肯放过。仁宗能敬信而听从之。所以养成盛德，恭俭仁恕，始终如一，而为有宋一代之贤君也。

【注释】

①此篇见于《宋史·孙奭传》。《宋朝事实类苑·祖宗圣训》。记述宋仁宗御经筵稍有失神,立即改容听讲。

②仁宗:赵祯(1010~1063),1022~1063在位。初名受益。在位时辽夏屡次进犯。对西夏以岁币,对辽增纳税以求和。致北宋形成积贫积弱局面。但史称“恭俭仁恕”,能“屈己爱民”,乃从一定角度比较而言。

③王曾(978~1038):字孝先,青州益都(今属山东)人。景祐二年,拜右仆射,兼门下侍郎、平章事,集贤殿大学士,封沂国公。

④孙奭(962~1033):字宗古,博州博平(今山东茌平西)人。初以经术进,守道自处。仁宗即位,召为翰林侍讲学士,知审官院,判国子监,龙图阁学士。每讲论至前世乱君亡国,必反复规讽。

⑤冯元:翰林学士兼龙图阁学士。乾兴元年仁宗初御经筵,时任侍讲,曾讲《论语》《老子》并参与同修国史。尤精于《易》,与孙奭俱名大儒。

【译文】

宋代史书上记载:宋仁宗即位初年,宰相王曾,认为皇上刚刚即位,应当接近儒师。就请皇上至崇政殿西阁,召侍讲学士孙奭、直学士冯元讲《论语》。起初令双日开经筵。此后,单日也召侍臣讲读。皇上在经筵上,有时左右瞻看,或态度不够端正。孙奭就拱手而立,不再讲课,皇上马上肃然改变过来,注意听讲。

【评议】

史载,宋仁宗即位初年,宰相王曾认为皇上刚刚即位应当接近深明儒学的讲官,提高学问,就把皇上请到崇政殿西阁,召孙奭、冯元二位学士讲《论语》。起初定双日开讲,后来为了皇帝能日日精进,索性单日子也安排了学士进讲。皇帝在听讲时间长了时,便眼神左顾右盼,身子坐不安稳,心不在焉。这时候孙奭就会拱手起立,停止不讲。皇上注意

到后马上肃然改正，专心听讲。

天下的制度规范，就是儒家所说的“礼”，君守君之礼，臣守臣之礼，民守民之礼，当天下的人都安于自己的礼了，那么天下也就太平了。孙奭拱手站立，停止讲授以提醒仁宗，是守其臣礼；宋仁宗“悚然改听”是守其君礼。君臣守礼，讲经论道，涵养德性，规范行操，国家当以之为幸。

【拓展阅读】

仁宗赵祯

宋仁宗名叫赵祯，是真宗赵恒的第六子，宋王朝的第四位皇帝。他生性宽厚，以仁治国，在位41年，百姓不知兵革。仁宗一朝，是知识分子最活跃的时期之一，也是文学艺术的黄金时代。他有心改革弊政，却以失败告终。总体来说，仁宗还是一个勤政爱民的好皇帝。

狸猫换太子之谜

仁宗生于大中祥符三年（1010年），初名赵受益，被册立为太子后，才改名为赵祯。他是真宗的第六个儿子，不过真宗的其他儿子都夭折了，所以他就成了独子，也成了皇位的唯一继承人。赵祯出生时，真宗已经40多岁了。他老来得子，欣喜异常，将赵祯视为掌上明珠。天禧二年（1018年）八月，真宗下诏立年仅9岁的赵祯为太子。九月，他又为赵祯举行了隆重的皇太子册封礼，可见他对儿子的宠爱。赵祯生性宽仁，为人深沉内敛，又天资聪颖，勤奋好学，的确没有辜负父亲的期望。

赵祯的生母李氏，乃是真宗的皇后刘氏宫中的侍女。她被真宗看中，后来生下了儿子赵祯。不料在真宗的默许下，刚刚出生的赵祯就被刘皇后据为己有。李氏眼睁睁得看着儿子被抢，却不敢流露任何不满，怕给自己和儿子带来灾难。所以赵祯就一直由刘皇后抚养长大，他根本不知道自己的生母是李氏。刘皇后对赵祯视若己出，对李氏也比较厚待。后来李氏被封为宸妃，但不久就病故了。直到刘皇后病故，赵祯的身世才被公开。

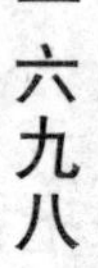

这件事在历代皇宫中并不算稀奇，不料它在民间流传一段时间后就变了样。清末小说《三侠五义》中描述道：宋真宗的两个妃子刘氏和李氏同时怀孕。刘氏为了争做正宫娘娘，勾结宦官郭槐，用一只剥皮的狸猫换走了李氏产下的婴儿，并污蔑李氏生下妖孽。真宗震怒，将李氏打入冷宫，并立刘氏为皇后。不料后来刘氏之子夭折，李氏之子几经波折最后做了皇帝，就是仁宗。此事在包拯的查探下，真相大白。刘氏畏罪自杀，仁宗与已经双目失明的生母李氏相认。这就是家喻户晓的"狸猫换太子"，不过它始终只是虚构的故事。

刘皇后虽不是小说中那个阴险狠毒的女人，但也确实很有心计。真宗晚年，对朝政已经不太关心。太子册立后，他就干脆避居深宫，整日沉湎于丹鼎，对政事完全不管了，刘皇后就逐渐揽权干政。乾兴元年(1022 年)二月，真宗驾崩，13 岁的太子赵祯继位，即宋仁宗，次年改元天圣。

仁宗即位后，尊刘氏为皇太后，军国大事都与刘太后一起处理。皇帝年幼，所以真正掌权的就是刘太后，仁宗成了有名无实的傀儡。刘太后揽权 12 年，却没有做出任何政绩，她宠信的大臣丁谓、吕夷简、晏殊等人，都只会讨好太后，没有治国之才。太后不仅专政，还处处约束仁宗。仁宗 15 岁时，刘太后为他挑选了几个出身世家的女子为妃。仁宗喜欢其中的张氏女，可最后却只能册立太后中意的郭氏为皇后。仁宗虽然对太后日渐不满，却也没有办法，只好将精力放到读书练字上。仁宗喜欢练习飞白书，也就是草篆，这是汉代的大文豪蔡邕所创。仁宗花费了不少精力练字，也很有成效，他的飞白书体势遒劲有力，在宋朝皇帝中，堪称翘楚。

酒色之君增贡求和

明道二年(1033 年)三月，刘太后病逝，24 岁的仁宗才开始亲政。不过他根本没有成熟的施政方针，只是随心所欲地做皇帝。他一上台，就立即罢免了刘太后的宠臣吕夷简、晏殊等人。这年十二月，旱灾蝗灾频发，仁宗就派右司谏范仲淹前去赈灾。范仲淹是北宋的名臣，他因赈灾有功，很快就受到仁宗的器重。不过他回京不久，就遇上仁宗废后之事。郭皇后是当年刘太后做主册立的，仁宗一直不喜，就以郭氏无子为由，将她废黜。范仲淹因劝阻仁宗废后，被贬到外地为官，而擅长逢迎拍马的吕夷简等人又回到朝中。仁宗废了郭皇后，就专宠美人杨氏和尚氏等人。此后他日日笙歌，逐渐不理政事了。尚氏等人竟然在后宫以“教旨”发号施令,干涉朝政,而仁宗此时也因纵欲过度病倒了。群臣忧心如焚,纷纷上书请皇上整肃后宫,皇太妃杨氏也从旁劝说,仁宗这才逐渐醒悟。景祐元年(1034年)九月,他册封前朝功臣、号称宋朝第一良将的曹彬的孙女曹氏为皇后,这才平息了后宫争乱。

仁宗荒唐了一段时间后,才真正有了点勤政的想法。不过他还没来得及做什么,边境就出了问题。宋朝西北的党项政权势力日益强大,天圣十年(1032年),党项首领李德明去世,他的儿子李元昊继位,从此党项就进入了快速发展时期。景祐五年(1038年)十月,李元昊正式称帝,建国号为大夏,即西夏。次年正月,李元昊派人出使宋朝,要求宋朝承认西夏政权,却遭到了宋廷的拒绝。二月,李元昊就带兵入侵保安军(今陕西志丹县),宋与西夏的战事正式爆发。仁宗慌得六神无主,不过最后还是明智地任主战大臣韩琦为陕西方面的统帅,韩琦又举荐了范仲淹驻守宋朝西部重镇延州(今陕西延安)。在韩琦、范仲淹等人的努力下,终于打退了西夏军。

宋军刚刚小有战绩,仁宗却又自作聪明,他派人潜入西夏,挑起西夏内讧,想坐收渔翁之利。此举惹怒了西夏皇帝李元昊,庆历二年(1042年)九月,西夏再次派出重兵侵宋,宋军在定川(今宁夏固原西北)惨败,西夏军直抵渭州(今甘肃平凉),一路烧杀劫掠,百姓深受其害。仁宗只好求和,不料李元昊根本不答应。直到庆历四年(1044年),辽国进攻西夏,李元昊为了联宋抗辽,才答应了宋朝的求和,表示愿意继续称臣,不过同时也向宋索要巨额“岁赐”。这年十月,宋与西夏达成和约:夏对宋保持名义上称臣,宋册封李元昊为夏国主,每年“赐”夏绢13万匹、银5万两、茶2万斤。宋夏议和后,辽国也趁火打劫,最后将原来的“岁贡”银绢各增加了10万才罢休。宋与夏、辽议和,又损失了巨额的财物,这些都转嫁成了百姓的沉重负担。

文人逢盛世新政如昙花

仁宗执政没有什么大的政绩,不过他为政宽仁,知人善任,提拔了一大批贤士,这也是他能安安稳稳做40多年皇帝的重要原因。北宋一朝的文人地位都很高,朝廷官员中文官也占据了很大的比重,文人的黄金时代就是在仁宗时期。著名的唐宋八大散文家中,“宋六家”为欧阳修、王安石、苏洵、苏轼、苏辙和曾巩,他们都生活在仁宗时期;宋代名臣范仲淹、文彦博、王安石、司马光、包拯、梅尧臣、李觏、狄青等都在仁宗时期留下了灿烂辉煌的印记。仁宗一朝，既有欧阳修倡导的轰轰烈烈的“北宋诗文革新运动”，也有范仲淹领导的大张旗鼓地政治改革“庆历新政”。

仁宗时期是宋朝文化科技的全盛期。宋词是中华文明的精华，它在仁宗时期大放异彩，既有苏轼等人的落拓不羁，也有欧阳修、柳永等人的浅酌低吟，豪放派与婉约派并展风采，这在历朝文坛都少有。仁宗时期的进士沈括是位博学多才的大科学家，他精通天文、历法、物理、数学、医学和音乐等，他最重要的发明就是用于航海的指南针。他的著作《梦溪笔谈》是一份宝贵的科学遗产，其中还记载了仁宗庆历年间平民毕昇发明活字印刷术的事。这一时期，曾公亮、丁度等人还编纂了《武经总要》一书，火药用为武器就是首先记载于此书，从此世界就由冷兵器时代进入了热兵器时代。中国古代的几大发明中，活字印刷术、火药和指南针都出现于仁宗时期，它们把整个世界推向了近代化。这时还出现了世界上最早的纸币“交子”，交子最初是商人们为了外出方便，将大量货币转为存款或取款凭据。天圣元年（1023 年），政府就设益州交子务，这就是“官交子”。纸币的产生，正是经济繁荣的体现，也是货币史的一大进步。历史上将仁宗时期称为“仁宗盛治”。

仁宗一生节俭，勤政爱民，他贤于纳谏，善于用人，所以他执政几十年政局都比较稳定。但是仁宗的“仁”，如果宽仁过度就成了弊端。仁宗效仿唐太宗广开仕路，每届科举录取数千人，“殿试不黜落”也成了定例。这样，大批的士人进入了官僚队伍，而被罢黜或裁汰的官员又很少，官员只增不减，结果仁宗执政 40 多年，宋朝官员的数量增加了一倍以上。为了防御西夏，仁宗又不断扩充军队，结果军员从真宗时期的 40 万增加到 80 多万人。这么多的官员兵士都要花钱来养，就导致严重的财政危机。为了缓解财政紧张，仁宗又加重赋税，加上土地兼并日益严重，贫富分化加剧，社会矛盾就更加尖锐了。

范仲淹等有识之士就主张变法图强，他们请求仁宗裁汰冗员，厉行节俭。庆历三年（1043 年）九月，范仲淹上疏《答手诏条陈十事》，提出了 10 项以整顿吏治为中心的改革主张，即明黜陟、抑侥幸、精贡举、择官长、均公田、厚农桑、修武备、减徭役、覃恩信、重命令等。仁宗采纳了范仲淹等人的建议，然后以诏令的形式来推行这些主张，号称“新政”，史称“庆历新政”。

不过推行新政必然会损害豪强贵族们的利益，朝中的守旧派都强烈反对新政，他们污蔑范仲淹、富弼等改革派为“朋党”，并将朝政搅得混乱不堪。仁宗对新政的信心也逐渐动摇了，加上各地不时爆发农民起义，有些地方还发生了蝗灾，仁宗就认为这些都是推行新政所致。于是他就向反对派妥协,而将改革派领袖范仲淹、欧阳修等人都贬黜到外地。庆历五年(1045年)初,昙花一现的新政就结束了,此后宋朝积贫积弱的局面就完全形成了。

朝野惊变无子而终

庆历新政失败后,宋朝爆发了一次大规模的起义。庆历七年(1047年)十一月,贝州(今河北清河)宣毅军在王则的领导下起义。王则自称东平郡王,建国号安阳,改元得圣,公开打出反宋的旗号。仁宗费了很大的精力才将起义镇压下去。庆历八年(1048年)闰正月,皇宫中又发生了宫廷卫士之乱。一日夜里,仁宗宿于曹皇后宫中。崇政侍卫官颜秀、郭逵等人,趁着夜色杀死守宫校卫,闯入了仁宗的寝宫。仁宗吓得披衣就逃,幸亏曹皇后比较镇静,拦住仁宗,并关紧门窗,然后急呼侍卫前来护驾。最后侍卫们都赶来了,才将颜秀等人杀死。事后,皇城司和内侍省的大部分官员都被革了职,许多涉嫌与颜秀等勾结的宫女和宦官也被处死了。仁宗还心有余悸,又命人砍掉宫中所有临近屋檐的大树,并重新修缮宫墙和殿门,还在前宫后殿都养了狗,才稍感安心。

除了这些事,还有一件大事一直困扰仁宗。仁宗13岁即位,15岁就立了皇后,此后40来年,宫中美人无数,可惜后宫三千却无人为他留下子嗣,即使有出生的也都早早夭折了。仁宗一直为无后苦恼,直到嘉祐七年(1062年),他才无奈地册立养子赵宗实为皇太子。赵宗实是宋太宗的曾孙,仁宗的堂侄,后改名为赵曙,也是后来的宋英宗。太子确立后,仁宗心里放下了一块大石头,也轻松了不少,他就过起了舞文弄墨的清闲日子。不料好景不长,嘉祐八年(1063年)三月,仁宗就病逝了,终年54岁。他死后葬于河南永昭陵,谥号"明孝皇帝",庙号"仁宗"。他在位41年,是两宋皇帝中享国最长的。他一生没有做过轰轰烈烈的大事,却为各种人才提供了展示的舞台;他没有改变宋朝衰弱的趋势,却以"仁"广得人心,流芳千载。

【镜鉴】

一、以学习完善自我

成功,取决于人的能力;而能力,则取决于人的学习。不断学习知识,正是成功的奥秘。

世界在飞速变化，新情况、新问题层出不穷，要想适应不断发展变化的客观世界，就必须努力做到终生学习。

终生学习，是不断完善和发展自我的必由之路。只有善于学习、终生学习的人，才能具备高能力，才能够赢得灿烂的未来。

（一）只有不断学习，才能跟上时代的步伐

在知识经济的时代，如果你有资金，但缺乏知识，没有最新的信息.你越拼搏，失败的可能性越大；反之，则有可能获得成功。

“吾生也有涯，而知也无涯”，当今时代，知识更新的速度大大加快，实践无止境，学习也无止境。我们要适应不断发展变化的客观世界，就必须把学习从单纯的求知变为生活的方式，把学习作为一生的追求，实现终身学习。

人的一生都是宝贵的，都是学习知识、受教育的时间。可能有人认为，过了宝贵的青年时期，就失去了读书学习的时机，到了晚年就更不可能学习什么东西了。实际上，学习的时间要靠自己把握和积累，哪怕只是利用自己一些空闲的时间，哪怕你已经人到中年，你也一样可以弥补年轻时的遗憾，甚至获得意想不到的成就。只有不断更新自己的知识结构，才可能不断提升自己。

汉·刘向《说苑·建本》中，晋平公向盲乐师师旷问道：“我年龄七十，想要学习，恐怕已经晚了。”

“怎么不点燃蜡烛呢？”师旷回答说。

“哪有做臣子的戏弄君王的呢？”晋平公说。

“盲臣怎么敢戏弄自己的君王呢？我听说这样的事，少年时喜欢学习，如同早晨的阳光；壮年时喜欢学习，如同中午的阳光；老年时喜欢学习，如同点燃蜡烛的光亮。点燃蜡烛之明和昏昧地行动相比较怎么样呢？”师旷说。

“说得好啊！”晋平公说。

现代生活变化迅速，节奏加快，要求我们必须抱定这样的信念：活到老，学到老。因此，造就并保持全体成员的学习能力，通过不断的学习使领导者和追随者不断掌握新的知识和技能，是领导者的第一选择。在这里，“学习”的意思并非是传统意义上获取更多

的咨询或用多少时间将团队成员集中在一起传播知识，而是培养、造就一种如何在复杂社会中灵活应变、实现团队目标的适应能力。美国一位管理大师认为："未来唯一持久的优势是，比你的竞争对手学习得更好、更快。"在竞争日益激烈的今天，领导者面临更新观念、提高技能的挑战，因此需要不断学习，终生学习，通过不断的学习以不断超越自我，以使团队、公司获得长效可持续发展的重要砝码。

有位记者曾问亚洲富豪李嘉诚："李先生，您成功靠什么？"李嘉诚毫不犹豫地回答："靠学习，不断地学习。"不断地学习知识，是李嘉诚成功的奥秘。

李嘉诚勤于自学，在任何情况下都不忘记读书。青年时打工期间，他坚持"抢学"，创业期间坚持"抢学"，经营自己的"商业王国"期间，仍孜孜不倦地学习。李嘉诚一天工作十多个小时，仍然坚持学英语。早在办塑料厂时就专门聘请一位私人教师每天早晨7点30分上课，上完课再去上班，天天如此。当年，懂英文的华人在香港社会很少。懂得英文，使李嘉诚可以直接飞往英美，参加各种展销会，谈生意可直接与外籍投资顾问、银行的高层打交道。如今，李嘉诚已年逾古稀，仍爱书如命，坚持不断地读书学习。

李嘉诚说："在知识经济的时代里，如果你有资金，但缺乏知识，没有最新的信息，你越拼搏，失败的可能性越大；反之，则有可能获得成功。现在跟数十年前相比，知识和资金在通往成功的道路上所起的作用完全不同。"

成功，取决于人的能力；而能力，则取决于人的学习。不断学习知识，正是成功的奥秘。一切事物随着岁月的流逝都会不断失去价值，人们赖以生存的知识、技能也一样会失去价值。只有持续学习，才能不断获得新知，增长才干，跟上时代的步伐。

(二)知识储备越充足，成功的机会越大

一个成功的人，必须掌握广博的知识，要多读书、多学习、多思考。具有丰富知识和经验的人，比只有一种知识和经验的人更容易产生新的联想和独到的见解。

一个只发展了某一方面单一能力的人，不是一个真正的成功人士；一个没有接受过良好的教育、没有丰富知识的领导，也谈不上是一个真正成功的领导。无论掌握哪一种知识，对工作都是有用的，知识能够扩大你的视野，通过潜移默化的作用，提升你的思维能力，增强你的分析能力，强化你的决断能力。

就拿我们所熟知的西点军校来说吧，西点军校教育的内容纷繁复杂，不仅使学生打

下足够坚实的军事知识基础，而且普通教育也同样优秀，在美国享有盛名。

西点军校的每个毕业生都必修32门核心课程，以构成广泛的知识基础。虽然学习课程广泛，但他们每一门学科的研习却并不是泛泛的，要达到相当的深度。比如选修经济学学科的学生，除了公共必修的32门课程以外，还要学习宏观经济学、微观经济学、国际经济学、比较经济体制、计量经济学导论、财政制度与金融理论、财政管理基础、财政与投资管理、财政会计学、工程经济学、国家安全经济学等。

知识就是力量，知识也是使人的精神变得勇敢的最好途径。全面而充足的知识储备、理论的知识与实际经验的密切结合，使得西点毕业生到战场上以后能够得心应手，进入社会各界也都能迅速适应。

一个成功的人，必须掌握广博的知识，要多读书、多学习、多思考。具有丰富知识和经验的人，比只有一种知识和经验的人更容易产生新的联想和独到的见解。自身的知识越充足，成功的机会就越大。

机遇对于任何人都是平等的，想要成为一个成功者，就要不断进取，学会捕捉机遇。机遇有时只能靠等待，在遇到这种情况的时候，烦躁不安是没有用处的，最好利用这种时候加强修炼、充实自我。在等待中积累力量，一旦时机到来，便可一把抓住。

像大多数年轻人一样，安德烈在刚进工厂时对于工作漫不经心，直到他的父亲对他说："你不可能在没有付出的情况下就得到你想要的一切。"于是，安德烈开始反思了。他开始细心观察工厂的生产情形，甚至不计辛苦地向一些老技术工人去讨教。他了解到，一部汽车由零件到装配出厂，大约要经过13个部门的合作，而每一个部门的工作性质都不相同。他当时就想：既然自己想在汽车制造这一行做出点成就，必须要对汽车的全部制造过程都能有深刻的了解。于是，他主动要求从最基层的杂工做起。杂工是制造厂里最苦最累的工种，哪里有零星工作就要到哪里去。安德烈没有被吓倒，他一直牢记父亲的话，没有付出就不会有得到。通过这项工作，安德烈和工厂的各部门都有接触，对各部门的工作性质也有了了解。工作不久，他就把制椅垫的手艺学会了。

后来，他又申请调到点焊部、车身部、喷漆部、车床部去工作。不到五年的时间，他几乎把这个厂的各部门工作都做过了。

现在安德烈懂得各种零件的制造情形，也能分辨零件的优劣，厂里没有任何一个工人能够像他一样。这一切自然没有逃过老板的眼睛，顺理成章地，安德烈被提升为车间领班。他的任劳任怨、不计得失的精神被大家普遍认可,最终成了这家制造厂的副总裁。

机遇对每一个人都是公平的,不存在厚此薄彼的问题,关键是一个人面对机遇究竟能不能真正把握住。聪明的人总是一方面从事手头的工作,一方面注意捕捉着取得突破或成功的时机,当时机没有成熟的时候,他积蓄力量或者寻找出路,一旦时机成熟就顺应形势或潮流,促成自己的事业达到顶峰。

比别人多付出一分,就意味着比别人多积累一分资本,意味着比别人多创造一次成功的机会……它也许就会改变你的一生。只有进行优势积累,才能得到机遇的青睐。美国篮球名将乔丹对此深有体会,他说:"机会是为有准备的人而准备的。抓紧所有的时间,让力量发挥到极致,那些斑斓多彩的机会,就会一个个来到这些人面前。"

机遇无处不在,关键是看你能否把握住它。偶然的机会只对那些勤奋工作的人才有意义。无论是过去、现在或是将来,最有希望的成功者,并不是天生出众的人,而是那些既善于抓住机遇,又善于创造机遇的人。成功的秘密在于,当机遇来临的时候,你已经做好了把握住它的准备。时刻准备着,当机会来临时你就成功了。

(三)唯有虚心学习,才能掌握未来

无论在何时何地,每一个现代人都不要忘记给自己充电。尤其是在竞争激烈的工商业界,每个人必须随时充实自己、积攒雄厚的实力,否则便会被竞争淘汰。

随着社会的发展,知识的作用愈加重要。知识能够扩大你的视野,提升你的思维能力,增强你的分析能力,强化你的决断能力。在这个知识日新月异、网络信息技术被普遍应用的时代,你如果不每天学习、不断充电,那么很快你就会落伍。

因此,无论在何时何地,每一个现代人都不要忘记给自己充电。尤其是在竞争激烈的工商业界,每个人必须随时充实自己、积攒雄厚的实力,否则便会被竞争淘汰。

日本三洋电机公司创始人井植,14岁进松下电器公司当学徒。他的志向是成为松下老板那样的企业家,并愿意为这个志向付出十倍辛苦。白天,他认认真真地干好本职工作,任劳任怨,一丝不苟。晚上或工休日,当别的学徒玩耍时,他去附近的学校补习知识,为将来出人头地准备条件。由于他的工作业绩和个人素质都优于别人,19岁即被任命为厂长,并还步升迁到制造部长的高位。后来他又与自己的两位兄长合伙,创办了今日名扬天下的三洋电机公司。

停止了学习,也就停止了发展。只有把学习和生活融为一体,使学习成为自身发展的必然需要,在学习中不断发展,才能从一个台阶迈向另一个更高的台阶,才能从成功走向卓越。

大多数人从学校毕业后,进了社会就失去了进修之心,这种人以后是不会再有什么进步的。反之,学生时代即使不显眼,但步入社会后仍然勤勉踏实地学习知识的人,往往都会有长足的进步。一张文凭的“保鲜期”能有几年?随着知识更新速度的不断加快,在一些高新技术领域,今天学到的知识明天就会被“刷新”。所以,我们要把握生命的每分每秒,把学习当成终生的事业来做。

“24—16—8”工作制,是三洋电机公司的领导者井植喊出的一个口号。他认为,董事以上的干部要具备24小时都为公司着想的觉悟,甚至晚上做梦也要做公司的梦。对一般管理干部,则要求每天为公司干16小时.除了晚上睡觉做梦可以悉听尊便外,其他时间都必须思考公司的工作。至于一般员工,则要求工作8小时,只要上班时间考虑工作就可以了。但是,如果他们只满足于此,没有为公司工作16小时的念头或更多打算,那么他们只能永远是一个普通员工。否则,他们必须在工作之余多学习、多思考。

井植作为三洋公司的总经理,言传身教,身体力行着三洋公司“造就他人.塑造自己”的经营理念。他经常出差,无法出席公司的重要会议。但他让人把会议过程全都录下来,回来后听录音。除此之外,他还把公司的各种演讲活动、教育中心的各类讲座都录下来,随时听阅、学习。除了各种录音资料外,他还剪报。有一次,一位记者看到他成堆的剪报资料后说:“下次我要查资料,就上您这儿来,这儿比图书馆还要方便齐全。”

他通过自己的实际努力启发公司干部处处注意培养自己的工作能力。这是人才培养的一个重要环节,也是“欲善人,先律己”的经营思想的另一种反映。

为了在当今竞争激烈的商界中胜出,领导者要让自己的专业技能随时保持在巅峰的状态。为此,你得对自己的技能层次时时保持警觉,并且探寻能够让你的专业技能更上一层楼的机会。通过阅读、聆听、训练以吸取新的经验。不论是在领导界生涯的哪个阶段,学习的脚步都不要稍有停歇。

“人,若是能养成每天读10分钟书的习惯,20年后,必判若两人。”耶鲁大学的一位校长说,“在各行各业做事的人,无论是商业界、交通界还是实业界,都这样对我说,他们最需要的人才是大学学院培养的、能善于选择书本、能活用书本知识的青年,而这种善用书本、活用书本能力的最初培养，最重要的是在家庭中，尤其是在那些具备各类书籍的家庭中。”

这也正是像张瑞敏这样一流的领导者们之所以在飞机上都坚持读书的根源。读书，是更新知识的一条有效途径。

每个人在一生中都会经历无数次改变，生活的改变、工作的改变，只有那些不断提升自己、塑造自己的人才能适应种种变化，才不会被生活抛弃，才会迅速成长。一位将军深信：“没有哪个人可以永远独占鳌头，在瞬息万变的世界里头，唯有虚心学习的人才能够掌握未来。”

(四)学习力就是竞争力，不学习就没有竞争力

成功的领导者无一不受益于学习，在外部环境相同的条件下，爱学习的人思想更成熟，考虑问题更全面。面对困难时能够用知识、智慧去解决。

一个人改变自己命运的方法当然有很多，但最终还是离不开自己素质的提高，尤其是文化素质的提高，因为现在的社会竞争就是知识的竞争，没有知识的人只能甘拜下风。一个人只有不断地学习、不断地进取，才能获得新知识，增长新才干，获得新的成功。

微软公司的长期稳健发展，很大程度上得益于比尔·盖茨能够及时了解公司为实现新的发展还需做哪些事情，他是快速学习方面的高手；弗雷德里克·史密斯是另一个典型，他的许多次经历向世人展示了其快速学习的能力，使得联邦快递公司从一个竞争激烈的领域中脱颖而出；路易斯·郭士纳是一位才思敏捷的领导者，他的学识使得IBM免于重大错误决策将会带来的灾难性后果。快速学习必须成为领导者的一种习惯，才能不断取得成功。

成功的领导者无一不受益于学习，在外部环境相同的条件下，爱学习的人思想更成熟，考虑问题更全面，面对困难时能够用知识、智慧去解决。

“汽车大王”福特在少年时代，曾在一家机械商店当店员，虽然周薪只有2.05美元，但他每周却要花2.03美元来买机械方面的书，从不间断。当他结婚时，除了一大堆五花八门的机械杂志和书籍，他没有任何其他值钱的东西。然而就是这些书籍，使福特向他梦想已久的机械世界不断迈进，最终开创出了一番大事业。功成名就之后，福特说道：“对年轻人而言，学得将来赚钱所必需的知识与技能，远比蓄财来得重要。”

学习是人类生存与发展的推动力。人不是生而知之的,而是学而知之的,知识和能力不是天上掉下来的,而是从学习和实践中得来的。领导人最重要的能力是什么?是学习能力,领导人的竞争力就表现在不断地学习上。我们处在一个激励竞争的时代,具备“比他人学得快的能力”是领导人唯一能保持的竞争优势。

后来成为美国著名军事理论家的丹尼斯·马汉进入西点军校后,一直如饥似渴地学习,他严格要求自己,成绩一直较好。1827年,陆军部批准马汉出国到了巴黎,主要目的就是获取有关美国和平建设时期所需的工程技术方面的情报。在法国的梅茨学习期间,他说:“尽管陆军部没有给我下达其他任务,然而我自己却要在一年内完成两年的课程。”马汉一刻不停地研究,撰写教材。

1837年,马汉正式出版了他的《土木工程学》,立即得到社会的承认,被称作是美国土木工程领域的最佳教科书。随后,马汉一直孜孜不倦地讲学和著书立说。1874年,他出版了《前哨》,充分体现了他的军事天才。在此书中,马汉提出了闪电战的理论。一位没有见过汽车、飞机,对无线电、电视等通信设施一无所知的人,竟然有这些理论预想,真是难能可贵。

如果不继续学习,就无法使自己适应急剧变化的时代,就会有被淘汰的危险。可以说,学习能力是一切能力之母。西点军校的一位上尉说:“吸取教训,继续向前迈进,这种终生学习的持续过程将是你在这个瞬息万变的环境中的立足之本。”

在未来的世界经济发展格局中,经济的社会形态将普遍走向知识化,“知识经济”必将成为21世纪世界经济的大趋势和基本特征。在知识经济背景下,一个国家或组织的战略竞争优势集中体现在能够敏捷和持续地进行“学习”的能力和机制上。一些突发性、难以预料的事件,这些都远远超出了领导者个人的预测能力和掌控能力。一个企业要想在激烈的变革竞争中谋求生存和发展,就要首先提高自身的创新和学习能力。

在科学技术飞速发展的今天,竞争力的核心,已经发展为学习能力的竞争。信息更新周期已经大大缩短,危机每天都会伴随在我们左右。只有如饥似渴地去学习、学习、再学习,才能使自己丰富和深刻起来,才能赢得灿烂的明天和成功的未来。

(五)卓越的管理才能需要通过训练获得

作为一名领导者,只有对艰苦和严格的训练习以为常,在困难面前才能够尽职尽责。

成功从来不是从被迫吃苦而来，而是从自我训练而来。

“给我任何一个人，只要不是精神病人，我都能把他训练成一个优秀的人才。”西点军校的一位校长如是说。西点人相信，并不是只有少数人天生具有管理的特质，而是每个学员都具有成为优秀者的潜力。西点军校精英训练营始终不渝地坚信每一个学员都能成为优秀的管理者，并且为此而躬行不辍。

即使领袖人物有一定的天分和才能，他也需要靠后天的努力。诚如一位组织理论学家所说：“一个天生的好主管，其实是具有一些自然禀赋的，但他必须通过实践、学习和经验把这些自然禀赋发展为成熟的技巧。”玉不琢不成器，同样的道理，人不经过良好的教育培训，即使有再好的天资也会被埋没。很多管理者都是从底层做起的，世界上没有人天生就具有管理才能，可以掌管大局、处乱不惊，但卓越的管理才能可以通过训练获得。

艾森豪威尔没有想到，他一进入西点军校就受到了严酷的“兽营磨炼”。最让他难以忍受的是高年级学员随意发出的指令。在炎热的阳光下，口令声声：“挺胸！收腹！再挺一些！下巴往里收！动作要快！快！”简直令人无法忍受，但又必须忍受。好在艾森豪威尔目标远大，知道西点正在培养“真正军人的品质”。思想上的认同和准备，使艾森豪威尔进入第二个月训练后，就不再感到过分吃力了。

格兰特初到西点军校学习时，觉得自己简直成了一台机器，在教官和校规的控制下行动，连思考的时间都没有，完全没有自由。许多同学忍不住了，牢骚满腹，而格兰特却把这种磨炼视为一种锻炼。在艰苦的军校生活面前，他经常鼓励自己：艰苦是成功与胜利的关键。

西点军校从来不怀疑“兽营”的价值。“兽营”对人的折磨和不合常理训练的最终结果，不仅使人能驾驭时间，而且能在受到极端压力的情况下，迅速做出决定，积极采取行动。

这样培养出来的学员不仅有专业的特长，还有广泛的社会知识，掌握基本的军事技能，具备强健的体魄，其综合素质和能力强于同龄人。每个西点军校的新学员都必须在“兽营”里受煎熬，找窍门适应“兽营”的环境，否则就待不下来。没有其他哪一所院校会将其学生置于这种压力之下。结果，留下来地成了精英，成了不只具有高智商、高知识水平，而且是具有能够适应各种艰苦考验的人。

作为一名领导者，只有对艰苦和严格的训练习以为常，在困难面前才能够尽职尽责。

成功从来不是从被迫吃苦而来的,而是从自我训练而来的。无论谁,要想有所作为,刻苦是必不可少的。任何人,不管他的天资如何好,成绩多么大,只要停止了刻苦努力就不能继续进步;今天不刻苦,明天就要被时代所抛弃。

克罗克一出生,就与一个本来可以发大财的时代擦肩而过——向西部淘金的运动结束了。而正当他准备上大学时,又迎来了1931年的美国经济大萧条。他不得不顺从囊中羞涩的现实,辍学去搞房地产。可房地产生意刚有起色,第二次世界大战又打起来了。人们都只顾逃命,哪有心思买房?于是房价急转直下,克罗克又是竹篮打水一场空。这以后,他到处求职,曾做过急救车司机、钢琴演奏员和搅拌器推销员。但似乎一切都不顺,不幸几乎就没离开过克罗克。

尽管如此,克罗克仍是热情不减,执着追求,毫不气馁。1955年,在外面闯荡了半辈子的他空手回到了老家。在卖掉了家里的一份小产业后,克罗克开始做生意。这时,他发现迪克·麦当劳和迈克·麦当劳开办的汽车餐厅生意十分红火。经过一段时间的观察,他确认这种行业很有发展前途。当时克罗克已经52岁了,对于多数人来说这正是准备退休的年龄,可这位门外汉却决心从头做起,到这家餐厅打工,学做汉堡包。后来,他毫不犹豫地借债270万美元买下了麦氏兄弟的餐厅。经过几十年的苦心经营,麦当劳现在已经成为全球最大的以汉堡包为主食的快餐公司,在国内外拥有7万多家连锁分店,年销售额高达近200亿美元。克罗克也被誉为"汉堡包王"。

刻苦训练使一个人更充实、更崇高,它不仅帮助你获取经验、积累财富,而更重要的是它会影响一个人的内在。帮助你开发自己的能力,更好地利用自己的潜能,成为一个真正的胜利者。一位蝉联三次世界冠军的天才教练有一次说:"任何一位顶天立地、有作为的人,不管怎样,最后他的内心一定会感谢刻苦的工作与训练,他一定会衷心向往训练的机会。"

人生只是短暂的一瞬,生命的弓弦应该是紧绷不松的。生命不息,奋斗不止,应该是每个人生存的原则,要捕捉机遇,就要积极进取,时刻准备着。一个成功者的成功之处就在于他总是比别人多付出一些,比别人多向前迈进一步。不吝惜自己汗水的人,也必将会有丰厚的收获。

二、成为一名杰出的领导者

法国一代领袖拿破仑说过:“只有不成器的将军,没有不成器的士兵。”作为一个从普通军官成为一代领袖的拿破仑认为,一只狮子率领的一群绵羊,可以打败一只绵羊率领的一群狮子。古今中外大量事实表明,在同样的条件下,不同水平和能力的领导者给组织带来的结果完全不同,甚至有着天壤之别。不管是一个企业、一所学校,还是一个国家都是如此。

毫无疑问,对于大多数领导者来说,本意都是想成为一名杰出的领导者的。而如何做才能真正成为一名杰出的领导者呢?这既是一个理论问题,更是一个实践问题。见仁见智,众说纷纭。但任何事物都有其内在规律可探究的,“如何才能成为一名杰出的领导者”这一课题也不例外。简单来讲,一个杰出的领导者一定有一大群的追随者,追随者是杰出领导者必备的基本条件之一;一个杰出的领导者不仅要懂得领导别人,还要明白如何领导自己,学会被别人所领导,被广大群众所领导。这就要求领导者必须具备一些基本特质,必须不断提升自己的人格魅力,还要拥有较强的领导能力,以及熟练掌握一些独特的领导艺术,并且会时刻关注自身形象的塑造和维护。

(一)重视增强自身的影响感召力

领导者的影响感召能力是一名领导者凭借其人格魅力、品性、风格、声望、心理品质、礼仪修养等个人内在与外在素质的综合作用,在一定的条件下,对特定个人或群体而产生的感化影响的能力。领导者的影响感召能力是一种不依靠权力或物质刺激,全凭领导者本人的信仰和人格魅力去影响下属、感化下属、鼓舞下属和领导下属的能力。一般来说,领导者的影响感召能力,主要体现在六种力量上:一是影响的力量,二是亲和的力量,三是激励的力量,四是化解的力量,五是控制的力量,六是行动的力量。那么,领导者的影响感召力又是从何处来的呢?首先,要坚持实事求是的思想路线,诚心诚意为群众谋利益,创一流工作业绩,以成就树立影响感召力;其次,要密切联系群众,全心全意为群众服务,为老百姓办实事,以德政培育影响感召力;再次,要以身作则,廉洁自律,以廉赢得影响感召力;此外,还要重诚信、讲信用、说到做到,以诚信获取影响感召力。

（二）注意塑造自己的领导魅力

我们可以从众多有成就的领导者身上看到一些他们所具有的共同的特性，那就是：①常识；②本职工作的专业知识；③自立；④智能；⑤圆满完成任务的能力；⑥领导统御的能力；⑦明辨是非的能力；⑧创作与发明的能力；⑨自信；⑩口头表达的能力；⑪关心他人；⑫机遇。卡耐基也曾经指出，领导者如果要超越自己、超越他人，取得事业成功的因素总会受到内在和外在因素的制约和影响，而内在因素则主要是个人的素质。事实上，领导者的能力因素主要包括德、才、识、学四个方面。德，实际上就是平常所说的思想素质和伦理道德。才，即才能，是指一个人的才智和能力的总称，它包括智力和技能两大系统。智力系统体现为计算、写作、分析和决策等能力，技能系统则包括雕塑、射击、表演、驾驶等各个方面。识，是指见识，即一个人把握时代前进的方向、驾驭各种环境以及对自己所从事业务领域内那些最能出成果、最难超越他人课题的能力。学，是指各种知识，包括社会科学知识、专业技术知识、文学艺术知识以及书本以外的知识等。非学无以广识。一个人没有学问，就根本没有成为杰出的可能。历史和现实反复告诉人们，杰出的领导者都具有优于常人的四种“力”，它们分别是体力、能力、意志力以及魅力。体力指的是健康的身体与精神，能够承担繁杂巨量的工作压力。能力就是完成一定活动所必需的心理特征，换句话说，就是指那些直接影响活动效率，使活动得以完成的心理特征的总和。杰出的领导者，应具有六种核心能力，即决策能力、组织能力、控制能力、协调能力、创新能力、自我提升能力。意志是为实现某种明确的目的，自觉地计划、组织和调节行动、克服困难的心理活动。良好的意志品质是领导者顺利、有效地进行领导工作的重要保证。领导者良好的意志品质的基本特征包括：高度的自觉性、果断性、顽强性、自制力。魅力是一种吸引力，它来自一个人对自己深刻了解之后而产生的信心，杰出的领导者一定是有魅力的人。而获取这些，都需要一个累积的过程。因此，特别需要领导者坚持不懈地努力。

（三）注重提升自己的领导能力

领导能力的提升不是一种单纯的技巧问题，它是领导干部思维、心理、知识等素质综合作用的结果。只有先认识清楚制约领导能力提升的各种因素，才能找到增强领导能力的途径。而制约领导者领导能力提升的主要因素有六种：

1.权力滥用

这是导致能力降低，甚至完全丧失的主要因素之一。权力滥用表现在：越位侵权、权力独揽等。权力滥用扰乱了正常的工作秩序，会丧失人民群众的支持，影响下属积极性、主动性、创造性的发挥。

2.道德失范

导致其领导能力无从谈起。“德不厚者，不可以使民”。道德失范主要表现在：精神生活空虚颓废、物质生活追求奢华、社会交往庸俗违纪。道德失范必然使领导者丧失政治上的坚定性，必然使领导者丧失表率作用。

3.思维僵化

这会使领导者故步自封、停滞不前。思维僵化表现在：形而上学思维、教条主义思维、单一演绎思维。思想僵化，会导致条条、框框现象增多，会导致照搬照抄现象出现，会促使领导者丧失创新能力。

4.心理失调

这会严重影响领导者的行为方式，并最终制约其领导能力的正常发挥与提升。心理失调主要表现在：嫉妒心理、虚荣心理、狭隘心理。心理失调，会使领导者的健康受到影响，会导致领导者行为异常。

5.情绪失控

这会对领导能力起着制约作用。情绪失控主要表现在：消沉萎靡、喜怒无常、急躁易怒、紧张胆怯。情绪失控，会对领导者的身心造成极大的伤害，会导致领导者的行为偏离正常轨道。

6.知识匮乏

这必然导致领导能力的降低。知识匮乏主要表现在：知识陈旧、知识结构不合理、理论脱离实际。知识匮乏，制约领导能力的产生，导致领导者思维僵化，妨碍领导者整体素质的提高。

很显然，领导能力不是一种单纯的能力，它是领导者思想、知识、思维、心理等素质的综合体现，是一种综合的能力。领导者要提升领导能力要想成为杰出的领导者，就需要用“德馨才茂”的高标准来要求自己，不断加强自身的思想品德素质修养、文化知识素质素养、心理素质修养。只有加强了各方面的素养，领导能力才有可能真正得到提升。

1.要培养高尚的道德品质

领导者只有具有高尚的思想道德品质，才能做到执政为民、立党为公、清正廉洁。主要靠：①坚持理想信念；②坚持实事求是；③坚持党的宗旨；④保持清正廉洁。

2.要构建合理的知识结构

包括：深厚的政治理论知识、精深的专业业务知识、娴熟的领导专业知识、广博的科学文化知识。主要靠：①读书学习是重要途径；②深入实践是必要渠道；

3.锤炼健康的心理素质

领导者只有具有健全的心理素质，才能勇敢地面对来自各方面的挑战，才能沉着地应对形形色色的困难和问题。情绪要正常，意志要坚强，胸襟要开阔，行为要协调，反应要适度，关系要和谐。主要途径：①要全面了解认识自己的心理素质状况；②要正确对待自身存在的心理失调问题；③要运用恰当的方法防止出现心理失调；④运用科学的方法将心理失调现象消灭在萌芽状态。

4.加强社会实践的锻炼

实践是一切真知的最终来源，也是领导者增强领导能力的可靠基础。此外，还需要注意健全科学的制度机制，包括选拔任用、考核评价、教育培养、监督管理机制。

（四）需要熟练掌握独特的领导艺术

众所皆知，领导是一门艺术、一种技巧、一种才能。作为一名杰出的领导者需要熟练掌握独特的领导艺术。一名杰出的领导者的所作所为，应当像骑自行车一样，可以熟练地随心所欲，达到一种自动运作的状态。具体体现在：

1.正确对待自己的权力

权力是力量的源泉。权力是必要的，但不是万能的。权力需要施行，但不能滥用。要培养自己的忠实者，要防止自己被架空，要知道怎样提拔下属，要帮助下属解决实际困难，维持上下级之间的良好关系。要善于控制权力，以影响力为主，权力为辅；先人于前，防患未然；宽严相济，恩威并重；正人正己，身体力行。

2.务必尽责任。职务就是责任

做好领导工作的第一要素是责任心,承担责任是获得尊重的唯一办法。领导者要尽责,就是要有对国家和人民利益高度负责的政治意识,牢记党的宗旨,坚持立党为公、执政为民,忠实履行自己的职责,把对上负责和对下负责统一起来;就是要有居安思危的忧患意识和勤政为民的服务意识;就是要牢记"从群众中来,到群众中去"的群众路线,从根本上解决好工作方法问题。

3.既要敢于决策,又要善于决策

需要有选择最佳方案的决策能力,决策其实就是方案选优;需要有风险决策的精神;要有当机立断的决策魄力。决策要出于公心;要明确自己的职权范围;要做到心中有数,搞好调查研究,运筹规划,缜密决策,深入掌握信息,做到"对上明,对下清,左右灵",善于比较分析,科学论证,以利于速下决心。

4.能够高明授权

高明的授权法是既要下放一定的权力给部下,又不能给他们以重权;既要大胆信任,又要有一定的牵制。择人授权;当众授权;授权有根据;授权后要保持时间的稳定,不要稍有偏差就将权力收回;授权不授责;授权有禁区。

(五)时刻关注自身形象的塑造和维护

形象指的是能引起人的思想和感情活动的具体表象和姿态。人的形象是一个整体,是人的体魄长相、兴趣爱好、性格气质、意志品质、思想境界、道德修养等的结合,是人的内心世界和外部表现的统一。形象很重要,直接关系到个人事业的成败,关系到所领导事业的生存和发展。优秀的自身形象能赢得他人的好感、信赖和支持,赢得上级的赏识,使自己充满自信。一名杰出的领导者,一定要有良好的公众形象。具体反映在:

第一,应具有社会公共管理意识和作风。也就是说,要有信誉意识、公众意识、社会意识、沟通意识、团队意识。

第二,应做到身先士卒、以身作则。率先垂范为领导者的尽职尽责提供了确凿的证据。通过率先垂范,以身作则,并在重要事情上倾注大量时间和精力,领导便能成为人们仿效的榜样。率先垂范的领导会赢得同仁们的全力支持与协助。

第三,应精通业务,用实际成就提升美誉度。熟悉本职工作的任务、范围,有高于下属的业务水平,具有应变能力,并能始终掌握工作的主动权。世上真实的美誉度,一定是靠领导的成就建立并提高的。连续的成功和成就,一定能够促使领导者获得较高的美誉度,从而获得较大的领导力。

第四,应严格自律。身居高位应淡泊名利不事奢华;尊重上下级,既不拍马也不挥棒;公道正派,以公正得人心,以身正得公正;经济上清廉,品德上端正;穿着整齐、清洁、挺括、大方,待人有礼、不卑不亢,谈吐幽默、表情丰富,精神饱满、步伐矫健,胸有城府、勤思善断。诸如此类,都得注意。

受無逸圖

宋仁宗

蔡襄

受无逸图[①]

【历史背景】

《无逸》一书是周公告诫成王的话，大意是要让成王知稼穑之艰难，百姓之疾苦，如此方能勤勉政事，兢兢业业，不敢自安。若能这样才能福祚绵长。书中以商中宗、高宗、祖甲、周太王、王季、文王为效仿的榜样，以商纣王为借鉴，言辞深切读诚恳，对后人有很好的借鉴意义。

【原文】

宋史纪：龙图阁学士孙奭，尝画《书》"无逸"为图以进[②]。上命施于讲读阁。及做"迩英""延义"二阁成，又命蔡襄[③]写"无逸"篇于屏。

【张居正解】

宋史上记，仁宗时，有龙图阁学士孙奭，日侍讲读。每至前代治乱，必反复规讽。尝取《书经》"无逸"篇中所载古帝王勤政恤民的事迹，画作一图，叫作"无逸"图，进上仁宗，欲其知所法也。仁宗喜之，命挂在讲读阁里，日日观览。其后，新造迩英、延义二阁成，又命馆阁校勘蔡襄，把《无逸》一篇写在二阁之屏上，使随处皆得观览。

夫《无逸》一书，乃周公告成王的说话，大意欲成王知稼穑勤政事。兢兢业业，不敢自安。能如此，则福祚绵长。不如此，则寿命短促。因举商中宗、高宗、祖甲[④]、周太王、王季、文王以为法[⑤]，商纣以为戒，其言深切恳至，实万世人言之龟鉴也。仁宗既受孙奭之图，又命蔡襄书之，盖必有味其言矣！则其观后苑之麦、忍中夜之饥，孰非自此书中得来，所以明君以务学为急。

【注释】

①此篇出自《续资治通鉴长编》卷110,仁宗、天圣九年秋七月癸酉。《宋朝事实类苑·祖宗圣训》。记述宋仁宗将“无逸”图书于屏风的故事。

②“无逸”图:《书经·周书》有“无逸”篇,为周公当年戒成王勿贪乐、荒废政事的一篇诰词。以其中故事绘成画图。

③蔡襄(1012~1067):字君谟,兴化仙游(今属福建)人。龙图阁直学士。襄工于书,为当时第一,仁宗尤爱之。以枢密直学士再知福州,闽人刻碑纪德。

④商中宗、高宗、祖甲:指商朝先辈的三代祖宗。

⑤周太王、王季、文王:指周朝建国前的一代先祖。

【译文】

宋代史书上记载:龙图阁学士孙奭,曾画《书经》中《无逸》篇内容为图进献,仁宗命挂在讲读阁中。其后造迩英、延义两阁成,又命蔡襄把《无逸》篇文字写在屏风上。

【评议】

史载,龙图阁学士孙奭曾将《尚书·无逸》篇章中的内容绘作图画进献,仁宗命令将图画挂在讲读阁中。迩英、延义二阁建成后,又命令蔡襄把《无逸》篇中的文字书写在屏风上。

《尚书·无逸》一篇告诫皇帝不能享乐怠惰,教育皇帝要知农事艰难,知百姓疾苦,体现了先秦时期“敬德保民”的民本思想。孙奭将历史上或尊崇贤达、勤政爱民,或独断专行、暴虐诡谲的帝王故事绘成图画,一目了然地让皇帝领受其中的深意,而仁宗也能够领会孙奭的用心,珍惜地把图画置于显著的位置,以时刻提醒自己该仿效何样的君主。仁宗能够体恤臣属的用意,按照贤王明君的标准要求自己,真正把跃然纸上的民本思想贯彻到自己的执政实践中,通过克己为民实现政通人和、天下太平。

【镜鉴】

一、辉煌何以染泪水

——恃权致败

恃权可能成毒饵，聚财也许是辛酸。清代纪晓岚在《阅微草堂笔记》中说："盖天下之患，莫大于有所恃。有所恃，则敢于蹈险。"可惜的是，恃权、恃财、恃术而导致失败者，收藏懊悔者，屡见不鲜矣。

月有阴晴圆缺，常见明暗轮回；人有悲欢离合，谁能永远春风得意？《红楼梦》里王熙凤说："大有大的难处！"难处尽在不言中。

权力具有扩张性、垄断性，既可以用来为民造福，也可以为己谋私。许多哲人把"权力"同金钱、美色比喻成做官的"三大陷阱"。"有权"的工作是一种"高危"职业。带着"捞一把"的心态做官，弄不好就会坐牢。

霍光是汉武帝最信任的武将，秉政20年，打破传统，力排众议，废昏君，立贤德，两次从困境中拯救了汉朝皇室，成为西汉历史发展中的重要人物。霍光死后仅仅3年，其宗族就被灭，不如功劳权势赶不上他的金日磾子孙内侍七世荣华，原因何在？

霍光虽赤胆忠心辅佐汉室，但他的权力太大、太集中而又自恃，霍氏宗族、党羽满朝，威震人主，不明盛极速衰，在权势方面不知收敛。霍光当政时先把外孙女嫁与昭帝为后；昭帝死后，他立的昌邑王刘贺不听话，从昌邑带来数百个官员要安置，霍光便以"社稷为重"的名义将当了27天皇帝的刘贺废掉，将因罪而生活在民间的武帝孙子立为皇帝，将自己的孙女嫁给宣帝为后，从而将宣帝控制在自己手中。

权力可以使人得志，也可能使人受辱。为什么有些人不对此深思，以致有恃无恐，久久不能归期，以至走上不归之路呢？

汉武帝时代的大夫主父偃，起初只是个平庸的官吏，后经大将卫青推荐，得以重用。主父偃把歌女卫子夫献给汉武帝，卫子夫被立为皇后。一年之中主父偃就被提拔了4次。当他掌握大权后，便开始胡作非为。谁要不恭维他，他就整谁。他以生活淫乱为名，逼得燕王自杀。主父偃受贿累至千金，整日花天酒地，骄纵无度，但好景不长。主父偃受宠幸时，家里客人数以千计，死后却没有一个人前来看望，只有一个叫孔车的人前来收葬。

《政鉴》一书说：凡是有宠可恃的人，必然有某种资本，或者和权势人物有特殊关系，或者立过什么大功，或者具有为权势者所赏识的特殊才能。但是官场的事情是三十年河东，三十年河西，有资格施给你恩宠的人是在不断变化的，或者他本人失去权势，你失去了倚恃的靠山，或者他的情趣变化了，喜好转移了，你所倚恃的资本贬值了，你被恩宠也就衰弱了。

东汉时期的权臣窦宪，是后汉章帝窦皇后的哥哥，因窦皇后得宠，窦宪担任了黄门侍郎等要职。窦宪带兵攻打匈奴，建立功勋后，掌握了朝臣大权。

窦氏四侯倚仗皇帝的宠爱、皇后的声威，无所顾忌，在京大修府邸，国库为之空虚，掠人财物，抢劫妇女，强占公主的园林……和帝不满窦宪之跋扈、太后的淫乱，一夜之间将窦氏家族一网打尽。

有的人受任用和宠信，便因此而傲慢、矜夸、奢侈，逞其长又恃所有，说话往往压人一筹，才能不及之处也不虚心弥补，守残抱缺而不知变通，固执一念而不知改革，明知是错误还要强制而行，不觉丑陋却自我感觉良好，一旦失宠失势，对手们合起伙来说坏话，恃宠者不败何待！所以司马迁说："诸侯而骄人则失其国，大夫而傲人则失其家。"可惜有人不悟于此，不鉴于斯。

《资治通鉴》载，李德林辅佐隋文帝杨坚打下了天下。然而李恃其才望，论议好胜，同列多嫉之，虽有佐命元功，10 年不徒级。

为政者应当在事业上有所作为，在品德上注重修养，虽处穷困之境而不失节操，虽居通达之位而不为所欲为，行为举止不逾礼仪，以自己深静和稳重来对待他人的浮躁。特别要注意防止恃权、恃势、恃功、恃财而无恐，放纵恣肆。

西汉名将卫青，前后七击匈奴，功高盖世，然而他对人仍然恭恭敬敬，规规矩矩，很有分寸。有一次引兵出征，属下将领苏建尽丧其兵，只身逃回。众人建议卫青斩苏建以明军威。卫青却说："我以皇亲的身份当上大将军，已经够威；如果把此事交给天子裁决，向天下宣示人臣不可以专权，不是更好吗？"于是他令人将苏建押回京去交武帝处理。大臣汲黯对卫青出言不逊，可是卫青反而更加敬重汲黯。

权力如同罂粟，有着美丽外壳，使得有些人梦寐以求；而拥有权力之后，又会食髓知味，倾其所有去守住它，更加迷恋它，贪得无厌地追求它。

行船借风势，可以一日千里，多么快意啊，但是如果太大意，不知在适当时候收帆，会有翻船淹没的灾难。如果处在显要的地位而不时刻谨慎警惕，凭借炙手可热的权势而不加收敛，或早或晚会致败局、出灾祸。君不见，仕途一时荣，高处不胜寒；“关中累累汉唐墓，多是抛尸被盗坟”。

职位高的人应常有“高处不胜寒”之感。因为高处的人掌握了点权柄，如果不加强自身修养，容易自视甚高，仿佛那顶冕旒、那顶乌纱帽赋予了他知识、才华、能力，他的下属便都是群盲、群愚了；容易自满得意，轻视别人；容易招致他人的怨尤妒羡。如果没有如临深渊、如履薄冰的戒惧谨慎心态，那么就会从高处跌下来。

唐代周昙诗云：“蛙鸣堪笑问官私，更劝饥人食肉糜。”晋惠帝司马衷（公元290~307年），晋武帝司马炎之子，自小庸劣，朝臣皆知其不堪执政。即帝位之后，形同傀儡，不过是贾皇后种的橡皮图章而已。作家柏杨说：“当贾南风写妥诏书时，就命司马衷照抄在御用的纸张上，这种御笔亲书，具有最高的法律力量。”

因司马衷懦弱无能，形成了戆帝当朝、悍后专政的局面——贾皇后这个臭婆娘呼风唤雨，大权独揽，暴戾而淫虐。故西晋政权从贾南风立为皇后之日起，政局便处于动荡不安中，不久引出“八王之乱”，国家战乱竟达300年之久。

依附权贵不仅会丧失人格，劣迹日益昭彰，使事业受挫，而且是一条不折不扣的险途。可见，恃权、恃才的人，有得也有失。只有谨慎勤勉，保持权力有极，才能在大是大非面前不翻船。

张说是唐玄宗时的宰相，既有智谋，又有政绩，很得唐玄宗的信任，因此他恃宠而骄起来，朝中百官奏事，凡有不合他意的，便当面斥责，甚至加以辱骂。御史中丞宇文融有什么建议，他都加以反驳。中书舍人张九龄对他说：“宇文融很得陛下恩宠，人又有口才、心计，不能不加以提防！”张说轻蔑地说：“鼠辈，能有什么作为！”

张说也不是无可挑剔、无懈可击之人，他“带病上岗”，贪财受贿，被宇文融抓住了把柄，向皇帝奏了一本，朝廷派人查他，他吓得在家中待罪。唐玄宗想起他是有功之臣，只撤掉了他的宰相职务。

恃权可能成毒饵，聚财也许是辛酸。清代郑端说：“今人有自恃才能而慢上官，自矜清廉而傲同列，自恃甲科而轻士夫。有一于此，皆足以丧名败德。”清代纪晓岚在《阅微草

堂笔记》中说:“盖天下之患,莫大于有所恃。有所恃,则敢于蹈险。”可惜的是,恃权、恃财、恃术而导致失败者,收藏懊悔者,屡见不鲜矣。

唐玄宗时,李林甫走武氏这个半老徐娘的路线,平步青云,讨好皇帝,用来加固他的宠幸,专权20多年,把一代明君玩弄于掌上,导致“安史之乱”,差点断送江山。

武则天的女儿太平公主足智多谋,“颇有乃母之风”,可她仗着哥哥睿宗的疼爱,擅权用事,培植党羽,穷奢极欲,后来作乱而被赐死,不得善终。

恃权者在处理人际关系时,对君王或上一级领导越发恭维,以保其宠;对同僚排斥倾轧,以防争宠;对下属气盛跋扈,以显其宠。

北宋王朝在立国后上百年间,没有出现宦官专权、外戚专权、权臣专权的问题,除了朝廷明文规定不许宦官、外戚干政外,对文武大臣在权力上划分明确,经常进行变动,就是宰相也常可上可下,从而使大臣们没有成为权臣的条件。

宋太祖在群雄并起的混战中,以豪侠之气,把众多的英雄团结在自己身边。做了皇帝以后,依然侠义质朴,恢宏大度,待人宽厚,有仁慈之心,以“富贵”为诱饵,使功臣们以富贵终生。宋太祖曾立下秘密誓约,规定子孙后代“不得杀士大夫及上书言事人,誓不诛大臣、言官,子孙有渝此誓者,天必殛之。”宋太祖是开国皇帝中杀人最少的皇帝,实在是一位有作为与有道德集于一身、最具人性色彩、王者风范的好皇帝,使当时的中国变得很温馨。

宦官专权,始于明英宗时的王振。王振为官狡诈,因得英宗宠信,权势益炽,门庭若市,跋扈不可制,干预朝政,蛊惑皇帝,专权祸国7年,大明王朝由强转衰。在土木堡一战中,王振被愤怒的士兵杀死,英宗被瓦剌俘虏。正是:“前车倒了千千辆,后来到此还复然。”

不受约束的权力必定导致专横,出现权力的滥用;失去监督的权力必将产生腐败。专权使人变成鬼,脱离专权使鬼变成人。

有的女人如吕后,残忍、狠毒比男人还有过之而无不及。戚夫人那双美丽的眼睛,独占了汉高祖日夜的宠爱,便遭到吕后挖去眼睛、斩断手足的命运。吕后仍不满足,她甚至将她关入后宫的厕所,邀汉惠帝一同观赏……

隆科多是雍正的舅舅,对于雍正帝登极有传诏、拥立之功,素为雍正帝所倚重,曾任总理事务大臣兼吏部尚书。后来,以其“招权、纳贿、擅作威作福”,陆续撤掉了各种职务。

和珅贪污的财产相当于清政府10年的财政收入。他和皇帝是儿女亲家——有靠山,有一大批多年培植的党羽,但他不知“天网恢恢,疏而不漏”。(《老子·七十三章》)

慈禧以哼小调和嫣然一笑而百媚生,赢得咸丰宠幸。她给咸丰生下皇子载淳,地位一再攀升。她从1861年开始,三度“垂帘听政”,两次决定皇位继承人,将国家命运控制在股掌之中,执晚清政权48年,肆意妄为,极度奢侈享乐,对甲午战争的进展造成恶劣影响,结果让中国滑向半殖民地的深渊。

由此可见,志得意满,揽权怙势,专权专断,悍骜狂妄,不受任何限制,不是很愚蠢吗?绝对的权力导致专横,导致特权,出现滥用,一旦失势,就像在云梯上摔下而一落千丈,如同姜太公在《七书·龙韬》所言——灾祸来时就像迅疾的雷声,使人来不及捂耳;就如炫目闪电,快得让你来不及躲避,还不如牵黄犬逐狡兔的悠闲生活呢。

李世民文武双全,十八岁时就驰骋疆场。作为王妃的长孙氏从小知书达礼,13岁时嫁李世民,跟着他征战南北,四处奔波,悉心照顾丈夫。李世民成了唐太宗,长孙皇妃立为六宫之首的皇后。

长孙皇后深知作为“国母”,其行为举止对皇上的影响很大,因此处处约束自己。她以历史上的善恶之事自鉴,并搜集古代妇人事迹,撰《女则》10篇,用来砥砺自己,不骄矜自傲,不干预国家政事,保持着贤良恭俭的美德。

“仁足以长福而消祸,礼足以守成而防败”。长孙皇后对于年老赋闲的太上皇李渊,十分恭敬而细致地侍奉,每日早晚必去请安,像一个普通的儿媳那样力尽着孝道。对后宫的妃嫔,也非常宽容和顺,常规劝李世民要公平地对待每一位妃嫔。

长孙皇后有政治远见,不搞裙带关系。皇后的哥哥长孙无忌与太宗在少年时期就交往密切,又是辅佐李世民赢取天下的第一功臣。长孙皇后听说太宗想让长孙无忌担任宰相,认为不可,说:“妾已位极至尊,实在不愿意兄弟子侄都享受高官。汉代吕后、霍后两家外戚专权,结果祸国殃民,应为前车之鉴啊!”太宗开始不听,以长孙无忌为尚书仆射,位列宰执。长孙皇后便背地里动员长孙无忌固辞不受。太宗不得已,只好免除长孙无忌的相职,改授开府仪同三司。此后长孙无忌经常受到皇后的教诲,成为一代忠良。

长孙皇后在春风得意时,没有忘乎所以,没有骄奢狂妄,不把各种好处占全,不把所有功名占满,不把事情做过头,懂得进退,使自己不致招致损害,而且留得美名在人间。

由于长孙皇后的高尚品德和深明大义,唐太宗对她十分器重,下朝以后,常常和她谈论一些军国大事和赏罚情节。长孙皇后很有见地，但不愿以自己的特殊身份干预朝政。太宗坚持要听听她的意见，她才说了两点自己的看法，一是"居安思危"，二是"任贤纳谏"。

"心随朗月高，志与秋霜洁"。公元636年6月，36岁的长孙皇后病重。她去世前，留下遗言："我的家族并没有什么大的功勋和德行，只是有缘与陛下结为姻亲，才身价百倍。为永远保持长孙家族的名誉和声望，我请求陛下今后不要让我的任何亲属担任朝廷要职，这是我对陛下最大的期望！"

长孙皇后是历史上一位著名的贤德皇后。她位及至尊，母仪天下；品性端庄，宽宏大量；清廉无私，深明大义。她的贤淑的品性和无私的行为，赢得了唐太宗及宫内外知情人士的敬仰，为后世树立了贤妻良后之典范，到了高宗时，赐她尊号为"文心顺圣皇后"。

曾国藩不斤斤计较权力，而是把"势"放在最重地位。权力是一柄双刃剑，既能伤人，也易伤己，而"势"（实力），则是不可动摇的基础。他从不揽权、专权，可自己的官不要，也要为部下谋得官位名望。由于牢牢掌握这"势"，曾国藩即使去世多年，湘军一系仍然固若磐石，而曾家也得保于常盛无事。

历史事实反复证明，权力具有两重性，可以展示才华，成就事业，领略风光，也可以使人身败名裂，尽尝苦酒，苦不堪言。权力是把"双刃剑"，可以造就人，也可以腐蚀人。只有蠢人才把大小权力都揽在自己手中，气焰无比，颐指气使。

"身危由于势过，祸积起于宠盛"。（西晋陆机语）权势达到极端而无视监督，受宠过盛而目空一切，就要走向衰败。权势太盛的人大多会出现主疑、臣妒、己骄、下谄。

中国共产党早起发起人之一张国焘的失败留下许多教训：他凭借人多枪多，过高估计了自己的力量，搬起石头砸自己的脚。此人一贯称自己是"中国的列宁"，什么都要争第一。他开始以否定中央的政治路线为由，否定洛甫等人的中央领导，到后来又将毛泽东也列入了攻击目标，从而使自己与整个中央政治局为敌。

他与红四方面军，都是党领导下的革命武装，必然要服从中共及其中央。任何明目张胆反对中央的做法，都只会遭到大多数人的不满与反对，而不会跟你走。

意气用事，固执己见，怎能不吃大亏。红军一、四方面军会师后，军事上采取北上还是南下？张国焘摆出了一副固执己见的架势，不去多多考虑其意见的正确与否，也不考虑这样做对自己在中央会留下什么影响，强行做出让他指挥的"右路军"执意南下的决定，并要“左路军”中的陈昌浩、徐向前部也南下。

1937 年张国焘到达延安后，不仅没有反省检讨自己的失误、失策，拒不与中央政治局同事化解冤结、重建友好合作关系，其结果自行孤立了自己，堵死了自己在中共内的政治前途。

在贪恋“恃权”的人脸上，我们只能读到鲁莽、放肆、专横、邪恶、虚伪。纵览古今，多少才俊之士因恃权、亵渎权力而身败名裂。

领导干部应当敬畏权力，不能亵渎权力，更不能超越界限，专权滥用。《西游记》中的孙悟空无私无畏，无法无天，但总归还是怕了唐僧的紧箍咒，逃不出如来佛的手心。常怀敬畏之心，常戒“恃权”之为，才能“夹起尾巴做人”，才变得谦和，变得理智，不再做“丑陋的中国人”，生存的空间才能变得和谐。

当你的权势正隆之时，千万不要以为那是绝对不可动摇的，不会衰败的，不要以为官职越多越好，头衔越高越荣。要适可而止，该让就让。

应当科学配置权力，使集中的权力适度分解，亦即对权力总量进行合理切块——在分权、均权、抑权、制权上采取有效措施，使每个权力行使者都具有有限权力的行使者和有限权力的制约者的双重身份。权力的行使者不仅受到其他权力的约束，而且也同时约束着其他权力。

作为组织或有关部门，对所属领导成员的用权与为人情况，实行必要的监督与制约，尽量使其在权力范围内用权，不越权，不专权，不滥用权，不拉帮结派，不破坏权力规则。

领导人员应自觉接受监督，促使自己对不该为的事情“不能为”“不想为”。当掌握权力而没有监督和制约时，虽然一时感到“舒服”、神怡，但容易得意忘形，滥用权力，甚至权力寻租，自毁前程，因而应主动接受监督，将监督作为一种警诫、一面镜子。

二、网景神话的破灭：危机意识的不足

在 1993 年，美国伊利诺伊州立大学的 NCSA 组织发布了世界上第一个可以显示图片的浏览器，即 Mosaic 浏览器，并立即受到大众欢迎。Mosaic 的出现，被认作是点燃互联网热潮的一大火种。当时，主导 Mosaic 开发的中心人物马克 · 安德生，以及吉姆 · 克拉克于 1994 年 11 月，正式将原来的马赛克通讯公司(Mosaic Communications Corporation)改名为 NetscapeCommunication Corp.，中文译名即为网景。该公司开发的 Mosaic 网景 0.9 版浏

览器于同年上市，这套软件后来更名为Netscape Navigator，并与其他软件一起成为Netscape Communicator套件。到1995年时，网景在该行业中所占的市场份额就已超过80%。1995年8月9日，网景上市，网景公司股票首次公开发行。而在上市首日，其股价从每股28美元就飙升至每股75美元，公司首次股票上市，即获得巨大成功。3个月后，股价达到140美元，成为美国股票史上最成功的首度公开上市案之一，创造了一个“网络神话”。

网景的成功，得益于时势造英雄的作用。在20世纪90年代，互联网开始兴起，在网景成立之前，据统计全球已有2500万人上网，而且这个数量还在以每年增加1倍的速度递增。互联网这一行业有着难以估量的潜在客户，而最后的大势几乎将是这个世界上所有的人都在上网。由此，通过互联网联结在一起的数以万计的电脑急需一个通用的网络浏览器，这是一个巨大的市场。

就是在这种形势下，网景公司可以显示图形界面的“网景浏览器”一推出就大受欢迎，不到一年就卖出几百万份。在这种大好形势下，1995年，仅成立了一年的网景公司就挂牌上市，而且华尔街也大加追捧，网景的股票一路上涨，其速度甚至超过了早期的微软。值得一提的是，网景公司股票在大热之际，微软的比尔·盖茨却根本没有注意到网络浏览器的重要性。也许，盖茨最初只是把浏览器当成了一种一般的应用软件而不太在意。微软在互联网领域的犹豫不前，也促成了网景的辉煌。1995年11月，高盛公司将微软的股票从买人下调到持有，微软股票随即应声而下。

到了1995年春天，网景浏览器已经被下载了600多万份，下载者遍及全世界。到了1996年10月，有4500万人次下载网景浏览器，每个人的首页都是网景。对此，克拉克曾经得意地说，“互联网不是网景公司发明的，不过，如果没有网景公司登高一呼，互联网将永远只是配角。”而就在10年后出版的美国畅销书《世界是平的》(The World is Flat)中曾经这样评价：“自从网景上市以来，世界便不再相同。”该书作者，《纽约时报》著名专栏作家托马斯·弗里德曼(Thomas Friedman)甚至还把网景上市列为“使世界变平的十大动力”之一，认为这一事件开创了整整一代的“大众上网文化”。处于鼎盛时期的网景可谓风光无限，并成为少数几家曾经盖过微软风头的公司之一。

然而，在互联网时代，任何人都不可能高枕无忧。更何况，美国还有一个软件巨无霸——微软。网景浏览器火暴，给盖茨以足够的警醒。微软的Windows操作系统之所以能够控制整个个人计算机行业，在于它控制了人们使用计算机时无法绕过的接口——操作系统。现在，网景控制了人们通向互联网的接口，这意味着如果微软不能将它夺回来，将来在互联网上必将受制于人，而现在微软已经在这个领域落后。微软首先采取的行动是购买网景，但是被网景拒绝。接着，微软和网景公司进行合作谈判。对于网景来说，其实面对一个两难局面。如果答应下来，从此将受制于人，并且以前曾和微软合作的 IBM 和苹果都没有好结果，反之如不答应合作，将面临一场激烈的市场竞争。在分析了自己在技术和市场上的优势后，网景选择了和微软一拼。而微软也正式向网景公司宣战。

就在网景上市的同一年，在 1995 年 12 月 7 日——这一天对美国而言，是日本偷袭珍珠港的纪念日，盖茨宣布向互联网进军。盖茨把微软当时的处境比作被日本打败的美国舰队。盖茨通知微软的众多工程师，不论手里的工作做到了什么阶段，都要立即停止，然后全力投入到微软浏览器 IE 的开发。盖茨的这种果断魄力在整个 IT 行业是非常罕见的。很快，微软的 IE 浏览器就问世了，但是，其功能上远不如网景，在与网景的竞争中处于弱势地位。

面对这种不利局面，盖茨动用了他的撒手锏——将 IE 浏览器和 windows 操作系统捆绑在一起，免费提供给用户。虽然在技术上，IE 和网景公司的 Netscape 差距太大，微软先后推出的 IE1.0 和 IE2.0 版本在市场上对网景均未能构成威胁，但是与 Windows 的捆绑策略却保证了 IE 的生存，更重要的是，为 IE 赢得了发展的时间。

进入 1997 年，形势开始发生重大转折。该年 10 月，微软发布了性能稳定的 IE4.0。微软坚持不懈的努力终于收到回报，IE4.0 在功能上已经非常接近当时的 Netscape 了，甚至在某些方面各有千秋。在这时，微软的捆绑策略显示出了巨大作用。大量网民不再下载即使免费提供的 Netscape 了，对于他们而言，在一台计算机上已经不必同时安装有两个浏览器，IE 的功能已经足够强大。这注定了网景将被垄断了操作系统的微软以非技术、非正常竞争的手段击败。进入 1998 年，微软实际已经取得了从用户到网络的控制权，一个更为庞大的微软帝国形成，在这之后，再也没有一个公司可以在客户软件上对微软构成挑战。

当然，网景绝对不会坐以待毙，而对于微软这种以垄断手段进行的竞争，美国司法部也早已注意。早在 1994 年，微软和美国司法部便达成过和解协议，微软同意不在自己的 Windows 操作系统上捆绑销售其他的微软软件。因此，这一次的 IE 和 Windows 捆绑，已经违反了反垄断协议,证据确凿。网景公司对此当然不依不饶。在浏览器市场上,盖茨即将主导一切,而他剩下的唯一一件事就是向司法部解释他的捆绑行为是否合法。1997年,美国参议员举行了听证会,盖茨和网景的CEO巴克斯代尔、太阳公司CEO马可尼里、DELL的创始人戴尔等IT巨头出席作证。会上,当盖茨反复申辩微软没有在软件行业形成垄断时,巴克斯代尔说,请在座的各位中没有用微软产品的人举手,整个会场没人举手。巴克斯代尔再次重复,结果还是没人举手。巴克斯代尔转而说,先生们,这就是垄断。

然而,盖茨给出的理由却是,IE并不是一个单独的软件,而是Windows提供的一个可以进入互联网的功能。对于计算机用户而言,IE究竟是一个单独的软件,还是一个功能并不重要,也没人对此关心,然而在法庭上,这就决定了一场世纪官司的胜败。虽然网景公司得到了普遍的同情,但是,它甚至已经等不到法院对微软的裁决结果出来,就已经无法在市场上支撑下去了。几乎所有人都认为,网景的失败已经不可避免。

1998年,美国在线(AOI)以42亿美元的价格收购了Netscape。当时,Netscape在微软所提供的免费浏览器面前已经显得非常渺小,此后的Netscape几乎销声匿迹,虽然也推出了一些新的版本,也曾经试图用建立新闻社区的方式来获得用户人气,但都不可逆转公司走向没落的命运。

2003年7月15日,时代华纳解散网景公司,大部分程序员被解雇,网景的标志也从办公大楼中去除。网景现在只作为一个商标存在。

2007年12月28日,据Netscape官方博客消息,网景(Netscape)浏览器将在2008年2月1日停止更新并且不再提供任何技术支持,确立结束支持该浏览器的日期及建议用户转到Flock和火狐浏览器,并提供了Flock和火狐浏览器的下载链接,而网景浏览器的设置将自动移植到新浏览器上。博客同时指出,用户可以通过点击“以后提示我”和“继续使用网景”按钮,选择使用网景浏览器,不过,此后将不再有新的升级、安全补丁和其他改进。实际上,这意味着于1994年问世的Netscape正式退出了互联网舞台。作为一款曾经改变互联网、有着辉煌历史的浏览器,Netscape彻底成为了历史。

网景曾是一个“网络时代”的象征符号。纵观网景的发展史,它可谓浓缩了互联网行业的精华。而网景的谢幕,也宣布了一个网络神话的破灭。网景与微软之间错综复杂的商战给世人留下了一份生动的教材,而且,网景从迅速崛起再到迅速黯淡,这一过程浓缩了 IT 企业生命周期的各个过程,对当时的创业青年而言也是很好的读本。

网景的败北令人惋惜。虽然其竞争对手微软动用了强劲的竞争手段,但失败的主要根源还是出在网景自己身上,可以说,最重要的一个原因就是网景没有做到居安思危。在 1995 年,当微软也开始开发自己的浏览器时,网景公司并没有意识到这件事背后潜藏的巨大威胁。在此之前,微软已经和 WordPerfect,以及莲花公司进行过竞争,均没有采用在商业竞争中免费倾销的手段。网景当时在技术上明显领先于微软,微软早期的 IE1.0 和 IE2.0 两个版本有着无数的 Bug 以及众多安全漏洞,对此,网景公司显然是有些太过乐观了。面对很高的利润,网景甚至认为,即使将来和微软打价格战,也可以战而胜之。实际上,网景可能根本没想到,微软会将自己的 IE 以零价格销售。

首先,相比之下,比尔·盖茨却对 IT 市场有着更为清醒的认识和警惕。在与网景竞争前,微软已历经多次严酷的市场竞争,对于这一市场有着更为清醒的认识。windows 操作系统的成功证明,用户只要选择了一种操作系统,并为之付出时间和精力加以熟练后,就不会再去选择第二种操作系统。对于网络浏览器市场,也同样如此。相反,网景公司可能没有想到,用户对于网络浏览器根本没有忠诚度可言——对于他们来说,一个免费的、预装的浏览器就已足够。在这种情况下用户的流失,要比在一般商业竞争中快得多。

1997 年,在浏览器领域,网景占据了 72%的市场份额,而微软只有 18%。但是,这个 4 倍于微软的市场占有率却非常不可靠,仅仅一年半以后,微软就超过了网景公司的市场份额,并很快占据垄断地位。对于浏览器市场竞争残酷性的估计不足,是网景失败的根本原因。

其次,在商业运作模式上,网景公司与微软也有着明显差距。网景的商业模式归根结底,可以用三个字表示:“卖软件”。然而,如果是微软,还可以应用这一模式,而别的公司却不能直接套用。事实上,自从 Windows95 问世以后,IT 市场就再也没有出现任何一个世界级的基于 PC 机的软件公司。现在 PC 世界里仅存活下来的几个世界级的软件公司,如赛门铁克(Symantec)、Adobe、Intuit 等都出现在 Windows95 问世以前(1982 年、1987 年和 1988 年)。而当微软垄断了微机操作系统以后,就再没有一家像样的软件公司上市并能生存下来。其中的原因很简单,如果在微机领域还存在全球性的机遇,那么微软一定不会放过,并且将挤垮全部的主要竞争者。网景公司要想逃脱这一厄运,就必须改变自己的商业模式。在 1995 年时,网景确实有着进一步扩大实力的机遇,那就是进军网络搜索领域,建立门户网站。

在1995年,全世界互联网的内容还并不太多,这时很少有人能看到这一点,即有效将互联网上杂乱无章的内容组织起来,将具有巨大的市场潜力。当网景公司推出Netscape浏览器时,同样也没有看到索引和组织互联网内容的重要性。然而,事实上,到1994年年底时,雅虎的流量便达到了100万次访问,网景却仍然没有对此予以关注。其实,如果当时网景公司走上门户网站之路,将没有人能阻挡它成为后来的雅虎。也许是浏览器卖得太好了,网景并没有采取行动。当雅虎公司成立后,网景公司多多少少看到了雅虎的价值,便为雅虎提供了服务器,却没有去高价收购它,也没有自己开发一个,相反,许多用户借助网景浏览器一打开网页,往往就在默认设置中进入Yahoo网站,这无异于一种强劲的宣传,轻易就"养大"了Yahoo。如果时光倒流,网景肯定会将公司打造成门户网站的。

最后,在竞争策略上,网景与微软相比,仍然有着不足。微软实力雄厚、野心勃勃,而且其执行效率非常惊人,在与网景竞争时,微软几乎是倾公司之力研发IE浏览器,并且在很短的时间内就推出了自己的产品。网景要与之竞争,仅凭一己之力仍然显得势单力薄。然而,在面对微软进行IE与Windows的捆绑销售时,网景却迟迟没有联合PC制造厂商预装Netscape,而这一商业手段的可行性后来已经被Google和雅虎证明了。就在网景失利多年后,微软在新的IE中将MSN的搜索设定为缺省搜索引擎,试图再次利用捆绑的优势挤垮雅虎和Google。但是,雅虎和Google防到了微软这招,分别在世界前两大微机厂商惠普和戴尔的电脑出厂前预装了自己的搜索工具条,在一定程度上抵消了微软捆绑搜索的影响。而网景的浏览器当年是最受欢迎的PC软件之一,网景公司是不难说服微机厂商付费预装它的浏览器的。

作为进入互联网必不可少的浏览器的发明者,网景公司本来可以成为互联网的领头羊,就像2000年的雅虎和今天的Google,即使退而求其次,也可以像Adobe和赛门铁克等公司那样成为某一个领域的主要厂商。但是,网景公司只辉煌了短短的几年便从人们的视线中消失了。网景公司的昙花一现,固然与微软的垄断有关,但是,它确实有免于厄运的机会,然而,却没有把握住其中任何一个。

尽管几乎所有人都认为网景公司在微软捆绑销售策略面前,将难逃破产的厄运,然而,事实却证明,网景是可以做到在微软的压力下生存并取得发展的。可惜,网景公司在它的浏览器大为畅销的日子里，没有居安思危，进一步加强对互联网的控制，相反，对于几近 80%的市场占有率过于迷信，而缺乏对市场本质的认识，这样一来它失去了保护自己和反击微软的机会，从而失去了发展成为今日雅虎的大好机遇。

网景的故事充分说明了互联网新技术发展的残酷性，这也正是这个产业精彩的地方，即任何一个大企业的领导者，都不可能在这个时代放松警惕。

纵观 IT 行业的发展史，从传统的 IBM 再到微软，如果说这些传统的科技公司还有几十年历史的话，那么目前的互联网公司基本上就是各领风骚三五年，雅虎、eBay 再到目前的 Google，网络技术产品的更新速度已经越来越快，这就意味着市场竞争越发激烈。在今天，任何投身这一领域的人都必须认清这一发展趋势，对这一市场的残酷性及早做出应对准备，否则，就很难确保自己的生存。

三、苹果电脑公司的低谷：水能载舟，亦能覆舟

苹果公司的发展大体上经历了三个阶段：1976～1985 年为创业辉煌期；1985～1997 年为低谷期；1998 年到目前的辉煌阶段。在这三个阶段中，其第二阶段的低谷期对其他企业很有借鉴意义。

在计算机行业的微型时代，苹果公司的奇迹一直为人们所津津乐道。

1976 年，斯蒂文·乔布斯，年仅 28 岁的单身汉抓住了个人计算机的机遇，在自己的车库中与合作者斯丹芬·沃兹尼克用卖计算机和桑塔纳所得的 1300 美元开始了在计算机领域的创业生涯。

1977 年 3 月，苹果公司正式注册，公司由车库发展到厂房生产。苹果Ⅱ型计算机在一次商品展销会上推出，并迅速取得成功。当年公司的销售额达到 774 万美元，是年初公司市场预算 16250 美元的 476 倍。1978 年，苹果Ⅱ型被职业人员以及商人广泛接受，IT&T。公司又同意作为苹果公司的国际代理，苹果公司发展再上新台阶，1978 年的销售量将近 800 万美元。

为了满足不断增加的市场需求，并保证市场不被其他竞争者夺走。1979 年，苹果公司将原来 2.2 万平方英尺的规模扩大到 10 万平方英尺，这一年苹果公司的销售额达 4800 万美元，是前一年的 6 倍。

1980 年 11 月 12 日公司上市，发放了价值 9680 万美元的股票。股票的市场价格很

快就上涨,斯蒂文·乔布斯拥有750万股苹果公司股票,价格2.25亿美元。这位年轻人,在短短的几年时间内就成为美国最富有者之一。在非遗产致富的亿万富翁中,乔布斯是最年轻的一位。

到1982年,苹果公司的销售额增长了74%,达到5.83亿美元,利润增长率超过56%,在个人计算机领域,苹果公司仍以24%的市场占有率

但苹果公司以其巨大的财产赢得此行业中的自尊和他人称赞之时,由于缺乏战略眼光的糟糕的管理,在保持成功的道路上遇到了麻烦。1985年春,苹果公司开始出现困境,第一季度甚至有了亏损,市场也出现占有率下降的不祥之兆。1983年高达63美元的股票在后来的股市萧条期曾跌至14美元。

自1985年以后,苹果公司就逐年放慢了前进的步伐,乔布斯也因为自己的专横经营作风被逐出了苹果公司,苹果自此频频易主。公司内外都开始纷传苹果正在寻找收购者,期望在他人卵翼下度过以后的奋战岁月。1995年,苹果公司在全球范围内销售额达111亿美元,主要收入来自苹果Ⅱ型和苹果Ⅲ型。但公司第四季度亏损6900万美元,出现了历史上从未有

苹果电脑公司走入低谷的原因在于,他们自恃科技实力的领先地位,忽略与顾客的沟通,拒绝与同行的合作。正因为其领先太多,造成后继乏人;正因为其产品是如此超前,以至于顾客都难以接受。苹果成了电脑行

在过去,苹果公司的乔布斯看来完全可能成为个人电脑工业的福特。他第一次把乏味的二进制转变成普通大众都能熟悉的图形和文字,从而把个人电脑引入市场。他同样大胆地预测个人电脑的市场将是无可限量。更为重要的是,如果乔布斯正确地确定他应占有的市场份额,他就会看到自己极有可能成为新工业中名副其实的福特,建立起一个连IBM都不可能把它压垮的堡垒。

但是,苹果公司在技术上严重的自负导致了几个关键性错误。第一个错误是它试图阻止其他公司仿造它的计算机。这个做法相当成功,它甚至迫使富兰克林公司只能制造兼容IBM公司部件的机器,而不允许其与苹果有任何瓜葛。这一方针减少了使用苹果公司软件的计算机总数,并妨碍了苹果公司建立有效的工业标准——苹果公司绝不允许低价的或更专项化的仿苹果式插入兼容机大量出现。亚当·奥斯本认为,如果不是由于这一个错误,苹果公司的软件早已压倒一切,IBM公司(以及奥斯本公司)要进入计算机工

业就会被迫制造兼容苹果软件的机器。

第二个错误与第一个错误有关。苹果公司推出了3种技术复杂的计算机,苹果Ⅲ型、丽萨Ⅱ型、麦金托什型。它们不能同苹果Ⅱ型兼容,而且三者自己之间也很少可以兼容。苹果公司采用摩托罗拉半导体产品公司的截然不同的6800系统微处理器(其软件主要用于科研和工程技术领域的终端设备),没有主动地去和半导体工业共同计划制造苹果Ⅱ型机(6502)的16位和32位的改型。

第三个错误是在阻止兼容苹果Ⅱ型的计算机出现的同时,苹果公司制订的产品价格超过最大的潜在个人电脑市场即普通家庭的购买力。

这样,公司骄傲自大地扔掉了它在软件共用上的真正资本,开始在硬件上赤手空拳地同IBM公司及其他公司竞争。而这些公司拥有比苹果低等或最多相等的技术实力,却在可用于新水平的16位计算机的软件上拥有更大的销路。在关键性的1981年,当乔布斯准备好上《时代周刊》的封面,并且制订了建造新的苹果公司总部的绿玻璃大厦时,这家公司仍旧在悠然自得地、盲目地研制技术超前而且不兼容的8位Ⅲ型。为了保护技术过时的苹果Ⅱ型,杜绝别人的仿制和改进,这家公司正在大打其官司。同时,它又不研制可以使用苹果Ⅱ型软件的16位机型。

这样,苹果公司慢慢失去了成为计算机工业主宰的机会。正当苹果公司夸耀自己是老大哥IBM公司的主要接替者时,它却已经为IBM公司在个人电脑市场上意外的飞升打开了大门。直到1984年,苹果公司才有迹象显示,它懂得了计算机工业的本质:它开始使丽萨Ⅱ型和麦金托什兼容,并将苹果Ⅱ型的价格定在家庭可购买的范围内。在另一家公司自发地创制一种16位的6502型样机后,苹果公司甚至制订了积极进取的计划,要更新已在市场上立足的约150万台计算机中的95%所装备的微处理器,但是无论麦金托什系列产品多么成功,它的到来已经太迟了,再也不能使苹果公司成为头号厂家。虽然苹果公司可能在个人电脑生产上保持第二把交椅,乔布斯却未赢得曾统治汽车工业近20年之久的亨利·福特那样的荣誉。

20世纪70年代中后期,苹果公司犯了严重的错误,它拒绝开放其标准,致使它逐渐成为市场的单兵独将,孤身一人同IBM及其众多追随者奋战。苹果公司自此还仍然相信,只要拥有足够的技术实力,开发出更高级更新颖的电脑,一定能将IBM及其同盟军打败。苹果功能卓越的电脑本应成为市场的抢手货,却因为没有追随者和必要的软件支持

沦落为市场流浪汉。

当时美国人口中只有7%使用电脑,美国家庭只有3%拥有个人电脑。想要拓展更大的市场,必须使电脑更平易近人,让它像电话一样或电视一样易于使用。想要征服广大的市场,产品和价格的竞争倒不是最重要的,最重要的应当是使美国人相信电脑是有用的工具。当然,苹果的成功,并非一定表示 IBM 的失败。其实,IBM 进入个人电脑市场对苹果来说未必是坏事,因为它带来全球最大电脑公司的正统经营,表示这个市场已经成为现实。无论是谁,开拓潜在市场的方法不是和自己的主要对手正面冲突——这一点,苹果公司恰恰忽略了。

它以为它的广告轰炸和行销策略能给苹果的市场带来大的转机,但是它仍然失败了。再好的行销也无法卖出差劲的产品,再绝的广告也推不出顾客难以使用的电脑。苹果电脑质量固然很好,操作也相当容易,但是缺乏软件支持,所以尽管营销和公关人员做出了巨大努力,苹果销路仍无重大进展——顾客需要的电脑不仅仅要求技术先进、操作容易,而且更要求市场有大量的、必需的配套支持软件。

这也许是苹果公司的真实写照,而这也正是其创办人乔布斯那放荡不羁的嬉皮士精神的后遗症。苹果电脑的出现,与其说是信息技术的一次革新,毋宁说是电脑领域的一场文化革命。乔布斯给世人的贡献不仅是新型的个人化计算工具,而且是挑战权威,让每个人都充分享受到信息的"民权",他的成功与其说是机器的成功,不如说是观念的凯旋。乔布斯给苹果留下的观念遗产使苹果赢得了最忠实的用户,同时也给公司留下动荡的种子。而这对一家企业而言,简直是致命的弱点。

通过以上分析,我们可以看出,苹果公司之所以走入困境,乃是由于以下三点原因:

第一,企业经营指导思想的不适应性导致战略错误。我行我素的文化必然导致公司的经营指导思想是一种"产品导向"或称"技术导向",使公司方向与市场需求难以协调。苹果机性能优越,使用方便,是世界上最易联网的个人计算机。在技术上可谓无可挑剔;而它却是世界上唯一不与 IBM—PC 兼容的机型。计算机业发展的大势所趋是计算机联网,要求微机兼容。而 IBM 在计算机市场上占有最大的份额,因此苹果机独树一帜的不兼容实际上限制了市场对它的需求,推走了许多潜在顾客。苹果拒绝授权其他电脑生产商生产深受欢迎的 Macintosh 软件,从而失去了一个拓展市场的绝好机会。与此相反,IBM 却公开了 PC 机全部设计细节,鼓励软件人员为它编写程序,鼓励其他厂家生产兼容

产品,从而大大刺激了对 IBM 产品的需求。

第二,经营战术不适应需求和竞争。产品导向和傲慢使苹果公司看不到环境改变,低估竞争对手的实力,经营战术不适应竞争。

第三,组织内部的不协调、不一致。公司人员崇尚一种个人英雄主义,桀骜不驯,难以控制,技术人员与管理人员之间冲突频频。独创精神未成为技术发展的动力,反而加大了合作难度。公司对事物的看法总是不能取得一致,无法做出决定,坐失了许多良机。

由此可见,自恃高科技优势而忽略顾客需要,自恃开创苹果的宏伟业绩,拒绝经营管理人员的建议,使苹果的产品脱离了市场。“水能载舟,亦能覆舟”,从另一角度讲,苹果电脑的创造者——乔布斯和他的工程师伙伴,在创造“苹果”的同时,亦在亲手砍伐自己种植的苹果。

从苹果公司的失利中我们能得到些什么启示呢?首先,和谐的企业文化对企业的生存发展具有至关重要的作用,即企业应有鲜明的价值观,有明确的指导方针,有强烈的经营信念。和谐,一指达到内部的和谐;二指与外部环境的协调。其次,成功的公司也注重激励员工,将人视为最宝贵的资源,力图将人才资源的潜力最大限度地激发出来。经营在于人,还要求发挥团队合作精神,上下一心,团结一致。最后,企业文化应随着环境变化而相应做出调整。企业领导人应树立权变的观点,密切注视环境的变化,预见性地推进文化演变。

不喜珠飾

宋仁宗

張貴妃

不喜珠饰①

【历史背景】

宋仁宗时，宫里的女人都喜欢珍珠首饰，争相佩戴，因此京师中的珍珠价格猛涨。仁宗担心宫中这样的时尚潮流失去控制，导致整个社会的风俗败坏奢靡，于是思量着要进行改革，要纠正这股奢靡的风气。

【原文】

宋史纪：仁宗宫中颇好珠饰。京师珠价腾涌，上患之。一日上在别殿，妃嫔毕集，所幸张贵妃[②]至，首饰皆珠。上望见，举袖掩面，曰：满头白纷纷的，没些忌讳。贵妃惭，起易之，上乃悦。自是禁中更不戴珠，珠价大减。

【张居正解】

宋史上记，仁宗时，宫中人好以珠为首饰，采买者多。因此京师中珍珠登时涨起价来。仁宗恐宫中相尚不已，风俗趋于侈靡，思量要革减。一日在别殿上游赏，诸妃嫔们都在左右。有个宠幸的张贵妃到来，头上的头饰都是珍珠。仁宗望见，故意把袖子遮了脸不看她。说道，满头插得白纷纷的，近于不祥之象，好没些忌讳。张贵妃惭愧，慌忙退去，摘下珍珠首饰，换了别样首饰来，仁宗方才喜悦。从此宫中人只说仁宗厌忌此物，再不敢戴它。京师里珠价登时大减。

夫珠玉珍宝，饥不可食，寒不可衣，而铢两之间，其价不赀。靡费民财以供一时之玩，何益于用？故明君贵五谷而贱珠玉。盖不以无益害有用也。然亦系于人主之好尚何如。观仁宗一言，而珠价顿减，岂待于法制禁令哉？

【注释】

①此篇出自宋马永卿编《元城语录解》卷中，又见于宋胡仔撰《渔隐丛话》后集卷 19，和丁传靖辑《宋人轶事汇编》卷 1，张后。记述宋仁宗斥责张贵妃奢侈浪费的故事。

②张贵妃：河南永安人。庆历元年十二月以才人张氏为修媛，宠冠后庭。八年为贵妃，宠爱日盛，出入车御华楚。元和元年正月薨，年三十一，谥温成。

【译文】

宋代史书上记载：宋仁宗宫里的人很喜好珠宝装饰，京城的珠宝价格猛涨。皇上很担心这种现象。一天，皇上在别殿，妃嫔们全都到了。仁宗特别宠幸的张贵妃来时，首饰竟是满头珍珠。皇上远远看见，抬起衣袖遮住脸说，满头上白花花的，没个忌讳！张贵妃感到惭愧，起身去换掉了，皇上这才欣悦。此后，宫里再也不敢戴珍珠，珍珠的价格也就降下来了。

【评议】

史载，宋仁宗时，宫中的人大多喜爱珠宝做装饰，以至于京城的珠宝价格一路飙升，皇上为此而担心。一天，皇上在别殿，嫔妃们都到齐了。受仁宗特别宠爱的张贵妃到来时，竟是用满头的珍珠来装扮自己。皇上望见，抬起衣袖遮住脸，说道："你满头白光一片，如此装饰，毫无忌讳，这成何体统？"张贵妃深感惭愧，转身就换掉了，皇上方才转愠而喜。此后，宫里人都知道禁忌，不再带珠玉首饰了，外间的物价也随之下降。

表现《尚书》中"不做无益害有益，功乃成；不贵异物贱用物，民乃足"的典故一再出现在《帝鉴图说》的内容中，可见张居正心中好皇帝的标准里，崇简去奢、不妄行靡费是重要的一条，这是以农业为国本的大国皇帝所必须服膺的不二法则。故事中的谆谆告诫，千古龟鉴，对当时年轻的万历皇帝来说，是否能够真正理解，我们不得而知。但以后的历史证明，万历皇帝并没有用自己的一生去实践《帝鉴图说》的圣哲芳规，反而走向了极端，明王朝的覆亡即始于他本人。

【镜鉴】

一、阿迪达斯领跑地位丧失:警惕性放松的后果

跑在前面的人容易自大。阿迪达斯制鞋公司原来在制跑鞋业上独领风骚,但当跑鞋制造业渐兴时,耐克公司,一个普普通通的公司,却凭着其卓有成效的仿效同其展开了无情的竞争,一举超越了阿迪达斯制鞋公司。

1949 年,阿道夫·达斯勒建立了阿迪达斯制鞋公司。他的第一批样品鞋在 1952 年赫尔辛基奥运会上亮相。1954 年,德国足球队穿着阿迪达斯鞋击败了匈牙利队,夺得了世界杯冠军。这次夺冠,阿迪达斯鞋立下了汗马功劳。因为比赛那天下着雨,赛场上很泥泞,可是阿道夫在制鞋时往鞋里拧进了一种特殊的钉子,使得德国运动员那天在赛场上抓地很牢;而匈牙利队队员的鞋却缺少这种摩擦力,因为他们的鞋内没有安这种鞋钉。阿迪达斯鞋一下子出名了。

在跑鞋上,阿道夫有很多革新,例如四钉跑鞋、尼龙底跑鞋和活动鞋钉(这种鞋钉既可插入也可拔出)。此外,阿道夫还发明了一种鞋,它的鞋钉可以有 30 多种不同的排列组合,这种鞋的适用性非常强,可以在室内、室外跑道,天然地面或人工地面等多种场合下使用。

阿迪达斯公司制作的鞋质量优,品种多,因而在具有广泛影响的国际体育活动中长期居统治地位,在蒙特利尔奥运会上,所有个人奖牌获得者中,82.8%的运动员都穿阿迪达斯公司的制品,真可谓"一举成名天下知",阿迪达斯公司的销售额于是上升到 10 亿美元。

然而,在巨额利润的诱惑下,竞争者也开始涌入这个市场。但是,阿迪达斯公司似乎已经成为不可超越的市场老大。除了生产各类体育活动用鞋外,阿迪达斯公司还增加了与体育有关的一些用品,例如短裤、运动衫、田径服、网球服、泳装、便服、各类体育用球、乒乓球拍、越野雪橇,还有流行一时的体育挎包,上面印着醒目的标志"阿迪达斯公司"。

阿迪达斯公司引导着跑鞋业以各种竞赛用鞋发展到各种训练用鞋,并且为各类跑步者制造各种各样的跑鞋。直到后起之秀耐克公司冲上来占领美国市场之前,阿迪达斯公

司拥有 100 多种不同风格和型号的跑鞋,在跑鞋业独占鳌头。

20 世纪 60 年代末 70 年代初,跑鞋业呈现出一派繁荣景象,美国人开始越来越关心自己的身体健康状况。几百万人以前从不参加体育锻炼,这时也开始寻找锻炼的办法。整个 70 年代,参加散步的人数不断上升。据估计,到 70 年代末,美国人坚持散步的有 2500 万到 3000 万,另有 1000 万人则不管是在家还是上街都穿跑鞋。同时,制鞋商的数量也增多了,原先是阿迪达斯公司、彪马公司、台格公司三分天下,后来,许多公司都加入了制鞋行业,如美国的耐克公司、布鲁克公司、新巴兰斯公司、伊顿尼克公司,以及 J.C.彭尼公司、西尔斯公司和康弗斯公司,等等。一些专门推销各种鞋的特种商店如"运动员鞋店""雅典运动员鞋店"和"金尼鞋店"等便如雨后春笋般迅速遍布全美国。各种迎合这个市场的新杂志也迅速问世,发行量不断攀升,例如《跑步者的世界》《跑步者》和《跑步时代》,它们专门给跑步者提供有关信息。竞争也就开始了。

1972 年,奈特和鲍尔曼终于发明出了自己的鞋种,他们决定自己制造这种鞋。制作任务交给了亚洲的工厂,因为那里具有廉价的劳动力。新鞋以耐克命名,这是依照希腊胜利之神的名字而取的。耐克鞋在 1972 年俄勒冈州尤金市奥运会预选赛上首次亮相。穿阿迪达斯的运动员在预选赛中获得了前三名,获得第四名到第七名的马拉松运动员则穿了耐克鞋。

由于精心研究和开发新样式鞋,不久,耐克公司在制鞋业中就处于了领先地位。到了 70 年代末,将近 100 名研究人员受雇于耐克公司的研究和开发部门。公司生产的鞋式样多达 140 余种,其中一些保持了市场上最新颖、最先进工艺的地位。根据不同脚型、体重、跑速、训练计划、性别和不同技术水平,耐克公司时时在设计不同的新式样。

到了 20 世纪 70 年代末 80 年代初,市场上对耐克公司产品的需求十分巨大,有 8000 个百货商店、体育用品商店和鞋店为它经销产品,但这些人中的 60%都提前订货,并且常常要等上半年之久才能拿到货物。这极大地方便了耐克公司完成生产计划和存货费用计划。

从增长情况统计,1976 年耐克公司销售额为 1400 万美元,仅仅 7 年之后便上升到 69400 万美元,在 1979 年初各大公司在美国跑鞋市场上的占有份额中,耐克公司以 33% 居于首位。两年以后,它的份额就接近 50%,更加遥遥领先,而阿迪达斯公司的份额却减少了,不但远低于耐克公司,而且还面临着布鲁克公司、新巴兰斯等公司的强有力竞争。

阿迪达斯公司攻势减弱的原因之一是阿道夫·达斯勒于 1978 年去世了。他去世后,管理权的移交也非常平稳,可是当时它的市场已经被耐克公司蚕食了不少。

阿迪达斯低估了跑鞋市场上的增长情况。阿迪达斯公司拥有 40 多年的制鞋历史,并且在过去的几十年间看惯了市场稳定的低速增长,面对一时的"繁荣"局面,自然会怀疑这种局面能否持续很久。阿迪达斯对市场机会的判断失误并不是唯一的,在这场向市场推出新式运动鞋和革新制鞋工艺的竞争中,好几家历来以经营低价运动鞋见长的公司,都在不知不觉之中被人迎头赶上了。例如著名的康弗斯公司和尤尼罗亚尔·克茨公司,以及许多网球鞋和旅游鞋制造商,都是这样。它们严重低估了市场潜力,于是对扩大生产组织销售等工作下的力气也不大,直到被耐克公司和其他一些新兴的美国制造商远远甩在后头时,才如梦初醒,但为时已晚。

阿迪达斯公司除了低估市场潜力之外,也低估了耐克公司和其他美国制造商的攻势,这也许是阿迪达斯公司败给耐克公司的重要原因。然而,外国公司在许多生产线上都具有本国公司所没有的神秘性和吸引力。那么,白手起家的小小美国制造商,面对具有 40 多年历史,经验丰富的阿迪达斯公司,又是如何形成强大的威胁力量的呢?耐克公司瞅准机会抓住不放,发起不断的攻击,这是它比其他制鞋公司略高一筹的地方。诚然,阿迪达斯公司是无法阻止别的公司进入这个领域的,无论从技术要求还是工厂投资费用上看都是这样,但是,在市场以几何级数增长的情况下,作为制鞋业的领先者,阿迪达斯公司应当看到这种产品容易引起竞争,并应主动采取行动来阻碍这种竞争的发生,它可以采取一些措施,例如加强推销工作、引进新产品、加强研究和开发工作、精心筹划价格策略、不断扩大推销渠道,等等。也许这些行动无法阻止竞争的加剧,但却可以给自己提供雄厚的力量,使自己在未来的激烈竞争中减少损失,多一份胜算。但阿迪达斯公司直至自己的统治地位受到严重侵害时,才采取进攻性的反击行动。这未免为时太晚,也是十分可惜的。

从阿迪达斯领跑地位丧失的案例中,我们可以发现,在竞争日趋激烈的现在,所谓的市场优势是非常脆弱的。市场是变化的,机遇对众多的竞争者一视同仁,不管一家公司在市场上占据怎样领先的地位,如果它只依赖名声而无视外部环境的变化和强大对手的攻势,命运是可悲的。阿迪达斯公司在制鞋业一度居于领先地位,就如国际商用公司在计算机行业中的地位一样,但在关键时刻却放松了警惕,从而减弱了自己的攻势。

跑在前面的人很容易自大。原始需求急剧增长,公司也就刀枪入库,马放南山,警惕性下降,阿迪达斯公司这位制鞋业的领导者的销售额迅速上升,这种形势促成了自满自足情绪的产生。但是,销售额迅速上升的表象后面,却可能掩盖着市场占有率下降的趋势。竞争者正在侵夺这个占统治地位的公司的地盘,取得巨大利益,最终获得了优势,先前的优势者也许就很难东山再起再夺优势了。一个公司的错误也许就能造成另一个公司的成功,这个错误就是:采取必需的行动太晚了。

阿迪达斯公司的致命失误是,面对耐克公司及其美国同行的日益增长的实力和市场形势的巨大变化,没能与市场紧密协调,做出积极地反应,没有对需求量和竞争因素进行更好的调查。许多案例表明,必须按一定的计划,对市场进行广泛的调查研究,才能得到客观的信息。精明的经理应当通过最接近市场的人的系统反馈(例如销售代理人、商人和供应商等),对最新商业杂志上的统计数字和纪事紧密跟踪,从而掌握新的变化情况,并且运用市场份额和发展趋势等资料,来进行系统的监测、控制市场形势和竞争形势。

二、王安电脑公司的败落:不思进取必然被淘汰

美国王安电脑公司创始人、美籍华人王安博士是个传奇式的人物。他创办的王安电脑公司年营业额曾达30亿美元,他本人曾经名列美国第五大富豪。然而,就在1990年8月18日,王安电脑宣布申请破产保护。这一事件惊动了华尔街,惊动了全世界。

王安原籍上海,他自小就有非凡的想象力和创造力。1945年他赴美进入哈佛大学攻读博士学位。很快,他在科技发明上崭露头角,成为华人中第一个被美国电脑巨人IBM聘请的技术顾问。IBM也因为他授权的发明专利,才得以大力发展商用电脑,在当时称霸世界。王安还是第一个进入美国“名人堂”的亚裔科学家,与发明电话的贝尔,发明电灯的爱迪生等人齐名。

20世纪40年代,全世界的计算机科学还处于摸索阶段。由计算机先驱艾肯博士主持的哈佛计算机研究所,任命刚获得应用物理方面博士学位的王安为研究员,并把一个与计算机信息存储有关的难题交给他研究。

当时的美国,仅有一台庞大而笨重的电子计算机在使用。王安与他的助手们一心想发明一些东西,使这台庞然大物变成一台轻巧而便于携带和使用的机器。这个具有创造性的念头,使他日夜沉醉于计算机的未来发展模式。1948年6月下旬的一天,王安在大

步穿越哈佛校园时,一种奇妙的想法像闪电一样掠过脑海。他立刻死死抓住了这个想法,在随后的3个星期里,艾肯博士交给他的课题有了突破性的发展,他由此发明了记忆磁芯。这个非凡的发明解决了不用机械操作便能读出磁性资讯的大问题。艾肯博士十分欣赏这个来自中国的年轻人,随即给他加了23%的薪金,这种做法在哈佛实验室尚属空前。

此后,王安就开始了他的“经过计算的冒险”。他的第一个决定是自立门户,大胆走向实业界。1951年6月30日,王安驾驶着一辆二战前生产的车篷可以折叠的别克汽车,来到波士顿南区的哥伦布大道296号,以70美元一个月的租金,租了办公场地,这里原来是一个汽车库。他买了一张桌子和一把椅子,安装了一部电话,这个原本空荡荡的地方,后来就成了王安公司的营业总部。公司开业不到3个星期,他就收到了发出信件的回函。他研制的磁芯每个卖4美元,在当时这是很昂贵的。而他请人为公司设计的一个犹如轮船方向盘般的标识,总开支仅仅3美元。这个标识使用了几十年,一直没改过。他的夫人邱文霭非常支持他,并帮了他一个很大的忙,使他的记忆磁芯申请到了专利权。

这时,王安从中国到美国,只有短短6年。

电脑界的巨擘IBM公司此时已非常强大。雄心勃勃的王安写信给他们,询问是否对自己发明的记忆磁芯感兴趣。IBM回了信,于是王安成了IBM的顾问,他允许IBM在3年内可以不受专利限制,自由选购他专利申请书上规定的有关器件;而他则可以获得每月1000美元的报酬,从而使刚刚成立的公司正常运转。按照王安的说法,“我发明的记忆磁芯,在使IBM进入商用电脑市场上,扮演了一个角色。”但后来,双方终于为专利权打起了官司,王安与比自己强大一万倍的IBM抗争,得到了40万美元的专利费,这更使他增强了在风浪中站住脚跟的信心。

雄心勃勃的王安并不满足于安逸享乐,对事业的执着追求使他将这40万美元全部用于支持研究工作。1964年,他推出最新的用晶体管制造的桌上电脑,并由此开始了王安电脑公司成功的历程。

1967年,王安公司在同行激烈的竞争中不仅站稳了脚跟,而且在不少方面处于领先地位。王安一举成为5000万美元富翁,王安公司也被评为当时美国成长率最高、最有潜力的少数精英公司之一。

1971年,王安公司推出了当时世界上最先进的文字处理机——1200型文字处理机,

它具有很强的编辑功能,可以对文字进行修改和检索。随后的几年里,王安公司不断推陈出新,改进产品性能,到1978年,王安公司已经成了全球最大的信息产品厂商。

王安公司在其后的20年中,因为不断有新的创造和推陈出新之举,使事业蒸蒸日上。至1986年前后,王安公司达到了它的鼎盛时期,年收入达30亿美元,在美国《财富》杂志所排列的500家大企业中名列146位,在世界各地雇佣了3.15万员工。而王安本人,也以20亿美元的个人财富跻身美国十大富豪之列。

然而,幸运并非总是光顾着王安公司。在20世纪80年代末期,几乎与王安患上绝症的同时,王安公司也由于一连串的重大失误,由兴盛走向衰退。

1989年是各国电脑界深感恐惧的一年。一向居世界第一宝座的IBM公司的经营形势急转直下,纯利额从1984年的65.8亿美元骤降至1989年的37亿美元,DIGITAL、CDI以及苹果公司等均受重创。本已危机四伏的王安公司自然难以例外,营业额减少4000万美元,支出却增加了2亿美元;公司股票从1983年的40美元降至1989年的6美元。1990年2月,GEC以最低价格收买了王安公司的海外租赁融资作业机构。3月,法国的一家公司吞并了王安公司的分公司。面对如此态势,王安公司被迫在8月18日向法院提出破产保护申请,向社会公开承认了公司的崩溃之局。

是什么使一个强大而繁荣的年轻电脑帝国在短短的五六年中分崩离析了呢?当然,其中的原因非常复杂,但主要原因还在于王安本人。

晚年的王安失去了蓬勃向上的进取精神,在经营上故步自封,判断力趋向迟钝,使公司失去了原有的日新月异的优势。以他的天才,他居然没有发现向更廉价和多功能化方向发展的个人电脑,必将淘汰他的功能单一的文字处理机和大体型的微机。当IBM等公司致力发展个人电脑之际,王安却不听下属劝告,拒绝开发这类产品。当电脑行业向更开放、更工业化、标准化的方向发展时,王安却坚持自己老一套的专有的生产线。这时王安公司的产品不但未赶上发展兼容性高的个人电脑这一电脑新潮流,而且失去了王安电脑原有的宝贵特征和性能。在电脑这一科技含量高且高速发展的行业中,新产品开发与市场脱离必然导致一个公司的失败。

另外,我们还可以从文化的角度剖析王安公司失败的内因。在王安公司鼎盛局面的背后却已经潜伏着巨大的文化危机。文化意识危机和故步自封的心态潜伏在企业管理的方方面面,傲气与名气同步增长。电脑行业的特点是产品的更新换代十分迅速,市场变化风雨难测，一旦失去超前的判断能力，就可能造成经营决策上的失误，这种失误很可能是致命的。

1.科学家文化与商业文化的冲突

以科学家、发明家身份进行商业经营的王安，骨子里秉持的是一种科学家文化，而不是商业文化。殊不知，计算机商用的浪潮已经汹涌来到了。随着办公自动化潮流的兴起，客户的兴趣转移到小型计算机和文字处理机，为了迎合客户的兴趣，一些电脑公司，如苹果电脑公司、IBM公司都积极投入到个人电脑市场，尤其是IBM公司，在美国南部的佛罗里达州的BACAKATON组织了一个与世隔绝的个人电脑研制小组，研发成功后迅速投入市场，这种电脑质量居市场之首，抢占了世界电脑市场，这对王安公司是一个沉重的打击，它挤掉了王安赖以生存的3个产品中的两个——2200型计算机和文字处理器。其实早在1979年，王安实验室负责产品计划和管理的副总裁就向公司建议研制个人电脑，王安的儿子也支持这一建议，但是王安的固执和保守，使他自信地认为，个人电脑和庞大的电子计算机比起来只不过是计算机业余爱好者的小玩具而已。堂堂大公司搞这种东西，是“闻所未闻的荒唐事”。导致王安公司错过了当上行业领头羊的机会，虽然此后王安认识到个人电脑市场的机会，但为时已晚，这关键的一步走错了，王安公司的衰败迹象就显露无遗。公司开始大量裁员，不得不依靠短期贷款来维持生计。1990年，70岁的王安死于癌症，由米勒任王安公司的董事长，公司损失7.16亿美元，不得不宣布破产。

2.东西方家族经营文化的冲突

公司破产不得不归咎于王安所奉行的家庭经营模式。王安于1986年任命儿子王列为公司总裁，又安排三子考尼特·王做王安传播公司总裁，后又提升为王安公司副总经理。对这种人事安排，公司董事会成员们纷纷反对，然而王安固执地认为王列有能力胜任总裁之职，结果证明王列根本没有王安那种驭才之术，不会处理手下的3个支柱——考尔科、考布劳和斯加尔。本来王安采取“分槽养马”的办法，让他们各自负责一个研制小组，互相竞争，推动公司发展，而王列却强调内部合作，要统一他们3个人的思想，但这根本是不可能的，使得他们先后离开了王安公司。王安任人唯亲的做法也使得公司的市场专家约翰·卡宁汉和负责产品质量的副总经理乔恩·布罗普先后辞职，大量人才外流，使王安公司内部空虚，危在旦夕。虽然王安公司高薪聘请了以擅长挽救濒危企业而闻名的爱德华·米勒加盟，米勒也实施了很多拯救措施，但还是无力回天，王安这颗电脑王国里的巨星最终陨落了。

家族经营在东西方都是很普遍的现象,但这背后却蕴藏着不同的文化,区别在于有无制衡机制。西方创始家族往往是控制一部分股份,并且要在董事会的制约下进行经营,或者通过董事会对企业进行控制,本质上是将公司作为公众公司看待的,当家族无意控制企业时,则可以随时变现退出。在西方,独裁式的世袭制则相当罕见。而王安将两个儿子全部安排在公司任要职,而且不受制约,独断专行,这在目前我国许多家族企业是一样的,是典型的世袭制。这本质上是将公司作为家族财产看待的。家族有责任将企业一直经营下去,必然与家族中有无经营型人才产生悖论。

在王安的自尊背后,是强大的非理性因子。这使王安公司成为一个家庭,而不是企业。王安始终想一人或一家控制公司,他一再强调,他绝不愿丧失对公司的控制权,让外人糟蹋了自己多年苦心经营的成果。身处现代企业制度高度发达的美国,王安一定十分清楚现代企业制度的重要性,他自己也未尝不想导入现代企业制度。然而,他的中国传统文化观念,却与现代企业制度产生严重的冲突,这些观念主要是权威的观念、以血缘为纽带的家的观念等。

3.保守思想与创新思维的冲突

在某种程度上,王安突破了东方人相对的保守思想,他早期的成功在于他富于创新和冒险精神,具有经营决策的过人胆识和雄才伟略,他既有不断探索和创新的精神,又有经商的智谋和管理的才能,能正确判断市场需求,准确把握企业发展的方向,抢先开发新产品,拓展市场占有份额,善于组织管理形式,实行灵活管理,延揽人才,委以重任,坚信企业的生命力在于发现需要,满足需要,在于顺应潮流的变化,不断变革创新。

但命运的轮回使王安最后归于保守。他的失败在于晚年开始逐渐失去昔日的灵感,反应迟钝,优柔寡断,看不清市场的需求变动方向,屡屡否决下属千辛万苦搞出的新产品和提出的正确建议,结果丧失了市场机会。同时,加强了对科技开发人员的限制,科技人员的积极性和创造性一再被扼杀。随着公司规模的扩大,管理层的增加,导致决策模式不再简单,管理效率和新产品的开发速度降低,从而市场份额降低。王安晚年任人唯亲的做法导致人才流失,使得公司内部空虚,失去了公司生存的支柱,最终导致了公司破产。

王安公司由盛而衰的事例能给我们以什么样的启示呢?

1.故步自封。创新意识淡薄,必将为市场竞争所淘汰

王安撰有《教训》的自传,总结了自己的经验教训。他说,企业的生命力在于发现需要,满足需要,在于顺应潮流的变化,不断变革创新。王安公司在最初的20世纪60年代,新产品如泉水之涌,曾令电脑业同行震惊。但随时间的推移和帝国的扩张,这种创新意识却开始钝化,判断迟钝。在市场竞争日趋激烈的今天,作为一个企业,如果不思进取,不是根据市场需要不断推出新产品,并改善服务,肯定会被淘汰出局。

2.用人不当。公司必走向衰败

王安启用其子作为公司总裁,本是无可厚非。但关键是其子对公司经营管理近乎文盲。在公司濒临财政危急之时却抓不住要害问题,而大谈管理问题,因此使王安公司丧失了挽回败局的机会。同时,由于王安重用庸才,伤害了公司几员大将的心,导致他们纷纷离开分司,使自己失掉了左膀右臂。现代公司的经营管理人才需要有过硬的本领,古典式的"老板"当家的做法已经适应不了现代市场的需求。除非"老板"是懂管理、会经营的行家。

3.公司管理机构臃肿。不能灵活应对市场。必是死路一条

后期的王安公司管理模式日趋僵化,限制多,没有调动科研人员的积极性。而且,机构臃肿,人浮于事,运转失灵,不适应千变万化的市场竞争。就如庞大的恐龙,一旦外界条件发生剧变,就马上在地球上绝灭。

4.一定要重视服务。重视客户的需求

电脑客户从使用方便出发,要求厂家保证电脑具有某些技术标准,以便在不同机种和资料处理系统之间易于交换资料或交互作用。不少公司为了适应这一需求,纷纷推出与IBM产品相容的个人电脑。王安则固执己见,长期坚持生产与IBM产品不相容的电脑,引起客户的反感和不满。此外,王安公司还通过机器维修和其他附加费用,从老客户那里不断收取钱财,伤害了众多老客户的感情。

亚特兰大一个王安公司的客户当时就这样激烈地表达对王安公司的不满:他最近摆脱了价值10万美元的王安微机,购买了一套125型台式个人电脑联网系统,因此节省了10万美元维修费。他说,王安公司的做法简直使所有客户都想抛开它的设备,尽快走开。

从以下一些客户的意见中就可想见当时王安公司的公共形象如何:

客户A:"我们喜欢用王安的产品。但是,公司的管理一直存在着大问题。"

客户 B:“我们公司因技术问题打电话询问王安公司,他们竟然要收费 175 美元,简直不可思议。”

客户 C:“王安博士可能是一位杰出的发明家,但绝不是一位杰出的经营者。”

客户 D:“王安公司已不像从前,他们在软件设计、售后服务和准时交货方面很令我们失望,他们已不再是我们的唯一选择。”

由此可见,由于王安公司不注意市场需求,不听取客户意见,服务意识淡薄,使得公司与客户间的关系非常紧张,企业经营走下坡路是必然的。

以上 4 点,可说是王安帝国崩溃的最主要原因,也是其他企业最需要借鉴学习的地方。

三、巴林银行的倒闭:内部监管不能松懈

1995 年 2 月 27 日,英国中央银行宣布,英国商业投资银行——巴林银行因经营失误而倒闭。消息传出,立即在亚洲、欧洲和美洲地区的金融界引起一连串强烈的波动。东京股市英镑对马克的汇率跌至近两年最低点,伦敦股市也出现暴跌,纽约道琼斯指数下降了 29 个百分点。

巴林银行创建于 1793 年,创始人是弗朗西斯·巴林爵士,由于经营灵活变通、富于创新,巴林银行很快就在国际金融领域获得了巨大的成功。可以说巴林银行是一家历史悠久,实力雄厚的老牌世界级银行。其业务范围也相当广泛,无论是到刚果提炼铜矿,从澳大利亚贩运羊毛,还是开掘巴拿马运河,巴林银行都可以为之提供贷款。但巴林银行有别于普通的商业银行,它不开发普通客户存款业务,故其资金来源比较有限,只能靠自身的力量来谋求生存和发展。在 1803 年,刚刚诞生的美国从法国手中购买南部的路易斯安那州时,所用资金就出自巴林银行。1886 年,巴林银行发行“吉尼斯”证券,购买者手持申请表如潮水一样涌进银行,后来不得不动用警力来维持,很多人排上几个小时后,买下少量股票,然后伺机抛出。等到第二天抛出时,股票价格已涨了一倍。20 世纪初,巴林银行荣幸地获得了一个特殊客户:英国王室。由于巴林银行的卓越贡献,巴林家族先后获得了 5 个世袭的爵位。这可算得上一个世界纪录,从而奠定了巴林银行显赫地位的基础。

但是,1995 年 2 月,一场梦魇开始了——千里之堤溃于内部!制造这一梦魇的是其

内部的曾经业绩辉煌的职工——尼克·理森。

理森于1989年7月10日正式到巴林银行工作。这之前,他是摩根·斯坦利银行清算部的一名职员。进入巴林银行后,他很快争取到了到印尼分部工作的机会。由于他富有耐心和毅力,善于逻辑推理,能很快地解决以前未能解决的许多问题,使工作有了起色。因此,出于对他的信任,1992年,巴林总部决定派他到新加坡分行成立期货与期权交易部门,并出任总经理,既主管前台交易,又负责后台的报表统计,直接向伦敦负责。但"新行"成了"灾星"却是谁也没有料到。理森作为新加坡分行期货交易负责人,认定日本股市将会上升,未经批准就利用"错误账户"中的资金进行风险很大的衍生金融商品交易,大量买进日经指数的"买入"期货和日本利率的卖出"期货"。1994年底,他在日本期货交易所作空头交易——卖出200亿美元的利率期货,买入70亿美元的日经股指期货。进入1995年后,日本股市持续低迷。天有不测风云。1995年1月,关西大地震使股价雪上加霜,利率下跌,结果理森满盘皆输。为了弥补最初的巨额亏损,理森在这种高风险的交易中越陷越深,无法自拔。2月,日经指数持续下跌,理森不得不抛掉手中的日经指数期货和利率期货,输掉了将近10亿美元。而且,这些合同并未到期,单是日经指数每下跌一个百分点,他就要赔7000万美元。2月23日,股市继续下跌,理森意识到自己已经回天无力,便在办公室留下"对不起"的纸条后逃之夭夭。次日,东窗事发,巴林银行濒于破产。在巨额的亏损之中,在回天无力的挽救之后,巴林银行以一英镑的象征价格卖给了荷兰的国际荷兰集团,几百年历史的老店溃于一旦!

作为英国著名的老牌商业银行,能在短短的时间内出现如此大的问题,并导致倒闭,真是让人震惊不已。巴林银行倒闭的原因归结起来有如下几点:

1.内部管理制度存在严重漏洞

从制度上看,巴林银行最根本的问题在于交易与清算角色的混合,主管前台交易又负责后台统计的单人负责,这是导致巴林银行千里之堤溃于一旦的最为关键的原因。也就是内部监控的空白直接导致了巴林的破产。理森在1992年去新加坡后,任职巴林新加坡期货交易部兼清算部经理,既主管前台交易又负责后台统计。作为一名交易员,理森本来应有的工作是代巴林客户买卖衍生性商品,并代替巴林银行从事套利这两种工作,基本上是没有太大的风险。因为代客操作,风险由客户自己承担,交易员只是赚取佣金,而套利行为亦只赚取市场间的差价。例如理森利用新加坡及大阪市场极短时间内的不同价格,替巴林赚取利润。一般银行对于其交易员有一定额度的风险部位的许可。但为防止交易员在其所属银行暴露在过多的风险中,这种许可额度通常定得相当有限。而通过清算部门每天的结算工作,银行对其交易员和风险部位的情况也可予以有效了解并掌握。但不幸的是,理森却一人身兼交易与清算两职。如果理森只负责清算部门,如同他本来被赋予的职责一样,那么他便没有必要、也没有机会为其他交易员的失误行为瞒天过海,也就不会造成最后不可收拾的局面。在损失达到5000万英镑时,巴林银行总部派人调查理森的账目。事实上,每天都有一张资产负债表,每天都有明显的记录,可看出理森的问题。即使是月底,理森为掩盖问题所制造的假账,也极易被发现——如果巴林真有严格的审查制度。理森假造花旗银行有5000万英镑存款,但这5000万已被挪用来补偿"错误账户"中的损失了。事实上,从1993年到1994年,巴林银行在SIMEX及日本市场投入的资金已超过11000万英镑,超出了英格兰银行规定英国银行的海外总资金不应超过25%的限制。为此,巴林银行曾与英格兰银行进行多次会谈。在1994年5月,得到英格兰银行主管商业银行监察的高级官员之"默许",但此默许并未留下任何证明文件,因为没有请示英格兰银行有关部门的最高负责人,违反了英格兰银行的内部规定。在发现巴林倒闭前的两个月时间里,有很多巴林的高级及资深人员曾对此总是加以关切,更有巴林总部的审计部门正式加以调查。但是这些调查,都被理森以轻易地方式蒙骗过去。理森对这段时间的描述为:"对于没有人来制止我的这件事,我觉得不可思议。伦敦的人应该知道我的数字都是假的,这些人都应该知道我每天向伦敦总部要求的现金是不对的,但他们仍旧支付这些钱。"

2.对职员的过度信任和放纵

从人力资源管理角度来看,巴林银行对理森的英雄似的任命与圣人似的信任,导致了巴林银行对理森行为绝对信任和放纵,这也就必然导致对理森行为的监控空白,这也是巴林银行这家曾经光芒四射的老牌金融机构一夜之间轰然倒塌的深层原因。不错,理森是为巴林银行的盈利和发展曾经做出过卓越的贡献,他1993年为公司赚了1400万美元。对于这样的能人,巴林银行理所当然要重用。这是没有任何异议的。但是,问题在于它违背了"人是靠不住的"这条管理学的戒律。绝对的权力产生绝对的腐败,不幸在巴林银行的身上得到又一次的应验。当然,应验的代价就是这座千里之堤的崩溃。巴林的许多高层管理者一味相信理森,并期待他为巴林套利赚钱。在巴林破产的两个月前,即

1994 年 12 月，于纽约举行的一个巴林金融成果会议上，250 名在世界各地的巴林银行工作者，还将理森当成巴林的英雄，对其报以长时间热烈的掌声。但理森的能力也是一把双刃剑，理森是精通电脑系统的专家，曾经到东京分行处理过电脑不显示交易的问题，知道如何使自己的交易避开电脑监督。同时他还精通财务报表，知道如何来对付财务的审计和调查。再加上总行对他的圣人似的信任，使得理森有机会也有能力去冒巨大的风险，最终导致了巴林银行的彻底溃败。理森说："有一群人本来可以揭穿并阻止我的把戏，但他们没有这么做。我不知道他们的疏忽与罪犯级的疏忽之间界限何在，也不清楚他们是否对我负有什么责任。但如果是在任何其他一家银行，我是不会有机会开始这项犯罪的。"

巴林银行的倒闭给我们的启示是：

银行或企业管理人员必须完全熟悉自己所主管的业务；

银行或企业的各项业务活动必须分工明确，彼此间要保持良好的联络沟通；

必须建立独立的风险管理机构和内部审计机构；

前台交易与后台交割结算这两部分工作必须严格分开，实行有效的内部控制；

银行或企业高级主管必须迅速处理和克服内部审计师或其他有关人员所发现的一些重大缺点和问题；

银行企业有关管理人员要经常定期到海外分部去检查工作，走访当地的交易员、风险管理人员及其他职员，以获得第一手资料，正确对待那些为企业带来高额利润的交易人员，防止绝对的信任产生绝对的腐败。并且设法防止他们为了经济利益而进行愚蠢的过度冒险投机。

庞大的金融、企业集团须有严格的监督制度，才能保证其业务的正常运营。失去了这一点，再小的疏漏也会导致万吨巨轮的倾没。同时，牢记绝对的信任产生绝对的权力，绝对的权力产生绝对的腐败。

納諫遣女

宋仁宗

纳谏遣女[1]

【历史背景】

明代大政治家、大学士张居正引述了以上故事之后说道:“宫禁中的事,一向是人主讳言,不愿意谈的,而房帷中的情爱,又是人情所牵念的。现在,宋仁宗已经收下了二女子,并且已经服侍过自己,一旦听到王素的谏言,马上开诚直言相告,一点儿也没有躲躲闪闪的样子,并能立即割舍所爱,一点也不迟疑,真可以说是速于从谏和勇于改过了。这真是大德盛美的事啊!”

宋仁宗初名受益,是宋真宗的第六个儿子,立为皇太子之后赐名赵祯,十三岁的时候即位,是北宋的第四代皇帝,在位四十一年。他在位时候宋朝进入了鼎盛的时期,但也是衰落的开始。在宋仁宗的后期,官僚机构膨胀,对西夏的战争多次失败,后来虽然西夏向宋称臣,但宋朝被迫以“岁赐”银、绢、茶妥协,对辽也以增纳岁币求和,当时土地兼并现象日益严重,虽然任用范仲淹等人进行改革,但最终失败了。而且在宋仁宗的时候经济也出现了危机。仁宗最后病死在汴京宫中福宁殿。遗诏中说,由太子赵曙继承皇位,封曹皇后为太后,要求自己的丧事一定要从简。据说他逝世的消息传到敌对国家辽国,竟然“燕境之人无远近皆哭”,甚至连辽国皇帝耶律洪基也握着使者的手大声痛哭道:“四十二年不识兵革矣。”足可见赵祯是无愧“仁”宗的称号的。宋仁宗的陵墓是永昭陵,谥号“体天法道极功全德神文圣武睿哲明孝皇帝”。

【原文】

宋史纪:仁宗时王德用[2]进二女,王素[3]论之。上笑曰:“朕真宗子,卿王旦[4]子,有世旧[5],非他人比。德用实进女,然已在朕左右,奈何?”素曰:“臣之忧正恐在陛下左右耳。”上动容,立命宫官遣女。素曰:“陛下既不弃臣言,亦何遽耶?”上曰:“朕若见其人留恋不

肯行,恐亦不能盥矣。”顷之,宫官奏宫女已出内东门,上乃起。

【张居正解】

宋史上记,仁宗时,王德用判定州,曾取两个女子献入后宫,以悦仁宗之心,仁宗就收留在后宫,这是仁宗差处。那时谏官王素闻知,即奏此女不可收留,劝仁宗去之。仁宗笑对王素说:“朕乃真宗之子,卿乃宰相王旦之子,卿父辅佐我父皇,君臣相得,则朕与卿有世好之旧,与别的群臣不同,只得实与卿说,这两个女子委的是王德用进的,但朕已误纳,现在左右服侍了,如何去得?”王素奏说:“陛下以此女在左右为不可去,不知臣之所忧,正恐此女在陛下左右蛊惑圣心,有累圣德,所以劝陛下去之耳。”仁宗一闻此言,遂自悟其失,悚然动容,即时命宫官打发二女出宫。王素奏说:“陛下既已听臣言,少待陛下还宫从容遣之,亦无妨,何必如此急遽。”仁宗说道:“待我还宫时,万一此女有留恋不肯去的意思,我那时为情所牵,恐也遣她不成了,不如趁今遣之为易。”少时,宫官来奏,二女子已出内东门去讫。仁宗方才退朝。夫宫禁之事,乃人主之所讳言,而房帷之爱,又人情之所牵恋。今仁宗既纳二女,已经进御,一旦闻王素之谏,即开诚直告,略无回互,割舍所爱,不少迟留,可谓从谏之速而改过之勇矣。此真盛德事也。

【注释】

①本篇出自王巩《闻见近录》、邵博《闻见后录》卷一,并见《宋史 · 王素传》。记述宋仁宗听从王素的谏言遣送宫女的故事。

②王德用(980~1058):宋郑州管城(今河南郑州)人,字元辅,曾任殿前左班都虞候、英州团练使等。仁宗即位后,领安德军节度使,定州路都总管,在定州任内,曾向仁宗进献两女子。

③王素(1007~1073):宋大名莘县(今属山东)人,字仲仪,真宗时宰相王旦次子。庆历时,累迁知谏院,以论事无所畏惧,获仁宗嘉奖,擢天章阁待制、淮南都转运按察使等官。

④王旦(957~1017):宋大名莘县人。真宗时任同知枢密院事,参知政事。寇准对他屡加非议,但他却常称寇准之美。天禧元年(1017)罢相,还极力推荐寇准继任。

⑤世旧:世代交谊。

【译文】

宋代史书上记载:仁宗时王德用进献了两个女子,王素上书劝谏,宋仁宗笑着说:"我是真宗皇帝的儿子,你是王旦的儿子,有世代旧交,不能和他人相比,王德用确实进献了女子,但已在我左右侍候了,怎么办?"王素说:"我所忧虑的就是怕这女子在陛下左右侍候。"仁宗改变了态度,立刻命令内宫官员去送走女子。王素说:"陛下既然听取了我的意见,何必这样急促呢?"仁宗说:"我若见到这两个女子留恋不愿走时,也恐怕不能打发走了。"不一会儿,宫官来报告说,宫女已送出内东门了。仁宗才起身回去。

【评议】

历代帝王,都拥有很多的妃嫔,大多喜欢女色,可以说这是帝王的一个通病,只是有的人能够对自己的行为有所限制,而有的人却会对自己不加管束,致使贪恋女色,误了国家大事,甚至搭上了江山社稷和自己的性命,而遗臭万年。这样的事情历史上比比皆是,教训与经验也很多,但是帝王们虽然知道,却无法在自己生活中对此加以借鉴。或许因为皇帝身处那样的环境、又拥有那样的权势,后宫的佳丽们也要为自己的前途投皇帝之所好,自然,皇帝就无法处理了。在故事中的宋仁宗不就是遇到了这样的问题吗?他之所以接受这两个宫女,在王素没有进谏之前,也想过要拒绝,但就是没能办到,即使是在接受了王素的谏议之后的尽快行动,也就是担心自己有可能会后悔。所以宋仁宗也是英雄难过美人关的典型啊,但是仁宗在这里值得肯定的地方就在于他敢于面对自己的过失,并能及时地改过。

【镜鉴】

一、奢靡之害

《群书治要·孔子家语》[1]记载，孔子说："往古者，所以知今。人主不务袭迹于其所以安存，而忽怠于其所以危亡，是犹未有以异于却步，而欲求及前人也，岂非惑哉？"意思是说，从前之事是用以启发当今之人的。如果一个君主不努力追寻前朝之所以能安稳存在的足迹，又不重视其之所以危亡的原因，这就好像一如往常地倒退行走，却期求能赶上前人。《易经》说："君子多识前言往行，以畜其德"。学习古圣先贤的言论和行事，以培养和提高自己的道德学问，是历代凡有成就者共同的规律，无论是为君、为臣，为政、治学，概莫能外。

在这方面，唐太宗做出了最好的榜样。太宗二十七岁继位后，深知创业不易，守成维艰，于是命令魏征、萧德言等，整理历代治国资政史料，编撰成《群书治要》一书。唐太宗在读《治要》后感慨道："朕少尚威武，不精学业，先王之道，茫或涉海。观所撰书，见所未见，闻所未闻，使朕致治稽古，临事不惑。其为劳也，不亦大哉！"并命令缮写《治要》十余部，分赐太子及诸侯王以作从政龟鉴。由此可见，正是太宗对于历史经验的尊重和借鉴，使其成就了"贞观之治"的盛世。

《群书治要》从天道规律、历史规律、人性规律、社会规律、道德教化规律等方面系统论述了奢靡之害。研读《群书治要》关于奢靡之害的论述，可以更好地形成共识、凝聚力量，为坚持不懈地反对享乐主义和奢靡之风、实现中华民族伟大复兴的中国梦提供信心和动力。

(一)天道规律："天道损有余而补不足"

《易经》上说，古代的圣人上观天象，下察地理，从中得出了关于世间一切事物产生、发展和变化的规律。所以，所谓的天道，就是自然而然的规律。在中国古人那里，我们应当如何行为并不是随意规定的，而是奠定在对天道的深刻洞察的基础之上的。那么，天道有怎样的规律呢?

《易经》认为:“一阴一阳之谓道。”这个阴阳,不是虚玄的,一一都有事实可以作为依据:譬如,有日必有夜,有寒必有暑,有春夏就有秋冬,有潮涨就有潮落等等。从这个道理来观察,都是一盈一衰,一消一长。而把这个道理推及到人事,也是如此:例如人世的一盛一衰,人心的一忧一喜等等。中国古人所说的“富不过三代”,讲得就是这个道理:第一代创业者往往是白手起家、兢兢业业,用自己的双手开创了天下,第二代还能耳闻目睹父辈创业的艰难,还懂得克勤克俭,励精图治,但是到了第三代,一出生就过着骄奢淫逸的生活,久而久之就把祖辈父辈辛辛苦苦开创的基业败光了。这些变幻的人事,有智慧的人自然会留心看得出来,晓得与日月起落、寒暑往来的道理是一样的。天道是个太极图,半边是黑的,半边是白的,中间有一个界限;如果过了这个界限,阴阳失去了平均,就要引起变化,这叫作“阳极则阴生,阴极则阳生”;换句话说,就是盛极必衰,消极必长,物极必反。

天道是非常简单的一件事:就是过分的,要受到制裁;吃亏的,要受到补益。这就是《尚书》上所言“天道福善祸淫”以及《老子》上所言“天道损有余而补不足”的道理。孔子就是个典型的例子,他所奉行的就是“温、良、恭、俭、让”的德行,而他的子孙后代又都能奉行孔子提出的品德教育思想,所以孔子的后代一直传到现在保持了两千多年而不衰。

在历史上,凡是家道能够承传三代以上的家族,都有严格的家规、家教、家训,正如《群书治要·文子》所说:“生而贵者骄,生而富者奢。故富贵不以明道自鉴,而能为非者寡矣。”所以,熟读圣贤经典,提倡节俭、反对奢侈享乐便成为这些家族家教的重要内容,从而使得“君子以俭德避难,不可荣以禄”(《群书治要·周易》)、“在上不骄,高而不危;制节谨度,满而不溢。高而不危,所以长守贵也;满而不溢,所以长守富也”(《群书治要·孝经》)、“位也者,立德之机也;势也者,行义之杼也”(《群书治要·中论》)等思想深入人心。这样才能做到凡事节约而不奢侈浪费,并能控制自己的欲望,把职位、权势作为建立仁德、施行道义的工具,而不是骄奢淫逸的资本,从而避免身败名裂乃至“富(贵)不过三代”的悲剧。

凡人对于勤俭节约,都是恭敬欢喜;而对于骄奢淫逸,都是怨怒隐恨。因此天道也是人事的表现,《尚书》说:“天视自我民视,天听自我民听。”从此可知,我们对面的一切人、一切物,就是天,随处都是有天理存在其中的。因此,古人教导我们,对他人的劳动果实,

要珍惜节约，正如《群书治要·汉书》所言"古之人曰：'一夫不耕，或受之饥；一女不织，或受之寒。'生之有时，而用之无度，则物力必屈。"意思是古代的人说：一个农夫不耕种，有的百姓就会挨饿；一个妇女不织布，有的百姓就会受冻。万物的生长是有时节的，但使用却没有节制，这样财物一定会用尽。面对由于人类无止境的贪求所导致的资源枯竭和生态危机，古人的远见卓识不能不引起今人的重视。

（二）历史规律："成由勤俭败由奢"

《群书治要·淮南子》就讲到："成康继文武之业，守明堂之制，观存亡之迹，见成败之变，非道不言，非义不行，言不苟出，行不苟为，择善而后从事焉。"意思是说，周成王和周康王继承文王和武王的基业，遵守明堂制度，明察前代兴亡的事迹，看清国家成败的演变，不合乎道义的话不说，不合乎义理的事不做，言论不随便出口，举动不随便作为，先选择出好的方法然后根据它去行事。正因如此，"成康盛世"时，社会安定和谐，甚至达到了囹圄空虚、刑措不用的境界。

而自周成王、康王以后到了汉代，几乎将近一千年的时间，想治理好天下的君主非常之多，可是太平盛世却不能复兴，这其中的原因是什么呢？《群书治要·汉书》上用一句话道明了根源："以其舍法度而任私意，奢侈行而仁义废也。"原因就在于，领导者舍弃了治国的常理常法，放纵自己的私欲，奢侈风行而荒废了仁义。《群书治要·魏志下》上记载着臣子有这样的进谏：所谓好的政治，主要是提倡节约，珍视民力；所谓恶劣的政治，就是随心所欲，想干什么就干什么。希望陛下认真考察一下古代的政治，开国之初为什么会清明兴盛，到末期为什么会衰弱以至于灭亡，同时再看一看汉朝局势的变化，就足以触动内心而产生戒惧了。

《群书治要·晋书上》也讲到："三代之兴，无不抑损情欲；三季之衰，无不肆其侈靡。"也就是说，从历史上看，夏、商、周三代之所以兴盛，没有不是抑制自己情感上的欲望而成就的；三代的衰败也没有不是由于恣意讲究奢侈浪费而导致的。可见，要重建盛世、实现中华民族伟大复兴的"中国梦"，必须首先杜绝奢靡之风。

关于奢靡之风对国家衰亡的影响，《群书治要》上的论述很多，并把这视为盛世之主与衰世之主的根本区别之一。《群书治要·政要论》上说："故修身治国也，要莫大于节欲。传曰：欲不可纵。历观有家有国，其得之也，莫不阶于俭约；其失之也，莫不由于奢侈。俭者节欲,奢者放情。放情者危,节欲者安。”意思是说修身治国,没有比节制欲望更重要的了。经传上说欲望不可放纵。遍观家庭与国家,其取得成功,没有不凭借于俭约的;其导致失败,没有不是因为奢侈的。俭约者控制欲望,奢侈者放纵情感;放纵情感者危险,节制欲望者平安。尧舜所住之处,门前只有三级土台阶,夏天穿葛布衣服,冬天穿鹿皮衣服。大禹宫室低矮,饮食微薄。这几个帝王,不是其心里不喜好,但是却做到了十分节俭。可见,大凡历史上能成功治理国家的君臣,无不是节欲俭朴。

《群书治要·说苑》记载:季文子作鲁国宰相,妾不穿丝绸,马不吃粮食。仲孙忌劝他说:“你是鲁国上卿,妾不穿丝绸,马不吃粮食,别人将会认为你是吝啬,并且使国家不光彩。”季文子说:“是这样吗?我看到国人的父母都还穿粗衣、吃蔬菜,我因此不敢奢侈。而且我听说君子靠高尚的道德使国家光彩,没有听说过是依靠妾和马。所谓德,是既能使我有所得,也能使他人有所得,所以能够推行。如果放纵自己,尽情奢侈,沉迷于错综华美的色彩,不能反躬自省,怎么能守卫国家呢?”仲孙忌听了惭愧而退。

乱世之君臣却恰恰相反。《群书治要·商君书》说:“今乱世之君臣,区区然皆欲擅一国之利,而搜一官之重,以便其私,此国之所以危也。”在这里就指出,当时乱世的君主、臣子,都得意扬扬地欲独占一国一方的利益,探求哪个官位更重要,好便利自己谋私,这就是导致国家危亡、不能实现成功治理的原因。

可见,唐朝著名诗人李商隐在《咏史》一诗中所写的“历览前贤国与家,成由勤俭破由奢”,正是总结了历史发展得出的必然规律。

(三)人生规律:“人之性欲平,嗜欲害之”

在古人看来,人性生而虚明洞彻,人心原本也是平和的。正是因为贪着物欲,所以使心性受到染污,失去了本有的光明。从而导致了利令智昏,情令智迷。这恰如一晶莹剔透的水晶球,原本光芒四射,但是为污泥所染,蒙蔽了本有的光芒。正如《群书治要·老子》所言:“五色令人目盲;五音令人耳聋;五味令人口爽;驰骋田猎,令人心发狂;难得之货,令人行妨。”而修身的目的,无非是去除外在的染污,回复心性的光明。这就是《大学》上所说的“明明德”。

《群书治要·文子》说:“水之性欲清,沙石秽之;人之性欲平,嗜欲害之。唯圣人能遗物反己,不以身役物,不以欲滑和,是以高而不危,安而不倾也。”意思是说,水的本性是清净的，但沙石却使其混浊；人的本性是安静的，但是欲望却来祸害它。只有圣人能够抛弃物欲而回归自己的本性。圣人不被物欲所控制，淡然自若的心态不被欲望扰乱，这样才能身处高位而不危险，保持安稳而不倾覆。

古人云：欲是深渊。奢靡之风的盛行，使人沉溺于享乐奢侈而不能自拔，丧失了心性之正，导致的是欲壑难填，久而久之就会走上玩物丧志的道路，甚至为了满足自己的不断增长的欲望而泯灭天良。

《群书治要·尚书》记载：帝禹之孙、帝启之子太康身居帝位而不务正事，贪图安逸享乐，丧失了应有的品德，百姓都对其怀有二心。他纵情游乐没有节制，在洛水之南打猎，百余天不回京都。有穷国国王后羿，趁着国民不能忍受其所作所为的机会，在黄河岸边阻挡太康回都。当时，太康的五个弟弟侍候他们的母亲随从打猎，在洛黄交汇的河湾等候他。其五个弟弟都埋怨太康，遂遵循大禹的训诫而作歌，这就是历史上著名的"五子之歌"。其中之一这样说道："训有之曰：内作色荒，外作禽荒，甘酒嗜音，峻宇雕墙，有一于此，未获弗亡。"意思是说，在内迷恋女色，在外迷恋游猎，纵情饮酒毫无节制，贪嗜歌舞不知满足，住着高大的房子，墙上还雕饰彩色图案。以上几项只要沾有一项，就没有不灭亡的。更何况现在某些领导干部以上几项全都沾染了呢？这一训诫直到今天仍然有助于领导干部提起戒慎警惧之心。

(四)社会规律："用费则民贫，民贫则奸智生、邪巧作"

从社会发展的规律来看，奢靡之风导致了奸邪的产生，并且使道德教化难以取得实效并深入人心。

《群书治要·管子》论述道：以前圣君开始制造车船，是为了方便百姓办事。而今的君主制造车船就与此不同了。完备、坚固、轻巧、便利都具备了，却仍向百姓横征暴敛，用来装饰车船，用彩色刺绣装饰车辆，用精雕细刻装饰舟船。于是，女子放弃纺织而去学习刺绣施彩，所以百姓挨冻；男子放弃耕种而去学习雕刻，所以百姓挨饿。君主制造车船如此华美，左右亲近的臣子亦都效仿。这样，百姓饥寒交迫，所以去作奸犯科。违法乱纪的事多了，那么刑罚就越苛刻，刑罚苛刻国家就会动乱。国君真正想使天下太平，确实憎恶天下混乱，那么从制造车船的节俭上就不能不审慎了。可见，车船只是便利人们的实用工具，不该成为竞奢斗富的摆设。

管子还分析道：当一个国家有了奢侈浪费的风气时，它的花费就会非常多（则用费）。“用费则民贫”，花费很多，老百姓就会贫穷没有钱财。而现在很多国家因为奢侈浪费已经在花费第二代、第三代的钱财。这种不合理的现象根源在于自私，甚至自私到连后代子孙的利益都不予考虑的程度。“民贫则奸智生”，一些人已经习惯于过着奢侈浪费的生活，因为由奢返俭难，没有钱财花费就会很难受，因而就会产生奸智的念头，“奸智生则邪巧作”，结果邪巧的做法就出来了。可见“奸邪之所生，生于匮不足；匮不足之所生，生于侈。”所以要想从根本上杜绝奸邪欺诈的行为，就要从提倡节俭、遏制奢靡之风开始，这是国家和每个家庭的当务之急。

（五）道德教化规律：“苟子之不欲，虽赏之不窃”

长期以来，道德教育之所以很难深入人心，甚至还让人对道德教育产生了反感，其中一个重要的原因就是把道德教育变成了“说教”。《群书治要·礼记》记载：“下之事上也，不从其所令，而从其所行，信民化行不拘言也。上好是物，下必有甚矣。故上之所好恶，不可不慎也，是民之表也。”说明良好有效的道德教育是“正己化人”，也就是《说文解字》上所说的“上所施，下所效。”

当季康子患盗而求教于孔子时，孔子回答道：“苟子之不欲，虽赏之不窃。”孔子以为，人有欲心，才有盗心，有盗心就会作盗贼，所以答复季康子：假使你自己不贪欲，虽然你奖赏人为盗，而人也不去盗窃。意思是说，上行下效，居在上位的人不欲，则在其下的人便会以欲为耻，所以纵然有赏也不愿作盗贼。在《论语》的其他地方，孔子也多次强调：“政者，正也。子帅以正，孰敢不正？”“其身正，不令而行；其身不正，虽令不从。”“苟能正其身，于从政乎何有？不能正其身，于正人何？”实践证明，“言教者讼，身教者从”，领导者和教育者先受教育才符合道德教育的规律。因此，从领导干部做起，反对奢靡之风和享乐主义，才能带动整个社会兴起勤俭节约的风气。

《群书治要.孔子家语》记载着孔子和鲁哀公关于当时国君为什么不能修明礼教的对话。从中可以看到，当时的国君之所以不能成功地推行礼教，一个重要的原因就在于他们自己不能像古圣先贤那样率先厉行节约，反而过着奢侈浪费、荒淫无道的生活：

鲁哀公问孔子说：“请问什么是大礼？为什么你一谈到礼就那么尊崇呢？”孔子回答说：“百姓之所以能够正常的生活，礼是最重要的保障。没有礼就无法按照一个合适的标准来祭祀天地神灵;没有礼,就无法区别君臣、上下、长幼的秩序;没有礼,就无法区别男女、父子、兄弟、婚姻、亲族的远近亲疏关系。所以,君王对此十分重视,带头恭敬奉行,然后以自己率先所做出来的样子来教化百姓,使他们顺礼而行。居住简易低矮的房屋,穿戴节俭的衣服饰物,乘坐的马车不加雕饰.使用的器物不精雕细刻,饮食不讲求美味,心里也没有过分的奢望,使自己与万民百姓有福同享。古代贤明的君主是这样恭敬行礼的啊!”哀公又问:“当今的君王,为什么不能这样去做呢?”孔子回答说:“当今的君王追求利益,贪得无厌,荒淫无道,奢侈无度,懒惰怠慢,游手好闲,一味地搜刮百姓的钱财来满足其贪心,使百姓抱怨朝廷;违背众人的意愿,去征讨政治清明的国家;为了满足自己的欲望,不择手段;任意使用暴虐严酷的刑罚诛杀人民,而不依据正常的法度。从前君王治理和役使百姓都是按前述的做法去做,现在君王则是按照后面的做法。可见,当今的君王不懂得修明礼教了”这段对话启示我们,道德教育之所以不得力的一个重要原因,就在于在位者和领导干部不能率先接受道德教育并身体力行伦理道德的要求,却要求百姓积极参加道德教育和实践,从而是把道德教育变成了愚昧百姓的工具。

总之,“读史使人明智。”习近平同志在《领导干部要读点历史》的讲话中谈道:“历史的兴替演进、起伏变幻,往往沉淀出许多规律,完全可以古为今用、古为今鉴。”研读《群书治要》这一部涵盖了经、史、子的资政巨著,可以让领导干部深刻全面地认识到奢靡之风的危害,从而自觉地响应党中央提出的“厉行节约、反对浪费”的号召,把它从外在的道德要求转化为自己内心信念的主动追求,最终彻底杜绝享乐主义和奢靡之风。

二、要想让一切都服从你,你就必须首先服从理智

理智,就是知道该做什么,不该做什么。人们失败的原因有很多种,但最常见的一种就是因为控制不住自己,因不考虑后果而导致的失败。很多人都曾为一些微不足道的小事而失去理智,为纠缠无聊的琐事而白白浪费很多宝贵时间,当人们不受理智控制时,则极易做出错误的决定让自己后悔。如果你想让一切都服从自己,顺自己的心意,那么你就必须先服从理智,学会用理智控制自己的行为才能赢得最终的胜利。

(一)不要在欲望面前迷失自己的本性

过分的欲望是一剂毒药,假如在它面前迷失了自己的本性,它将会毁掉我们的人生。

人们常常在各种诱惑面前变得很难知足，可是这种迷失极有可能使人们陷入危险的旋涡，所以在欲望面前，更要用理智控制自己。人有欲望很正常，但你必须看清楚，以自己的能力该得到多少，不要因为一时的不舍而失去所有。

在我们的欲望超出自己的实力而又因迷失不能正视现实时，就是我们最痛苦的时候，也最容易走火入魔。我们的欲望应和个人实力相匹配，因为一旦二者产生不协调，心理就会变得扭曲。

有一位智者隐居在人烟稀少的山林中，他除了博览群书外，对武术也颇有研究。他的名声传得很广，很多人都慕名而来，有人求他指点武学，有人与他交流世事，有人请他指点迷津。

一天，几个人到山林中求访智者，刚进山林，就看到智者正去山谷里挑水。人们一路跟着智者到他的院子里，才发现有水的山谷离他住的地方有很长一段路。可是，智者两个水桶中的水都没有装满。打水的地方虽然远些，但智者是个武术行家，为什么不把水装得满一些，这样也可以少走几回路。

人们大惑不解，便问智者为什么。智者回答："挑水并不在于挑多少水，而在于自己能挑多少。如果一味贪多，最终反而什么都得不到。"

人们还是疑惑不解。于是，智者从他们中间挑了一个身体很结实的人出来，让他从山谷里打了满满的两桶水再挑回去。人们都觉得这不是问题。这个人开始走得还很快，可是没多长时间，就开始摇摇晃晃了，走了一段路后就累得气喘吁吁了，再走几步就跌倒了，结果一桶水洒了一地，胳膊也摔伤了。

智者说道："水都洒没了，还要回头重新去打，胳膊摔伤了，下回你打的水会更少。"

"那我们怎么知道我要打多少水才能挑到地方呢？"一个人问道。

"你们看这儿，"智者指着桶里面画上去的一条线说，"这条线就是我打水的底线，一旦打的水超过这条线，也就表示超出我自己的能力了。我一开始也不知道自己的能力，需要在这里画一道线才能确定打多少水，不过时间一长，挑水的次数多了，也就不用看这条线，而是凭经验也知道打多少了。其实这条线就是警示，做事情应该量力而行，不能逞强、贪多，那样反而会导致相反的结果。"

人们又问："那么一开始底线怎么定？"

智者说："当然要看自己的实际情况，首先，不要为了炫耀而制定远远高于自身实力的目标;其次,不要贪心,要脚踏实地,一步一个脚印地走,不要因为贪多想迈大步。这样才能挑更多的水,也会感觉越来越轻松。"

人贵在有自知之明,只有了解自己,才能在欲望面前不迷失。不要因贪婪的欲望而找不到自己正确的位置,去逞匹夫之勇。要了解自身的状况,了解自己能做什么,对于那些高挂在空中的欲望,不要妄想去触摸,因为人们的欲望越多,就越容易迷失本性。在欲望的旋涡中挣扎,常常会越陷越深,被欲望所害的事例并不少见,可依然有很多人以前仆后继的势头冲着利益扑过去,人们的投机心理成为贪婪的最大温床。

适当地获取正当的利益是正确的,可是一旦超过了合理的范畴,我们最终可能会什么都得不到。所以,人应该适度控制自己的欲望,不要因为贪婪而丢掉了眼前应得的利益。越是贪多的人,生活得往往越沉重,在他们的欲望无法获得满足时,就会失去正确的人生目标。我们应该明确自身的目标,不要整天绞尽脑汁,时刻伺机投机取巧。只取该取之利,只做力所能及之事,才能不为外物所迷惑。在欲望的深渊面前,我们要懂得保持理性,控制自己,这样才能认清自己真正需要的东西,而不至于走向歧途。

(二)要想让一切都服从你,你就必须首先服从理智

一个人的失败有多种,但最常见的一种就是因为控制不住自己,因意气用事而导致失败。人在愤怒时,常常很难做出理性的判断,于是便失败了,这种失败正是人们没有服从理智的结果。如果你想让一切都服从自己,顺从自己的心意,那么你就必须先服从理智,学会用理智控制自己的行为才能赢得最终的胜利。

谁都有生气和发火的时候,凡事都顺我们的心意恐怕是不太可能的。但问题是,如果我们不用理智控制自己,太容易发怒,不仅有害自己的身心健康,也不利于我们的人际关系。一个人如果率性而为的时间太长了,就会养成一种放纵自己的习惯,遇到什么事都由着自己的性子做,或许有时候问题真的可能得到解决,但同时也为自己的将来埋下了祸根。因为这样一来,他会得罪许多人,即便人家现在不说,以后还是会伺机报复的。这样的时间越长,对你的事业和人际关系的破坏就越大,这将会给你的人生带来种种障碍。只要我们仔细观察就能看到,那些落魄的人大多是"性情中人",所以我们要慎做"性情中人",因为一旦给别人留下"不能控制自己"的印象,那可是难以翻身的。审视一下我们自己,如果发现自己不能做到服从理智,那就应该改一下,千万不要由着自己的性

子来。

一天,陆军部长斯坦顿来到林肯的办公室,他非常生气地说,一位少将用侮辱性的话语指责他偏袒某些人。于是,林肯建议斯坦顿写一封内容刻薄的信回敬那位少将。“你可以狠狠地骂他一顿。”林肯说。

斯坦顿觉得这个主意不错,马上写了一封措辞激烈的信,写完之后,他拿给林肯总统看。

“对,就是这样。”林肯为他这封信高声叫好,“要的就是这种效果,好好教训他一顿,你写得太好了,斯坦顿。”

可是当斯坦顿把信叠好,要装进信封里的时候,林肯却叫住他问:“你要做什么?”

“当然寄出去。”斯坦顿感觉林肯问得有些莫名其妙。

林肯大声说:“不要胡闹了,你这封信不能寄,快把它扔进炉子里。只要是在生气的时候写的信,我都是这样处理的。这封信写得很好,而在写这封信的时候你已经教训他并解气了,现在感觉好多了吧.那么现在请你把它烧了再写第二封信吧。”

古代兵书里有一招是激将法,就是设法让别人发怒,而那些暴跳如雷的怒者非常轻易地就丧失了理智,最终做出蠢事。可以说《三国演义》里的刘备、关羽、张飞都是死在不理智上的。当然,现实生活中因为失去理智而坏事的例子也并不少见,面对让你生气的事情,林肯的主意是最好的。在生气的时候,想要写信向那个人发泄,写之前气得肺都要炸了,写的都非常刻薄,写完后却不要寄出去,因为气也消了,想发那么大的火也发不出来了。试想,如果你真的把信给了对方,对方的怒火也被激起来了,事情反而越来越不好收拾。所以,发火的时候写一封刻薄的信,写完了就把它毁掉,这样对方看不到你冲他发火,双方矛盾就不会激化;而你气也消了,这样对大家都好。

谁都有情绪波动的时候,人有七情六欲。愤怒是一种很坏的情绪,越是这种时候,我们才越要服从于理智。因为我们只有先做到服从于理智,才能让一切服从于我们。我们应试着让理智控制感情,尽可能大怒化小怒,小怒不发怒。

(三)不要贪小便宜,世界上只有错买,没有错卖

人人都有不劳而获的心理弱点,贪小便宜是人性中的弱点。但是大部分人都有一个道德底线约束着自己的行为,少数人却任由贪小便宜的本性自由发挥,在生活中处处想办法“沾光”，却不知道，自己所占的便宜很少，却损失了很多。

孔子曾经说过：“君子怀德，小人怀土。君子怀刑，小人怀惠。”意思就是说，君子与小人每天心里所想的事情是不一样的。品德高尚的君子心中每天记挂的是自己的品德修养，而小人每天记挂的却是自己的那点小小的地盘。君子心中有法律、规则在，而小人却每日想得到一点小恩小惠，总想占些小便宜。即使每个人的潜意识里都有想多得到些东西的想法，大部分人却能有更长远的眼光，看到这样做的坏处。但是总有些人是看不开的，总是想尽办法贪些小便宜，斤斤计较点小恩小惠。表面上看起来他们似乎是沾光了，但是从长远来看，他们却失去的更多。

天下没有免费的午餐，小便宜并不是那么好占的。在买东西的时候，人人都希望买到物美价廉的东西。但是一分价钱一分货，想要得到一定的使用价值，就要付出相应的金钱。天下的买家永远没有卖家精，如果一样东西看起来实在是便宜得离谱，让你忍不住心痒痒想出手买的时候，你一定要再仔细掂量一下，不要被眼前的一点小利益蒙蔽了眼目青。越是看起来太容易得到太美好的事情，越有可能暗藏阴谋。

很多骗子行骗的手段其实很简单而拙劣，为什么还有那么多人受骗上当呢？就是因为骗子抓住了人们想占小便宜的心理。如果不想着天上掉馅饼的好事，如果不去贪小便宜，骗子也就无从下手了。想要得到不该得到的，必定会失去更多。

贪小便宜对于混社会的人来说，更是致命的弱点。在社会上混，总有些事情是分不清明显对错的。大多数时候大家一笑也就过去了。若是过于认真，非要分清谁对谁错，斤斤计较自己的一点利益，只能让别人看不起。占小便宜的人不会有真心的朋友。群众的眼睛是雪亮的，你占小便宜是避不开所有人的视线的。当你爱占便宜的名声传开后，还有谁愿意跟你交朋友呢？跟一个爱占小便宜的人做朋友，也会被别人误认为自己也爱贪小便宜，无端地坏了自己的名声，又何必呢？何况，跟一个爱占小便宜的人做朋友，要做好时时吃亏的准备，还要每天提防着自己又要被这个朋友拿走点什么，多么累啊。所以，爱占小便宜的人，往往是得不偿失的。

王亮（化名）是公司的一个勤杂工。他要学历没学历，要口才没口才，要能力没能力，凭着关系进到公司里，也没有什么工作能胜任，只能做做看大门、打扫卫生之类的工作。一开始，王亮很勤快，打扫卫生都尽心尽力，别人要他做什么他都跑得很快。在公司里，他总是第一个来最后一个走，大家对他的印象都很好。领导也认为这个同志不错，准备教他点儿知识,慢慢进步,做点儿有技术含量的工作。

俗话说得好,日久见人心。时间长了,王亮爱占小便宜的本性就表现出来了。公司陆续进了新人,王亮就开始摆起了老员工的架子,打扫卫生也要拉上新员工。领导交代什么任务,本来他自己就能做到的事情,非要交给别人去做。在干活上是能偷懒就偷懒,别人好心好意教他做一些技术性的工作他也没有心思学,每天只是混日子,还嫌工资低。慢慢的,大家就发现了他总是趁着外出买东西的时候占点儿小便宜。让他出去买东西,他总是把价格多报一点,即使是一块两块他也看在眼里。虽说他"贪污"的是很少很少的钱,却引起了大家的反感。以后,再也没有人让他出去买东西了。于是他又想起了别的"赚钱"方法。他拿着公司全套的钥匙,有一天,他跟街上的清洁工谈好价格,让清洁工每天晚上把清洁车放到公司的院里,按月收费。公司领导知道后很生气,公司院里经常停放着公司的很贵重的汽车,奔驰、奥迪都有,他这样让别人随随便便进来,出了事他能担得起责任吗?于是,公司没收了他的钥匙。这次领导狠狠批评了他一顿,以为他也该改了。

谁知道没过几天,又发生了一件事。经常有一些闲人在公司大门口摆摊打牌,公司派人去说了之后就没有这个现象了。停了几天之后,他们又开始摆起摊了,一问才知道,又是王亮自作主张地说让他们继续摆摊打牌,每月收几十块钱,他负责摆平公司这方面。但是,事实上.他只是收了钱却没办事。这下子,大家实在是无语了。后来,公司里几乎没有人愿意跟他说话,大家都待他当作透明人。领导最后决定把他辞退。

可以说,一开始大家对王亮都是善意的、关心的,最后的结果是他咎由自取的。爱占小便宜的人,只会得到极小的好处,却总是失去的更多。

让我们都把眼光放的长远一点,不去占小便宜,让自己远离小人成为君子,活得光明磊落。无欲则刚,如果总有太多的欲望,早晚是要吃大亏的。

天章召見

天章閣

宋仁宗

張方平

天章召见①

【历史背景】

宋仁宗继位后，求治心切，曾临幸龙图天章阁，亲自下诏承认当时朝政的许多失误，并询问辅佐大臣和御史中丞以上官员当前的政治还有何差错，并且每人都发了纸与笔，让他们坐下来，执笔作答。

张方平等的直言，他能虚心接受并立即加以实施，并施以嘉奖，实乃难能可贵，所以那时能朝政修举，海内治平，他也因此成为宋朝大有成就的一位明主。

【原文】

宋史纪：仁宗幸龙图天章阁[2]，以手诏问辅臣及御史中丞以上时政阙失。皆给笔札，令即坐以对。时翰林学士张方子[3]条对四事，帝览奏惊异，诘旦更赐手札，问诏所不及者。侍御史何郯乞诏两制臣僚。自今有闻朝政阙失，并许上章论列，帝嘉纳之。

【注释】

①此篇出自《续资治通鉴长编》卷 163。

②龙图天章阁：即龙图阁和天章阁。龙图阁，成平四年(1001 年)建，收藏太宗御书、御制文书，各种典籍等。景德中置龙图阁直阁学士、待制等官。天章阁，天禧四年(1020 年)建，收藏真宗御制文集、御书等，后置待制、侍讲、学士、直学士等官。

③张方平：宋应天宋城(今河南商丘)人，字安道(1007~1091 年)。宋仁宗时，任知诛院，直集贤院，知制诰、权知开封府，进翰林学士，御史中丞。

【译文】

宋代史书上记载：仁宗到龙图天章阁，亲自下诏询问辅佐大臣和御史中丞以上官员，当前的政治有何差错，都给纸与笔，让他们就座，写下来回答。当时翰林学士张方平列举了四条，皇帝看了很是惊异，第二天早上又给他写了一个纸条，问昨天手诏中还有什么没有提到。殿中侍御史何郯上奏，请求下诏：内外知制诰官员从今以后听到朝政有差错处，准许上奏陈述。皇帝很高兴地采纳了。

【评议】

史载，宋仁宗到龙图天章阁亲自下诏询问辅臣及御史中丞以上的官员当下的施政有何差错与过失，并赐给他们笔纸，让他们在座上书写作答。当时翰林学士张方平立刻开列了汰冗兵、退剩员、慎磨勘、择将帅四条陈奏，皇帝看过很是凉讶，心生赞叹。第二天又专门给他发敕书，询问他昨日的条陈是否还有没有提及到的地方。此事方罢，又有一个叫何郯的侍御史上奏，请求今后只要是朝政有失，允许他直言上奏，助皇帝决断。仁宗听后也高兴地接纳了。

宋朝有鉴于唐代藩镇割据、军权下行的教训而重文轻武，大力推行文官政治，导致行政机构庞大冗杂，行政效率低下，给国家带来了巨大的隐患。契丹、党项、女真等少数民族相继入侵，国家面临着此起彼伏的危机。张方平所条陈的四事，即缘于此背景。宋仁宗主动听谏，以求力挽狂澜，遂有历史上的“庆历新政”之说。